微生物基础

主　编　胡会萍

副主编　潘嫣丽　郭　英　胡晓文
　　　　陈芳甜

参　编　滕安娜　闫倩倩　汪海燕
　　　　刘婷婷　丁　振　徐中平
　　　　邢孟欣　吕连梅　唐　琳

主　审　刘丹赤

北京理工大学出版社
BEIJING INSTITUTE OF TECHNOLOGY PRESS

内 容 提 要

本书分为4个模块，共有11个学习单元，主要内容包括微生物（学）与微生物技术认知、识别微生物、培育微生物和应用微生物。

本书可作为高等院校食品智能加工技术、食品检验检测技术、食品生物技术、药品生物技术等专业的核心教材，也可作为环境工程技术、水产养殖技术、农业生物技术、食品质量与安全等专业的教材，并可作为相关企业的技术人员参考或培训材料。

图书在版编目（CIP）数据

微生物基础 / 胡会萍主编. -- 北京：北京理工大学出版社，2023.7

ISBN 978-7-5763-2650-5

Ⅰ. ①微… Ⅱ. ①胡… Ⅲ. ①微生物学－高等职业教育－教材 Ⅳ. ①Q93

中国国家版本馆CIP数据核字（2023）第136846号

责任编辑：封　雪　　**文案编辑**：毛慧佳
责任校对：刘亚男　　**责任印制**：王美丽

出版发行 / 北京理工大学出版社有限责任公司
社　　址 / 北京市丰台区四合庄路 6 号
邮　　编 / 100070
电　　话 / (010) 68914026（教材售后服务热线）
(010) 68944437（课件资源服务热线）
网　　址 / http：//www.bitpress.com.cn

版 印 次 / 2023 年 7 月第 1 版第 1 次印刷
印　　刷 / 河北鑫彩博图印刷有限公司
开　　本 / 787 mm × 1092 mm　1/16
印　　张 / 19
字　　数 / 448 千字
定　　价 / 89.00 元

前　言 Preface

微生物学是生命科学的重要组成部分，微生物及微生物技术在工业、农业、渔业、医药、环保、生物、食品等各个领域中的应用十分广泛。“微生物基础”是高等职业院校食品、生物技术、医药、农业、渔业类等专业的一门重要的专业基础课程，理论性、实践性、技术性很强。本书是中国特色高水平高职学校和专业建设计划的建设成果之一，是第二批国家级职业教育教师教学创新团队课题研究支撑项目（课题编号：ZI2021070105），也是智慧职教 MOOC 在线开放课程“微生物基础”配套教材。

常规微生物学教材的特点是知识面多而杂、广而散，前后知识点往往较难联系贯通，学生在学习过程中常会感到似懂非懂、难以掌握。本书针对相关职业岗位与专业教学标准对微生物学基础知识和技能的需求，遵循能力本位的职业教育理念，并以培养高素质技术技能型人才为核心目标，对原有的微生物学科知识内容体系进行了“模块单元化”重构，即将相近与相关的章节内容合并在一起，删繁就简，层次分明。同时，本书紧跟学科发展，及时补充微生物学领域的新发现、新技术、新规范等前沿科技信息。

在体例结构上，本书按照学习者对微生物及微生物学的认知规律即形态识别—培养选育—生产应用设计了若干个实训任务。同时，充分考虑到学生的学习基础、学习习惯和培养目标，探索有意义的学习经历，本书设计了“新知细学、实操详练、学以致用”三个步骤，即通过“学、练、用”3 个递进的层次进行知识点的引入、技能点的训练，以及应用拓展能力的提升。另外，本书还针对考核评价设计了单元小测验、技能训练考核评价，以及模块综合学习成果及评价等过程性、增值性、多元化综合评价，方便学生根据自己的学习情况随时进行自我评价与反思。

在思政育人方面，教材编写团队以《高等学校课程思政建设指导纲要》为指导，认真学习党的二十大报告精神，深入挖掘微生物基础课程中蕴含的思政元素，梳理提炼思政关键词，整理编辑形成 24 个思政案例，并以案例式、探究式、体验式、问题导向式等多种形式将其融入教材，将知识传授和价值观引领相结合，渗透到微生物基础知识和技能的学习训练及拓展应用中，使教材在思想政治教育与专业知识体系教育上有机统一，实现“价值塑造、知识传授和能力培养”三位一体的人才培养目标。

本书配套微课视频、学习指南、课件、单元小测验及答案、实训操作视频、训练目标及流程图、知识结构导图、思政案例等数字化学习资源，学生可以通过扫描书中二维码随时随地学习。同时，与教材配套的数字化课程在智慧职教 MOOC 平台开放，学生可以登录网站，根据教学安排和学习需要，随时学习；授课教师可以调用本课程构建符合自己教学特色的 SPOC 课程，方便开展“线上线下混合式”教学。具体操作详见“智慧职教”服务指南，也可以和我们联系获取相关资源。

智慧职教 MOOC · 微生物基础

本书主要由日照职业技术学院胡会萍担任主编，由广西农业职业技术大学潘嫣丽，日照职业技术学院郭英、胡晓文、陈芳甜担任副主编，泰山职业技术学院滕安娜，山东医药技师学院闫倩倩，日照职业技术学院汪海燕、刘婷婷、丁振、徐中平、邢孟欣，日照市质量检验检测研究院吕连梅，盛实百草药业有限公司唐琳参与了本书的编写工作，具体编写分工为：胡会萍编写学习单元 1、2，潘嫣丽编写学习单元 3，郭英编写学习单元 4，胡晓文编写学习单元 5，陈芳甜、汪海燕共同编写学习单元 6，滕安娜、刘婷婷共同编写学习单元 7，丁振、徐中平共同编写学习单元 8，邢孟欣、闫倩倩共同编写学习单元 9，胡会萍、汪海燕共同编写学习单元 10，胡晓文、徐中平、陈芳甜、邢孟欣共同编写学习单元 11，吕连梅、唐琳指导学生进行部分技能训练内容。全书由胡会萍负责整体结构及统稿，由刘丹赤主审。

由于编者的水平有限，书中难免存在不妥之处，敬请广大读者批评指正。编者邮箱：huhuiping0316@163.com。

编　者

结构导学图

思政导学图

目 录 Contents

模块 1　微生物（学）与微生物技术认知

学习要点

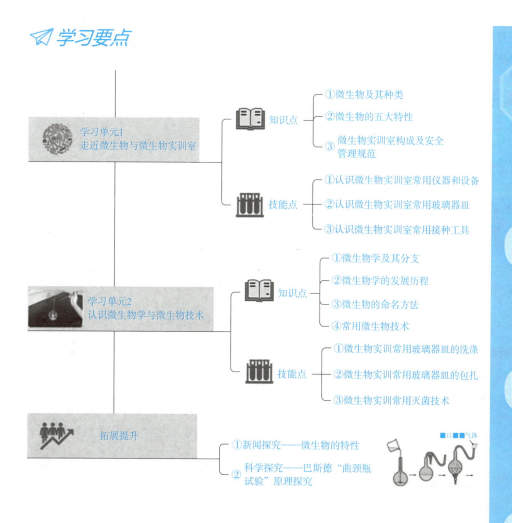

- 学习单元1 走近微生物与微生物实训室
  - 知识点
    - ①微生物及其种类
    - ②微生物的五大特性
    - ③微生物实训室构成及安全管理规范
  - 技能点
    - ①认识微生物实训室常用仪器和设备
    - ②认识微生物实训室常用玻璃器皿
    - ③认识微生物实训室常用接种工具
- 学习单元2 认识微生物学与微生物技术
  - 知识点
    - ①微生物学及其分支
    - ②微生物学的发展历程
    - ③微生物的命名方法
    - ④常用微生物技术
  - 技能点
    - ①微生物实训常用玻璃器皿的洗涤
    - ②微生物实训常用玻璃器皿的包扎
    - ③微生物实训常用灭菌技术
- 拓展提升
  - ①新闻探究——微生物的特性
  - ②科学探究——巴斯德“曲颈瓶试验”原理探究

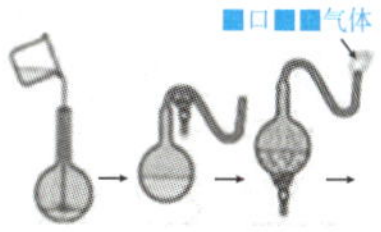

学习三步骤

学 新知细学

练 实操详练

用 学以致用

学习单元1 走近微生物与微生物实训室

学习目标

知识目标

1. 学习微生物的定义，明确微生物的“小”和“简”的含义；了解原核生物、真核微生物和病毒的区别；知道微生物通常包括的几大类群。

2. 与动植物相比，微生物具有明显的、独特的性质；通过比较学习，掌握微生物的五大特性，理解微生物的独特性。

3. 通过微生物实训室认知学习，熟悉微生物基础实训室的构成，了解微生物安全防护水平的分级；通过认真学习微生物实训室安全管理规范，牢记微生物实训室安全管理规则。

能力目标

1. 能说出微生物实训室安全管理规则，树立无菌观念与安全防范意识。

2. 认识微生物基础实训常见常用的玻璃器皿、仪器和设备，并能正确说出其规格、功能及使用方法。

3. 能对微生物基础实训室进行安全隐患排查，并能正确解决其中存在的问题。

素质目标

1. 学会用辩证唯物主义科学方法正确认识微生物，既要看到它们积极的一面，也要看到消极的一面，培养辩证思维能力，并在今后的学习中运用辩证唯物主义的观点去认识和解决微生物问题。

2. 学习《中华人民共和国生物安全法》，树立生物安全法治意识，弘扬法治精神，培养法治思维。

3. 进行微生物实训室安全教育，培养遵守规则、规范有序的学习习惯。

学习重点与难点

学习重点：微生物定义及种类、微生物五大特性、微生物实训室安全管理规则。

学习难点：微生物五大特性中的第一大特性。

本单元参考学时：4学时；建议教学场所：一体化智慧型微生物教室

学知识 · 新知细学

1.1　微生物及其特性

微生物无处不在，时刻与人们“共舞”，人们就生活在微生物的“海洋”中，却看不见，摸不着。那么，到底什么是微生物？微生物就是指微小的生物吗？微生物都有哪些种类？人们常说的细菌、酵母菌和霉菌，以及各种病毒都是微生物，它们有什么区别？

码上看

微生物及其特性

知识点【1-1】微生物及其种类

1. 微生物的定义

（1）通俗定义：微生物是一切肉眼看不见或看不清的微小生物的总称。

（2）专业定义：微生物是所有形体微小的单细胞或个体结构较简单的多细胞，以及没有细胞结构的低等生物的通称。

微生物的定义中包含了以下两个方面的含义：

1）小。微生物体积微小，肉眼通常无法看到它们，因为肉眼的可见最小距离为 0.1 ～ 0.2 mm，而微生物的大小通常以微米（μm）和纳米（nm）为单位，人们必须借助光学显微镜或电子显微镜才能够看清楚它们的外貌（图 1–1）。

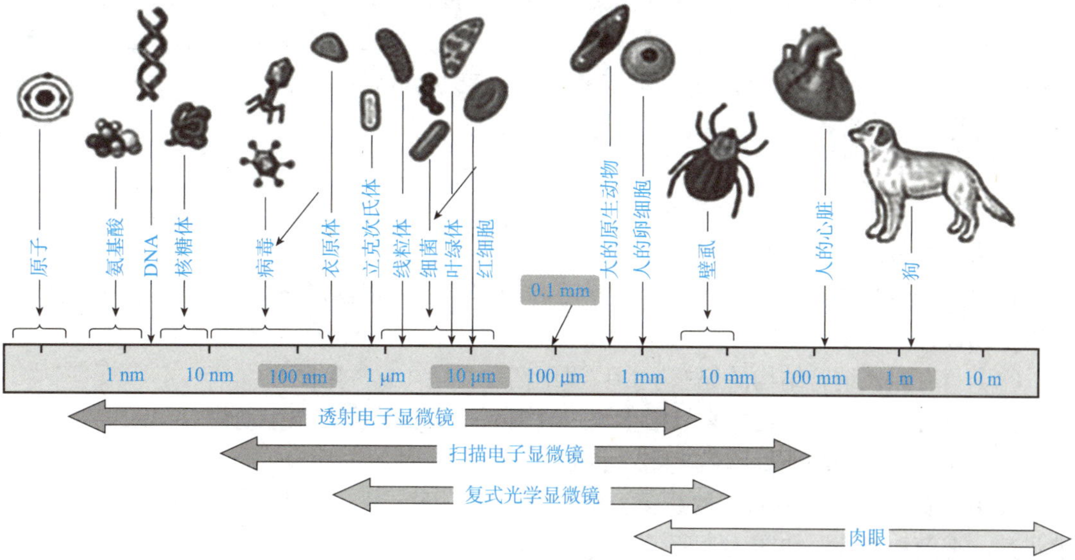

图 1–1　微生物与其他生物大小比较

注：1 μm=10^{-6} m，1 nm=10^{-9} m。

2）简单。微生物结构简单，微生物大多是单细胞或简单的多细胞，如属于原核生物的细菌，属于真核微生物的酵母菌、霉菌等，还有不具备细胞结构的病毒等（图 1–2）。

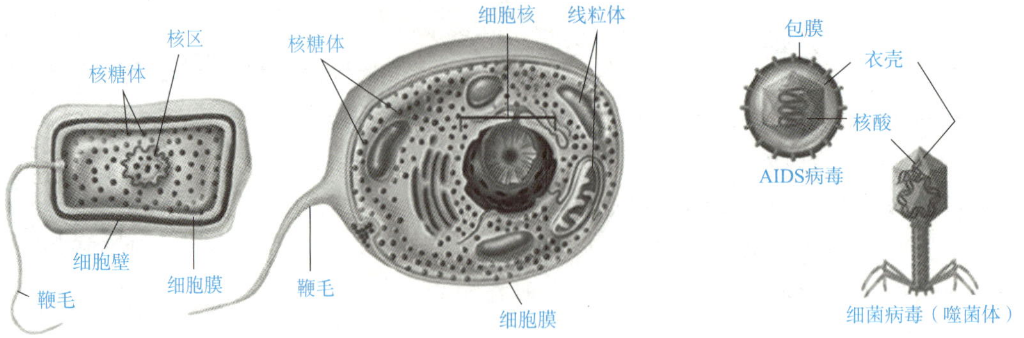

图 1–2　微生物结构模式

（a）原核生物；（b）真核微生物；（c）非细胞微生物

小资料

（1）原核生物（Prokaryotes）即广义的细菌，是指一大类细胞核无核膜包裹，只存在称作核区（Nuclear Region）的裸露 DNA 的原始单个细胞生物，如细菌、放线菌等真细菌。其特点是无明显的细胞核，也无核膜、核仁［图 1–2（a）］。

（2）真核微生物（Eukaryotic Microorganism）是指一大类细胞核具有核膜，能够进行有丝分裂，细胞质中存在线粒体或同时存在叶绿体等多种细胞器的微生物，如酵母菌、霉菌等真菌。其特点是有明显的细胞核，有核膜、核仁［图 1–2（b）］。

（3）病毒（Virus）是指一类由核酸和蛋白质等少数几种成分组成的超显微“非细胞生物”，如 AIDS（艾滋病）毒、噬菌体、新型冠状病毒等。其本质是一类含 DNA 或 RNA 的特殊遗传因子［图 1–2（c）］。

2. 微生物的主要类群

微生物的成员十分庞杂，为了便于学习和理解，人们根据形态大小将微生物简单粗分为以下几种：

（1）具有原核细胞结构的原核生物：真细菌和古菌（或古生菌）。

（2）具有真核细胞结构的真核微生物：真菌、单细胞藻类、原生动物。

（3）无细胞结构的非细胞微生物：病毒。

其中，真细菌包括细菌、放线菌、蓝细菌、支原体、立克次氏体和衣原体；真菌包括酵母菌、霉菌和蕈菌，如图 1–3 所示。

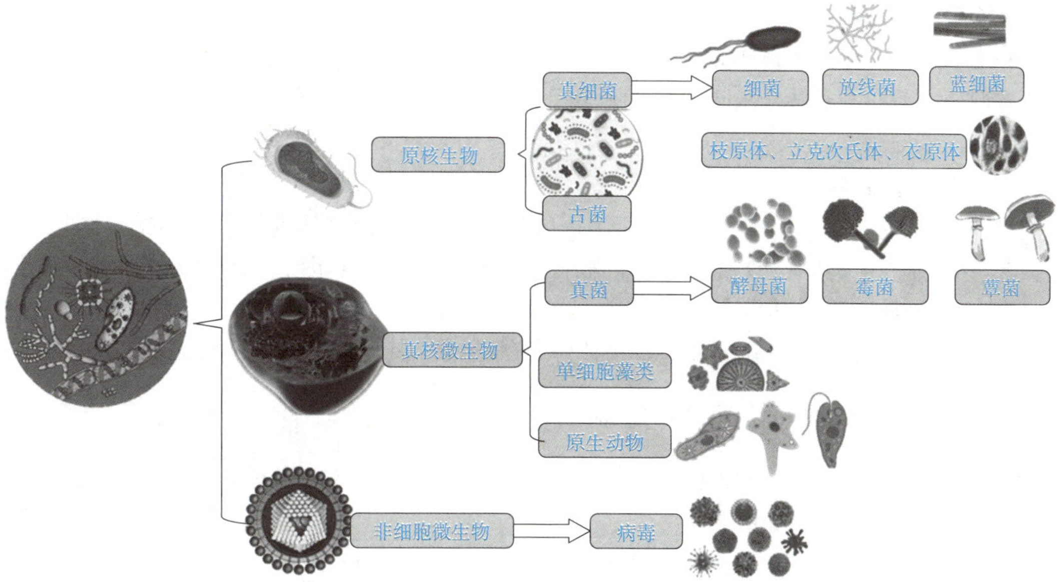

图1-3 微生物的主要类群

◎ 新发现

小资料

古菌（Archaea），又称古细菌或古生菌，是一类进化途径上很早就与真细菌和真核微生物相互独立的生物类群，主要包括一些独特生态类型的原核生物，如产甲烷菌及大多数嗜极菌（如极端嗜盐菌、极端嗜热菌等）。

2021年4月28日，深圳大学李猛教授团队在*nature*上发表论文，宣布从我国的滨海湿地和近海沉积物到西太平洋深渊等样品中发现6个阿斯加德古菌新门并建立首个阿斯加德古菌功能基因库（AsCOG），其中将一个古老的阿斯加德古菌新分支根据中国古典名著《西游记》中大闹天宫的齐天大圣“孙悟空”的名字命名为悟空古菌（Wukongarchaeota）。2021年12月22日，该团队又在*nature*上发表论文，首次证实了一种新型的产甲烷古菌可直接“吃掉”石油从而产生甲烷。据初步估算，若能将这种新型古菌应用于我国现存的地下枯竭油藏开采方面，即利用微生物将石油转化为天然气甲烷，不仅让油气共采成为可能，而且其所产油气的总量可相当于再造一个大庆油田，对保障我国能源安全将具有重要意义。

新闻报道——悟空古菌

知识点【1-2】微生物的五大特性

微生物和其他动植物一样具有生物最基本的特征——新陈代谢和生命周期。但是，由于微生物形体极小，从而导致它们又具有不同于动植物的独特性质。这些特性归纳起来主要表现在以下五个方面：体积小，面积大；吸收多，转化快；生长旺，繁殖快；适应强，易变异；分布广，种类多。微生物五大特性这一客观规律对人类来说，是一把“双刃剑”。那么，哪些特性属于有利的一面？哪些特性属于不利的一面？应该如何辩证地看待微生物的这些特性呢？

1. 体积小，面积大

这里的“面积”是指比面值。任何固定体积的物体，如对其进行三维切割，则切割的次数越多，所产生的颗粒数目也越多，颗粒的体积就越小。这时，如果将所有颗粒的总表面积相加，则其数目极其可观。因此，若将某一物体单位体积所占有的表面积（即“总表面积 / 总体积”）称为比面值，则随着物体体积的缩小，其比面值随之增大。

【举例】以球体的比面值为例：比面值 $= \frac{4\pi r^2}{4/3\pi r^3} = \frac{3}{r}$

由公式可推算出，如果细胞半径为 1 μm，则其比面值为 3；半径为 2 μm，则比面值为 1.5；半径为 3 μm，则比面值为 1。

【比一比】如人的比面值为 1；豌豆的比面值为 6；大肠杆菌的比面值为 30。

【说明】微生物如此突出的小体积、大面积系统，为它们提供了巨大的营养物质吸收面、代谢废物的排泄面和环境信息的交换面，因此，特别有利于它们与周围环境进行物质、能量、信息交换，并由此而产生其余 4 个特性。同时，“体积小，面积大”也是微生物与一切大型生物相区别的关键所在。

2. 吸收多，转化快

微生物的胃口很大，如大肠杆菌在 1 h 内可分解比其自身重 1 000 ～ 10 000 倍的乳糖。

【比一比】在表 1–1 中，在相同质量（500 kg）、相同时间（24 h）下，酵母菌利用废糖蜜至少能生产 5 000 kg 蛋白质，大豆可以生产 50 kg 蛋白质，而食用公牛每天只能生产 0.4 ～ 0.5 kg 蛋白质。

表 1–1 微生物（酵母菌）同其他生物转化能力比较

比较对象（质量均为 500 kg）	营养条件	时间	转化成蛋白质
 食用公牛	饲料牧草	24 h	0.4 ～ 0.5 kg
 大豆	土壤栽培	24 h	50 kg
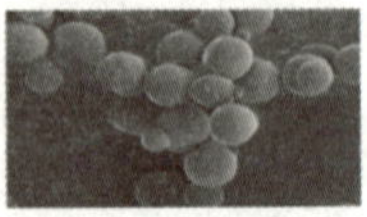 酵母菌	废糖蜜	24 h	5 000 kg

码上看

酵母工厂

另外，有些微生物的呼吸速率也比高等动植物的组织强数十至数百倍。这一特性为微生物的高速生长繁殖和产生大量的代谢产物提供了充分的物质基础，也使微生物在自然界和人类生产实践中更好地发挥其超小型“活的化工厂”的作用。

3. 生长旺，繁殖快

微生物具有极高的生长和繁殖速度来“生儿育女”，繁衍后代。

【举例】如大肠杆菌，以二分裂的方式进行繁殖，即细胞每分裂 1 次，就生成 2 个后代，在合适的生长条件下，每 12.5 ～ 20 min 分裂一次。如果按平均 20 min 分裂 1 次来计算，则 1 h 可以分裂 3 次，24 h 可以分裂 72 次，1 个菌体 24 h 就会产生 2^{72} 个（即 4 722 366 500 万亿个）后代，总质量约达 4 722 t；48 h 后可以产生 2.2×10^{43} 个后代，质量达到 2.2×10^{25} t，相当于 4 000 个地球的质量了。

码上看

细菌的繁殖

【说明】事实上，由于营养、空间和代谢产物等条件的影响，微生物的几何级数分裂速度只能维持数小时而已，如液体培养的细菌细胞的浓度一般仅可达到 10^8 ～ 10^9 个 /mL。

【举例】再如，酵母菌每 2 h 分裂一次，12 h 可收获一次，每年可收获数百次，这是任何农作物都不可能达到的“复种指数”，它对于缓解当前全球面临的人口剧增和粮食匮乏具有重要的现实意义。

【说明】这一特性可在短时间内将大量基质转化为有用产品，提高生产效率，缩短科研周期。但是也存在不利的一面，如导致疾病、粮食霉变等，甚至会给人类带来极大的损失和灾难。

4. 适应强，易变异

微生物具有极其灵活的适应性或代谢调节机制。尤其表现在微生物对恶劣的环境有惊人的适应能力。微生物能够适应高温、高酸、高盐、高辐射、高压、高碱、高毒、低温等极端环境，堪称生物界之最。

【举例】耐热：90 ℃的温泉中甚至 250 ～ 300 ℃的海底火山口附近有微生物。

耐寒：常年冰封的两极（甚至在 –19 ℃的不冻湖中）有微生物；一般微生物都能耐 –196 ℃（液氮）及 –253 ℃（液氢）低温。

耐盐：32% 的饱和食盐水中有微生物。

耐干旱：产芽孢杆菌能在干燥条件下存活几十年、几百年甚至几万年。

耐酸：氧化硫硫杆菌能在 5% ～ 10% 的硫酸中生长。

耐碱：脱氮硫杆菌能在 pH 值为 10.7 的碱液中生长。

耐压：在地球大洋最深处（即关岛附近的马里亚纳海沟），水深为 11 034 m，静水压为 1 103.4 个大气压，仍有细菌生存。

码上看

极端环境中的微生物

微生物由于个体小、结构简单，且多是单细胞，加之繁殖快、数量多，以及与外界环境直接接触等特点，特别容易发生变异。即使突变率较低（10^{-10} ～ 10^{-5}），也可以在短时间内产生大量的变异后代。

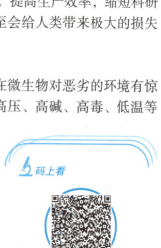

（1）有益的变异。有益的变异可以为人类创造巨大的经济和社会效益，如青霉素的生产。青霉素是由产黄青霉（一种霉菌）产生的［图 1–4（a）］，1943 年每毫升发酵液只能产生 20 单位青霉素，目前每毫升发酵液已达 5 万～ 10 万单位青霉素。

（2）有害的变异。如细菌抗药性（超级细菌）的产生：细菌产生抗药性也说明了变异的存在，原来感染严重的病人每天只需要使用 10 万单位的青霉素，而现在要使用 800 万单位［图 1–4（b）］。

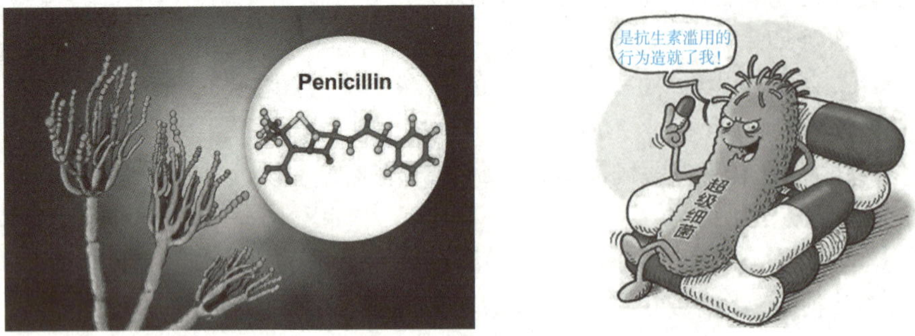

（a） （b）

图 1–4　青霉菌、青霉素分子以及超级细菌

（a）青霉菌、青霉素分子；（b）超级细菌

5. 分布广，种类多

微生物分布广，可以说“无孔不入”，它们“随遇而安”，除火山的中心区域等少数地方外，从土壤圈、水圈、大气圈至岩石圈，到处都有它们的踪迹。无论在动植物体内外，还是在土壤、河流、空气，平原、高山、深海，污水、垃圾、海底淤泥和热液区，冰川、盐湖和沙漠，甚至油井、酸性矿水和岩层下，都有大量微生物存在。

微生物种类多，即具有多样性，主要表现在物种多样、营养类型多样、代谢产物多样、遗传基因多样及生态类型多样 5 个方面。据估计，地球上微生物的总数为 50 万～ 600 万种，其中已记载过的仅约 20 万种，而且这个数字还在急剧增长。

微生物的营养类型、生理代谢类型之多，是动植物所远远比不上的。因为微生物获取营养的方式多种多样，其食谱之广是动植物完全无法相比的，如纤维素、木质素、石油、天然气、酚类、氰化物等均可作为微生物的“食物”。这个特性为人类开发、利用微生物资源提供了无限广阔的前景。

视野窗

科学方法，辩证思维

用辩证唯物主义科学世界观正确认识微生物

辩证唯物主义是马克思主义的一种哲学理论，它是将唯物主义和辩证法有机统一起来的科学世界观。辩证唯物主义认为，物质世界是按照它本身所固有的规律运动、变化和发展的，“事物都是一分为二的”。微生物是物质世界的重要组成部分，因此，我们要以辩证唯物主义科学世界观为导向，学会一分为二地看待微生物，既要看到它们积极的方面，也要看到消极的方面。正如周德庆所言：“微生物五大共性这一客观规律对人类来说，是既有利又有弊的一把‘双刃剑’，只有用正确的科学发展观和价值观去驾驭微生物的这些客观规律，才能让微生物更好地为人类服务”。Perlman 氏应用微生物学定律也指出：“微生物总没有错，它是你的朋友和关系微妙的伙伴。愚蠢的微生物是没有的。微生物善于做和乐于做任何事情。微生物比化学家、工程师和其他人更机灵、聪明且精力充沛。如果你会照顾这些‘小朋友’，那么它们也会照顾你的未来。”

1.2　微生物实训室认知

知识点【1-3】微生物实训室构成及安全管理规范

1. 微生物实训室基本构成

微生物实训室是进行微生物学实训和科学研究的主要场所。通常，标准的微生物实训室应设有准备室、灭菌室、无菌室、培养室、菌种保藏室、生物安全室及废弃物处理室等场所。由于不同微生物实训室所属单位的工作性质不同，以及受条件的限制，可根据具体情况将几个或多个场所进行合并，如普通微生物实训室通常集准备室、灭菌室、培养室、废物处理室等于一体，有条件的可以单独设立无菌室、显微镜室等。下面重点介绍准备室、无菌室和生物安全室的基本构成。

（1）准备室。准备室主要用于实训前的准备、微生物培养基的制备、样品的处理等常规试验操作。其中通常设有实验操作台、药品试剂柜、电炉、搁物架（或柜）、电源，以及配有洗刷器皿的水池、盆、刷、洗涤剂（或去污粉）等。一般微生物准备室结构如图 1–5 所示。

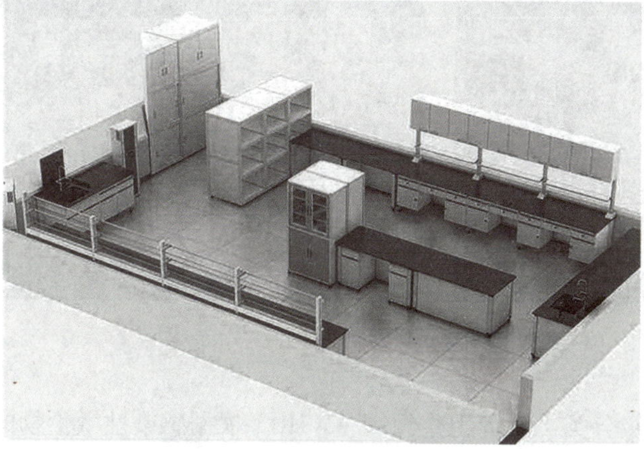

图 1–5　一般微生物准备室结构

码上看

微生物实训室基本构成

（2）无菌室。无菌室是进行微生物接种、分离纯化等无菌操作的重要场所。

1）无菌室的基本构成。无菌室通常由内间和外间组成。内间是无菌室；外间是缓冲室。房间容积小而严密，方便灭菌。内间面积通常为 $5\ m^2$，外间面积为 $2\ m^2$，高以 2.5 m

以下为宜。内间、外间最好用推拉门（设在距离工作台最远的位置上）隔开，以减少空气波动。连接内间与外间的隔壁上设有传递窗，作为无菌操作过程中必要的内外传递物品的通道，以减少人员进出内间的次数，降低污染程度。传递窗一般宽为 60 cm、高为 40 cm、厚为 30 cm。无菌室通常还设置通气窗。通气窗一般设置在内间进门处的顶棚上（即距离工作台最远的位置），为双层结构，外层为百叶窗，内层可用抽板式窗扇。通气窗可在内间使用后、灭菌前开启，以利于空气流通。有条件的也可以安装恒温恒湿机。

2）无菌室常见设备和用具。无菌室常用的设备是超净工作台。在内间和外间各安装有紫外灯（多为 30 W）。内间的紫外灯应安装在经常工作的座位正上方离地面 2 m 处，外间的紫外灯可安装在外间中央。外间应放置专用的工作服、鞋、帽、口罩，盛有来苏水（消毒剂）的瓷盆和毛巾，手持喷雾器和 5% 的石炭酸溶液等。内间应放置酒精灯、常用接种工具，不锈钢制的刀、剪子、镊子，75% 的乙醇棉球，载玻片，特种蜡笔或记号笔，记录本，标签纸，废物筐等，超净工作台台面应保持干净整洁。

3）无菌室的灭菌消毒。

①熏蒸灭菌：常用于无菌室的彻底灭菌。通常在无菌室使用了较长时间后，或污染比较严重时，进行熏蒸灭菌。可使用甲醛、乳酸或硫黄熏蒸。

②喷雾灭菌：在每次使用无菌室前进行。喷雾可促使空气中微粒及微生物沉降，防止桌面、地面上的微尘飞扬，并有杀菌作用。可使用 5% 的石炭酸或 75% 的乙醇喷雾。

③紫外线照射灭菌：在每次使用无菌室前进行。紫外线有较好的杀菌效果。注意，在使用无菌室和超净工作台前，通常应开启紫外灯照射 30 ～ 60 min。

（3）生物安全室（Biosafety Laboratory）。生物安全室是指通过防护屏障和管理措施，能够避免或控制被操作的有害生物因子危害，达到生物安全要求的实验室（图 1–6）。

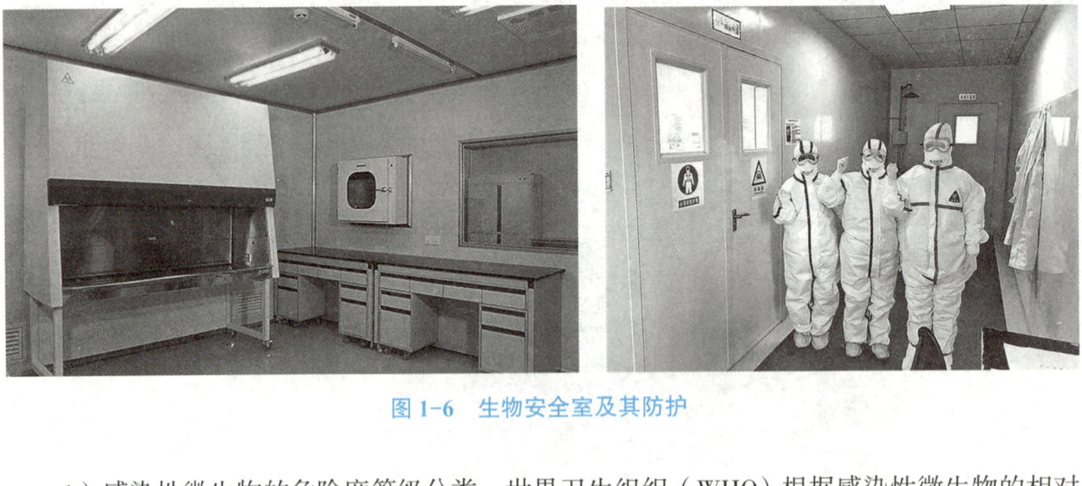

图 1–6　生物安全室及其防护

1）感染性微生物的危险度等级分类。世界卫生组织（WHO）根据感染性微生物的相对危害程度制定了危险度等级，具体危害程度如下：

①危险度 1 级（无或极低的个体和群体危险）：不太可能引起人或动物致病的病原体。如食源微生物中菌落总数、大肠菌群、粪大肠菌群等指标菌被列为危险度 1 级。

②危险度 2 级（个体危险中度，群体危险低）：病原体能够使人体或动物致病，但对实验室工作人员、社区、牲畜或环境不易导致严重危害。实验室暴露也许会引起严重感染，

但对感染具有有效的预防和治疗措施，并且疾病传播的危险有限，如沙门氏菌、副溶血性弧菌、金黄色葡萄球菌、黄曲霉、赭曲霉、轮状病毒等被列为危险度 2 级。

③危险度 3 级（个体危险高，群体危险低）：病原体通常能引起人或动物的严重疾病，但一般不会发生感染个体向其他个体的传播，并且对感染具有有效的预防和治疗措施，如肉毒梭菌、炭疽芽孢杆菌、肝炎病毒等被列为危险度 3 级。

④危险度 4 级（个体和群体的危险均高）：病原体通常能引起人或动物的严重疾病，并且很容易发生个体之间的直接或间接传播，对感染一般没有有效的预防和治疗措施，如鼠疫耶尔森氏杆菌等被列为危险度 4 级。

2）实验室分级。根据对所操作生物因子采取的防护措施，人们将实验室生物安全防护水平（Biosafety Level，BSL）分为Ⅰ级（BSL-1）、Ⅱ级（BSL-2）、Ⅲ级（BSL-3）和Ⅳ级（BSL-4）共四个生物安全等级。生物实验室按照生物安全防护水平又可分为 P1（Protection level 1）、P2（Protection level 2）、P3（Protection level 3）和 P4（Protection level 4）四个等级。实验室的等级越高，其研究的病原微生物危害程度也逐级递增，防护级别也就越高。生物安全Ⅰ级防护水平最低，生物安全Ⅳ级防护水平最高，如 BSL-4 实验室即 P4 实验室，是生物安全等级最高的实验室，可有效阻止最危险的传染性病原体释放到环境中；同时，也为研究人员提供安全保障。依据国家相关规定：

①生物安全防护水平为Ⅰ级的实验室适用于操作在通常情况下不会引起人类或动物疾病的微生物。

②生物安全防护水平为Ⅱ级的实验室适用于操作能够引起人类或动物疾病，但一般情况下对人、动物或环境不构成严重危害，传播风险有限，实验室感染后很少引起严重疾病，并且具备有效治疗和预防措施的微生物。

③生物安全防护水平为Ⅲ级的实验室适用于操作能够引起人类或动物严重疾病，比较容易直接或间接在人与人、动物与人、动物与动物间传播的微生物。

④生物安全防护水平为Ⅳ级的实验室适用于操作能够引起人类或动物非常严重疾病的微生物，以及我国尚未发现或已经宣布消灭的微生物。

与微生物危险度等级相对应的生物安全防护水平、操作和设施对照见表 1-2。

码上看

新型冠状病毒检测实验室

表 1-2　与微生物危险度等级相对应的生物安全防护水平、操作和设施对照

危险度	生物安全防护水平	实验室级别简称	实验室类型	实验室操作	安全设施
1 级	基础实验室——Ⅰ级生物安全防护水平	BSL-1(P1)	基础的教学、研究	GMT	不需要；开放实验台
2 级	基础实验室——Ⅱ级生物安全防护水平	BSL-2(P2)	初级卫生服务；诊断、研究	GMT 加防护服、生物危害标志	开放实验台，此外需 BSC 用于防护可能生成的气溶胶

续表

危险度	生物安全防护水平	实验室级别简称	实验室类型	实验室操作	安全设施
3 级	防护实验室——Ⅲ级生物安全防护水平	BSL-3(P3)	特殊的诊断、研究	在Ⅱ级生物安全防护水平上增加特殊防护服、进入制度、定向气流	BSC 和 / 或其他所有实验室工作所需要的基本设备
4 级	最高防护实验室——Ⅳ级生物安全研究水平	BSL-4(P4)	危险病原体研究	在Ⅲ级生物安全防护水平上增加气锁入口、出口淋浴、污染物品的特殊处理	Ⅲ级 BSC 或Ⅱ级 BSC 并穿着正压服、双开门高压灭菌器（穿过墙体）、经过过滤的空气
注：BSL：生物安全防护水平（Biosafety Level）；BSC：生物安全柜；GMT：微生物学操作技术规范；P1、P2、P3、P4 是习惯称法					

◎ 新规范

小资料

我国根据病原微生物的传染性、感染后对人和动物的个体或群体的危害程度，将病原微生物分为一类、二类、三类、四类。其中，一类、二类病原微生物统称为高致病性病原微生物（《病原微生物实验室生物安全管理条例》第七条）。例如，新型冠状病毒暂时按照病原微生物危害程度分类中第二类病原微生物进行管理，属于生物安全Ⅲ级的高致病性微生物。另外，新型猪流感病毒（H1N1-G4）、新型寨卡病毒，登革热病毒都为第三类病原微生物（属于生物安全Ⅱ级）；埃博拉病毒则为第一类病原微生物（属于生物安全Ⅳ级）。

3）生物安全标识（国际通用的生物危害警告标志）。处理危险度 2 级或更高危险度级别的微生物时，应在实验室门上标有国际通用的生物危害警告标志（图 1-7）。

生物安全国际通用符号	描述	安全等级Ⅰ	安全等级Ⅱ	安全等级Ⅲ	安全等级Ⅳ
	普通无害细菌、微生物、病毒	●	●	●	●
	一般性可致病细菌、微生物、病毒	—	●	●	●
	烈性/致命细菌、微生物、病毒，可治愈	—	—	●	●
	烈性/致命细菌、微生物、病毒，不可治愈	—	—	—	●

图 1-7　生物安全国际通用符号

视野窗

安全意识，法治思维

百度百科——《中华人民共和国生物安全法》

《中华人民共和国生物安全法》

生物安全是国家安全的重要组成部分，生物安全覆盖范围广，涉及公共卫生安全、农业生物安全、生物资源安全、资源环境安全等多个领域，与每个人都密切相关。《中华人民共和国生物安全法》是贯彻总体国家安全观，维护国家生物安全领域的基础性、综合性、系统性、统领性法律。《中华人民共和国生物安全法》是为维护国家安全，防范和应对生物安全风险，保障人民生命健康，保护生物资源和生态环境，促进生物技术健康发展，推动构建人类命运共同体，实现人与自然和谐共生而制定的法律。

《中华人民共和国生物安全法》由中华人民共和国第十三届全国人民代表大会常务委员会第二十二次会议于 2020 年 10 月 17 日通过，自 2021 年 4 月 15 日起施行。

2. 微生物学实训室安全管理规范

微生物实训室操作人员应该有严格的无菌观念，要求进入实训室后，必须严格遵守以下实训室规则，并认真执行，做好实训室的日常安全管理与维护。

（1）进入实训室必须穿实训服，不得穿短裤、凉鞋等，非实训室人员不得进入。

（2）实训室内禁止饮食、吸烟，不得高声喧哗或随便走动，不得用舌头舔舐标签、笔尖或手指等，以免感染。

（3）非必要物品和食物不要带入实训室，必须带进的物品需放在不影响实训操作的地方。

（4）爱护实训室内的仪器设备，严格按照安全操作规程使用。贵重仪器的使用记录、破损遗失应填写报告。

（5）实训室内物品摆放整齐，并有固定位置。药品试剂定期检查并有明确标签，仪器定期检查、保养、检修。

（6）节约使用实训材料，不慎损坏了器材等，应主动报告老师进行处理。

（7）在进行高压蒸汽灭菌等工作时，不得擅自离开现场，认真观察温度、时间等控制条件。

（8）严禁用口直接吸取药品和菌液，应按正确的无菌操作规程进行，如发生菌液、病原体溅出容器外，应立即使用有效的消毒剂进行彻底消毒，安全处理后方可离开现场。

（9）随时保持实训室清洁卫生，不得乱扔纸屑等杂物，测试用过的废弃物要倒在固定的废物 / 液筒内，并及时处理。

（10）实训结束后，应物归原处，并整理清洁操作台面。值日生负责打扫实训室，并进行安全检查。认真检查水、电、门、窗和正在使用的仪器设备等。

（11）离开实训室前，用清水、肥皂洗净双手，必要时可用新洁尔灭、过氧乙酸等消毒液浸泡双手，然后用清水冲洗干净。

（12）药品、器材、菌种等不经批准不得擅自外借和转让，更不得私自带离实训室。实训服应经常清洗，保持整洁，必要时要进行高压灭菌。

（13）遇到意外事故时，要冷静判断，正确处理。

1）火险。遇火险应立刻关闭电源、火源，使用湿布、砂土覆盖灭火，必要时使用灭火器灭火。如遇乙醇、乙醚或汽油等着火，使用灭火器或砂土或湿布覆盖，慎勿以水灭火。如遇衣服着火，可就地或靠墙滚转。如遇棉塞着火，可用湿布包裹熄灭，切勿用嘴吹，以免扩大燃烧范围。

2）菌液溢出。若打碎有菌容器而使菌液流到桌面上或地上，应立即用5%石炭酸或0.1%新洁尔灭溶液覆盖，30 min后擦净，再用消毒乙醇棉球擦手后再继续操作。

3）吸入菌液。普通微生物学试验，不可用病原菌作为试验材料。如不慎将菌液吸入口中，应立即吐出，并用大量自来水多次漱口，再根据该菌的致病程度做进一步处理。

①吸入非致病性菌液：立即以大量清水漱口，再以0.1%高锰酸钾溶液漱口。

②吸入一般致病菌（如葡萄球菌、酿脓链球菌、肺炎链球菌等）：立即以大量热水漱口，再以3%过氧化氢、0.1%高锰酸钾溶液漱口或以0.02%硝甲酚汞液漱口。

③吸入致病菌：如吸入白喉菌液，经②法处理后，并注射1 000个单位的白喉抗毒素作紧急预防。若吸入伤寒沙门氏菌、痢疾志贺氏菌或霍乱弧菌等菌液，经②法处理后，并注射抗生素和相应抗血清以预防发病。

4）食入腐蚀性物质。如不慎食入酸液，应立即以大量清水漱口，并服镁乳或牛乳等，勿服催吐药；如不慎食入碱液，立即以大量清水漱口，并服用5%醋酸、食蜡、柠檬汁或油类、脂肪；如不慎食入石炭酸或来苏水，用40%乙醇漱口，并喝大量烧酒，再服用催吐剂使其吐出。

5）伤口的紧急处理。

①皮肤破伤：如果不小心打碎玻璃器皿，划伤皮肤，应先除尽玻璃碎片等外物，再用蒸馏水洗净后，涂以碘酒或红汞。

②皮肤烫伤：可涂5%鞣酸、2%苦味酸或苦味酸铵、龙胆紫溶液，抹甲酸丁酯油膏等。

③化学药品灼伤：

a. 如遇强酸、溴、氯、磷等酸性药品的灼伤，先以大量清水冲洗，再用5%碳酸氢钠或5%氢氧化铵溶液擦洗以中和酸。

b. 如遇强碱（氢氧化钠）、金属钠、钾等碱性药品的灼伤，先以大量清水冲洗，再用5%硼酸溶液或5%醋酸冲洗以中和碱。

c. 如遇石炭酸灼伤，以95%乙醇擦洗。

d. 如遇眼睛灼伤，先以大量清水冲洗，再根据化学品的性质做分别处理。如遇碱灼伤，以5%硼酸溶液冲洗；如遇酸灼伤，则以5%碳酸氢钠溶液冲洗，然后再滴入1～2滴橄榄油或液体石蜡润湿即可。

小测验·巩固新知

一、填空题

1. 微生物体积微小，其大小通常以________和________为单位，人们必须借助显微镜才能够看清楚。

2. 根据微生物形态大小可将其粗分为________、________、________、________、________、________。

3. 真细菌包括________、________、________、________、________和________六类。

4. 真菌包括________、________和________三类。

5. 微生物的五大特性为__________、__________、__________、__________和__________。

6. 无菌室是进行微生物接种、分离纯化等____________的重要场所。

7. 通常可以采用________、________、________等方法对无菌室进行消毒灭菌。

8. 根据对所操作生物因子采取的防护措施，将实验室生物安全防护水平分为________、________、________和________共四个生物安全等级。实验室等级越高，其研究的病原微生物危害程度也是逐级递增，意味着防护级别________。

9. 处理危险度 2 级或更高危险度级别的微生物时，应在实验室门上标有国际通用的________警告标志。

二、名词解释

1. 微生物；2. 比面值；3. 原核生物；4. 真核微生物；5. 生物安全室。

三、判断题

1. 感染性微生物的危险度等级共分 5 类。（　　）

2. 物体的体积越小，其比面值就越小，所以，大肠杆菌的比面值比人的比面值要小得多。（　　）

3. 根据对所操作生物因子采取的防护措施，将实验室生物安全防护水平分为一级、二级、三级和四级。四级防护水平最低，一级防护水平最高。（　　）

4. 微生物基础实验室属于 I 级生物安全防护水平实验室。（　　）

5. 新型冠状病毒暂时按照病原微生物危害程度分类中第二类病原微生物进行管理，属于生物安全三级的高致病性微生物。（　　）

四、思考题

1. 举例说明微生物与人类的关系，为什么说微生物既是人类的敌人，更是人类的朋友？

2. 微生物有哪些重要特性？其中最基本的是哪一个？为什么？

3. 举例说明微生物的多样性，及其对人类生产实践的影响。

4. 微生物实训室操作人员，应该有严格的无菌观念，进入实训室后，必须严格遵守哪些实训室规则？

5. 当在微生物实训室，如发生乙醇着火、菌液溢出等意外情况时，应该如何进行正确处理？

小测验参考答案

写下你的学习心得

练技能 · 实操详练

实训任务 1　走进微生物实训室

训练目标及流程

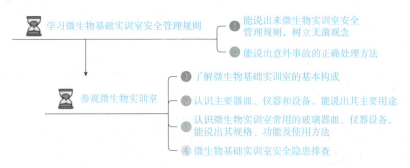

- 学习微生物基础实训室安全管理规则
  - ① 能说出来微生物实训室安全管理规则，树立无菌观念
  - ② 能说出意外事故的正确处理方法
- 参观微生物实训室
  - ① 了解微生物基础实训室的基本构成
  - ② 认识主要器皿、仪器和设备，能说出其主要用途
  - ③ 认识微生物实训室常用的玻璃器皿、仪器设备，能说出其规格、功能及使用方法
  - ④ 微生物基础实训室安全隐患排查

关键技能点详解

技能点【1-1】认识微生物实训室常用仪器和设备

码上看

认识微生物实训室的仪器设备

1. 显微镜（Microscope）

微生物个体微小，必须借助显微镜才能观察清楚它们的个体形态和细胞结构。显微镜的种类很多，根据其结构可分为光学显微镜和非光学显微镜两大类。

微生物学试验中最常用的是普通光学显微镜（即明视野显微镜），它利用目镜和物镜两组透镜系统来放大成像，故又称为复式显微镜，可将物体放大 1 000 多倍（图 1–8）。另外，还有暗视野显微镜、相差显微镜、荧光显微镜、偏光显微镜、紫外光显微镜和倒置显微镜等。

非光学显微镜也称为电子显微镜，它将电子流作为一种新的光源，使物体成像。电子显微镜可将物体放大到 200 万倍，按照结构和用途可分为透射式电子显微镜（图 1–9）、扫描式电子显微镜、反射式电子显微镜和发射式电子显微镜等。

2. 灭菌设备

（1）电热恒温鼓风干燥箱（Electric Heating Constant Temperature Drying Box）。电热恒温鼓风干燥箱简称烘箱（Drying Box），常用于玻璃器皿、金属制品等耐热物品的烘干和灭菌，但不适用于橡胶、塑料、培养基等的灭菌（图 1–10）。

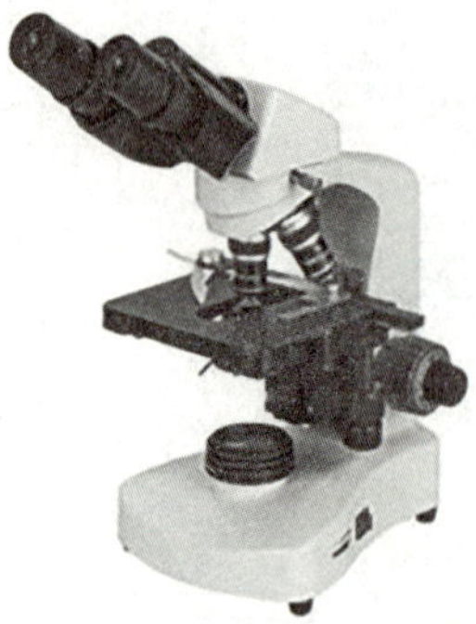

图 1-8　普通光学显微镜

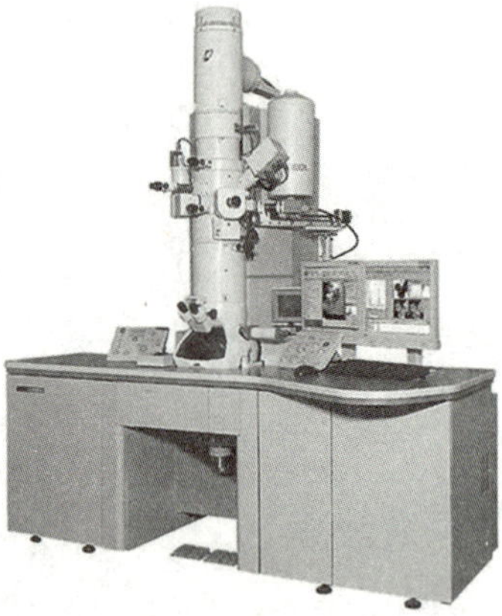

图 1-9　透射式电子显微镜

（2）高压蒸汽灭菌器（High-pressure Steam Sterilization Pot）。高压蒸汽灭菌器是一个密闭的、可以耐受一定压力的双层金属设备，是微生物学应用最广、效果最好的灭菌设备，常用于培养基、生理盐水、废弃物、玻璃器皿、纱布、衣物等的灭菌。其灭菌原理：在密闭的蒸锅内，蒸汽不能外溢，压力不断上升，水的沸点不断提高，锅内温度不断上升，在 0.1 MPa 压力下，温度达到 121 ℃，维持 15 ～ 20 min，可杀灭包括高度耐热芽孢在内的所有微生物。高压蒸汽灭菌器分为手提式（图 1-11）、立式（图 1-12）、卧式（图 1-13）等类型，而微生物学试验中常用手提式和立式。

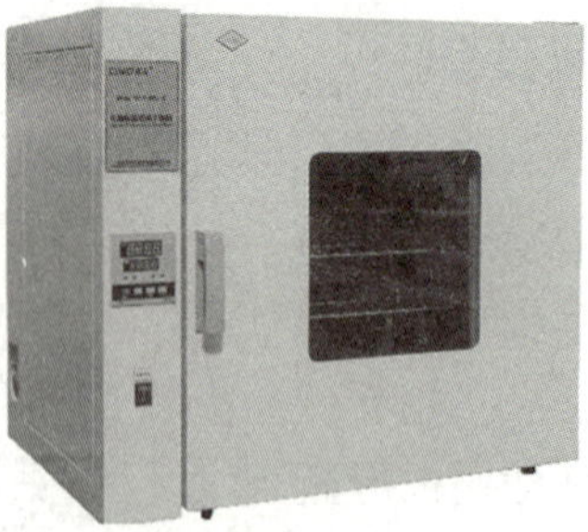

图 1-10　电热恒温鼓风干燥箱

图 1-11　手提式高压蒸汽灭菌器

图 1-12　立式高压蒸汽灭菌器

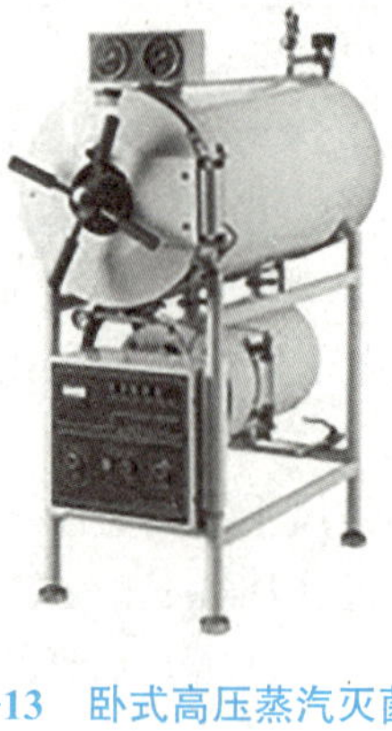

图 1-13　卧式高压蒸汽灭菌器

3. 培养设备

（1）培养箱（Culture Box）。培养箱也称恒温箱，是培养微生物的重要设备，为微生物提供一个合适的温度、湿度、气体等环境，通常可分为普通恒温培养箱（图 1–14）、生化培养箱（图 1–15）、恒温恒湿培养箱、厌氧培养箱（图 1–16）等。

图 1–14　普通恒温培养箱

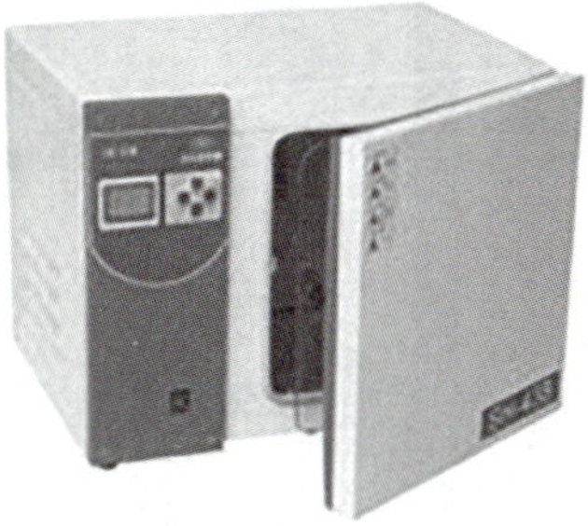

图 1–15　生化培养箱

（2）恒温振荡培养箱（Constant Temperature Oscillator）。恒温振荡培养箱又称摇床（Shaking Bed），是培养好气性微生物的小型试验设备或作为种子扩大培养之用，常用的摇床有往复式和旋转式两种（图 1–17）。

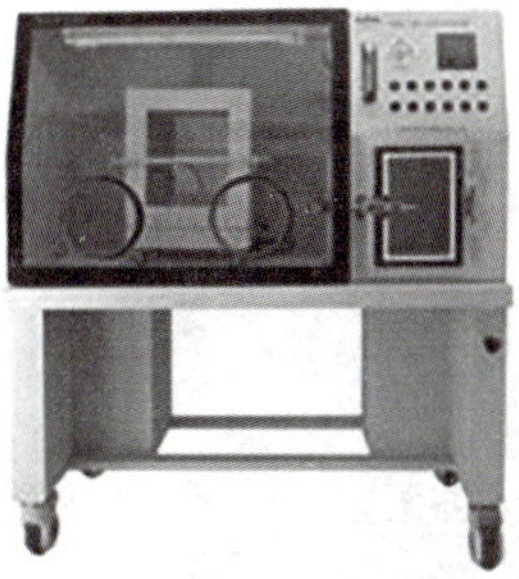

图 1–16　厌氧培养箱

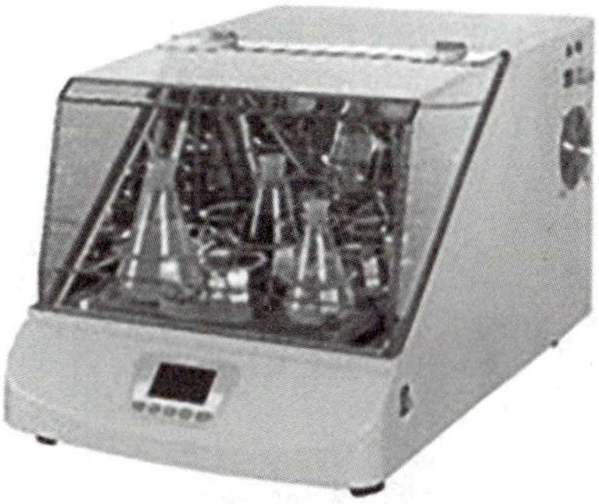

图 1–17　恒温振荡培养箱

4. 冰箱（Ice Box）

微生物实训室的冰箱主要用于微生物菌种的保藏，培养基、样品及某些药品试剂的低温保存等。通常有两种，即普通冰箱（图 1–18）和超低温冰箱（图 1–19）。普通冰箱冷藏室的温度通常为 2 ～ 8 ℃，常用于保存斜面菌种，保藏时间为 3 个月左右。如果需要长时间保存菌种，则需要经过处理后，保藏于普通冰箱的冷冻柜（–20 ℃）或超低温冰箱（–80 ～ –40 ℃）中，保藏时间较长，一般在 1 年以上。

5. 超净工作台（Clean Bench）

超净工作台（图 1–20）是一种提供局部高洁净度（无尘无菌）工作环境的通用性较强的空气净化设备，常用于微生物的接种、分离纯化等无菌操作，通常作为清洁实验室的一部分。其工作原理是利用空气层流装置，先通过风机将空气吸入，经由静压箱，再经过高效过滤器过滤，将过滤后的洁净空气以垂直或水平气流的状态送出，最终除去工作台面上包括微生物在内的各种微小尘埃。

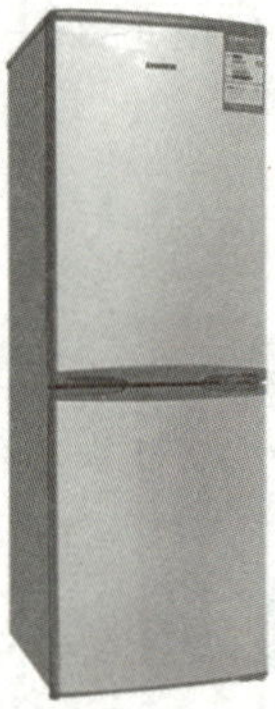

图 1-18　普通冰箱

图 1-19　超低温冰箱

6. 生物安全柜（Biological Safety Cabin，BSC）

生物安全柜是一种防止试验操作处理过程中某些含有危险性或未知性生物微粒发生气溶胶散逸的箱型空气净化负压安全装置，是实验室生物安全一级防护屏障中最基本的安全防护设备（图 1-21）。其主要工作原理是将柜内空气向外抽吸，使柜内保持负压状态，通过垂直气流来保护工作人员；外界空气经高效空气过滤器过滤后进入安全柜内，以避免样品被污染；柜内空气也需要经过高效空气过滤器过滤后再排放到外界空气中，以保护环境。

图 1-20　超净工作台

图 1-21　生物安全柜

根据生物安全柜检测标准（NSF49 标准），通常可将生物安全柜分为Ⅰ级、Ⅱ级、Ⅲ级，可适用于不同生物安全等级的操作。当实验室级别为一级时一般不使用生物安全柜，或使用Ⅰ级生物安全柜。当实验室级别为二级，可能产生微生物气溶胶或出现溅出的操作时，可以使用Ⅰ级生物安全柜；当处理感染性材料时，应使用部分或全部排风的Ⅱ级生物安全柜；若涉及处理化学致癌剂、放射性物质和挥发性溶媒，则只能使用Ⅱ-B 级全排风（B2 型）生物安全柜。当实验室级别为三级时，应使用Ⅱ级或Ⅲ级生物安全柜；所有涉及感染材料的操作，均应使用全排风型Ⅱ-B 级（B2 型）或Ⅲ级生物安全柜。当实验室级别为四级时，应使用Ⅲ级全排风生物安全柜。

技能点【1-2】认识微生物实训室常用玻璃器皿

码上看

认识微生物实训室常用玻璃器皿

1. 试管（Test Tube）

微生物实训室所用玻璃试管，其管壁必须比化学实验室用的更厚，试管的形状要求没有翻口。有的试验要求尽量降低试管内水分的蒸发，则需要使用螺口试管，即盖以螺口胶木或塑料帽。

试管（图 1-22）可根据用途分为下列三种型号：

（1）大试管（18 mm × 180 mm 或 20 mm × 200 mm）。大试管一般用于盛放倾倒培养皿用的培养基，也可用于制备琼脂斜面培养基或保藏菌。

（2）中试管（15 mm × 150 mm）。中试管一般用于盛放液体培养基或做琼脂斜面用，也可用于病毒等的稀释和血清学试验。

（3）小试管（10 mm × 100 mm）。小试管一般用于糖发酵试验等微生物生化试验或血清学试验，或者其他需要节省材料的试验。

2. 杜汉氏小管（Durham Tube）

杜汉氏小管一般用于糖发酵试验，约 6 mm × 36 mm，观察细菌在糖发酵培养基内产气情况时，一般将其倒置放于糖发酵试管内，因此，也称其为发酵小套管或杜氏小管（图 1-23）。

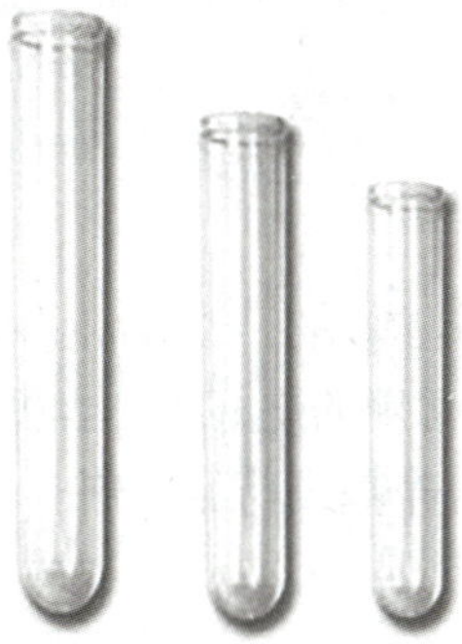

图 1-22　试管

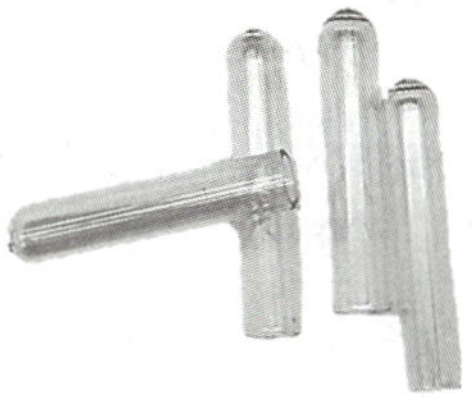

图 1-23　杜汉氏小管

3. 玻璃吸管（Glass Pipette）

玻璃吸管即分度吸量管，又称刻度移液管，是带有分度线的量出式玻璃量器，用于移取非固定量的溶液（图 1-24）。微生物学试验常用规格有 1 mL、2 mL、5 mL、10 mL 等。除有刻度的吸管外，有时需要使用不计量的毛细吸管（图 1-25），吸取细胞悬液进行梯度稀释或液体接种等。

4. 培养皿（Petridish）

培养皿（图 1-26）由皿盖和皿底两部分组成。微生物实训室常用的培养皿的规格为皿底直径 90 mm，高 15 mm。在培养皿内倒入适量固体培养基制成平板，用于微生物分离、纯化、鉴定菌种、微生物计数及测定抗生素、噬菌体的效价等。培养皿一般为玻璃皿盖，但有特殊需要时，可使用陶器皿盖，因其能吸收水分，使培养基表面干燥。例如，测定抗生素生物效价时，由于培养皿不能倒置使用，则用陶器皿盖为宜。

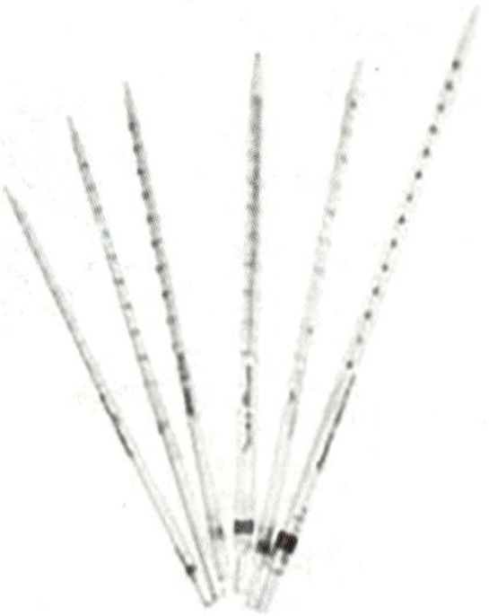
图 1-24　玻璃吸管

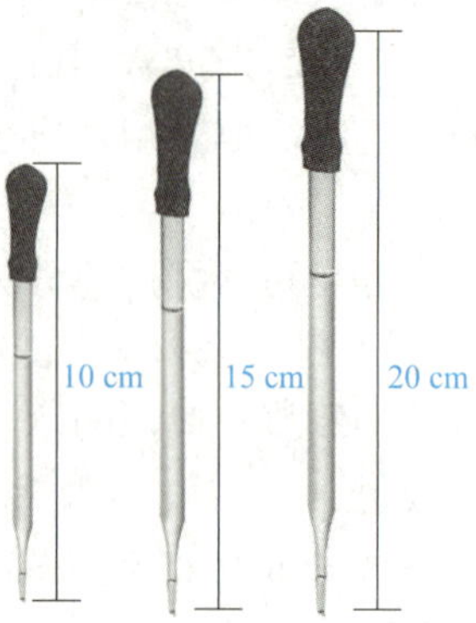

图 1-25　毛细吸管

图 1-26　培养皿

5. 三角烧瓶（Erlenmeyer Flask）与烧杯（Beaker）

微生物实训室常用的三角烧瓶（图 1-27）规格有 100 mL、250 mL、500 mL、1 000 mL 等，常用来盛放无菌水、培养基和摇瓶发酵培养基等。常用的烧杯（图 1-28）规格有 50 mL、100 mL、250 mL、500 mL、1 000 mL 等，常用来配制培养基或药品试剂。

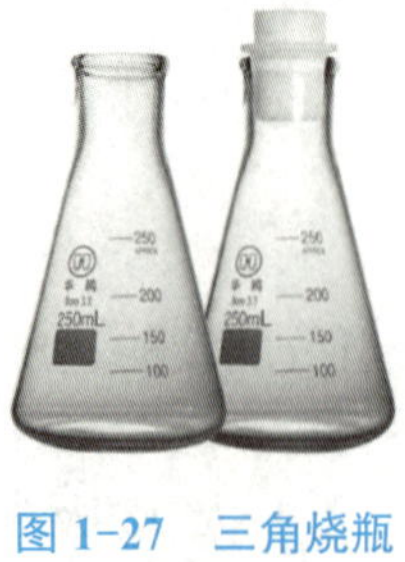
图 1-27　三角烧瓶

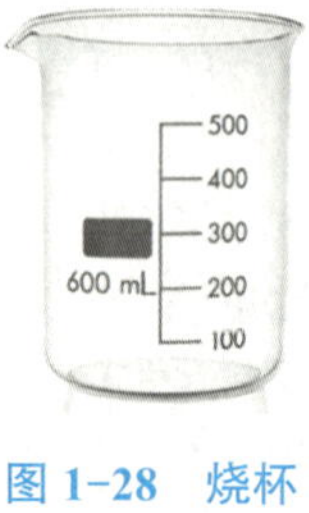

图 1-28　烧杯

6. 载玻片（Slide）与盖玻片（Coverslip）

载玻片（图 1-29）是用来放置试验材料的一种玻璃片，呈长方形。普通载玻片大小为

75 mm × 25 mm，较厚，透光性较好。盖玻片（图 1–30）是覆盖在载玻片的材料上，避免观察时液体和显微镜的物镜接触，以免污染物镜，一般呈正方形，规格有 18 mm × 18 mm、20 mm × 20 mm、22 mm × 22 mm 等，较薄，透光性较好。

图 1–29　载玻片

图 1–30　盖玻片

7. 双层瓶（Double Bottle）

双层瓶（图 1–31）由内外两个玻璃瓶组成。其内层小锥形瓶盛放香柏油，供显微镜的油镜头观察微生物时使用；外层瓶盛放二甲苯，用以擦净油镜头上的香柏油。

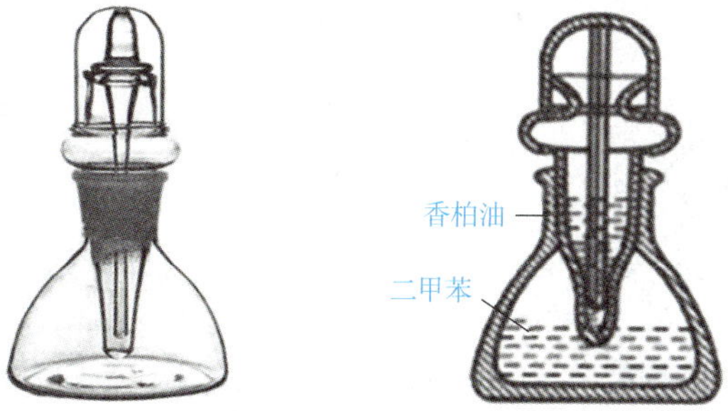

图 1–31　双层瓶

8. 血球计数板

血球计数板（图 1–32）也称血细胞计数板，是一种常用的细胞计数工具，由优质厚玻璃制成，因医学上常用来计数红细胞、白细胞等而得名，也常用于一些酵母菌、霉菌孢子等微生物的计数。其一般有 16 × 25 型（希利格式）和 25 × 16 型（汤麦式）两种。

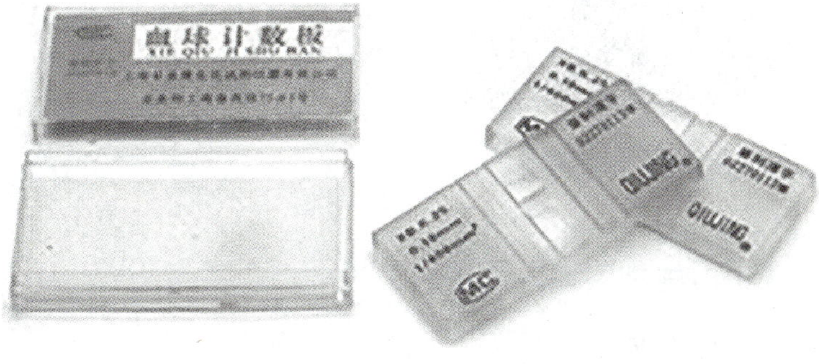

图 1–32　血球计数板

9. 其他

其他常用的玻璃器皿有酒精灯（图 1–33）、量筒（图 1–34）、玻璃棒（图 1–35）、玻璃涂布器、试剂瓶（图 1–36）、试剂滴瓶（图 1–37）、广口瓶（图 1–38）等。

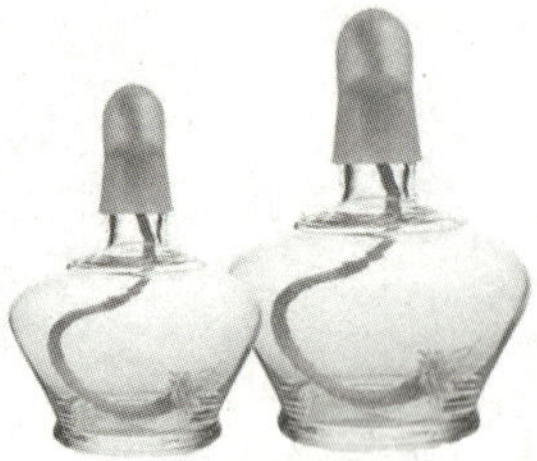

图 1–33　酒精灯

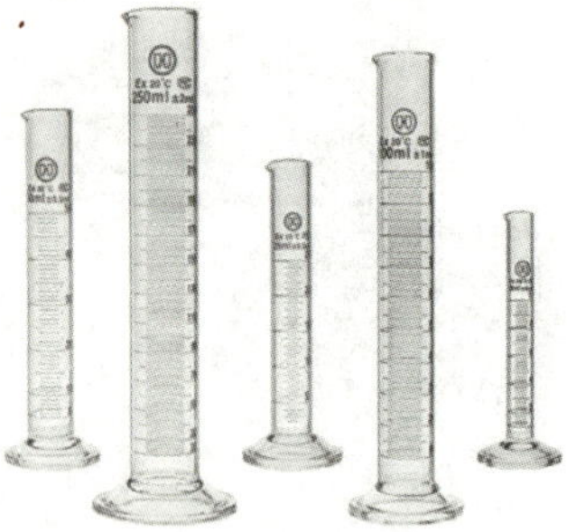

图 1–34　量筒

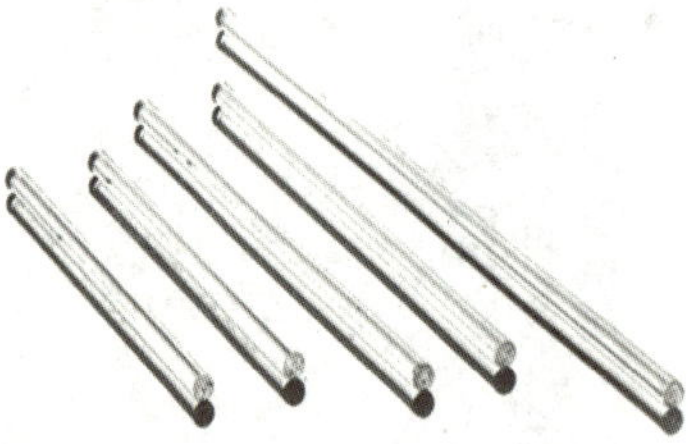

图 1–35　玻璃棒

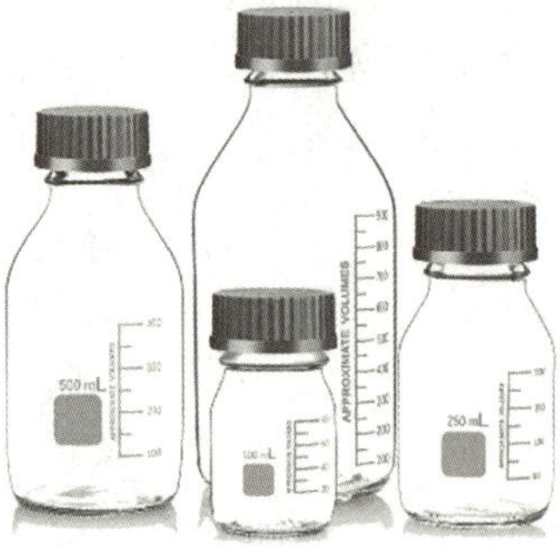

图 1–36　试剂瓶

图 1–37　试剂滴瓶

图 1–38　广口瓶

技能点【1–3】认识微生物实训常用接种工具

微生物接种技术是微生物实训中最基本的操作。接种工具是微生物培养接种所用到的工具。根据微生物接种的目的和要求可采用不同的接种工具。微生物实训室中常用的接种工具有接种针、接种环、移液管、移液器、涂布棒（器）、滴管等。

码上看

认识微生物实训室常用接种工具

1. 接种针（环）

接种针（图 1–39）是一段长为 8 cm、笔直的细丝，固定在长约为 20 cm 的金属柄上，一般采用易于迅速加热和冷却的镍铬合金等金属制备。接种环（图 1–40）是将接种针的顶部制成一个圆环。通常可分为金属接种针（环）和一次性塑料接种针（环）（图 1–41）。金属接种针（环）以镍铬合金接种针（环）最为常用，其耐高温，可重复使用。一次性塑料接种环采用高分子材料聚丙烯（PP）制成，柔软而富有弹性，表面经过特殊处理后具有亲水性，使用起来比较方便，不用反复消毒；但是，有二次污染和费用较高的缺点。在微生物试验中，接种针常用来穿刺接种；接种环常用于划线和液体接种。其他（如接种钩），可将接种针的顶端弯成一边长约为 3 mm 的直角，用来接种霉菌和放线菌或蘸取微小菌落的培养物。接种圈用来移植砂土管中的菌种，在接种针的顶端卷起几圈呈盘状的环。接种环常用的规格有 1 μL、5 μL、10 μL、15 μL。其中，1 μL 和 5 μL 的接种环直径为 2 mm；10 μL 的接种环直径为 3 mm；15 μL 的接种环直径为 5 mm。

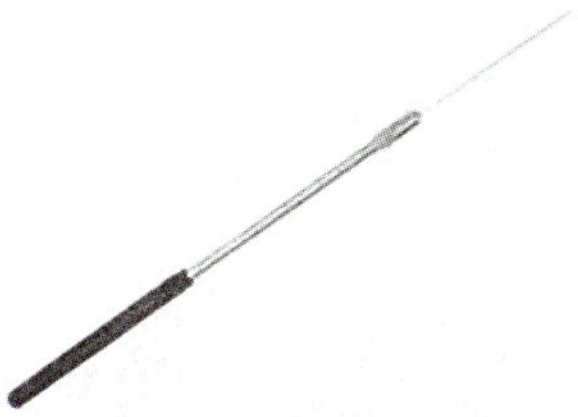

图 1–39　接种针

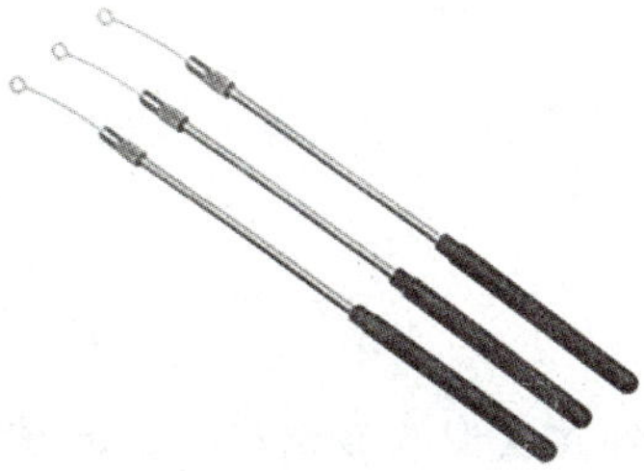

图 1–40　接种环

图 1–41　一次性塑料接种针（环）

2. 移液管

常用玻璃刻度移液管（图 1–42），管口上端装有过滤棉花塞，有 0.1 mL、0.2 mL、0.5 mL、1 mL、5 mL、10 mL 等规格，用来稀释菌悬液及液体接种。

3. 移液器

移液器（图 1–43）主要由按钮、活塞、弹簧和可以装卸的吸头组成，按动按钮可使弹簧上下活动，可用来移取一定量的菌悬液进行稀释或接种。其规格有 10 μL、20 μL、100 μL、1 000 μL、5 mL、10 mL 等，吸头可以一次性使用，也可以灭菌后重复使用，十分方便。

4. 涂布棒（器）

涂布棒（器）通常由玻璃（图 1–44）、不锈钢（图 1–45）和一次性塑料制成（图 1–46）。常用的为玻璃涂布棒（器）。其具体做法：在火焰上将长为 20 cm、直径为 3 ～ 4 mm 的玻璃棒的一段弯成边长为 3 cm 的等边三角形，再使三角形平面与柄成 140° 角，便于操作。涂布棒（器）常用来进行菌落计数或菌种涂布分离操作。

5. 滴管

滴管一般为一次性的塑料滴管（图 1–47），常用来进行液体接种。

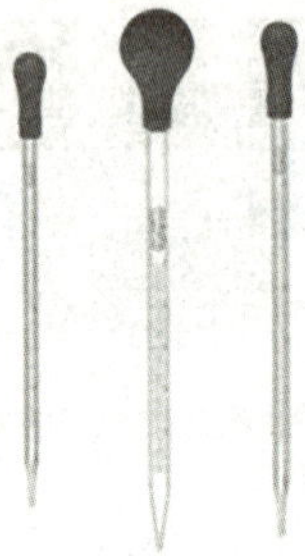

图 1–42　常用玻璃刻度移液管

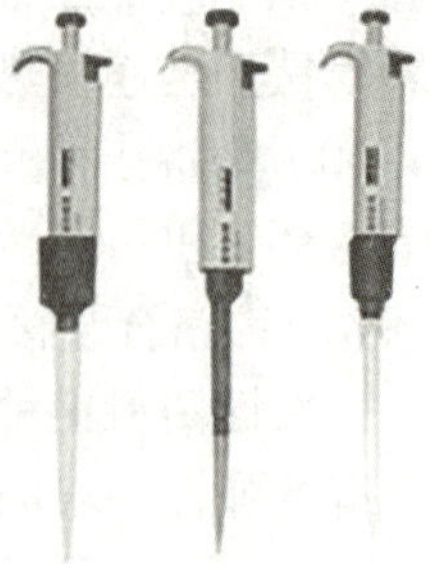

图 1–43　移液器

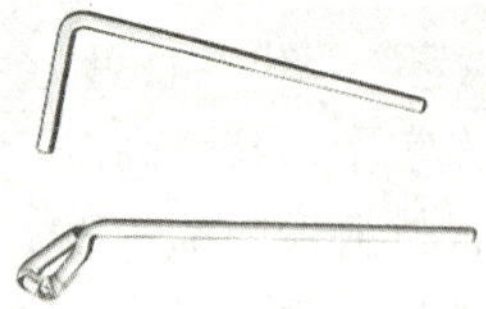

图 1–44　涂布棒（玻璃）

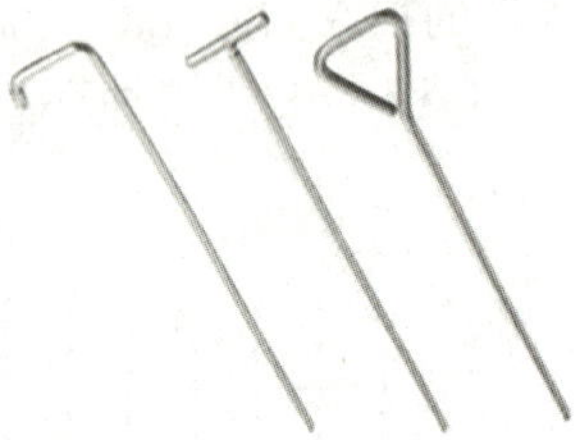

图 1–45　涂布棒（不锈钢）

图 1–46　涂布棒（一次性塑料）

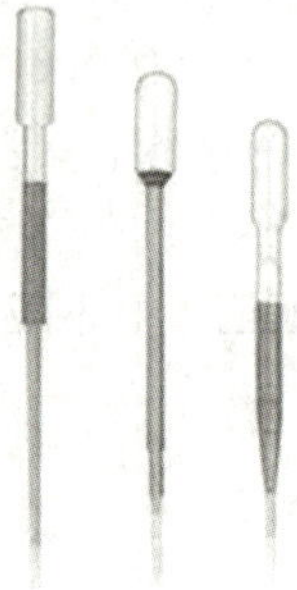

图 1–47　一次性塑料滴管

结果报告

1. 写出你在微生物实训室看到并认识的玻璃器皿、仪器设备的名称、规格或型号及主要用途。

2. 通过参观微生物实训室，寻找微生物实训室中可能存在的安全隐患，并说出处理措施，将结果填写在表 1–3 中。

表 1–3　微生物基础实训室安全隐患与处理措施

序号	安全隐患描述	处理措施
1		
2		
…		

考核评价

根据实训任务 1 考核评价表，对任务完成情况进行自我评价、小组评价、教师评价，将评价的最终结果记入实训过程性考核成绩。

实训任务 1　考核评价表

考核要点	考核内容	分值及标准	评分
学习及训练态度	按时到岗，遵守实训室规则，不迟到、不旷课、不早退。态度积极、认真、主动，实训参与度高	优 15 ～ 20 分；良 5 ～ 15 分；差 < 5 分	
实训目标达成情况	1. 能正确阐述实训室规则； 2. 能正确说出常用玻璃器皿及仪器设备的名称、规格和用途； 3. 能对实训室安全隐患进行排查，并指出解决方法	优 35 ～ 50 分；良 20 ～ 35 分；差 < 20 分	
训练结果报告	任务单内容完整、结果记录正确、书写工整	优 15 ～ 20 分；良 5 ～ 15 分；差 < 5 分	
卫生整理情况	将本次实训用到的器皿、材料等清洁并归位；将操作台清理干净并将物品摆放整齐；将地面及垃圾桶打扫干净	优 8 ～ 10 分；良 5 ～ 8 分；差 < 5 分	
考核结果	完成本次实训任务最终得分		

总结思考

1. 你认为微生物基础实训室中最主要的安全隐患是什么？在以后的实训中该如何规避？

---

2. 你看到的微生物基础实训室常用的试管、移液管、培养皿等玻璃器皿与其他实训室（如化学实训室）中的玻璃器皿有何区别？为什么？

---

3. 如果让你设计一个微生物基础实训室，应该从哪几个方面考虑？

强应用·学以致用

新闻探究

*请扫码阅读*并分析这几则新闻，说出这些新闻报道反映了微生物的哪些特性。并谈一谈你对微生物的看法。

新联链接

新闻探究

1. 澳大利亚火星式湖泊中有大量微生物

核心提示：据英国《新科学家》杂志报道，一项最新的DNA分析指出，澳大利亚一些干枯的湖泊［图1-48（a）］里不但有生物存活，还在茁壮成长，而这些湖泊的生存环境与远古火星湖泊的条件一样严酷。

2. 病毒沉睡冻土3万年，被唤醒后仍有感染能力

核心提示：科学家表示，他们重新“唤醒”了一种巨型但无害的病毒［图1-48（b）］，这种病毒被冰封在西伯利亚冻土3万年，在解冻后还有感染能力。

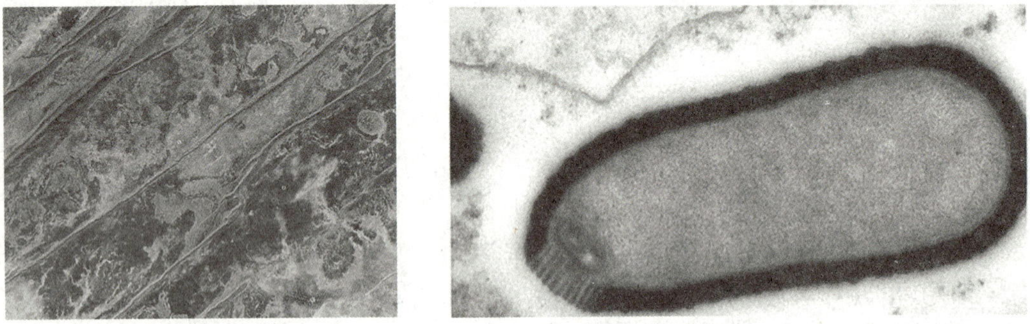

（a）　　（b）

图1-48　位于澳大利亚沙丘之间的浅水湖和沉睡3万年的古老病毒

（a）位于澳大利亚沙丘之间的浅水湖；（b）沉睡3万年的古老病毒

3. 奇特细菌靠电生存：吃的是电子，排泄的也是电子

核心提示：奇特的电子细菌［图1-49（a）］靠电生存，吃的是电子，排泄的也是电子。当在电极上施加不同的电压，只提供维持这些细菌生存最需要的最低电量时，细菌的细胞将无法繁殖和成长，但是仍然能够依靠细胞的内部机制进行自我修复和生存。

4. 人体微生物群：人类第二基因组

核心提示：人们很少会想到，在我们的身体里，有无数微小的生物时时刻刻与我们生存在一起［图1-49（b）］。它们就是存在于人类体表和体内的大量微生物群。人体正常菌群种类为500～1 000种，细菌数量达100万亿个，比人体细胞的数量还要多10倍，它们的质量加起来约有1.5 kg。除细菌外，大量的病毒、真菌及一些未知的微生物也生活在我们体内。

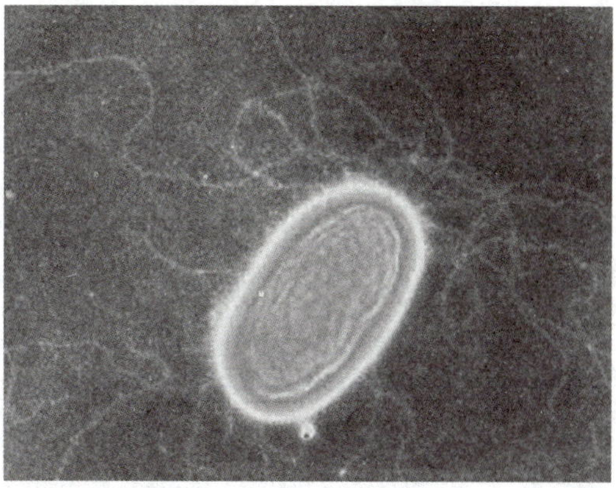
（a）

（b）

图 1-49　电子细菌和人体微生物群

（a）电子细菌；（b）人体微生物群

5. 过于干净的生活方式损害人体微生物生态系统

核心提示：加拿大圭尔夫大学微生物生态学家爱玛 · 艾伦 - 维科在对肠道微生物进行了 10 多年研究后指出，现代人过于注重卫生，食物太过精细，动辄使用抗生素，这种生活方式正在损害人体内的微生物生态系统。

学习单元 2 认识微生物学与微生物技术

学习目标

知识目标

1. 学习微生物学的定义，明确微生物学的根本任务；了解微生物学的分支学科和涉及的研究领域。

2. 学习微生物学的发展历程，熟悉微生物学的发展阶段；认识在微生物学发展史上做出巨大贡献的各位科学家，学习他们的研究成果；明确微生物学科的发展总是与人类生活、生产实践密切相连的。

3. 学习微生物的命名方法，掌握国际上通用的对微生物进行命名的双名法和三名法。

4. 微生物学的发展离不开微生物技术的发展，学生应能初步认识和学习无菌操作技术、消毒与灭菌技术、分离纯培养技术、形态鉴别技术、显微镜技术、菌种保藏技术等常用微生物技术，明确科学技术和研究方法的突破在微生物学科发展中的重要作用。

能力目标

1. 能说出微生物实训前需要进行的常规准备工作。

2. 会制作在试管、三角烧瓶及吸管上使用的棉塞，并能说出棉塞所起的主要作用；能正确进行微生物实训常用的玻璃器皿的洗涤和包扎，能说出包扎的主要目的。

3. 能说出常用高压蒸汽灭菌器、电热鼓风干燥箱的基本结构与工作原理，并能正确使用与维护。

素质目标

1. 通过学习微生物学之父——巴斯德的故事，弘扬科学精神，培养心系祖国、无私奉献的精神。

2. 通过学习我国第一台电子显微镜设计者姚骏恩的故事，感悟“只有经历磨难，生命方有厚度”，培养自立自强、守正创新、精益求精的大国工匠精神。

3. 通过探究巴斯德“曲颈瓶试验”的原理，训练以问题为导向、增强问题意识的能力，培养发现问题、解决问题、勇于探索的辩证思维与创新精神。

学习重点与难点

学习重点：微生物学定义、微生物学发展历程、微生物的命名方法、常用微生物技术。

学习难点：微生物的命名方法。

本单元参考学时：6 学时；建议教学场所：一体化智慧型微生物教室

学知识 · 新知细学

2.1　微生物学及其发展历程

进入 21 世纪，发展得最快的学科之一就是微生物学，其应用遍布工业、农牧渔业、医学、环保、国防，甚至宇宙太空等多个领域。那么，什么是微生物学？微生物学是如何建立和发展起来的？你都认识哪些著名的微生物科学家？他们为微生物学的发展都做出了哪些贡献？

码上看

微生物学及其发展历程

知识点【2-1】微生物学及其分支

1. 微生物学定义

微生物学（Microbiology）是一门在细胞、分子或群体水平上研究微生物的形态构造、生理代谢、遗传变异、生态分布和分类进化等生命活动基本规律，并将其应用于工业发酵、医药卫生、生物工程和环境保护等实践领域的科学。微生物学的根本任务就是发掘、利用、改善和保护有益微生物，以及控制、消灭或改造有害微生物，为人类社会的进步服务。

2. 微生物分支

微生物学经历了一个多世纪的发展，已分化出大量的基础性（普通微生物学）、应用性（应用微生物学）分支学科，以及微生物学与物理、化学、信息科学和技术等学科形成的交叉学科，据不完全统计，其分支学科已达 181 门之多，如图 2-1 所示。

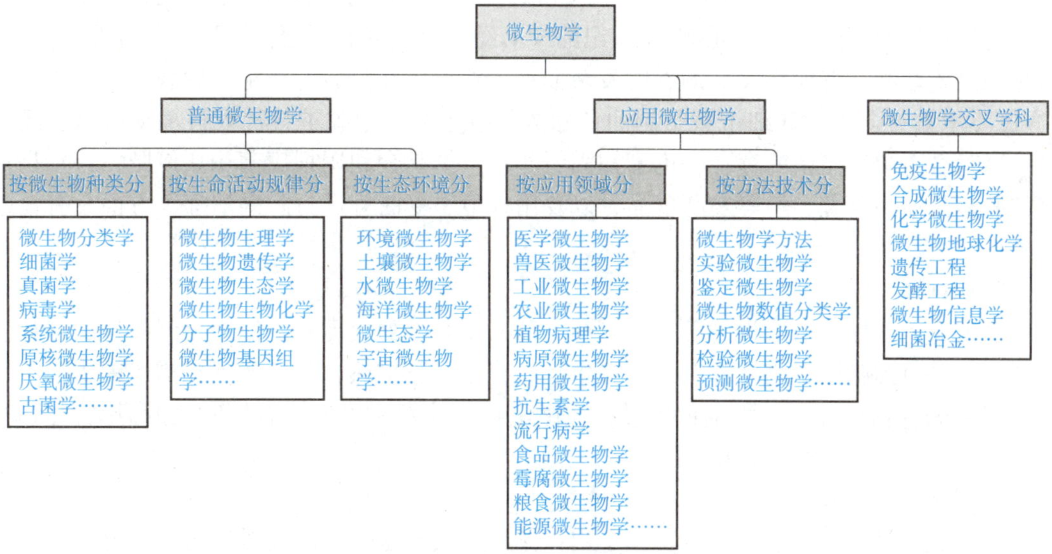

图 2-1　微生物学分支学科

知识点【2-2】微生物学的发展历程

古代人类从很早就凭借着实践经验，在不知不觉地利用有益微生物的活动服务于生活生产，直到17世纪显微镜的发明，微生物学先驱者列文虎克最早观察到微生物，而后19世纪中叶微生物学奠基人巴斯德和细菌学奠基人科赫才真正认识到微生物的生命本质，奠定了微生物学的基础，再到20世纪，随着微生物技术的发展，人们对微生物学研究的深入，从此微生物学飞速发展起来，尤其是进入21世纪后，微生物学的研究取得了一系列突破性进展，达到了快速发展的黄金时期。因此，可以将微生物学的发展史分为史前期、初创期、奠基期、发展期和成熟期五个阶段，如图2-2所示。

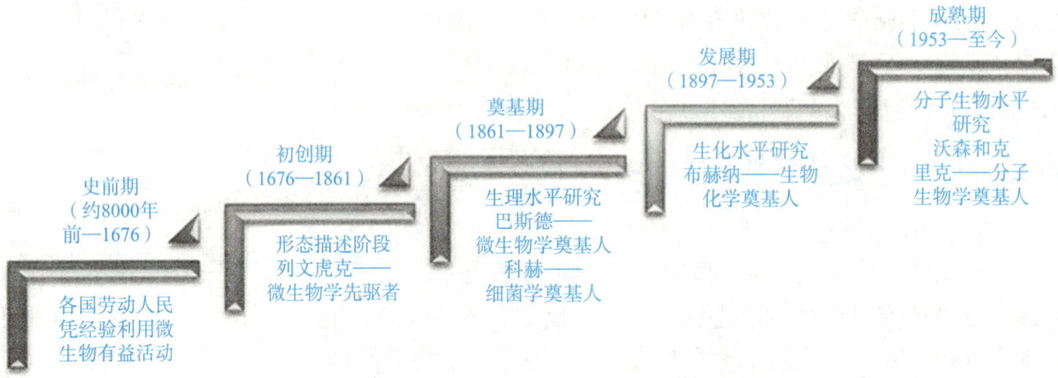

图2-2　微生物学发展历程及重要科学家

1. 史前期

此时人们对微生物一无所知："视而不见，嗅而不闻，触而不觉，食而不察，得其益而不感其恩，受其害而不知其恶"。但是，在人们真正看到微生物之前，其实已经在不知不觉中应用它们了。我国人民在利用微生物方面，尤其有着丰富的经验和悠久的历史，是世界上最早的几个国家之一。公元前3世纪，《吕氏春秋》里就有"仪狄作酒"之说，相传夏禹时期的仪狄发明了酿酒。公元前14世纪的《书经》上记载着"著作酒醴，尔惟曲蘖"，意思是如果要酿酒，就要将发芽的谷物发霉而做成曲种。在公元6世纪，后魏贾思勰所著的《齐民要术》一书中就详细记载了制曲和酿酒的技术，还记载了栽种豆科植物可以肥沃土壤，当时虽不知根瘤菌的存在，也不知固氮作用，但是会利用根瘤菌积累氮肥，特别是在制作酒、酱油、腐乳、醋等发酵食品，以及用种痘、麦曲等进行防病治疗等方面具有卓越的贡献。

2. 初创期

真正看见并描述微生物的第一人是荷兰商人安东·列文虎克，他用自制的显微镜观察到了细菌等单细胞微生物，并对这些微生物进行了形态描述，他的发现和描述首次揭示了一个崭新的生物世界——微生物世界，在微生物学的发展史上具有划时代的意义，因此，人们称他为"微生物学先驱者"(图2-3)。

3. 奠基期

列文虎克打开了一扇门，而真正走出一条路的人，是法国的路易斯·巴斯德（图2-4）和德国的罗伯特·科赫（图2-5）。

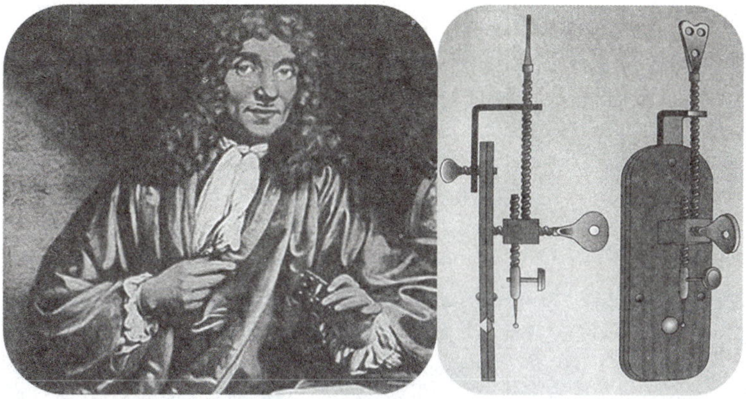

图 2-3　安东 · 列文虎克和他发明的显微镜

码上看

列文虎克与其发明的显微镜

图 2-4　路易斯 · 巴斯德

图 2-5　罗伯特 · 科赫

继安东 · 列文虎克发现微生物世界以后，微生物学的研究基本上停留在形态描述和分门别类阶段。直到 19 世纪中期，以法国的路易斯 · 巴斯德和德国的罗伯特 · 科赫为代表的科学家才将微生物的研究从形态描述推进到生理学研究阶段，他们开创了微生物学研究的奠基期。

路易斯 · 巴斯德设计的曲颈瓶试验证明了生命不是凭空出现的，揭露了微生物是造成腐败发酵和人畜疾病的原因。另外，他还研究了狂犬病，制造出了狂犬疫苗；他发现不同的发酵是由不同的微生物引起的；他通过研究葡萄酒变酸过程，发明了巴氏消毒法，拯救了法国酿酒业。路易斯 · 巴斯德的研究为微生物学的建立奠定了坚实的理论基础，也因此被人们誉为微生物学奠基人和微生物学之父。

罗伯特 · 科赫创立了分离、培养、接种和灭菌等一系列独特的微生物技术，是以后微生物学发展的基石。他用自创的方法证实并分离了许多病原菌，如炭疽芽孢杆菌（1877 年）、结核分枝杆菌（1882 年，因此获得了诺贝尔奖）、链球菌（1882 年）、霍乱弧菌（1883 年）等，因此被誉为细菌学奠基人。他提出了科赫法则，即证明某种微生物为某种疾病的病原体所必须具备的条件，这一法则至今仍指导着动植物病原菌的鉴定。科赫还创立了许多显微镜技术，如细菌的鞭毛染色法、悬滴培养法、显微摄影技术等。

路易斯·巴斯德和罗伯特·科赫的杰出工作，使微生物学作为一门独立的学科开始形成，并出现以他们为代表而建立的各分支学科，如细菌学（巴斯德、柯赫等）、消毒外科技术（李斯特），免疫学（巴斯德、梅奇尼科夫、贝林埃尔利希等）、土壤微生物学（贝耶林克、维诺格拉斯基等）、病毒学（伊凡诺夫斯基、贝耶林克等）、植物病理学和真菌学（德巴利、伯克利等）、酿造学（汉森、乔根森等）以及化学治疗法（埃尔利希等）。微生物学的研究内容日趋丰富，使微生物学发展更加迅速。

视野窗

心系祖国，无私奉献

路易斯·巴斯德的故事

微生物学之父——路易斯·巴斯德

路易斯·巴斯德是19世纪法国伟大的化学家、微生物学家，现代微生物学和免疫学的奠基人，他在立体化学、结晶学、微生物学、医学等不同领域取得一系列的重大科学成果。他是一位热爱祖国、以造福人类为己任的科学家。他凭借50余年科学研究生涯中再接再厉、坚持不懈的努力，实践着自己的追求和愿望。

路易斯·巴斯德名言："告诉你使我达到目标的奥秘吧，我的唯一力量就是我的坚持精神。""立志是一件很重要的事情，因为行动和工作总是紧随着意志的，而工作差不多总是与成功做伴的。这三者，工作、意志和成功，使人们不虚度一生。""科学没有国界，但科学家有祖国。"巴斯德认为，科学研究是全人类的事业，科学成果应服务全人类，但是一个国家若没有科学就不可能强盛起来。

4. 发展期

19世纪末和20世纪初，微生物学被牢固地建立起来。1892年，俄国的伊凡诺夫斯基首先发现了烟草花叶病毒，从而开始了对病毒的深入研究。1897年，德国的爱德华·毕希纳发现了酵母菌发酵可以不依赖细胞结构，而是"酒化酶"的作用将糖转化为乙醇，确认了酵母菌乙醇发酵的酶促过程，微生物学从此进入了生化水平研究阶段。在这个阶段，科学家们发现了微生物的代谢统一性，开始寻找微生物的有益代谢产物。1929年，英国的弗莱明发现了一种重要的抗生素——青霉素，它广泛地应用于第二次世界大战的战场上，拯救了无数士兵的生命。1952年，俄国的瓦克斯曼因从放线菌中发现了第一种有效抗结核菌的抗生素——链霉素，并由于用它来治疗结核病而荣获当年的诺贝尔生理学或医学奖。

5. 成熟期

1953年，生物学界发生了一件惊天动地的事件，人类终于揭开了遗传基因的神秘面纱，沃森和克里克提出DNA双螺旋结构及半保留复制假说，DNA的双螺旋结构被确立，微生物学进入了分子生物学研究阶段。在这个阶段，微生物发挥了更加显著的作用。科学家们用各种精密的仪器深入探究微生物的生命活动规律，并将它们应用于实际生产中。如人们用病毒或原核生物的质粒作为基因工程中的基因表达载体；放线菌生产的各种抗生素，在人类医疗免疫的发展中发挥了重要的作用；一些光合细菌还可以用于环境中污水的净化。

进入 21 世纪，随着基因组学、结构生物学、生物信息学、合成生物学、PCR 技术、高分辨率荧光显微镜及其他物理化学理论和技术等的应用，使微生物学的研究取得了一系列突破性进展，开始进入快速发展的黄金时期。在这个阶段，许多微生物学家因做出重大的创新研究而获得诺贝尔生理学或医学奖，如美国学者斯坦利·普鲁辛纳因深究绵羊瘙痒病的病因而发现朊病毒（获 1997 年诺贝尔生理学或医学奖），澳大利亚学者巴里·马歇尔和罗宾·沃伦因探索胃炎、胃溃疡等胃病的病因而发现了幽门螺杆菌（*Hlicobacterplori*，*Hp*）（获 2005 年诺贝尔生理学或医学奖），德国学者哈拉尔德·楚尔·豪森因研究子宫颈癌的病因而发现了人乳头瘤病毒（HPV）的致癌作用（获 2008 年诺贝尔生理学或医学奖）等。

2.2 微生物的分类与命名基础

人类在认识微生物之前，把一切生物都简单地分成两大界（Kingdom），即动物界和植物界。从 19 世纪中期起，随着人们对微生物的认识逐步深化，生物的分界就经历了三界、四界、五界、六界等过程，还产生了三域（Domain）学说。五界分类系统是指动物界、植物界、原生生物界、原核生物界和真菌界；六界分类系统即在五界的基础上增加了病毒界；三域学说是在对大量微生物和其他生物进行 16S 和 18SrRNA 的寡核苷酸序列进行测序，并比较其同源性水平后，提出的一个新的分类系统，三域是指细菌域（Bacteria）、古菌域（Archaea）和真核生物域（Eukarya）。为了更好地识别和研究微生物，以及方便国际间的交流，不同种类的微生物都建立有各自的分类系统，如细菌分类系统、酵母菌分类系统、霉菌分类系统等。每个系统都按照其生物学属性（如个体形态大小、染色反应、菌落特征、细胞构造、生理生化反应、与氧气的关系、血清反应等）及它们之间的亲缘关系，有次序地、分门别类地进行排列，并进行严格的科学命名。

知识点【2-3】微生物的命名方法

1. 微生物的俗名和学名

每种微生物都有一个自己专门的名字，微生物的名字有俗名（Common Name）和学名（Scientific Name）之分。

（1）俗名。俗名是指普通的、通俗的、地区性的名字，具有简明、大众化等优点，但往往含义不够确切，易于重复，使用范围有局限，尤其不便于国际间的交流。

（2）学名。学名是指某一菌种的科学名称，是按照“国际命名法规”进行命名并受国际学术界公认的通用正式名称。

例如“结核杆菌”是 *Mycobacterium tuberculosis*（学名是结核分枝杆菌）的俗名。

2. 分类单元

如果人们要给某种微生物取一个学名，首先需要认识一个名词，即分类单元。分类单元（taxon，复数 taxa）是指具体的分类群。与其他生物分类一样，微生物的分类单元也可分为七个基本的分类等级（rank 或 category）或分类阶元，由上而下依次是界、门、纲、目、科、属、种（图 2-6），即把生物学属性类似的微生物排列成界，在界内从类似的微生物中找出它们的差别，再列为门，依次类推，一直分到种。在分类中，若这些分类单元的等级不足以反映某些分类单元之间的差异，也可以增加“亚等级”，即亚界、亚门……亚种，还可以在科（或亚科）和属之间增加族和亚族等级。而在界以上，也常出现更高的分类单元名称，如“域”等。

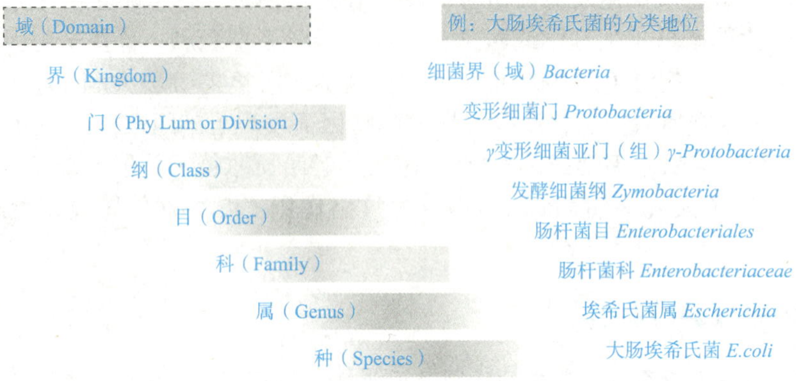

图 2-6　通用分类单元

其中，种是分类的最小单元，是一个基本分类单元，它是一大群表型特征高度相似、亲缘关系极其接近、与同属内的其他物种有着明显差异的菌株的总称。在微生物学中，“种”只是一个抽象的概念，具有该种的许多典型性状的模式菌株，即模式种才是具体的“种”，即一个种只能用该种内的一个典型菌株（模式种）作为具体标本（图 2-7）。

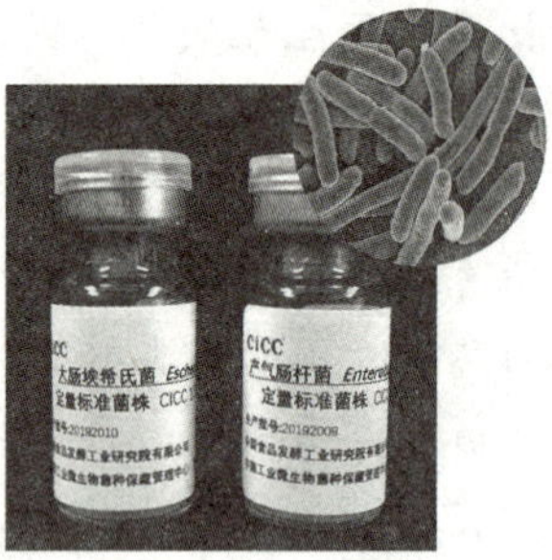

图 2-7　模式菌株

（1）新种（Species nova）：新被鉴定的种。发表时应在其学名后标上“*sp.nov*”的符号，新种发表前应将其模式菌株的培养物存放在一个永久性的保藏机构，并应允许人们从中取得。例如 *Corynebacterium pekinensesp.nov* AS 1.299（即北京棒杆菌 AS 1.299，新种）。

（2）亚种（Subspecies）：种的进一步细分，一般是指除某一明显而稳定的特征外，其余鉴定特征与模式种相同的种。

（3）菌株（Strain）：表示任何由一个独立分离的单细胞繁殖而成的纯种群体及其一切后代，实际上是一个微生物达到遗传性的标志。菌株的名称可随意确定，一般可用字母加编号表示（字母多表示实验室、产地或特征等的名称，编号则表示序号等数字），如 *Escherichia coli* K12（是最常用的 *E.coli* 菌株）。

3. 微生物的命名方法

通常，按照国际命名法规中的双名法和三名法对微生物进行命名，由拉丁词或拉丁化的词组成，一般用斜体表示。

（1）双名法（Binominal Nomenclature）。双名法是指一个物种的学名由前面一个属名（Generic Name）和后面一个种名加词（Specific Epithet）两部分组成。属名在前，词首字母须大写，一般用拉丁字名词表示，通常描绘主要形态或生理特征，种名加词在后，全部小写（包括由人名或地名等专用名词衍生的），常用拉丁文形容词表示，代表一个种次要特征。

学名 = 属名 + 种名加词 + （首次定名人）+ 现名定名人 + 现名定名年份

必要（斜体）　　可省略（正体）

例如，大肠埃希氏菌（大肠杆菌）*Escherichia coli* (Migula) Castellani et Chalmers 1919；金黄色葡萄球菌 *Staphylococcus aureus*，其中，属名由 *Staphylo*（葡萄状）和 *coccus*（球状）组成，种名 *aureus* 表示金黄色。

若所分离的菌株只鉴定到属，而未鉴定到种，可用 *sp.*（表示单数）或 *spp.*（表示复数）来表示。如 *Bacillus sp.*（即一种芽孢杆菌）。当两个或多个学名排列在一起时，若它们的属名相同，则后面的属名可缩写成 1 个、2 个或 3 个字母，在其后加一个点，如 *Bacillus* 可缩写成"*B.*"或"*Bac.*"。

（2）三名法（Trinominal Nomenclature）。当某种微生物是一个亚种（subspecies，缩写 subsp）或变种（variety，缩写 var）时，学名应用三名法拼写。

学名 = 属名 + 种名加词 + （subsp 或 var）+ 亚种或变种的加词

斜体　　正体（可省略）　　斜体（不可省略）

如酿酒酵母椭圆变种 *Saccharomyces cerevisiae* (var) *ellipsoideus*。

码上看

扫码认识一些常见微生物的学名后，请写下你感兴趣的微生物学名。

常见微生物的学名

2.3　微生物技术认知

显微镜的发明让人们开始认识了微生物，进而推动了该技术的发展，而促使微生物学迅速诞生和发展的是无菌操作技术与分离纯种培养技术等微生物技术的发明及应用。现代微生物技术已经形成了灵活多变、应用广泛的技术体系，是从事微生物学研究及应用工作的人员的必备技术技能。那么，现在常用的微生物技术都有哪些呢？

知识点【2-4】常用微生物技术

1. 无菌操作技术

微生物无处不在，在微生物学的研究及应用中，不仅需要通过分离纯化技术从混杂的天然微生物群中分离出特定的微生物，还必须随时注意保持微生物纯培养物的“纯洁”，防止其他微生物的混入。通常，在微生物分离、转接及培养时防止其被其他微生物污染的技术称为无菌操作技术（Aseptic Technique）。它是保证微生物学试验及研究正常进行的关键，无菌操作所用的器具和材料，都必须事先经过灭菌处理，并保证在无菌的环境中进行。因此，微生物实验室工作人员，必须有严格的无菌操作观念，其主要目的：防止工作人员在试验操作中污染样品；保证工作人员的安全。

（1）常用器具的无菌。试管、三角烧瓶、培养皿等是最为常用的培养微生物的玻璃器皿，在使用前必须进行灭菌。最常用的灭菌方法是高压蒸汽灭菌法，它可以杀灭所有的微生物，包括最耐热的某些微生物的休眠体，还可以基本保持培养基（培养微生物的营养物质，可以加到器皿后一起灭菌，也可以在单独灭菌后加到无菌的器具中）的营养成分不被破坏。有些玻璃器皿还可以采用高温干热灭菌技术灭菌。为了防止杂菌（特别是空气中的杂菌）污染，试管及玻璃烧瓶都需要采用适宜的塞子塞口，通常采用棉花，也可以采用各种金属、塑料及硅胶帽，它们只可让空气通过，而不让空气中的微生物通过，于是就达到了过滤除菌的目的。

（2）接种操作环境的无菌。分离微生物或在无菌条件下将微生物由一个培养器皿转接到另一个培养容器进行培养，是微生物学研究中最常用的基本操作。由于打开器皿就可能引起器皿内部被环境中的微生物污染，微生物试验的所有操作均应在无菌条件下进行，其要点是在火焰附近进行熟练的无菌操作（图 2-8），也可以在超净工作台（操作箱，图 2-9）上或无菌室内无菌的环境下进行操作。超净工作台或无菌室内的空气可以在使用前一段时间内用紫外灯或化学药剂灭菌。有的无菌室通无菌空气维持无菌状态。用以挑取和转接微

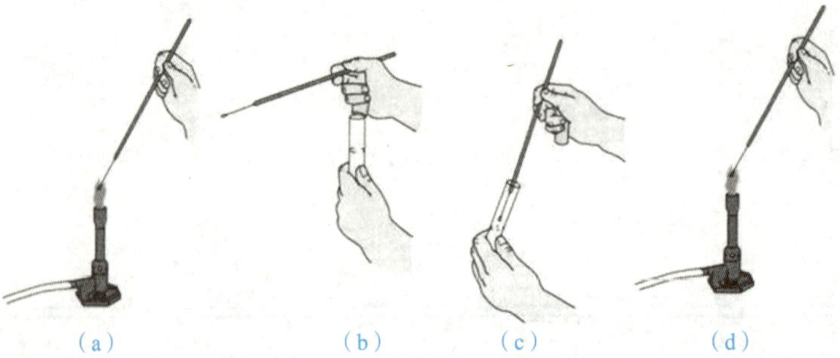

图 2-8　无菌操作转接培养物示意

(a) 接种环在火焰上灼烧灭菌；(b) 烧红的接种环在空气中冷却，同时打开装有培养物的试管；

(c) 用接种环蘸取一环培养物转移到装有无菌培养基的试管中，并将原试管盖好；

(d) 接种环在火焰上灼烧，杀灭残留的培养物

生物材料的接种环及接种针，使用时要用火焰灼烧灭菌。移接液体培养物时可采用无菌移液管、吸管或移液器。

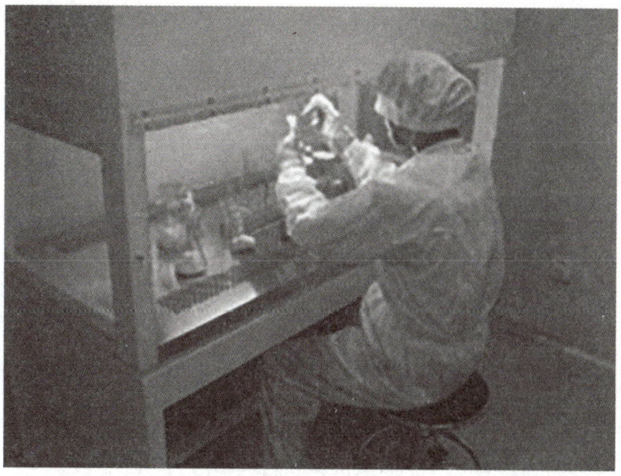

图 2-9　在超净工作台上进行无菌操作

码上看

消毒和灭菌的历史

2. 消毒与灭菌技术

微生物试验中一般可通过消毒、灭菌等手段达到杀灭、抑制有害微生物的目的。**消毒**（Disinfection）是一种采用较温和的理化因素，仅杀死物体表面或内部一部分对人体或动植物有害的病原菌，而对被消毒的对象基本无害的措施。**灭菌**（Sterilization）是指采用强烈的理化因素使任何物体内外部的一切微生物永远丧失其生长繁殖能力的措施，是一种彻底杀死微生物的措施。微生物试验常用的消毒与灭菌方法见表 2-1。

表 2-1　微生物试验常用的消毒与灭菌方法

类别	常用方法及说明
干热灭菌技术	**灼烧灭菌法**：常用酒精灯火焰灼烧接种环、接种针、瓶口及镊子等无菌操作中的工具或物品
	电热干燥灭菌法：灭菌温度 160 ℃，维持 2 h。常用电热烘箱对培养皿等玻璃器皿进行干热灭菌
	红外线灭菌法：常用红外线灭菌器对接种工具、医疗器械等进行灼烧灭菌
湿热灭菌技术	**高压蒸汽灭菌法**：灭菌温度 121 ℃，压力 0.1 MPa，维持 15 ～ 20 min。常用于培养基、无菌水、各种缓冲液、玻璃器皿和工作服等的灭菌
	巴氏消毒法：灭菌温度 61.6 ～ 62.8 ℃，维持 30 min，或灭菌温度 71.7 ℃维持 15 ～ 30 s。常用于啤酒、牛奶、果汁和酱油等的消毒处理
	煮沸法：灭菌温度 100 ℃，煮沸数分钟，一般用于饮用水的消毒
辐射灭菌技术	**非电离辐射灭菌法**：波长 200 ～ 300 nm 的紫外线具有杀菌作用，其中，波长 265 nm 的紫外线杀菌能力最强，但穿透力弱，一般用于试验场所空气和物品表面的消毒
	电离辐射灭菌法：高速电子、X 射线、β 射线、γ 射线等，具有较高的能量和穿透力，直接或间接破坏微生物核酸、蛋白质等生物大分子的结构，从而抑制或杀死微生物。常用于密封的物品、不耐热的食品、药品等的灭菌

续表

类别	常用方法及说明
过滤除菌技术	采用滤孔小于细菌大小的滤膜或筛子等过滤器，过滤液体或空气中的微生物。常用于含酶、糖、血清等热敏性物质及空气的灭菌
化学消毒灭菌技术	适用于物体表面消毒或传染病的预防中，例如，用于皮肤、黏膜、饮水、卫生间、空气、手等的消毒。常用的有 3% ～ 5% 石炭酸、70% ～ 75% 乙醇、0.5% ～ 10% 甲醛、0.2 ～ 0.5 mg/L 氯气、0.05% ～ 0.1% 新洁尔灭等

3. 分离纯培养技术

自然界中各种微生物都是杂居混生在一起的，想要研究和利用某种微生物，首先应该获得该种微生物，这种从混杂的微生物群体中获得只含有某一种微生物的过程称为**微生物的分离纯培养**。微生物分离纯培养技术包括培养基的制备、微生物的分离纯化、微生物的培养、微生物的接种等。掌握微生物分离纯培养技术是微生物学工作者的基本功之一。

（1）用固体培养基分离纯培养。通常在微生物学中，在人为规定的条件下培养、繁殖得到的微生物群体称为**培养物**（Culture），而只有一种微生物的培养物称为**纯培养物**（Pure Culture）。从混杂的微生物群体中获得单一菌株纯培养物（纯种）的方法称为**分离纯化**。最常用的分离培养微生物的是琼脂固体培养基平板。**固体培养基**是指用琼脂或其他凝胶物质固化的培养基。所谓**平板**，即培养基平板（Culture Plate）的简称，是指将固体培养基倒入无菌培养皿，待冷却凝固后，盛放固体培养基的平皿（图 2–10）。每个孤立的、活的微生物在平板培养基上或内部生长繁殖形成**菌落**，形成的菌落便于进行移植。这种由科赫建立的采用平板分离微生物纯培养的技术简便易行，100 多年来一直是分离各种微生物菌种的最常用手段。单个微生物在适宜的固体培养基表面或内部生长、繁殖到一定程度可以形成肉眼可见的、有一定形态结构的子细胞生长群体，称为**菌落**（Colony）。当固体培养基表面众多菌落连成一片时，便称为**菌苔**（Lawn），如图 2–10 所示。不同微生物在特定培养基上生长形成的菌落或菌苔一般具有稳定的特征，可以成为对该微生物进行分类、鉴定的重要依据。大多数细菌、酵母菌及许多真菌和单细胞藻类都能在固体培养基上形成孤立的菌落，采用适宜的平板分离法很容易得到纯培养。

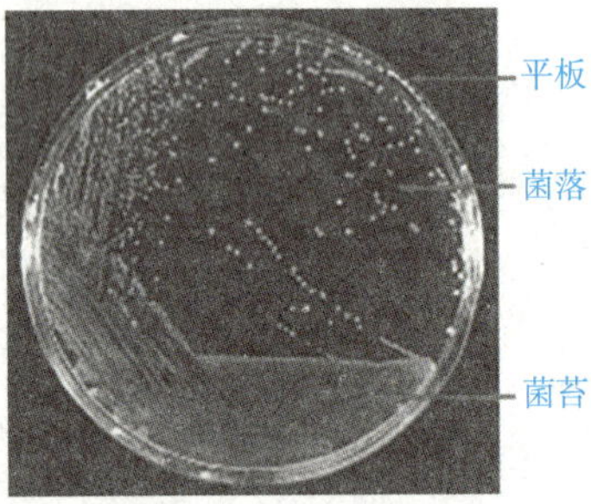

图 2–10　平板、菌落和菌苔

常用的分离方法有稀释倒平板法（Pour Plate Method，图 2–11）、涂布平板法（Spread Plate Method，图 2–11）、平板划线法（Streak Plate Method，图 2–12）和稀释摇管法（Dilution Shake Culture Method，其是一种用固体培养基分离严格厌氧菌的方法，图 2–13）等。

（2）用液体培养基分离纯培养。对于大多数细菌和真菌，通常用平板分离法较好，因为它们的大多数种类适合在固体培养基上生长。但是，并不是所有的微生物都能在固体培养基上生长。例如，一些细胞大的细菌、许多原生动物和藻类等，这些微生物需要用液体培养基分离来获得纯培养。通常采用的**液体培养基**分离纯化法是**稀释法**，适合分离出混杂微生物群体中占数量优势的种类；对于数量较少的微生物，可以采取显微分离法从混杂群体中直接分离单个细胞或单个个体进行培养以获得纯培养，称为单细胞（或单孢子）分离法。单细胞分离法的难度与细胞或个体的大小成反比，对于个体较大的微生物如藻类、原生动物较容易，对于个体很小的细菌则较难。

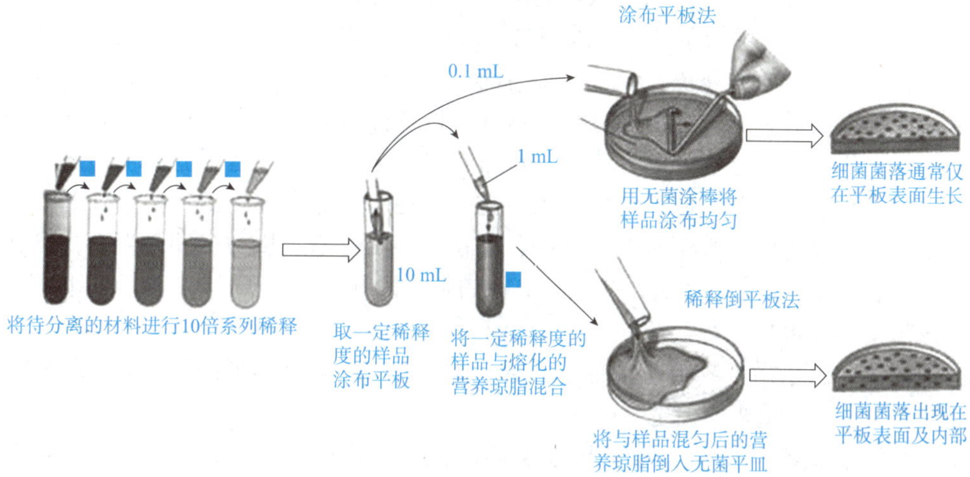

图 2-11　涂布平板法、稀释倒平板法分离细菌单菌落

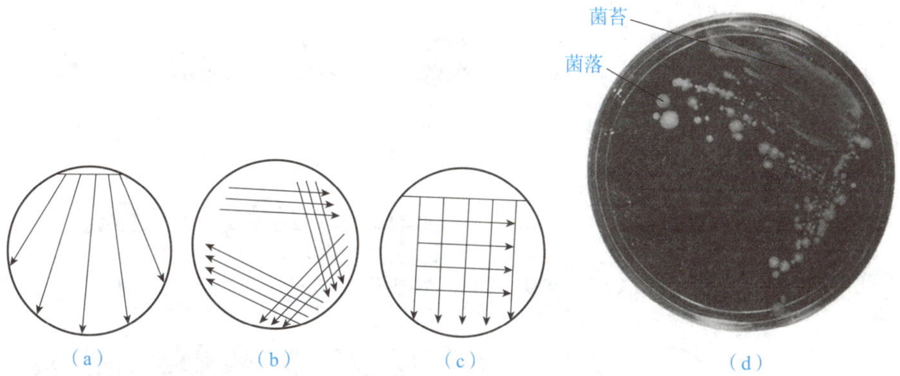

图 2-12　平板划线法示意

(a) 扇形划线；(b) 分区划线；(c) 方格划线；(d) 划线分离培养后平板上显示的菌落照片

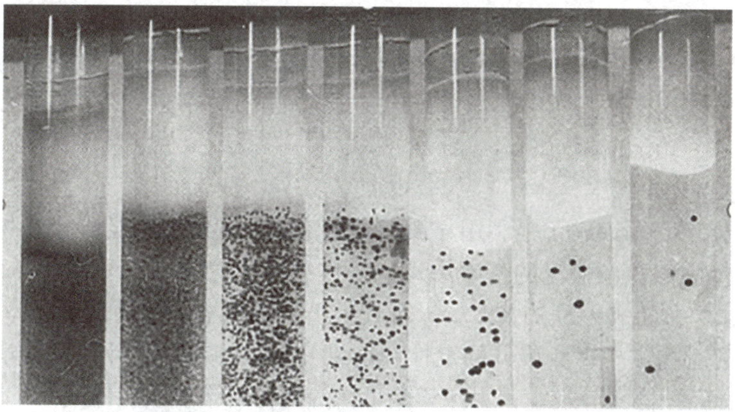

图 2-13　用稀释摇管法在琼脂柱中形成的菌落照片（从左至右稀释度不断提高）

（3）选择培养分离。在自然界中，除极特殊的情况外，微生物群落都是由多种微生物组成的，当某一种微生物所存在的数量与其他微生物相比非常少时，若采用一般的平板分离方法，几乎是不可能分离到该种微生物的。要分离这种微生物，必须根据该微生物的特点，包括营养、生理、生长条件等，采用选择培养分离的方法，或抑制大多数微生物生长，或营造有利于该菌生长的环境，经过一定时间的培养后，该菌在群落中的数量上升，再通过平板稀释等方法对它进行纯培养分离。这种通过选择培养进行微生物纯培养分离的技术称为选择培养分离法，这种分离方法对于从自然界中分离、寻找有用的微生物是十分重要的。其实，没有一种培养基或一种培养条件能够满足自然界中一切微生物生长的要求。在一定程度上，所有的培养基都是选择性的，即在一种培养基上接种多种微生物，只有适合在这个环境下生长的微生物才可以生长，其他的则被抑制。

4. 形态鉴别技术

微生物学中由于微生物形态特征（包括个体形态特征和群体形态特征）易于观察和比较，是鉴别微生物的重要依据之一。

（1）群体形态鉴别技术。群体形态鉴别技术是指用肉眼直接观察微生物的群体形态（菌落或菌苔）特征（图 2-14）。其优点是直观、快速，能够分辨出微生物的大类，尤其适用于杂菌检测；缺点是一般只能看到群体的表面，无法观察群体中的个体。

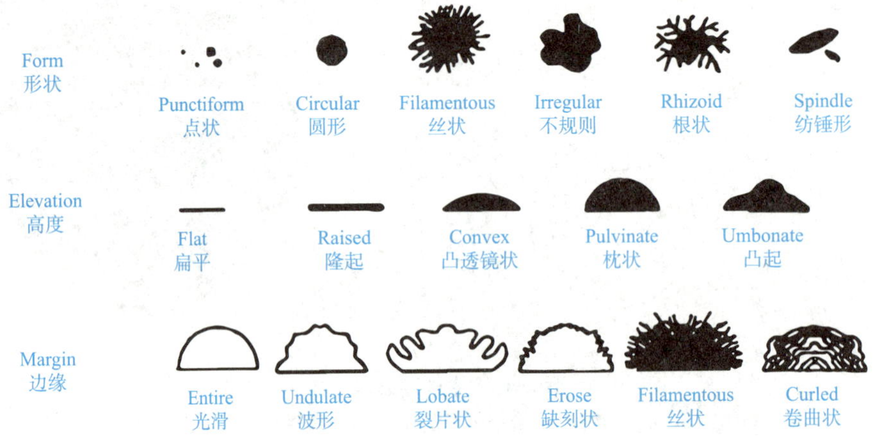

图 2-14　细菌菌落形态的多样性

（2）个体形态鉴别技术。个体形态鉴别技术是指借助显微镜观察微生物个体的形态或细胞结构，即显微镜技术。光学显微镜、电子显微镜是研究微生物个体形态最常用的观察工具。

5. 显微镜技术

显微镜技术（Microscopy）是利用显微镜观察肉眼所不能分辨的微小物体形态结构及其特性的技术，包括各种显微镜的基本原理、操作和应用的技术；显微镜样品的制备技术；观察结果的记录、分析和处理的技术等。现代的显微镜技术不仅是观察物体的形态、结构，而且已经发展到对物体的组成成分的定性和定量分析，特别是与计算机科学技术的结合出现的图像分析、虚拟仿真等技术，为探索微生物的奥秘增添了强大的武器。

显微镜是人类 20 世纪最伟大的发明之一。显微镜经历了第一代光学显微镜、第二代电子显微镜，以及第三代扫描探针显微镜的发展，种类越来越多，性能越来越强，应用领域也越来越广阔。

（1）光学显微镜技术。光学显微镜（Light Microscope）简称光镜，是利用人眼可见的可见光或紫外线作为光源的显微镜。现在的光学显微镜可将物体最大放大 1 600 倍左右，分辨的最小极限可达 0.1 μm。除普通光学显微镜（即明视野显微镜）外，一般的显微镜还可以配置多种可互换的光学组件，通过这些组件的变换可改变显微镜的功能，如暗视野显微镜、相差显微镜、荧光显微镜、数码显微镜等。

码上看

不同显微镜放大原理

1）普通光学显微镜。目前使用最广泛的是普通光学显微镜，它是利用目镜和物镜两组凸透镜系统来放大成像，故又被称为复式显微镜。普通光学显微镜是根据凸透镜的成像原理，经过凸透镜的两次放大成像。

2）暗视野显微镜。普通光学显微镜的照明光线直接进入视野，属透射照明。观察生活中的细菌是透明的，不易看清。而暗视野显微镜是利用特殊的聚光器实现斜射照明，用来给样品照明的光不直接穿过物镜，而是由样品反射或折射后再进入物镜，因此，整个视野是暗的，而样品是明亮的。犹如人们在白天看不到的星星，却可以在夜空中将它们看清楚一样。在暗视野显微镜中，由于样品与背景之间的反差增大，可以清晰地观察到在明视野显微镜中不易看清的活菌体等透明的微小颗粒。而且，即使所观察微粒的尺寸小于显微镜的分辨率，依然可以通过它们散射的光而发现其存在。因此，暗视野显微镜技术主要用于观察活细菌的运动性。

3）相差显微镜。相差显微镜技术是一种可视化、由样品光路长度变化引起的光学相位变化的技术。光线通过比较透明的标本时，光的波长（颜色）和振幅（亮度）都没有明显的变化。因此，当使用普通光学显微镜观察未经染色的标本（如活的细胞）时，其形态和内部结构往往难以分辨。然而，由于细胞各部分的折射率和厚度的不同，光线通过这种标本时，直射光和衍射光的光程就存在差别。随着光程的增加或减少，加快或落后的光波的相位会发生改变（产生相位差）。人的肉眼感觉不到光的相位差，但相差显微镜配备有特殊的光学装置——环状光阑和相差板，利用光的干涉现象，能将光的相位差转变为人眼可以察觉的振幅差（明暗差），从而使原来透明的物体表现出明显的明暗差异，对比度增强。正是由于样品的这种反差是以不同部位的密度差别为基础形成的，利用相差显微镜人们能在不染色的情况下比较清楚地观察到在普通光学显微镜和暗视野显微镜下看不到或看不清的活细胞及细胞内的某些细微结构，是显微镜技术的一大突破。

4）荧光显微镜。有些化合物（荧光素）可以吸收紫外线并转放出一部分为光波较长的可见光，这种现象称为荧光。因此，在紫外线的照射下，发射荧光的物体会在黑暗的背景下表现为光亮的有色物体，这就是荧光显微镜技术的原理。由于不同荧光素所激发的波长不同，同一种样品可以同时用两种以上的荧光素标记，它们在荧光显微镜下经过一定波长的光激发发射出不同颜色的光。荧光显微镜技术在免疫学、环境微生物学、分子生物学中应用十分普遍。

5）数码显微镜。数码显微镜不仅结合了光学显微镜良好的成像特点，更将其与先进的光电转换技术、液晶屏幕技术结合，使显微镜在具有显微和观察本领的同时，也实现了显微图像的数字化存储和传输。数码显微镜根据数据显示方式不同可分为自带屏幕数码显微镜和采用计算机显示的数码显微镜两大类。自带屏幕数码显微镜又可分为台式、便携式、无线数码显微镜3类；台式数码显微镜的主要特点是放大倍率相对较高，可以与电子显微镜媲美；便携式数码显微镜追求的是随处可显微，讲究小巧；无线数码显微镜的特点是2.4G无线传输，追求快捷方便。采用计算机显示的数码显微镜（图2–15），通过显微镜内置的摄像机将显微镜看到的标本图像传输到计算机上，通过计算机上安装的显微图像分析软件进行追踪分析，从而获得一系列有价值的定性、定量数据。

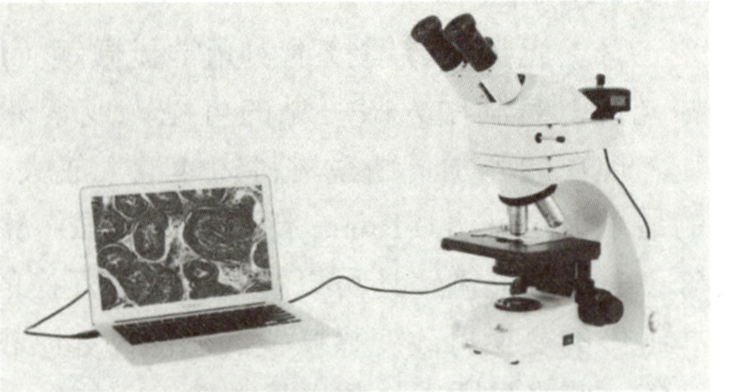

图2–15　采用计算机显示的数码显微镜

（2）电子显微镜技术。由于显微镜的分辨率取决于所用光的波长，人们从20世纪初开始就尝试用波长更短的电磁波取代可见光来放大成像，以制造分辨本领更高的显微镜。1932年，德国人恩斯特·鲁斯卡制成了世界上第一台以电子作为“光源”的显微镜，即**电子显微镜**（Electron Microscope，EM）简称电镜，是根据电子光学原理，用电子束和电子透镜代替光束和光学透镜，使物质的细微结构在非常高的放大倍数下成像的仪器。电子显微镜按照结构和用途可分为透射电子显微镜、扫描电子显微镜、冷冻电子显微镜等。如今，电子显微镜的最大放大倍率可超过1 500万倍。

视野窗

自立自强，守正创新

我国电子显微镜的主要开拓者——姚骏恩

我国电子显微镜的主要开拓者——姚骏恩

“只有经历磨难，生命方有厚度！我们必须自立自强。我国自1958年开始就将电子显微镜做出来了，但稳定性、可靠性不如国外产品。要解决这些问题不是一日之功。生产高质量仪器的关键在于建立一条完整的科学仪器产业链。从材料的选择、加工工艺，到整机的装配调试，每个零部件都需要注意，每个细节都需要精益求精，这需要一整套技术标准，只有这样才能实现高指标、高可靠性。我们需要一个打基础的过程，一个积累的过程，而这样积累的过程是难以一蹴而就的。只有选择性地把某些仪器做到满足国内需求以减少对国外的依赖，在打好基础的情况下逐步发展我们的技术特色，利用已领先的新原理、新材料等来制造新仪器，争取在一部分上先超越。这样，中国的科学仪器制造事业才能逐渐强大起来。”——姚骏恩

1）透射电子显微镜（Transmission Electron Microscope，TEM）。透射电子显微镜简称透射电镜，是把经加速和聚集的电子束投射到非常薄的样品上，电子与样品中的原子碰撞而改变方向，从而产生立体角散射。散射角的大小与样品的密度、厚度有关，因此，可以形成明暗不同的影像，影像将在放大、聚焦后在成像器件（如荧光屏、胶片及感光耦合组件）上显示出来（图2–16）。透射电镜的分辨率为0.1～0.2 nm，放大倍数为几万～几十万倍。由于电子易散射或被物体吸收，穿透力低，必须制备更薄的超薄切片（通常为50～

100 nm）。TEM 技术在与物理学和生物学相关的许多科学领域都是重要的分析方法，如癌症研究、病毒学、材料科学及纳米技术、半导体研究等。

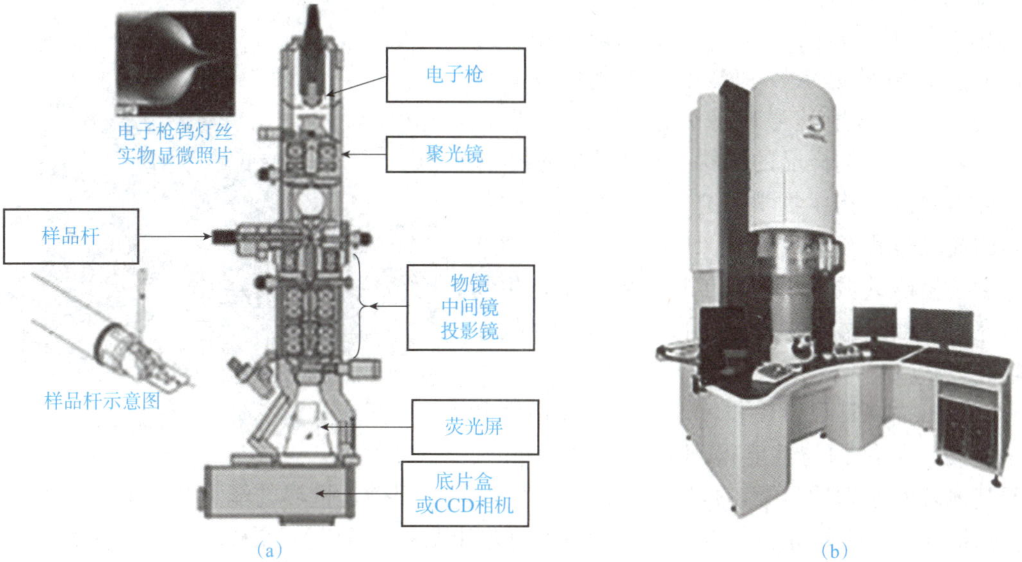

图 2-16　透射电子显微镜结构示意和实物照片

（a）结构示意；（b）实物照片

2）扫描电子显微镜（Scanning Electron Microscope，SEM）。扫描电子显微镜的工作原理类似于电视或电传真照片，主要是利用二次电子信号成像来观察样品的表面形态，即用极狭窄的电子束去扫描样品，通过电子束与样品的相互作用产生各种效应，其中主要是样品的二次电子发射。其工作原理是利用聚焦非常细的高能电子束在试样上扫描，激发出各种物理信号。通过对这些信号的接受、放大和显示成像，进行测试试样表面形貌的观察（图 2-17）。扫描电子显微镜广泛应用于医学生物细胞的研究、化学电子材料分析及金相观察等。

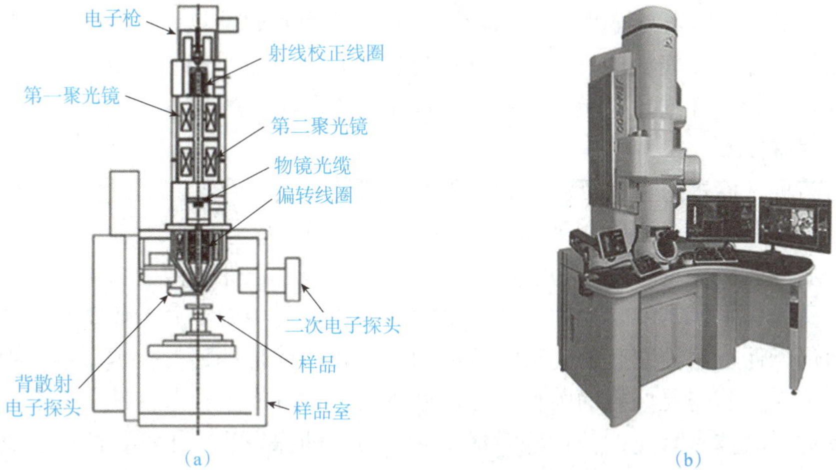

图 2-17　扫描电子显微镜结构示意和实物照片

（a）结构示意；（b）实物照片

3）冷冻电子显微镜。冷冻电子显微镜技术也称冷冻电镜技术（图 2-18），是在低温下使用透射电子显微镜观察样品的显微镜技术，即把样品冻起来并保持低温放进显微镜内，用高度相关的电子作为光源从上面照射下来，透过样品和附近的冰层受到散射，再利用探测器和透镜系统把散射信号成像记录下来，最后进行信号处理，得到样品的结构。冷冻电镜技术作为一种重要的结构生物学研究方法，简化了生物细胞的成像过程，提高了成像质量，它与 X 射线晶体学、核磁共振一起构成了高分辨率结构生物学研究的基础。这项技术获得了 2017 年的诺贝尔化学奖。

图 2-18　冷冻电子显微镜技术

（3）扫描探针显微镜技术。在光学显微镜和电子显微镜的结构与性能得到不断完善的同时，基于其他各种原理的显微镜也在不断问世，使人们认识微观世界的能力和手段得到不断提高。扫描探针显微镜是机械式地利用探针在样本上扫描移动以探测样本影像的显微镜，将显微镜带入了原子时代，主要包括扫描隧道显微镜、原子力显微镜等。

1）扫描隧道显微镜（Scanning Tunneling Microscope，STM）。20 世纪 80 年代才出现的扫描隧道显微镜是显微镜领域的新成员，主要原理是利用了量子力学中的隧道效应。STM 的横向分辨率可以达到 0.1 ～ 0.2 nm，纵向分辨率可以达到 0.001 nm，是目前分辨率最高的显微镜，足以对单个原子进行观察。另外，由于 STM 在扫描时不接触样品，又没有高能电子束轰击，在原则上可以避免样品的变形。而且，它不仅可以在真空环境下工作，也可以在保持样品生理条件的大气及液体环境下工作。因此，STM 对生命科学研究领域具有十分重要的意义。目前，人们已利用 STM 直接观察到 DNA、RNA 和蛋白质等生物大分子及生物膜、古生菌的细胞壁、病毒等结构。

2）原子力显微镜（Atomic Force Microscope，AFM）。AFM 也利用细小的探针对样品表面进行恒定高度的扫描来对样品进行“观察”，但它不是通过隧道电流，而是通过一个激光装置来监测探针随样品表面的升降变化获取样品表面形貌的信息。因此，其与 STM 不同，AFM 可以对不具导电性或导电能力较差的样品进行观察。

6. 菌种保藏技术

微生物菌种是珍贵的自然资源，具有重要的研究和实践意义。通过分离纯化得到的微生物纯培养物（菌种），还必须保证其在一定时间内不死亡，不会被其他微生物污染，以及不会因发生变异而丢失重要的生物学性状，否则就无法真正保证微生物研究和应用工作的顺利进行。**菌种保藏技术**就是运用物理、生物等手段让菌种处于完全休眠状态，使其在长时间储存后仍能保持菌种原有的生物学特性和生命力的菌种储存的技术，是一项重要的微生物学基础工作。若需要保藏的菌种，可以通过提供适宜的生长条件使其恢复活力。常用的微生物菌种保藏技术有连续传代低温保藏法、石蜡油保藏法、干燥保藏法、真空冷冻干燥法、液氮超低温保藏法等，详见本教材的知识点【9-5】。

◎ 新技术

小资料

宏基因组学技术

众所周知，自然界中微生物种类繁多，但实验室可培养的微生物物种有限。因此，利用宏基因组学技术可快速挖掘海洋、土壤、肠道和冻土等环境中的不可培养微生物及基因资源。目前，宏基因组学技术已被广泛地应用于医药、农业、遗传学和生物技术等多个领域。“宏基因组学”（Metagenomics）又称为微生物环境基因组学或元基因组学。其通过提取特定环境样本中全部微生物的 DNA 构建宏基因组文库并结合下一代测序（Next Generation Sequencing，NGS）技术，实现了对样品所包含全部微生物的遗传组成及群落功能的分析，可用于高效发掘新的微生物菌种资源或功能基因。

小测验·巩固新知

一、填空题

1. 世界上第一个发明显微镜并观察到微生物的科学家是________。

2. 被誉为“微生物学之父”的科学家是法国的________。

3. 青霉素是英国的________发现的。

4. 第一个发现病毒的科学家是俄国的________。

5. ________创立了分离、培养、接种和灭菌等一系列独特的微生物技术。

6. 德国的爱德华·毕希纳发现了酵母菌发酵可以不依赖细胞结构，而是________的作用，这标志着微生物学从此进入了生化水平研究阶段。

7. 第一种有效抗结核菌的抗生素是放线菌产生的代谢产物________。

8. ________，标志着微生物学进入了分子生物学研究阶段。

9. 微生物的分类单元可分为七个基本的分类等级，由上而下依次是________、________、________、________、________、________、________。

10. 每一种微生物都有一个自己的专门名称。采用双名法给微生物命名包括________和________两部分。

二、名词解释

1. 微生物学；2. 学名；3. 种；4. 菌株；5. 无菌操作技术；6. 消毒；7. 灭菌；8. 菌落和菌苔；9. 平板；10. 微生物的分离培养；11. 显微镜技术；12. 菌种保藏技术。

三、判断题

1. 微生物学的研究目的是控制、消灭和改造有害微生物。　　（　　）

2. 微生物学可分为基础微生物学、应用微生物学及交叉学科等主要分支。 (　　)

3. 德国化学家爱德华·毕希纳，发现了微生物酶的重要作用，从此将微生物学推进到了生化研究的阶段。 (　　)

4. 德国罗伯特·科赫被称为细菌学奠基人。 (　　)

5. 巴氏消毒法是德国的路易斯·巴斯德发明的。 (　　)

6. 在微生物学中，“种”是一个具体的概念。 (　　)

四、连线题

请将下列微生物的学名与其相对应的译名或俗名用直线连接起来。

Lactobacillus acidophilus	枯草芽孢杆菌
Rhizopus oryzae	大肠杆菌
Saccharpmyces cerevisiae	产朊假丝酵母
Escherichia coli	黑曲霉
Bacillum subtilis	乳酸杆菌
Aspergillus flavus	米根霉
Candidia utilis	酿酒酵母

五、思考题

1. 微生物学的根本任务是什么？

2. 举例说明我国古代人民是如何利用微生物为生产生活服务的，对微生物学的发展有什么重要意义。

3. 为什么称路易斯·巴斯德为微生物学奠基人？为什么称罗伯特·科赫为细菌学奠基人？

4. 微生物学常用的微生物技术有哪些？请简要说明其作用。

5. 通过学习本单元，你认为微生物学的发展是如何促进人类社会进步的？

单元小测参考答案

练技能 · 实操详练

实训任务 2　微生物实训基础准备工作训练

训练目标及流程

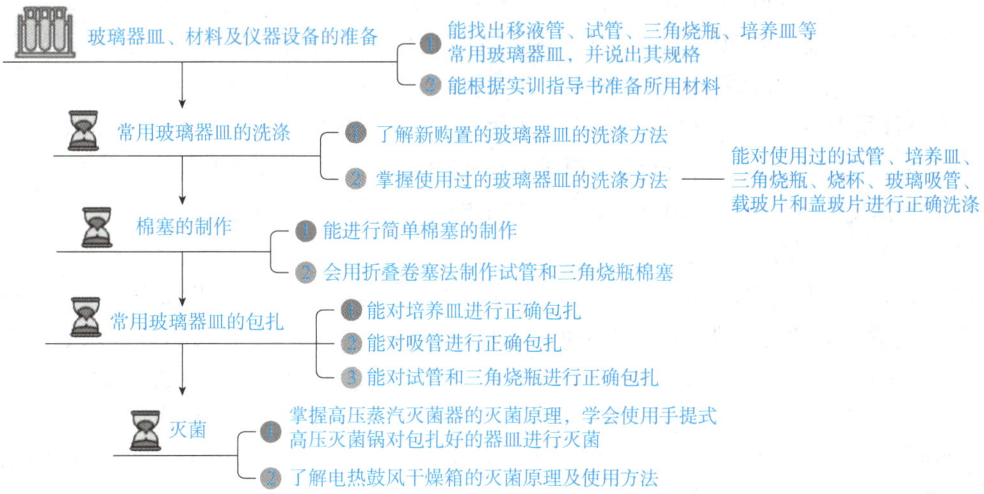

器材准备

1. 玻璃器皿

移液管、试管、三角烧瓶、培养皿、烧杯、量筒等。

2. 仪器设备

高压蒸汽灭菌器、电热鼓风干燥箱等。

3. 其他材料

洗涤剂（肥皂或去污粉）、消毒液（2%煤酚皂溶液或0.25%新洁尔灭）、试管毛刷、棉花、纱布、线绳、橡皮筋、废旧报纸或牛皮纸、剪刀、曲别针或回形针等。

关键技能点详解

技能点【2-1】微生物实训常用玻璃器皿的洗涤

玻璃器皿的清洗是微生物试验前的一项重要的准备工作。清洗的方法一般根据试验目的、器皿的种类、所盛放的物品、洗涤剂的类别和污染程度等的不同而存在区别。

1. 新购置的玻璃器皿的洗涤方法

新购置的玻璃器皿因含游离碱较多，故应先在酸溶液内浸泡数小时，浸泡后再用自来水冲洗干净。酸溶液一般为2%的盐酸或洗涤液。

2. 使用过的玻璃器皿的洗涤方法

（1）试管、培养皿、三角烧瓶、烧杯的洗涤方法。

【洗涤方法】通常先用毛刷沾上肥皂或去污粉等洗涤剂刷洗，然后用自来水充分冲洗干净。若用去污粉清洗，常在器壁上附有一层微小粒子，较难冲洗干净，故需要用水多次充分冲洗，或可用稀盐酸摇洗一次，再用水冲洗。盛放一般培养基的器皿经自来水洗涤后，即可使用。若需精确配制化学药品，或做科研用的精确试验，则要求自来水冲洗干净后，再用蒸馏水淋洗 3 次，晾干或烘干后备用。对于有油污的器皿，可用热的加有洗涤剂的水清洗，去污能力更强，效果更好。装有固体培养基的器皿，应先将培养基刮去，再进行洗涤。带菌的器皿，洗涤前先在消毒液内浸泡 24 h 或煮沸 30 min，再进行洗涤。对于带病原菌的培养物，需要先进行高压蒸汽灭菌，然后将培养物倒去，再进行洗涤。

【标准要求】玻璃器皿经洗涤后，若内壁的水是均匀分布成一薄层，表示完全洗净；若挂有水珠，则还需用洗涤液浸泡数小时，然后用自来水充分洗净。

【晾干备用】冲洗干净的器皿，如试管可倒置于试管架上，培养皿的皿盖和皿底分别倒扣于搁架上，三角烧瓶、烧杯倒置于钢丝框内或搁架上，在室内晾干备用。当急用时，可放于框内或搪瓷盘上，于烘箱中 65 ℃左右烘干即可。

（2）玻璃吸管的洗涤方法。

【吸管浸泡】吸过样液或染料溶液等的玻璃吸管（包括移液管、毛细吸管等），使用后应立即投入盛有自来水的容器内，避免干燥后难以冲洗干净。容器底部应垫以脱脂棉花，防止玻璃吸管投入时尖端破损。待试验完毕后，再进行集中冲洗。吸过含有微生物培养物的吸管也应立即投入盛有消毒液的量筒或其他容器内，24 h 后方可取出冲洗。

【洗涤方法】若吸管顶部塞有棉花，则冲洗前先用曲别针将棉花取出，或用水将棉花冲出，然后装入吸管自动洗涤器内冲洗。如果没有吸管自动洗涤器，可将吸管尖端对准水龙头多冲洗几次或用吸管刷刷洗。必要时再用蒸馏水淋洗。洗净后，放置于搁架或搪瓷盘中晾干，若要加速干燥，可将其放置于烘箱内烘干。

若吸管的内壁有油垢，应先在洗涤液内浸泡数小时，再进行冲洗。

（3）载玻片与盖玻片。

【洗涤方法】用过的载玻片与盖玻片如滴有香柏油，首先，用擦镜纸擦去或浸在二甲苯内摇晃几次，使油垢溶解；其次，在肥皂水中煮沸 5 ～ 10 min，用软布或脱脂棉花擦拭后用自来水冲洗；再次，在稀洗涤液中浸泡 0.5 ～ 2 h，用自来水冲去洗涤液；最后，用蒸馏水淋洗数次，晾干后浸泡于 95% 乙醇中保存备用，使用时在火焰上烧去乙醇即可。若是检查过活菌的载玻片或盖玻片，应先在消毒液中浸泡 24 h 后，按上述方法洗涤与保存。

【标准要求】载玻片和盖玻片干净、透亮，没有水珠。

技能点【2-2】微生物实训常用玻璃器皿的包扎

1. 试管或三角烧瓶棉塞的制作

培养好氧性微生物，需要为其提供优良的通气条件；同时，还要防止杂菌的污染。通常的方法是在试管的管口、三角烧瓶的瓶口上加上棉塞，利用棉花的作用，既保证了良好通气，又可以预先将空气过滤除菌。

（1）简单棉塞的制作方法。制作棉塞时，应选用大小、薄厚适中的普通棉花一块，铺展于左手大拇指和食指扣成的圆孔上，用右手食指将棉花从中央压入圆孔中制成棉塞，然后直接压入试管或三角烧瓶瓶口，也可借用玻璃棒塞入。有时，为了进行液体振荡培养，需要加大通气量，可用 8 层纱布代替棉塞包在三角烧瓶瓶口上。也可采用封口膜直接盖在瓶口，既保证良好通气、过滤除菌，又操作简便。

（2）折叠卷塞法制作棉塞（图 2–19）。

1）取棉花：按照试管或三角烧瓶瓶口径大小，取适量普通棉花（不可用脱脂棉），使成型后棉塞大小适合试管或三角烧瓶口径及棉塞在瓶内的长度。

2）整理：将棉絮铺成近方形或圆形片状，中间较厚，边缘较薄，如图 2–19（a）所示。

3）折角：将近方形的棉花块的一角延对角线向内折叠，一边折叠得多一些，另一边折叠得少一些，如图 2–19（b）所示。

4）卷紧：用大拇指和食指将棉花块的另一角的下角折起，然后双手卷起棉塞呈圆柱状，使柱状内的棉絮心较紧（起卷折时的“轴心”作用），如图 2–19（c）所示。

5）成型：在卷折的棉塞圆柱状基础上，将另一角向内折叠后继续卷折棉塞成型。这时双手的六指稍竖起旋转棉塞，使棉塞外边缘的棉絮绕在棉塞柱体上，从而使棉塞的外形光洁如蘑菇状，如图 2–19（d）所示。

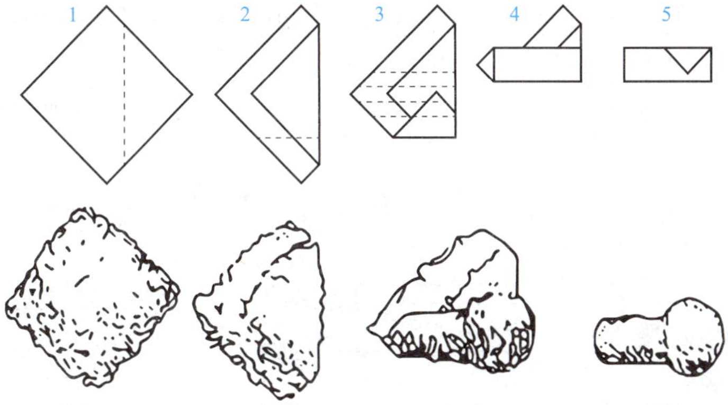

（a）　（b）　（c）　（d）

图 2–19　折叠卷塞法制作棉塞示意

（a）整理；（b）折角；（c）卷紧；（d）成型

码上看

棉塞的制作

6）包纱布：棉塞的直径和长度常依据试管或三角烧瓶瓶口的大小而定，一般约 2/3 塞入口内［图 2–20（a）］。棉塞松紧要适宜，紧贴管内壁而无缝隙。经调整合适的棉塞，还需要在其外包一层纱布，既增加美感，又可延长其使用寿命。

2. 玻璃器皿的包扎

（1）培养皿的包扎。培养皿常用旧报纸或牛皮纸包扎，一般将 5 ～ 8 套培养皿包在一起。

【包扎方法】取一张报纸，将培养皿放在报纸一端的中央，注意两边的培养皿的皿盖均朝外，两手按压住培养皿，用大拇指卷起报纸边缘，缓慢向前滚动，

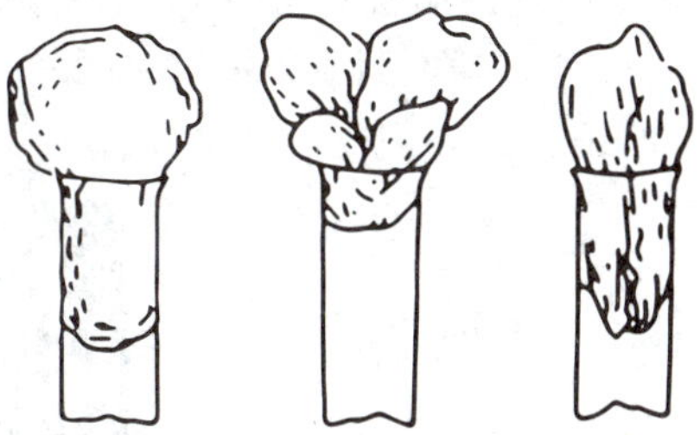

（a）　（b）　（c）

图 2–20　棉塞

（a）正确；（b）不正确；（c）不正确

边滚动边向内折叠多出的报纸，直到报纸将培养皿全部包住，最后整理好报纸边缘。

用报纸包扎的培养皿可进行干热灭菌或湿热灭菌。或者不包扎，直接放入特制的金属筒（图 2–21）内，加盖后再进行干热灭菌。

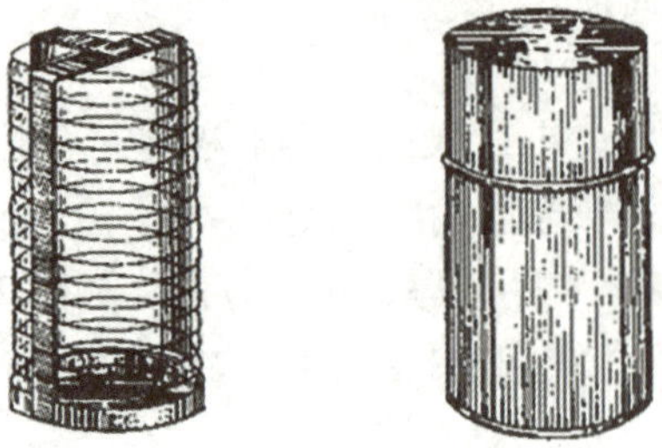

(a)　　(b)

图 2–21　装培养皿的铁皮圆筒

(a) 内置搁架；(b) 带盖外筒

码上看

培养皿的包扎

（2）吸管的包扎。

1）塞棉花。准备好干燥的吸管，在距离其粗头顶端约 0.5 cm 处，塞入一段长度为 0.5 ～ 1 cm 的普通棉花（勿用脱脂棉），以免使用时将杂菌吹入管内，或不慎将菌液吸出管外。注意，可借用一外圈拉直的曲别针或回形针将棉花塞入管口。

【注意】棉花要塞得松紧适宜，吹时以能通气而又不使棉花下滑为准。过紧，吹吸液体太费力；过松，吹气时棉花会下滑。

2）包扎方法。如图 2–22 所示，选取 4 ～ 5 cm 宽的报纸长条，将吸管尖端斜放在报纸条的近左端，与报纸呈 25° ～ 30° 夹角（若夹角过小，纸条易松开；若夹角过大，则纸条长度不够，无法打结），再将纸条左端的一段折叠包住吸管尖端，左手握住吸管，右手将吸管压紧，然后将整根吸管卷入报纸，右端多余的报纸打一小结。

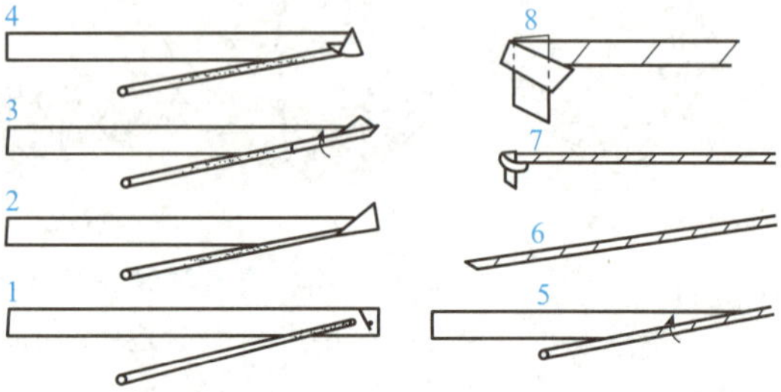

图 2–22　吸管的包扎示意

包扎好的多支吸管可再用一张大报纸包成一捆扎好，进行湿热或干热灭菌后备用。也可不经包扎，将多支吸管装入金属筒（图 2–23）中，吸管尖端朝向筒内（筒底垫几层纱布，防止吸管投入时尖端破损），盖上筒盖，干热灭菌后备用。

码上看

吸管的包扎

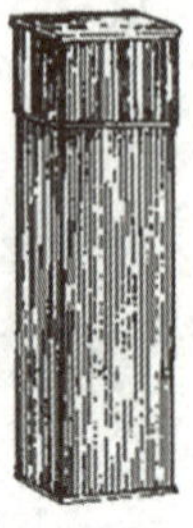

图 2–23　装吸管的金属筒

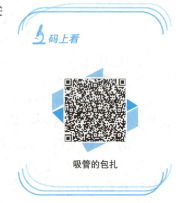

（3）试管和三角烧瓶的包扎。如图 2-24 所示，在试管管口和三角烧瓶瓶口塞以棉塞或橡胶塞，然后用两层报纸（不可用油纸）包好管口和瓶口，用棉线或橡皮筋包扎好后，进行灭菌。试管塞好棉花塞后，可以将 7 支放在一起包扎一次（要扎紧，防止试管脱落破损），也可以将它们安装在钢丝篓中，用一大张报纸将一篓试管口包扎一次。

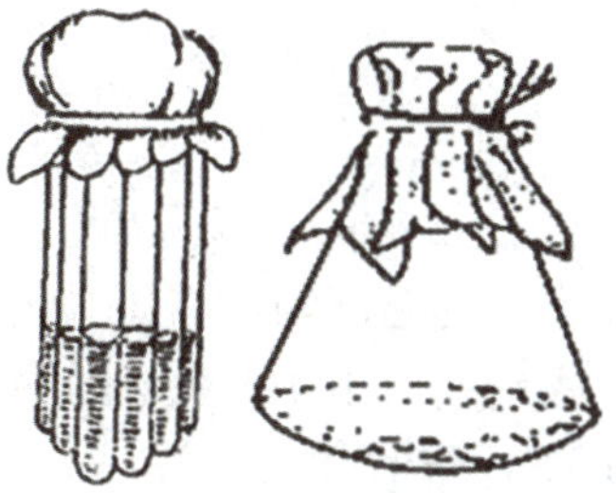

图 2-24　包扎好的试管和三角烧瓶

码上看

试管和三角烧瓶的包扎

如果试管盖的是铝帽，则不必包扎，可直接干热灭菌；若用塑料帽，则宜用湿热灭菌。空的试管和三角烧瓶一般用干热灭菌技术进行灭菌，若需用湿热灭菌，则要多包几层报纸，外面最好再加一层牛皮纸。

技能点【2-3】微生物实训常用灭菌技术

微生物实训通常需要在无菌条件下进行，因此，所用的材料、器皿等需要灭菌后才能使用。灭菌的方法有很多，常用于玻璃器皿的灭菌方法有湿热灭菌和干热灭菌等。湿热灭菌常用的设备是高压蒸汽灭菌器；干热灭菌常用的设备是电热鼓风干燥箱。

1. 湿热灭菌技术

（1）高压蒸汽灭菌器的灭菌原理：高压蒸汽灭菌法是将物品放在高压蒸汽灭菌器内加热达到压力为 0.1 MPa，温度为 121 ℃，保持 15 ～ 20 min，杀死微生物的一切营养体及芽孢的灭菌方法。其基本原理是通过加热灭菌器中的水，使其沸腾而不断产生蒸汽，并排尽器皿内部冷空气后，关闭排气阀，使饱和蒸汽不能溢出，内部压力不断增加，使水和水蒸气的温度增高（高于 100 ℃），当蒸汽压力达到 0.1 MPa 时，可达到 121 ℃，在该温度下维持 15 ～ 20 min，使微生物由于菌体蛋白质凝固变性而死亡，最终达到灭菌的目的。

（2）高压蒸汽灭菌器的使用方法。

1）检查水量。水量不足时，应补足水量。水不能过少或无水干烧，都会导致灭菌时引起爆炸等安全事故。

2）放入待灭菌物品。将待灭菌物品放入灭菌桶内，物品不要放得太紧，也不能紧靠锅壁，以免影响蒸汽流通或冷凝水顺壁流入灭菌物品内。

3）灭菌。自动立式高压蒸汽灭菌器盖好盖后，按照使用说明，设置好温度和时间，按启动键便开始灭菌，其他过程可参考手提式高压蒸汽灭菌器的操作。

手提式高压蒸汽灭菌器需要专人操作，手动控制温度和压力。手提式高压蒸汽灭菌器的结构如图 2-25 所示。其操作方法如下：

①将内层灭菌桶取出，向锅内加入适量的水，使水面与三角搁架相平。

②放回灭菌桶，并装入待灭菌物品。注意不要过满，器皿之间须留有适当的空隙以利于蒸汽的流通。放置装有培养基的容器时要防止液体溢出，不要将瓶塞紧贴桶壁，以防止冷凝水蘸湿棉塞。

③盖上锅盖，并将盖上的导气软管插入灭菌桶的排气槽内。摆正锅盖，对齐螺口，然后以同时旋紧相对的两个螺栓的方式拧紧所有螺栓，使螺栓松紧一致，切勿漏气，并打开排气阀。

④接通电源，开始加热，待水沸腾后，持续 3 ~ 5 min，以排尽锅内的冷空气。

⑤待冷空气完全排尽后，关闭排气阀，使锅内的温度随蒸汽压力的增加而逐渐上升。当锅内压力上升到所需压力时，开始计时，并手动调节电源开关，维持压力至所需时间。一般玻璃器皿灭菌采用压力 0.1 MPa，温度 121 ℃，灭菌 20 min。

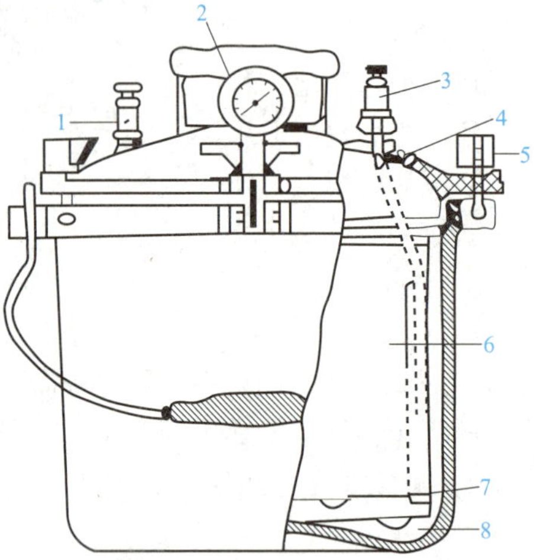

图 2-25　手提式高压蒸汽灭菌器结构示意

1—安全阀；2—压力表；3—排气阀；4—导气软管；5—紧固螺栓；
6—灭菌桶；7—搁置筛架；8—水

码上看

自动立式高压蒸汽灭菌器操作方法

手提式高压蒸汽灭菌器的使用方法

4）降温降压。所需时间达到后，切断电源，使灭菌器内的温度、压力自然下降。当压力表的压力降至零时，打开排气阀，放净余下的蒸汽后，旋松螺栓，再打开锅盖，取出灭菌物品。

5）灭菌物品整理。灭菌后的培养皿、试管、移液管等需烘干或晾干。若连续使用灭菌器，则每次需要检查并补足水分。若灭菌器长期不使用，则需倒掉剩余水分，保持内壁干燥，还要盖好上盖。

（3）注意事项。

1）使用前，应充分掌握高压蒸汽灭菌器的原理及操作规则，检查灭菌器上的零部件是否完好，并严格按照操作程序进行操作，避免发生意外事故。

2）灭菌时，操作人员不得擅自离开岗位，尤其是升压和保压期间，要时刻注意压力表指针的动向，避免由于压力过高或安全阀失灵导致危险事故发生。

3）必须将锅内冷空气排尽，若锅内温度不够，会影响灭菌效果。这是因为如果灭菌器内有冷空气，则压力表上的气压针所指的压强不是饱和蒸汽产生的压力。在相同的压力下，混有冷空气的蒸汽，其温度要低于饱和蒸汽所产生的温度。

4）灭菌完毕后，在压力未完全降至零时，切勿打开锅盖，否则压力骤然降低，会造成培养基等液体剧烈沸腾而冲出管口或瓶口，污染棉塞、引起杂菌污染。另外，也不可以用冷水冲淋灭菌器迫使温度迅速下降。所灭物品开盖后立即取出，以免凝结在盖和器壁上的水滴弄湿包装纸或落到被灭菌物品上，提高染菌率。

2. 干热灭菌技术

（1）电热鼓风干燥箱灭菌原理。干热灭菌技术是将待灭菌的物品在高温下，维持一定时间，利用热空气对流与热交换原理，加热并杀死待灭菌物品内外一切微生物及芽孢等，从而达到彻底灭菌的目的。在干热状态下，由于热穿透力较差，微生物的耐热性较强，必须长时间受高温的作用才能达到灭菌的目的。因此。干热灭菌法采用的温度一般比湿热灭菌技术高。为了保证灭菌效果，一般规定：135 ～ 140 ℃灭菌 3 ～ 5 h；160 ～ 170 ℃灭菌 2 ～ 4 h；180 ～ 200 ℃灭菌 0.5 ～ 1 h。

电热鼓风干燥灭菌法适用于耐高温的玻璃器皿和金属制品及不允许湿热气体穿透的油脂（如石蜡油等）和耐高温的粉末化学药品的灭菌，不适合给培养基、橡胶、塑料等灭菌。

（2）电热鼓风干燥箱使用方法。电热鼓风干燥箱结构示意如图 2-26 所示。

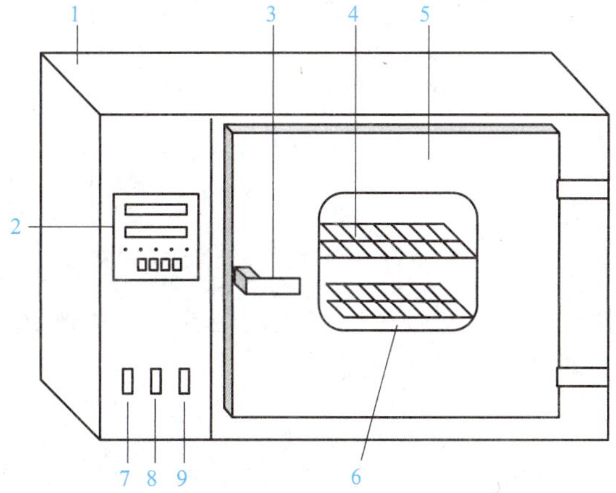

图 2-26　电热鼓风干燥箱结构示意

1—箱体；2—控制面板；3—门把手；4—搁板；5—箱门；6—观察窗；
7—电源开关；8—加热开关；9—风机开关

1）将包扎好的试管、培养皿和三角烧瓶等放入干燥箱内，关闭箱门。

2）接通电源，将箱顶的通气口适当打开，使箱内湿空气能逸出，当箱内温度达到 100 ℃时关闭。

3）调节温度控制器旋钮，直至箱内温度达到所需温度为止，观察温度是否衡定，若温度不够再行调节，调节完毕后不可再拨动调节旋钮和通气口，温度为 160 ℃保持 2 h。

4）切断电源，当冷却到 60 ℃时，才能将箱门打开并取出灭菌物品。

5）将温度调节控制旋钮返回原处，并将箱顶的通气口打开。

（3）注意事项。

1）用干热灭菌技术灭菌时，决不能用油、蜡纸包扎物品，以免高温下产生油滴，滴到电热丝上着火。

2）待灭菌物品不要摆放太密，以免妨碍空气流通。

3）不得使器皿与烘箱内层底板直接接触，防止包装纸或棉花被烤焦。

4）干热灭菌时勿使温度过高，超过 170 ℃会将包裹器皿的纸张、棉花烤焦燃烧。

5）取出物品时，需待温度自然降至 60 ℃以下才可打开箱门，60 ℃以上切勿随意打开箱门，以免骤然降温使玻璃器皿炸裂。

6）勿在使用前打开灭菌后器皿的包装纸，以免其被空气中的杂菌污染。另外，还应该在一周内使用完毕，过期应重新灭菌。

结果报告

1. 检查玻璃器皿是否符合洗涤要求。
2. 检查玻璃器皿包扎是否正确。
3. 将检查结果及采用的灭菌方法、灭菌条件等记录在表 2–2 中。

表 2–2　检查结果及采用的灭菌方法、灭菌条件

物品检查（洗涤 / 包扎）	灭菌方法	灭菌条件（温度 / 时间）	有无异常现象	解决方法

考核评价

根据实训任务 2 考核评价表，对任务的完成情况进行自我评价、小组评价、教师评价，将评价的最终结果记入实训过程性考核成绩。

实训任务 2　考核评价表

考核要点	考核内容	分值及标准	评分
学习及训练态度	按时到岗，遵守实训室规则，不迟到、不旷课、不早退。态度积极、认真、主动，实训参与度高	优 15 ~ 20 分；良 5 ~ 15 分；差 < 5 分	
实训目标达成情况	1. 能根据实际情况对玻璃器皿进行正确洗涤，且无破损； 2. 试管和三角烧瓶棉塞制作正确合适； 3. 培养皿、移液管等玻璃器皿包扎正确，且无破损； 4. 能正确阐述灭菌方法及灭菌条件	优 35 ~ 50 分；良 20 ~ 35 分；差 < 20 分	
训练结果报告	任务单内容完整、结果记录正确、书写工整	优 15 ~ 20 分；良 5 ~ 15 分；差 < 5 分	

续表

考核要点	考核内容	分值及标准	评分
卫生整理情况	将本次实训用到的器皿、材料等清洁并归位；将操作台清理干净并将物品摆放整齐；将地面及垃圾桶打扫干净	优 8 ～ 10 分；良 5 ～ 8 分；差 <5 分	
考核结果	完成本次实训任务最终得分		

总结思考

1. 微生物实训中可以不对玻璃器皿进行包扎吗？为什么？

2. 在试管、三角烧瓶上使用棉塞的目的是什么？还可以使用哪些材料代替棉塞？

3. 使用高压蒸汽灭菌器进行的湿热灭菌技术和用电热鼓风干燥箱进行的干热灭菌技术有何区别？你认为哪种方法的灭菌效果更好？为什么？

强应用·学以致用

科学探究

巴斯德“曲颈瓶试验”原理探究

路易斯·巴斯德设计的“曲颈瓶试验”以最简单的、正确的科学方法批驳了“自然发生论”，并告诉人们：肉汤或有机物浸液之所以发生腐败，是因为空气尘埃中的微生物所致。他虽然不是第一个提出流行性疾病是由“微生物”引起并进行传递的学者，却以杰出的工作证明了这个理论的科学基础。

图 2-27 为巴斯德经典的曲颈瓶试验过程，请分析巴斯德是如何通过曲颈瓶试验来证明肉汤的腐败不是自然发生的，而是由已经存在的细菌导致的。这个试验成功的关键原因是什么？

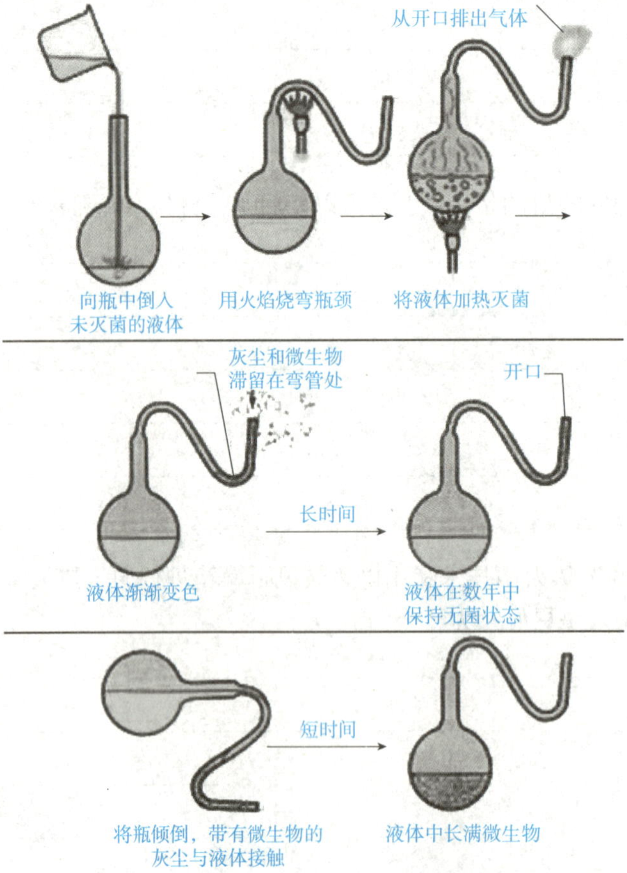

图 2-27　巴斯德的曲颈瓶试验过程

码上看

巴斯德的曲颈瓶试验

写下你的学习心得

学习成果及评价

学习成果名称	核心内容及要求	分层次评价参考标准			
		优秀	良好	一般	较差
基础知识学习成果	根据每个单元的小测验，自测是否掌握了微生物的基本特性、微生物的主要类群、微生物学、微生物学试验技术等最基本的知识；是否能运用这些基本知识发现问题、解决问题	单元测验成绩＞90分，非常熟练地掌握本模块所学基础知识，达到学习目标	单元测验成绩80～89分，比较熟练地掌握本模块所学基础知识，基本达到学习目标	单元测验成绩60～79分，基本掌握本模块所学基础知识，基本完成学习目标	单元测验成绩＜60分，没有掌握本模块所学基础知识，没有达到学习目标
基本技能训练成果	根据实训任务达成目标，自测是否能熟练说出微生物实训室的基本规则；是否能完全认识微生物实训室常用器具、仪器和设备，并能说出它们的主要用途；是否会对常用器具进行洗涤、包扎和灭菌；是否能按时完成任务工单	实训任务考核评价成绩＞90分，非常熟练地掌握了本模块训练技能，任务目标达成	实训任务考核评价成绩80～89分，比较熟练地掌握本模块训练技能，任务目标基本达成	实训任务考核评价成绩60～79分，基本掌握本模块训练技能，任务目标基本达成	实训任务考核评价成绩＞60分，没有学会本模块训练技能，任务目标没有达成
探究性学习成果	根据科学探究、思维训练问题的提示，自测是否具有独立探究微生物学领域新知识的能力；是否具有识别筛选和处理最新的热点信息的能力；是否具有团队合作、科学思维与创新精神；是否能完成研究报告并形成研究成果等	积极主动进行科学探索与实验研究；非常熟练地利用互联网收集大量与主题相关的热点信息，并能很好地进行思考和分析，对成果的形成有举足轻重的贡献	积极主动进行科学探索与实验研究；比较熟练地利用互联网收集一些与主题相关的热点信息，并能较好地进行思考分析，对成果的形成有一定的贡献	在其他同学的帮助下进行科学探索与实验研究；可以利用互联网收集少量的与主题相关的热点信息，参与讨论，对成果的形成有一些贡献	依赖别人完成；不利用互联网进行信息收集；没有合作精神，对成果的形成基本没有贡献
自我反思	提示：根据本模块学习成果的完成情况，反思自己的不足，提出改进措施				

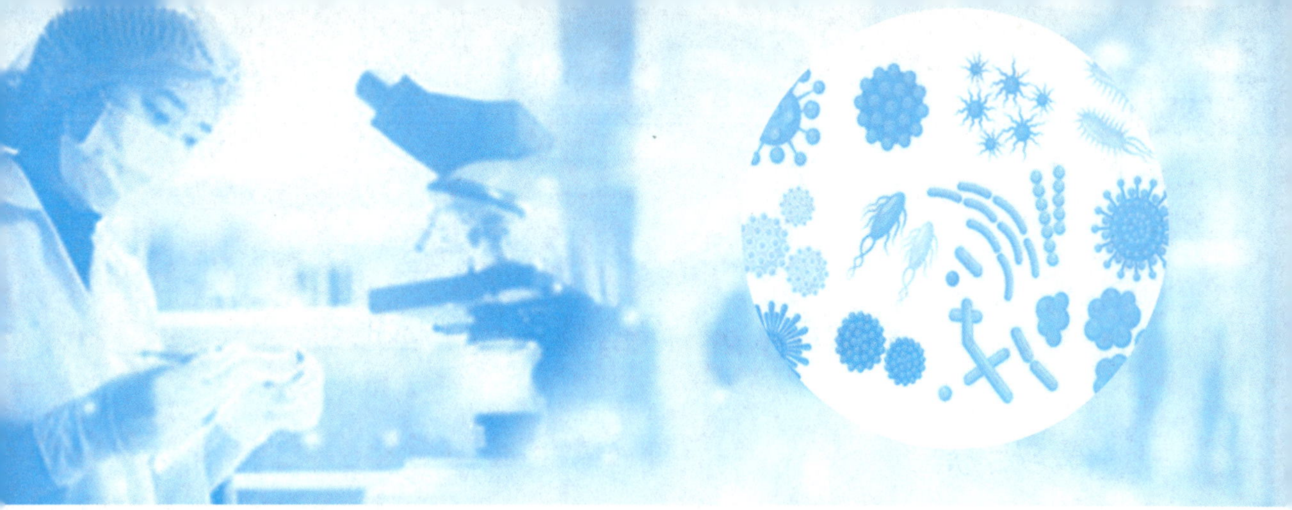

模块 2　识别微生物

学习要点

学习单元3 识别微生物个体形态

- 知识点
  1. 细菌、放线菌及其他原核生物的形态与大小
  2. 酵母菌、霉菌及其他真核微生物的形态与大小
  3. 病毒的形态与大小
  4. 普通光学显微镜的基本构造与工作原理
- 技能点
  1. 普通光学显微镜的使用方法、还原与维护及注意事项
  2. 微生物显微绘图的方法与要求

学习单元4 识别微生物的细胞构造与功能

- 知识点
  1. 细菌细胞的一般构造及特殊构造与功能
  2. 酵母菌细胞、霉菌细胞的构造与功能
  3. 典型病毒的构造与化学成分
  4. 显微观察样品的制备技术
- 技能点
  1. 细菌的制片
  2. 细菌的简单染色与革兰氏染色
  3. 清洁处理

学习单元5 识别微生物群体特征

- 知识点
  1. 细菌和放线菌的繁殖
  2. 酵母菌和霉菌的繁殖
  3. 噬菌体和RNA病毒的繁殖
- 技能点
  1. 观察和描述细菌、放线菌、酵母菌和霉菌的群体培养特征
  2. 放线菌、酵母菌和霉菌的培养与形态观察

拓展提升

1. 科学思辨能力训练——看图识菌
2. 科学探究——鲜牛乳中微生物菌相的演替探究
3. 科学探究——传统毛豆腐的形成过程探究

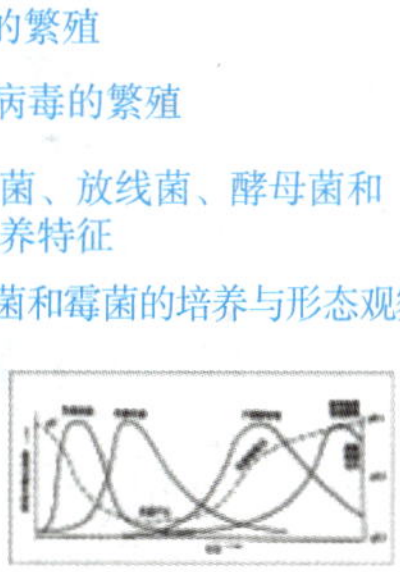

学习三步骤

学 新知细学

练 实操详练

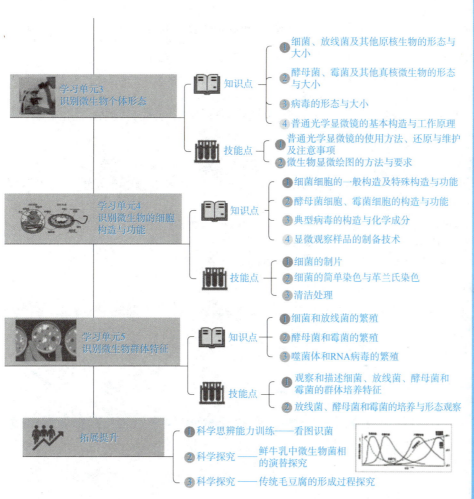

用 学以致用

学习单元3 识别微生物个体形态

学习目标

知识目标

1. 通过比较细菌、放线菌、酵母菌、霉菌、病毒的基本形态和大小，描述它们的形态特征、个体大小度量方法，区分它们之间的异同，分析其原因。

2. 通过比较其他微生物，认识蓝细菌、支原体、立克次氏体、衣原体、蕈菌、显微藻类，以及原生动物的形态、大小、种类等，了解它们与人类的关系。

3. 通过观察普通光学显微镜，复述光学显微镜的基本结构的名称和特点，掌握区分不同物镜的方法。

4. 通过描绘分析普通光学显微镜成像示意图，正确理解光学显微镜的工作原理。

能力目标

1. 可以使用普通光学显微镜观察微生物标本片，能正确操作显微镜，并能复述显微镜的操作过程，以及使用结束后的还原与维护方法。

2. 认真观察微生物标本片，能正确识别分辨所观察微生物标本的主要形态特征，并能正确记录、绘图。

素质目标

1. 阅读马歇尔“以身试菌”和“衣原体之父”汤飞凡的故事，学习他们追求真理、敢为人先的科学精神。

2. 阅读2021年全国“最美科技工作者”——中科院微生物研究所研究员庄文颖的故事，感悟她不忘初心、淡泊名利、潜心研究的奉献精神。

3. 通过显微镜使用训练，培养细心严谨、科学、规范的学习态度。

学习重点与难点

学习重点：细菌、放线菌、酵母菌、霉菌、病毒的基本形态与大小；普通光学显微镜的基本构造与原理。

学习难点：常见的微生物基本形态的区别与联系、普通光学显微镜的工作原理。

本单元参考学时：8学时；建议教学场所：一体化智慧型微生物教室

学知识·新知细学

3.1　原核生物的形态与大小

根据原核生物的形态特征，可将其粗分为细菌（Bacteria）、放线菌、蓝细菌、支原体、立克次氏体和衣原体 6 种类型。其中，最具代表性的是细菌。

码上看

细菌的形态与大小

知识点【3-1】细菌的形态与大小

细菌的种类繁多，而且分布极广，从 1.7 万米的高空到深度达 1.07 万米的海洋中到处都有它们的踪影。少数细菌是有害的病原菌，大多数细菌能给人们带来很大的好处，如生产调味品、酸奶、积累氮肥、净化环境都离不开细菌的作用，我们的身体中也有很多细菌。那么，到底什么是细菌？细菌的长相如何？大小又怎样呢？

1. 细菌的定义

细菌是指个体微小，形态简单，以二分裂方式繁殖的单细胞原核生物。在自然界中，细菌分布最广、数量最多。

2. 细菌的形态

细菌的形态极其简单，主要有三种基本形态，即球状、杆状和螺旋状（图 3-1），极少数细菌为其他形态，如丝状、三角形、方形、圆盘形等。

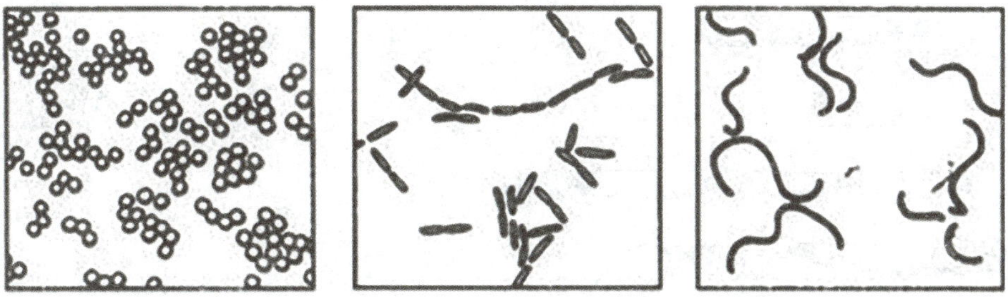

(a)　(b)　(c)

图 3-1　细菌的基本形态

(a) 球状；(b) 杆状；(c) 螺旋状

通常，根据细菌的基本形态可将其分为三个类群，即球菌、杆菌和螺旋菌。球状的细菌称为球菌；杆状的细菌称为杆菌；螺旋状的细菌称为螺旋菌。自然界中的细菌以杆菌最为常见，其次是球菌，而螺旋菌则最少见。

（1）球菌。根据球菌的分裂方向及分裂后子细胞的排列方式，其又可分为单球菌、双球菌、链球菌、四联球菌、八叠球菌、葡萄球菌等（图 3–2）。在球菌中独身只影的，单独存在的称为单球菌，如尿素小球菌；成双成对的称为双球菌，如肺炎双球菌；四个菌体连接在一起的，称为四联球菌，如四联小球菌；八个菌体在一起，似“叠罗汉”的，称为八叠球菌，如藤黄八叠球菌；像一串串链珠的，称为链球菌，如乳酸链球菌；菌体不规则地聚集在一起，像一串串葡萄，称为葡萄球菌，如金黄色葡萄球菌等。

码上看

球菌的二分裂繁殖

显微镜下看到的一些球菌

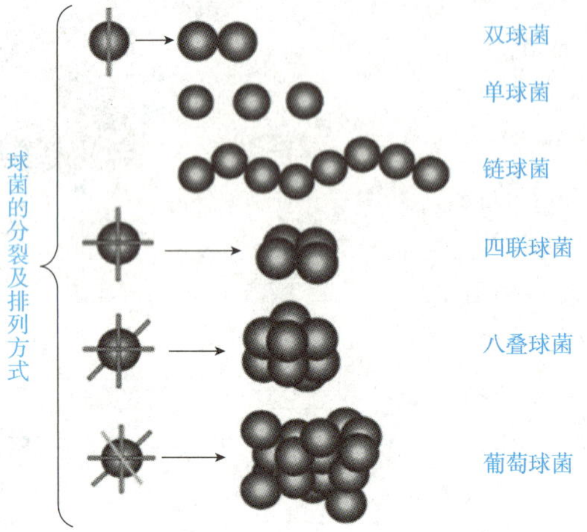

图 3–2 球菌的分裂及排列方式示意

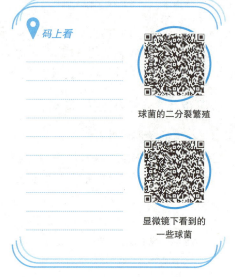

（2）杆菌。杆菌细胞呈杆状或圆柱形，径长比不同，短粗或细长。不同杆菌的形态示意如图 3–3 所示，有短杆状、长杆状、棒杆状、梭状、梭杆状、月亮状、分枝状、竹节状等；按杆菌细胞的排列方式，又可分为链状、栅状、八字形状，以及有鞘衣的丝状等。

码上看

杆菌的二分裂繁殖

显微镜下看到的一些杆菌

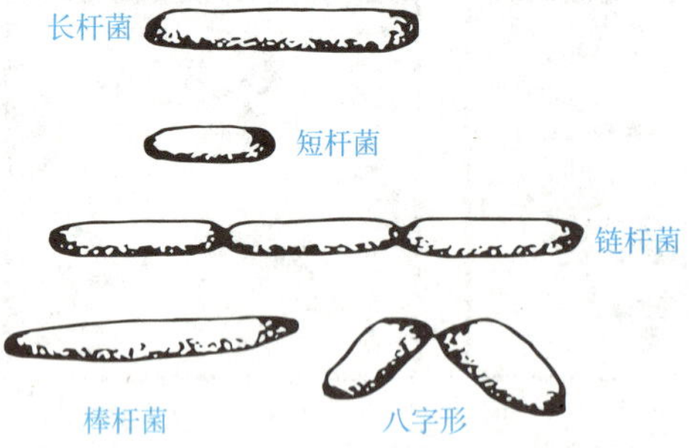

图 3–3 不同杆菌的形态示意

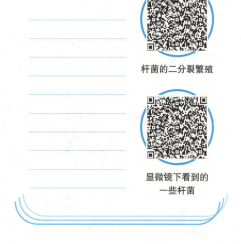

（3）螺旋菌。根据细胞的弯曲情况可分为弧菌、螺菌、螺旋体（图 3–4）。螺旋不足 1 环的称为弧菌，如副溶血性弧菌；满 2 ～ 6 环的小型、坚硬的称为螺菌，如幽门螺（杆）菌；而旋转周数超过 6 环、体长而柔软的则称为螺旋体，如螺旋藻。

显微镜下看到的一些螺旋菌

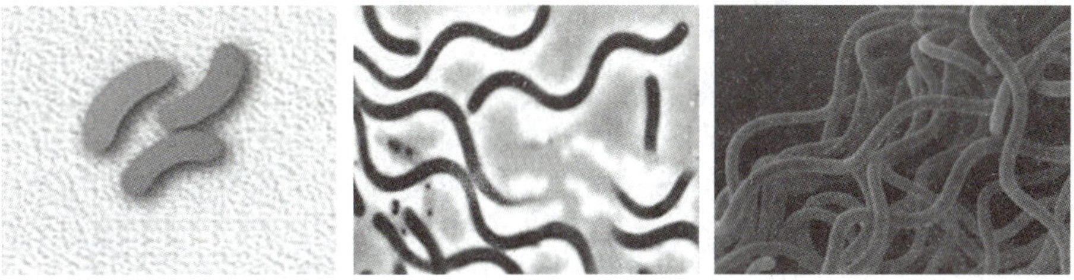

图 3-4　不同螺旋菌的形态

(a) 弧菌（<1）；(b) 螺菌（1 ～ 6）；(c) 螺旋体（>6）

视野窗

追求真理，敢为人先

马歇尔以身试菌的故事

马歇尔“以身试菌”的故事

幽门螺杆菌（Helicobacter pylori，HP）是已知的最广泛的慢性感染性细菌，全世界感染率达 50%。它可能会引起胃及十二指肠疾病，世界卫生组织将其列为第一类致癌因子，并将其明确认定为胃癌的危险因子。为了证实 HP 就是引起胃病的罪魁祸首，马歇尔“以身试菌”，吞食了自己培养的活 HP，一周内就患上了严重胃炎，雄辩地证明了导致胃病的因素是细菌感染而不是胃酸过多。马歇尔为科学献身的精神深深感动了科学界，人们纷纷投入研究，进一步证实了胃病是传染性疾病。

（4）特殊形态。细菌除包含三种基本形态外，还存在一些特殊的形态，如柄细菌、肾形菌、网格硫细菌、星形菌、方形细菌等（图 3–5）。

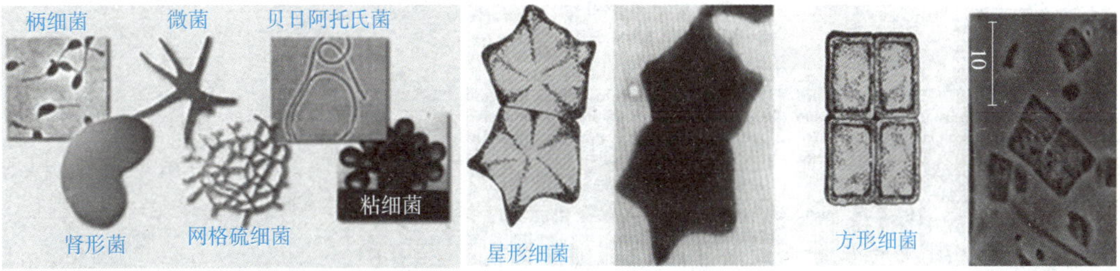

图 3–5　一些特殊形态的细菌

需要说明的是，细菌的形态并不是一成不变的，而是会受到环境条件的影响的。培养时间、培养温度、培养基成分、浓度、pH 值等环境条件对细菌形态都有明显的影响。一般处于幼龄阶段和生长条件适宜时，细菌形态正常、整齐，表现出特定的形态。在较老的培养物中，或在不正常的条件下，细胞常出现不正常形态。

3. 细菌的大小

度量细菌大小的单位是 μm（微米，$1\ \mu m = 10^{-3}\ mm = 10^{-9}\ m$）。球菌的大小用细胞的直径表示，杆菌和螺旋菌的大小用宽和长来表示（图 3–6）。一般球菌的直径为 0.5 ～ 1.0 μm，杆菌规格为（0.5 ~ 1.0）μm ×（1.0 ~ 3.0）μm，螺旋菌规格为（0.3 ~ 1.0）μm ×（1.0 ~ 5.0）μm。需要注意的是，测量螺旋菌的长度时，一般只测量菌体两端点之间的直线长度，而非实际总长度。

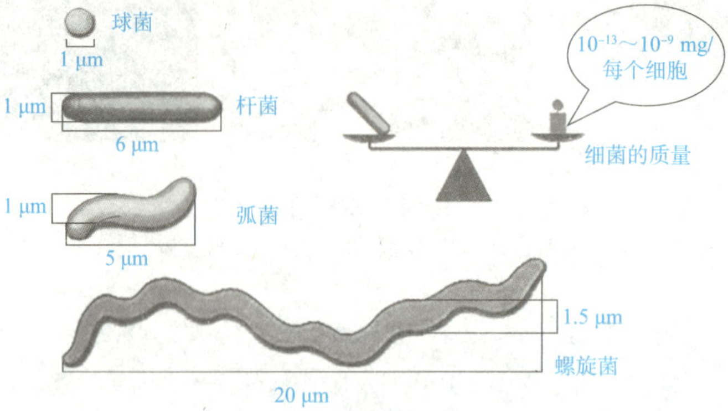

图 3-6　细菌大小与质量的度量

【举例】典型大肠杆菌的细胞平均长度约为 2 μm，宽约为 0.5 μm，形象地讲，如果将 1 500 个大肠杆菌首尾相连，仅相当于一粒芝麻的长度（约 3 mm），若把其 120 个细胞横向紧挨在一起，其总宽度仅为一根头发的粗细（60 μm），至于质量更是微乎其微，若以每个细胞湿重 10^{-13} ~ 10^{-9} g 计，则 100 亿（10^{9}）个大肠杆菌的细胞加起来才约等于 1 mg。

【说明】有关细菌的大小通常是指其平均值或代表性数值。一般在显微镜下使用显微测微尺进行测量。

◎ 新发现

小资料

细菌中的“巨人”

自 1985 年以来，科学家先后在红海和澳大利亚海域的刺尾鱼肠道中，发现了一种共生细菌——费氏刺尾鱼菌，其细胞长度达 200 ~ 600 μm（0.2 ~ 0.5 mm），宽度约为 75 μm，体积是典型大肠杆菌的 10^{6} 倍。1997 年，科学家又在非洲西部纳米比亚海岸土壤中发现了纳米比亚嗜硫珠菌，它的细胞呈球状，直径为 400 ~ 750 μm（0.4 ~ 0.75 mm），肉眼清楚可见，它们以海底的硫化氢为生，曾经被认为是迄今为止最大的细菌。2022 年 6 月 23 日，在 *nature* 杂志上报道的 Ca.*Thiomargarita magnifica*（华丽硫珠菌）打破了这一记录，如图 3-7 所示。这种细菌在加勒比海的红树林沼泽中被发现，研究显示，其个体最大可达 2 cm，形状和大小类似于人类的睫毛。Ca. 指的是 Candidatus，这是一种分类概念“暂定种”。物种名 Magnifica 来源于拉丁语的 magnus，意思是巨大，magnifique 在法语中则代表华丽的意思。

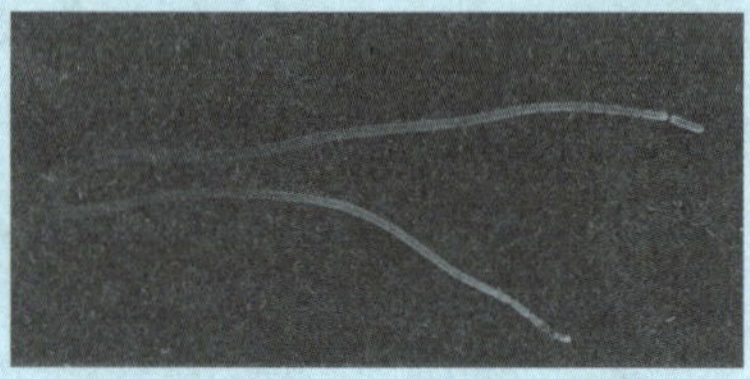

图 3-7　华丽硫珠菌的形态

知识点【3-2】放线菌的形态与大小

当一场淅淅沥沥的雨过后，你是不是会闻到一种清新芬芳的泥土味道呢，而这种味道就来自土壤中的一种原核生物放线菌所产生的土腥味素（或土臭素）。放线菌广泛分布在含水量较低、有机物较丰富和呈微碱性的土壤中。1 g 土壤中可存在数万至数百万个放线菌孢子。放线菌与人类的生产和生活关系极为密切，是一类极其重要的微生物资源。广泛应用的抗生素约 70% 由各种放线菌所生产。一些种类的放线菌还能产生各种酶制剂（如蛋白酶、淀粉酶和纤维素酶等）、维生素和有机酸等。弗兰克氏菌属（*Frankia*）是在非豆科植物根瘤中有固氮能力的内共生菌，对生物固氮具有重要的作用。另外，放线菌还可用于甾体转化、烃类发酵、石油脱蜡和污水处理等方面。少数放线菌也会对人类构成危害，造成人和动植物病害。

码上看

放线菌的形态与构造

1. 放线菌的定义

放线菌是一类呈菌丝状生长，主要以孢子繁殖的陆生性强的革兰氏阳性（G^+，详见知识点［4-1］）原核生物，因其菌落呈放射状而得名（图 3-8）。放线菌的种类很多，形态多样。其中，链霉菌属（*Streptomyces*）的分布最广，与人类的关系也最密切。

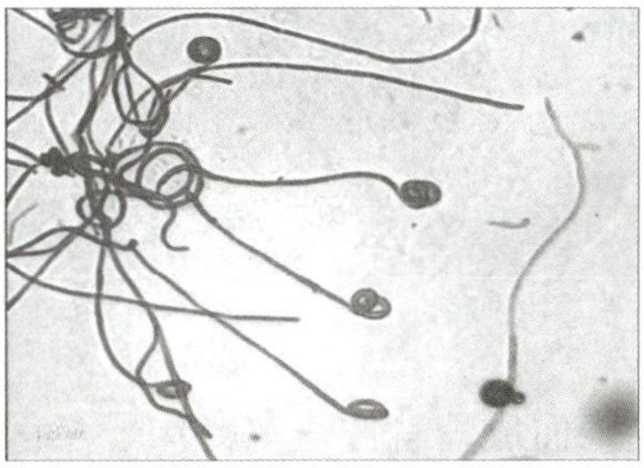

(a)

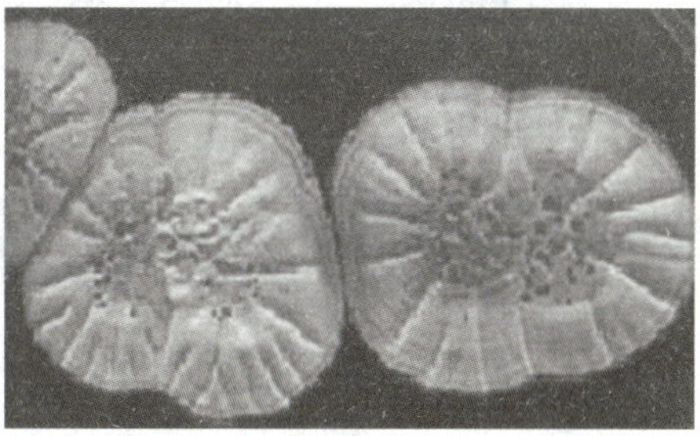

(b)

图 3-8　放线菌菌丝和呈放射状的菌落

(a) 放线菌菌丝；(b) 放丝菌呈放射状的菌落

2. 典型放线菌的基本形态与大小

典型放线菌菌体为多核的单细胞状，大多数由分枝发达的菌丝组成。菌丝的直径与杆菌类似，小于 1 μm。根据放线菌菌丝的形态和功能，其可划分为营养菌丝、气生菌丝和孢子丝三种（图 3-9）。

（1）营养菌丝。营养菌丝又称为初级菌丝或一级菌丝、基内菌丝，匍匐生长于培养基内，主要生理功能是吸收营养物质。营养菌丝一般无隔膜，直径为 0.2 ～ 0.8 μm，长度差别很大，短的小于 100 μm，长的可达 600 μm，有的还会产生色素。

（2）气生菌丝。气生菌丝又称为二级菌丝。营养菌丝发育到一

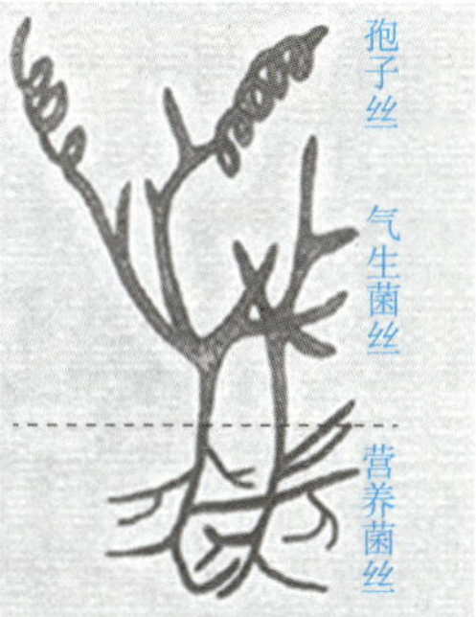

图 3-9　放线菌菌丝示意

定时期，长出培养基外并伸向空间的菌丝为气生菌丝。它叠生于营养菌丝之上，直径比营养菌丝大，颜色较深。

（3）孢子丝。当气生菌丝发育到一定程度，其上分化出可形成孢子的菌丝即为孢子丝，又名产孢丝或繁殖菌丝。放线菌的孢子丝形态多种多样（图 3-10），有的是直链状，有的是波浪状，有的弯曲成螺旋一样，有丛生、轮生、松螺旋、紧螺旋等，以螺旋状的孢子丝较为常见。

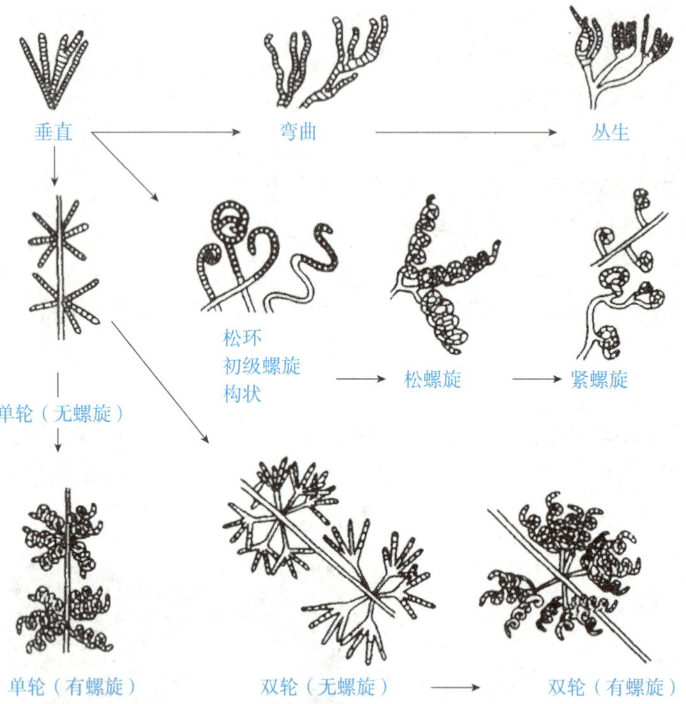

图 3-10　放线菌的各种孢子丝形态

放线菌的孢子是由孢子丝横断分裂或原生质凝聚而成，就像一串串珠子。它们有很厚的孢子壁，如同植物种子的硬壳，能保护孢子不受外界恶劣条件的伤害。放线菌孢子具有较强的耐干燥能力，但不耐高温，在 60 ～ 65 ℃温度下处理 10 ～ 15 min 即失去生活能力。放线菌的种类不同，孢子的形状和颜色也不同（图 3-11）。有的孢子是球形，有的表面光滑，有的表面粗糙，有的带有小刺或鞭毛。孢子是放线菌“传宗接代”的工具，离开菌体后能长时间不死，当遇到适宜条件后就发芽，从而形成新的菌丝体。

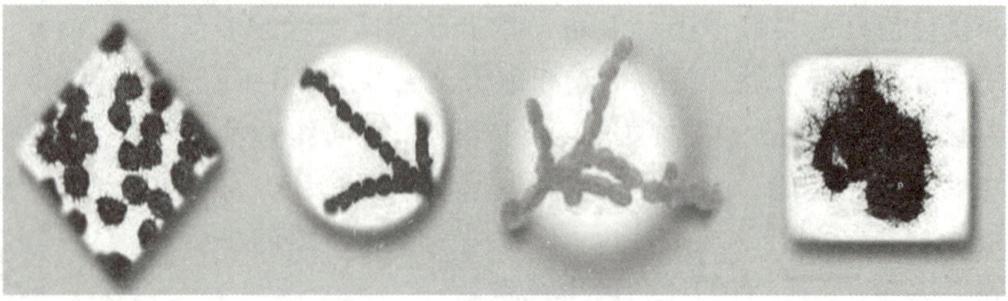

图 3-11　放线菌的不同孢子形态

3. 其他放线菌特有的形态（图 3-12）

（1）基内菌丝会断裂成大量类似于杆菌形状的放线菌，如诺卡氏菌属（*Nocardia*）。

（2）菌丝顶端形成少量孢子的放线菌，如小单孢菌属（*Micromonospora*）。

（3）具有孢囊并产孢囊孢子的放线菌，如孢囊链霉菌属（*Streptosporangium*）。

（4）具有孢囊并产游动孢子的放线菌，如游动放线菌属（*Actinoplanes*）。

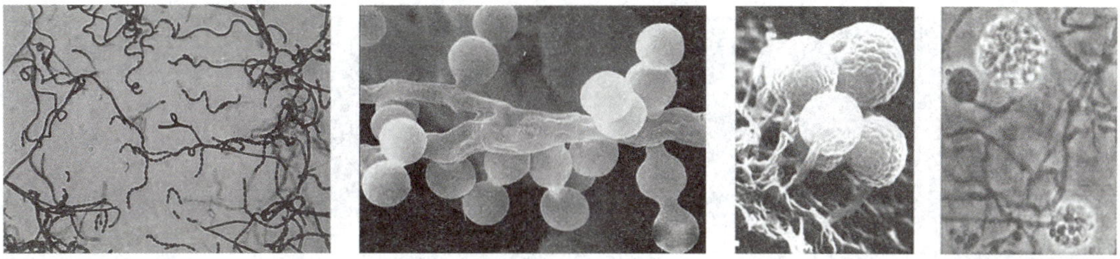

（a）　（b）　（c）　（d）

图 3-12　其他放线菌特有的形态

（a）诺卡氏菌属；（b）小单孢菌属；（c）孢囊链霉菌属；（d）游动放线菌属

知识点【3-3】其他原核生物的形态与大小

码上看

认识蓝细菌

1. 蓝细菌

蓝细菌旧名蓝藻或蓝绿藻，是一类进化历史悠久、革兰氏阴性、无鞭毛、含叶绿素 a（但不形成叶绿体）、能进行产氧性光合作用的大型原核生物。蓝细菌的细胞一般比细菌大，通常直径为 3 ～ 10 μm，最大的巨颤蓝细菌直径可达 60 μm。蓝细菌细胞形态多样，常见的有单细胞球状或单细胞杆状、多细胞丝状等（图 3-13）。

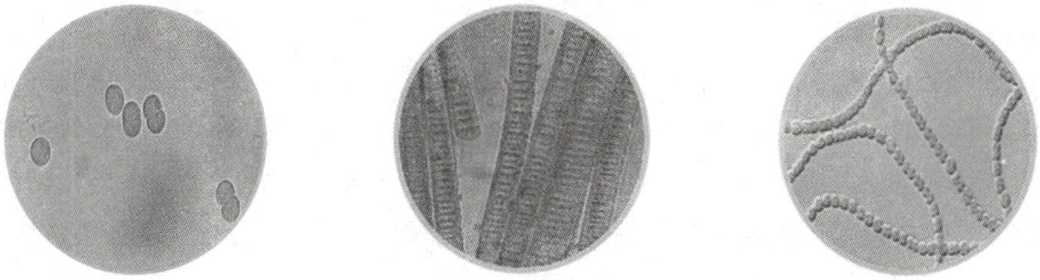

（a）　（b）　（c）

图 3-13　蓝细菌的细胞形态

（a）单细胞球状；（b）单细胞杆状；（c）多细胞丝状

一些蓝细菌细胞具有特化形式（图 3-14）。

（1）异形胞。异形胞是存在于丝状细胞中的形大、壁厚、具有固氮功能的细胞，数目少而不定，位于细胞链的中间或末端。

（2）静息孢子。静息孢子是生长在细胞链中间或末端的形大、壁厚、色深的休眠细胞，富含储藏物，能抵御干旱等不良环境。

（3）链丝段。链丝段又称连锁体或藻殖段，是由长细胞链断裂而成的短链段，具有繁殖功能。

（4）内孢子。内孢子是少数种类细胞内形成的球形或三角形孢子，成熟后便被释放出来，具有繁殖功能。

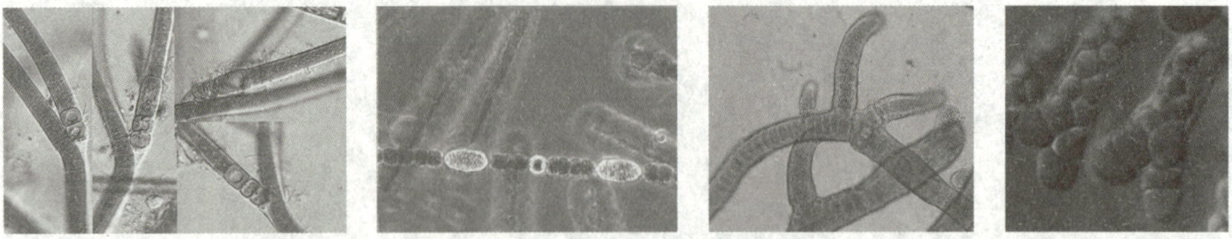

(a) (b) (c) (d)

图 3-14　一些蓝细菌细胞具有特化形式

(a) 异形胞；(b) 静息孢子；(c) 链丝段；(d) 内孢子

2. 支原体、立克次氏体和衣原体

（1）支原体（Mycoplasma）。支原体又称支原体，是一类无细胞壁、介于独立生活和细胞内寄生生活之间的最小型原核生物（图 3-15）。支原体形态多变，有球形、丝状等，多数为球形。细胞很小，直径一般为 150 ～ 300 nm，多数在 250 nm 左右。通常是引起人和动物肺炎及植物病害的致病菌。为了与感染动物的支原体相区分，一般将侵染植物的支原体称为类支原体（Mycoplasma-like，MLO）或植原体。

（2）立克次氏体（Rickettsia）。立克次氏体是一类专性寄生于真核细胞内的革兰氏阴性（G^-）原核生物，是人类斑疹伤寒、恙虫热和 Q 热等严重传染病的病原体（图 3-16）。其细胞形态多样，如球状、双球状、杆状、丝状。细胞较大，体积为（0.3 ～ 0.6）μm ×（0.8 ～ 2.0）μm，光学显微镜下清晰可见。1909 年，霍华德 · 泰勒 · 立克次首次发现落基山斑疹伤寒的病原体，并因研究此病感染而牺牲。1916 年，人们以他的名字命名这类病原体作为纪念。

（3）衣原体（Chlamydia）。衣原体是一类介于立克次氏体与病毒之间，在真核细胞内营专性能量寄生的小型革兰氏阴性（G^-）原核生物（图 3-17），曾长期被误认为“大型病毒”。1956 年由我国著名微生物学家汤飞凡等自沙眼中首次分离，并被证实为一类独特的原核生物。对哺乳动物及少数鸟类致病，能引起鹦鹉热、沙眼、肺炎等。

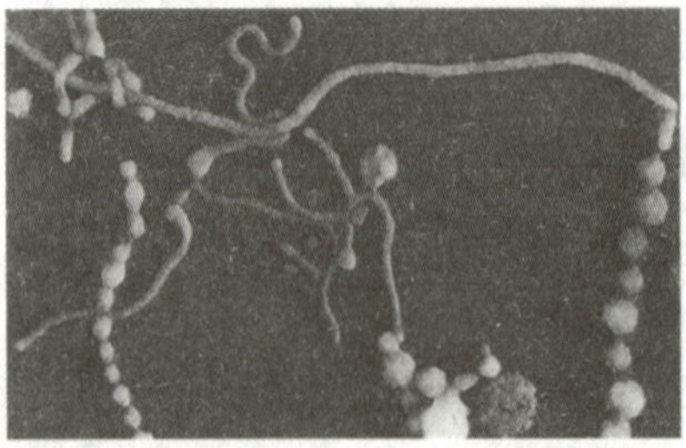

图 3-15　支原体

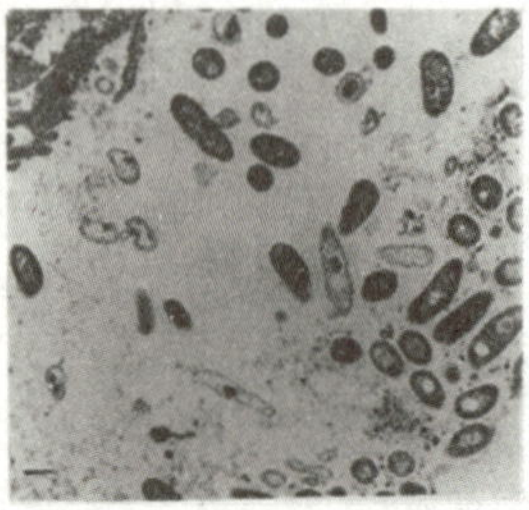

图 3-16　立克次氏体

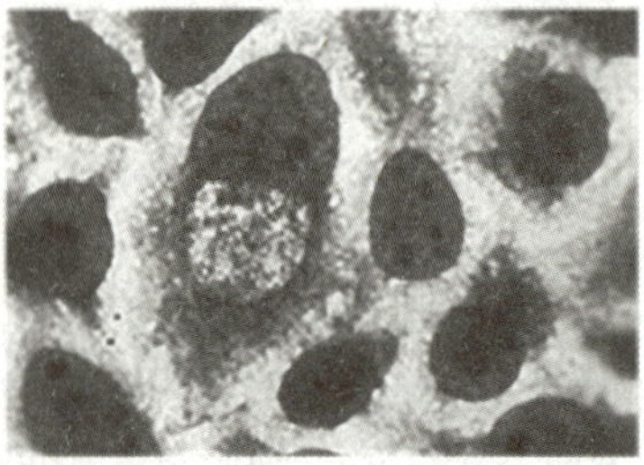

图 3-17　衣原体

视野窗

追求真理，敢为人先

中国第一代病毒学家“衣原体之父”——汤飞凡

“衣原体之父”——汤飞凡

汤飞凡，中国科学院院士，医学微生物学家，中国第一代病毒学家，毕业于美国哈佛大学医学院细菌系。1955 年 8 月 10 日，他首次分离出沙眼衣原体，并冒着失明的危险将沙眼“病毒”接种到自己的眼睛里。他的努力和付出，结束了人们长达几十年的关于沙眼病原体的纷争，挽救了无数人的视力甚至生命，他是发现重要病原体的中国第一人，被世界医学界誉为“衣原体之父”。

3.2 真核微生物的形态与大小

真核微生物主要包括真菌、显微藻类和原生动物 3 大类型。其中，真菌（Fungi）是最重要的真核微生物。一般把真菌分为单细胞真菌酵母菌、丝状真菌霉菌和大型子实体真菌蕈菌 3 类。

码上看

酵母菌的形态与大小

知识点【3-4】酵母菌的形态与大小

酵母菌是古代劳动人民应用得较早的一类微生物，被誉为人类的“第一种家养微生物”。自然环境中几乎到处都有酵母菌，已被人们发现的酵母菌达 500 种之多。绝大多数酵母菌是人类的好朋友，如酿酒、制酱、做醋、面包和馒头等都离不开酵母菌。利用酵母菌的菌体制备单细胞蛋白（SCP），还可以提取辅酶 A、细胞色素 C、凝血质、卵磷脂和多种核苷酸等生化药物与试剂。而且酵母菌在石油脱蜡、酶制剂和发酵饲料等方面也有应用。啤酒酵母是第一个完成全基因组序列测定的真核生物。在基因工程中，酵母菌被用作表达外源蛋白功能的优良的“工程菌”。但是，少数酵母菌也会产生一定的危害，有些酵母菌（如白假丝酵母菌等一些条件致病菌）可引起皮肤、呼吸系统、消化系统、泌尿和生殖系统疾病。有些酵母菌还是发酵工业的污染菌，使发酵产量降低或产生不良气味。有些酵母菌（如鲁氏酵母菌、蜂蜜酵母菌等）会使果酱、蜂蜜等食品变质。

1. 酵母菌的定义

酵母菌（Yeast）是一个通俗名称，一般泛指能发酵糖类的各种单细胞真菌，也称为糖菌。酵母菌主要分布在含糖质较高的偏酸性环境中，如果品、蔬菜、花蜜和植物叶子上，特别是葡萄园和果园的土壤中。

2. 酵母菌的形态与大小

酵母菌的基本形态有圆形或球形、卵圆形或椭圆形、柱状。也有一些特殊的形态如柠檬形、三角形、藕节状、腊肠形、假菌丝等。酵母菌细胞的直径约为细菌的 10 倍，一般为

2.5 ~ 10 μm，长度为 4.5 ~ 21 μm，最长可达 100 μm。酵母菌的形态如图 3-18 所示。

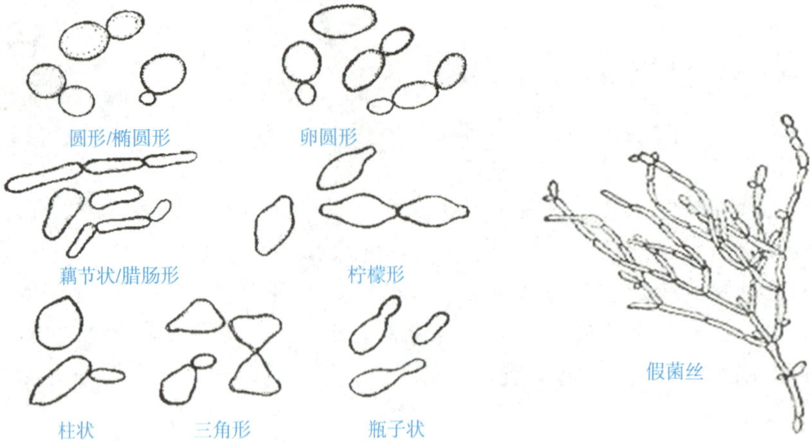

图 3-18　酵母菌的形态

知识点【3-5】霉菌的形态与大小

码上看

霉菌的基本形态

显微镜下霉菌的菌丝形态

霉菌的分布极为广泛，是自然界中最重要的有机物分解者，可以促进整个地球生物圈的繁荣发展。在潮湿的天气里，霉菌会导致粮食、衣服、皮鞋等发霉。当然，大多数霉菌对人们还是非常有益的，如我国古代劳动人民利用霉菌来酿酒、制酱、做腐乳等。霉菌已经被广泛应用于食品制作、酶制剂、纺织印染、抗生素和有机酸生产等方面，有的霉菌还被应用在冶炼重金属和稀有金属上。

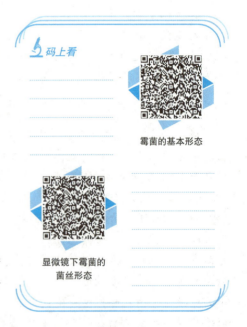

1. 霉菌的定义

霉菌（Mould）是丝状真菌的俗称，即“会引起物品霉变的真菌”。通常是指菌丝体较发达又不产生大型肉质子实体结构的真菌。

2. 霉菌的形态与大小

（1）霉菌的菌丝。霉菌的菌体由菌丝构成。菌丝是其营养体的基本单位，菌丝呈中空管状结构，有分枝，直径通常为 3 ~ 10 μm，与酵母菌相似，但比细菌或放线菌的细胞约粗 10 倍。根据霉菌菌丝中是否存在隔膜，可将霉菌的菌丝分为无隔菌丝和有隔菌丝两大类（图 3-19）。无隔菌丝中没有隔膜，整个菌丝体就是一个单细胞，其中含有多个细胞核，是低等真菌所具有的菌丝类型，如毛毒属和根霉属。有隔菌丝中有隔膜，被隔膜隔开的一段菌丝就是一个细胞，菌丝体由很多个细胞组成，每个细胞内有 1 个或多个细胞核，即单核有隔菌丝或多核有隔菌丝，在隔膜上有 1 或多个小孔，使细胞之间的细胞质和营养物质相互沟通，是高等真菌所具有的菌丝类型，如曲霉属和青霉属。

（2）霉菌的菌丝体。由许多菌丝相互交织而成的一个菌丝集团称为菌丝体。菌丝体可分为两类：密布在固体营养基质内部，主要执行吸取营养物功能的菌丝体，称为**营养菌丝**

体；而伸展到空间的菌丝体，则称为气生菌丝体。

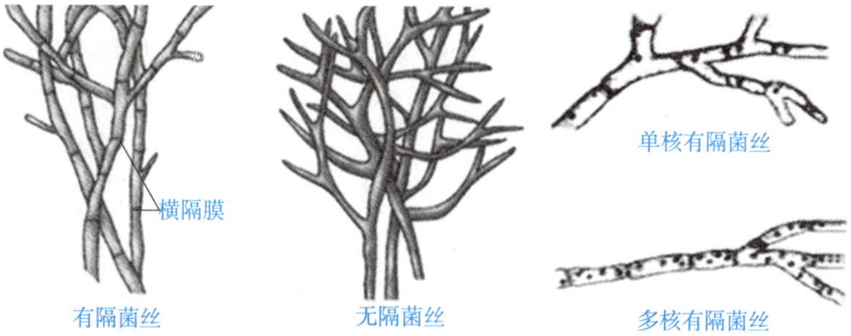

图 3-19　霉菌的菌丝及种类

（3）霉菌菌丝体的特化构造。霉菌的营养菌丝体和气生菌丝体在长期的进化中，因自身的生理功能和对不同环境的高度适应性，已明显地发展出各种特化的构造。

1）营养菌丝体的特化构造。

①假根。假根是根霉属等低等真菌匍匐菌丝与固体基质接触处分化出来的根状结构，具有固着和吸取养料的功能，如图 3-20 所示。

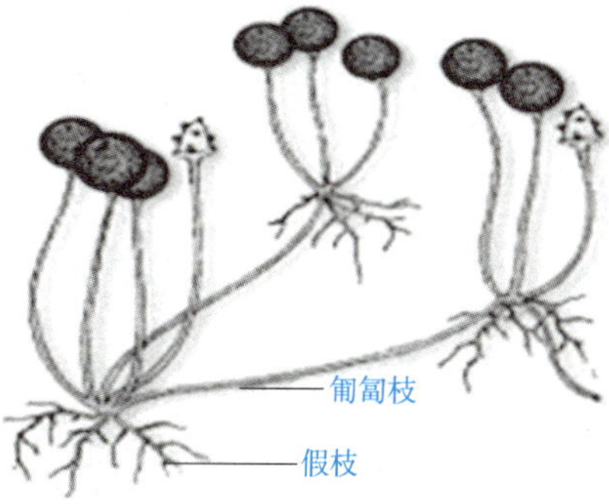

图 3-20　根霉的假根和匍匐枝示意

②匍匐菌丝。匍匐菌丝又称匍匐枝，毛霉目真菌在固体基质上常形成与表面平行、具有延伸功能的菌丝，称为匍匐菌丝。最典型的可在根霉属中见到：在固体基质表面的营养菌丝分化为匍匐菌丝，在其上每隔一段距离可长出伸入基质的假根和伸向空间的孢囊梗，随着匍匐菌丝的延伸，不断形成新的假根和孢囊梗，这类真菌会由于基质的存在而向四处快速蔓延，而不会形成其他真菌中常见的有固定大小和形态的菌落，如图 3-20 所示。

③吸器。吸器由几类专性寄生的真菌如锈菌目、霜霉目和白粉菌目等的一些种产生。吸器是一种只在宿主细胞间隙间蔓延的营养菌丝上分化出来的短枝，它可在侵入细胞内形成指状、球状或丝状的构造，用以吸取宿主细胞内的养料而不使其致死，如图 3-21（a）所示。

④附着胞。许多寄生于植物的真菌在其芽管或老菌丝顶端会发生膨大，分泌黏状物，借以牢固地黏附在宿主的表面，即附着胞。在其上再形成纤细的针状感染菌丝，侵入宿主的角质表皮来吸取养料，如图 3-21（b）所示。

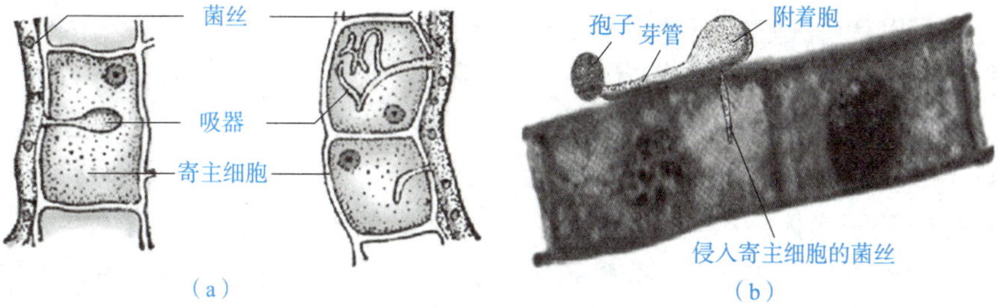

图 3-21　吸器和附着胞

（a）吸器；（b）附着胞

⑤附着枝。若干寄生真菌如小光壳炱和秃壳炱属等，由菌丝细胞生出 1 ～ 2 个细胞短枝，将菌丝附着于宿主体上，即附着枝。

⑥菌核。菌核是一种形状、大小不一的休眠菌丝组织，在不良的外界环境下，生命力可保存数年。菌核形状有大有小，大的如猪茯苓［大如小孩头，如图 3–22（a）所示］，小的如油菜菌核（形如鼠粪）。菌核的外层色深、坚硬，内层疏松，大多为白色。

⑦菌索。菌索一般由伞菌（如蜜环菌等）产生，为根状菌丝组织，功能是促进菌体蔓延和抵挡不良外界环境。通常可在腐朽的树皮下或地下发现，如图 3–22（b）所示。

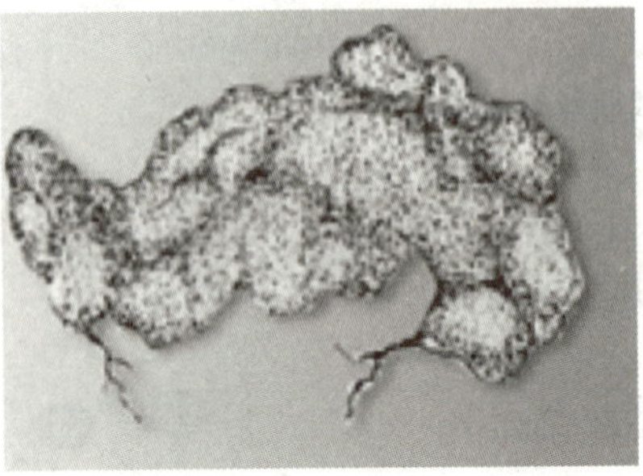

（a）

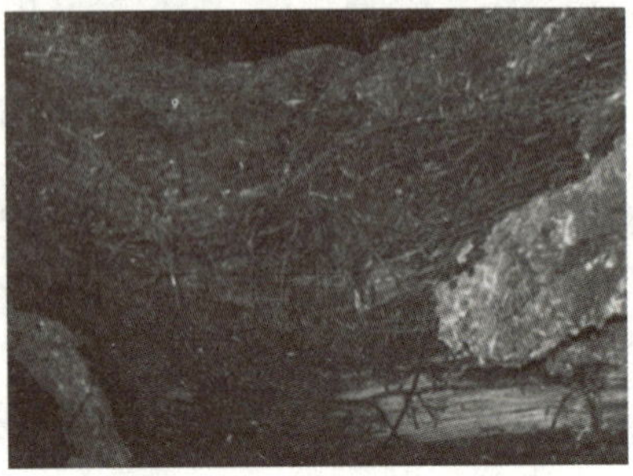

（b）

图 3–22　猪茯苓和菌索

（a）猪茯苓；（b）菌索

⑧菌环和菌网。捕虫菌目和一些半知菌的菌丝常会分化成圈环或网状的特化菌丝组织，用以捕捉线虫或其他微小动物，然后进一步从这类环或网上生出菌丝侵入线虫等体内，吸收养料。线虫是生存于土壤中危害植物根部并影响农作物生长和产量的有害动物，约有 2.5 万种，用真菌防治线虫将有良好的前景，如图 3–23 所示。

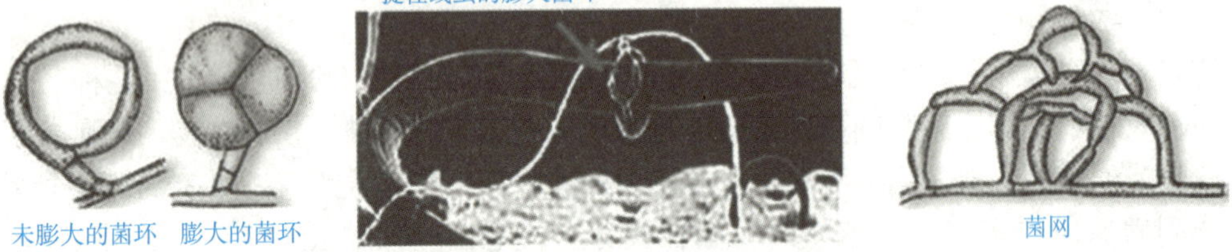

图 3–23　菌环和菌网

2）气生菌丝体的特化构造。气生菌丝体主要特化成各种形态的子实体。子实体是指在其内部或上面可以产生无性或有性孢子，有一定形状和构造的任何菌丝体组织。

①结构简单的子实体。其可分为两种，一种是产生无性孢子的简单子实体，常见的如曲霉属或青霉属等的分生孢子头或分生孢子穗［图 3–24（a）］，根霉属或毛霉属的孢子囊［图 3–24（b）］。另一种是产生有性孢子的简单子实体，如担子菌的担子［图 3–24（c）］。

②结构复杂的子实体。产生无性孢子的结构复杂的子实体有分生孢子器、分生孢子座和分生孢子盘等结构（图 3–25）。分生孢子器是一个球形或瓶形结构，在其内壁表面或底部长有极短的分生孢子梗，梗上产生分生孢子。还有很多真菌的分生孢子梗紧密聚集成簇，分生孢子长在梗的顶端，形成垫状，称为分生孢子座。而分生孢子盘则是一种存在于宿主

的角质层或表皮下，由分生孢子梗簇生在一起而形成的盘状结构。

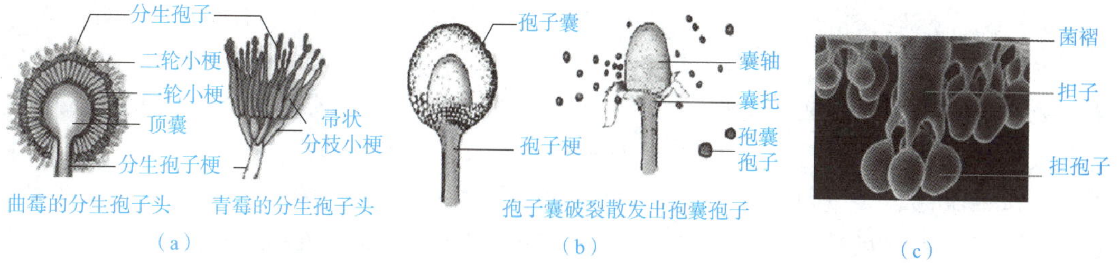

图 3-24　产生无性孢子和有性孢子的简单子实体

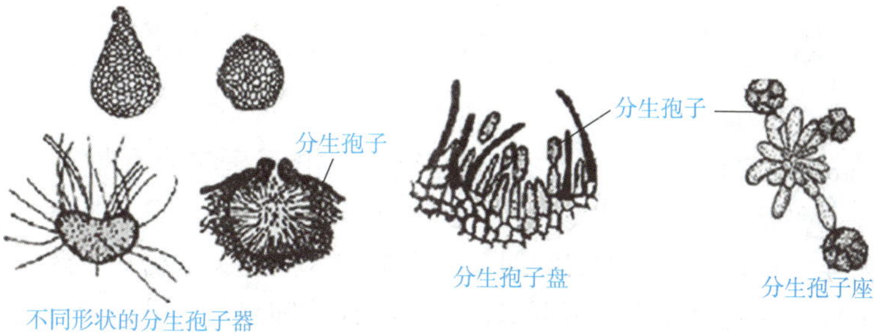

图 3-25　产生无性孢子的结构复杂的子实体

在子囊菌中，能产生有性孢子的、结构复杂的子实体称为子囊果。子囊果按其外形可分为 3 类：一是闭囊壳，为完全封闭式，呈圆球形，它是不整囊菌纲部分曲霉属和青霉属所具有的特征；二是子囊壳，其子囊果似烧瓶形，有孔口，它是核菌纲真菌的典型特征；三是子囊盘，是指开口的、盘状的子囊果，它是盘菌纲真菌的特有构造，如图 3-26 所示。

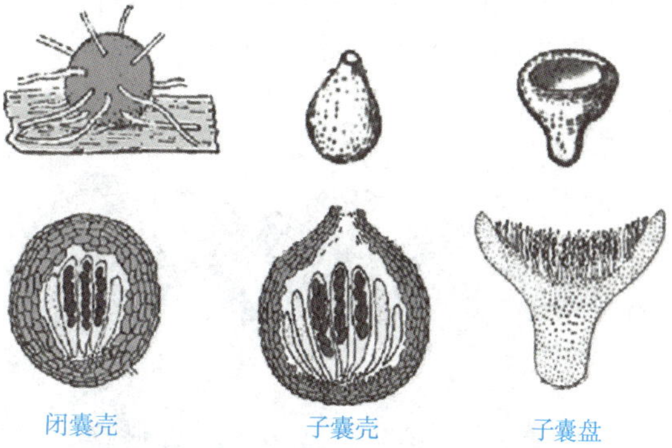

图 3-26　不同形状的子囊果

视野窗

淡泊名利、潜心研究

最美科技工作者——庄文颖

最美科技工作者——中科院微生物所研究员庄文颖

在全球真菌学领域，有一本权威工具书《真菌字典》。该字典第九版的编写者之一是来自中国的女科学家——中国科学院院士、中国科学院大学博士生导师、中科院微生物所研究员庄文颖。她三次当选国际真菌学会执委，是该组织成立以来的首位中国籍执委；她还是美洲真菌学会首位中国籍荣誉会士。40 多年来，她一直潜心探寻真菌的奥秘，带领团队深入全国 26 个省的密林深山，发现了 360 余个真菌新种。“在浩瀚的生命世界里，在生物进化的漫漫长河中，真菌扮演了非常重要的角色，必将影响人类的未来。但人类对真菌的认识还远远不够，我愿意为此付出毕生的努力。”40 多年后，庄文颖依然清晰记得自己的初心。

2021 年，庄文颖荣登全国“最美科技工作者”荣誉榜。在“真菌学”这一浩瀚领域，她倾注多年光阴，夙兴夜寐，用自己的行动照亮了我国真菌学研究的前进之路。“最美科技工作者”评委如是说：“回顾庄文颖数十年以来的科研工作，无私奉献精神是她身上最耀眼的品质，是支撑她获得科学成就的重要精神力量。她所赢得的崇高学术声望，源于她高尚的人格风范。她治学严谨、淡泊名利、虚怀若谷、提携后学，推动了中国乃至世界真菌学科的发展。”

知识点【3-6】其他真核微生物的形态与大小

1. 蕈菌

蕈菌（Mushroom）又称伞菌，通常是指能形成大型肉质子实体的真菌，包括多数担子菌类和极少数子囊菌类。其广泛分布于地球各处，尤其是森林落叶地带，曾经一直是植物学的研究对象。它们与人类的关系密切，药食同源，营养丰富，是人们餐桌上不可多得的美味佳肴和滋补佳品，全球可供食用的种类达 2 000 多种［图 3-27（a）］。当然，蕈菌除包含有益的种类外，其中的少数种类有毒或引起木材朽烂，对人类是有害的。

认识蕈菌

蕈菌的最大形态特征是形成形状、大小、颜色各异的大型肉质或革质的子实体［图 3-27（b）］。

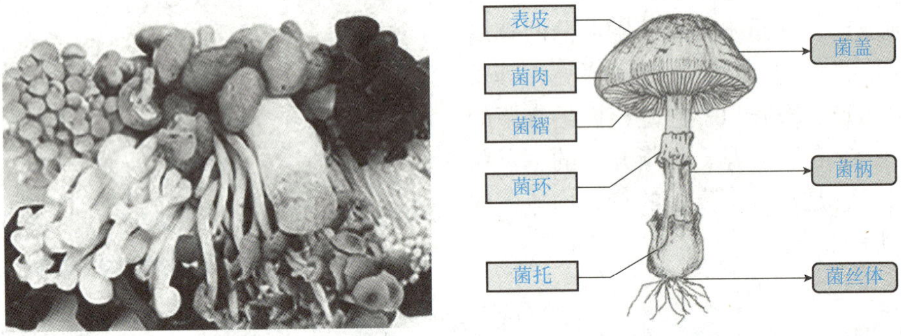

(a)　　(b)

图 3-27　各种常见食用菌和蕈菌的基本构造示意

（a）各种常见食用菌；（b）蕈菌的基本构造示意

2. 显微藻类

藻类（Algae）是指除苔藓植物和维管束植物外，基本上有叶绿素，可进行光合作用，并伴随放出氧气的一大类真核生物，它们大多属于只有通过显微镜才能观察到个体形态的微生物。但也有一些藻类个体很大，如大的海藻可长达若干英尺（1 英尺≈ 0.305 米）。

认识藻类和原生动物

藻类的大小、形态有很大区别，许多藻类是单细胞的，也有些藻类是单细胞群体。有些群体可以是由分裂后单个的、相似的细胞连在一起而形成的简单聚集，也可能是由具有特殊功能的，分化了的不同细胞所组成，它们变得很复杂，而且表面结构类似于高等植物。一些藻类的形态（绿藻的形状）如图 3–28 所示。

藻类在自然界（特别是各种水体中）广泛存在，常常是影响水质的重要原因。例如，有些自来水中的一些怪味就是由在供水系统中生长的藻类引起的，而藻类在近海的大量繁殖也会消耗大量水中氧气而引起鱼类和其他海洋生物的窒息和死亡，从而形成对渔业生产影响极大的赤潮。

3. 原生动物

原生动物（Prokaryote）是一类缺少真正细胞壁，细胞通常无色，具有运动能力，并进行吞噬营养的单细胞真核生物。它们个体微小，大多需要显微镜才能看见。显微镜下的原生动物形态如图 3–29 所示。

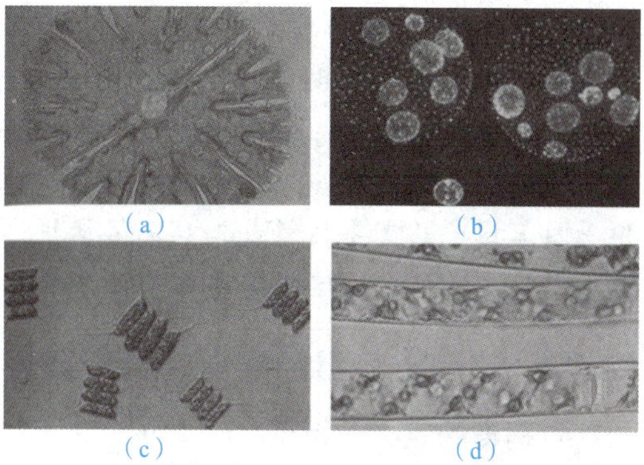

图 3–28　显微镜下的绿藻形态

（a）微星鼓藻属（*Micrasterias*），单细胞；
（b）团藻属（*Volvox*），由很多单细胞组成的群体；
（c）栅藻属（*Scenedesmus*），由四个细胞组成的栅状；
（d）水棉属（*Spirogyra*），一种丝状藻类

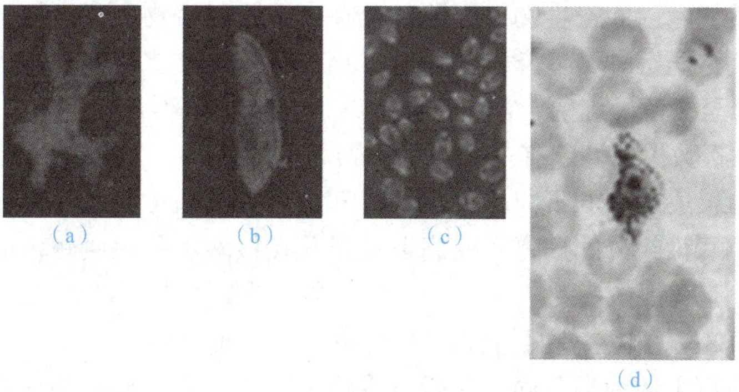

图 3–29　显微镜下的原生动物形态

（a）阿米巴原虫（*Amoeba*）；（b）纤毛虫（*Ciliate*）；（c）鞭毛虫（*Flagellate*）；（d）间日疟原虫（*Plasmodium vivax*）

原生动物在自然界（特别是海水、淡水）中大量存在，它们也与各种动植物在不同组织水平上形成共生体，有些对宿主无害，有些对宿主有利，有些对宿主有害，如一些原生动物能导致人类生病。

码上看

藻类和原生动物简介

3.3 病毒的形态与大小

病毒是典型的非细胞微生物，它们与人类的关系密切，至今人类和许多有益动物的疑难疾病和威胁性最大的传染病几乎都是由病毒引起的，近年来还发现多种致癌病毒（如引起人宫颈癌的 HPV）；发酵工业中的噬菌体（细菌病毒）污染会严重危及生产；一些侵染有害生物的病毒则可制成生物防治剂而用于生产实践。另外，许多病毒还是生物学基础研究和基因工程中的重要材料或工具。俗话说“知己知彼才能百战不殆”，要想战胜病毒，就要先认识病毒，那么，这些病毒都是什么样子的呢？应如何辨识它们呢？

知识点【3-7】病毒的定义、特点及种类

1. 病毒的定义及特点

病毒（Virus）是一类由核酸和蛋白质等少数几种成分组成的超显微“非细胞生物”。其本质是一类含 DNA 或 RNA 的特殊遗传因子。病毒的主要特点包括个体极小（以 nm 计）、无细胞结构、在专性活细胞内寄生、以复制的方式增殖、有特殊的抵抗力等。

病毒的特点及种类

2. 病毒的种类

病毒是专性活细胞内的寄生物，因此，凡在有细胞的生物生存之处，都有与其相对应的病毒存在，这就是病毒种类多样性的原因。至今，从人类、脊椎动物、昆虫和其他无脊椎动物、植物，乃至真菌、细菌、古生菌、放线菌和蓝细菌等各种生物中，都有病毒存在。关于已记载过的病毒数据估计已有 7 000 种（株）左右。

（1）根据病毒组成成分的不同，一般可将病毒分为真病毒和亚病毒。真病毒是指至少含有核酸和蛋白质两种组分的病毒；亚病毒是指凡在核酸和蛋白质两种成分中只含其中之一的分子病原体。亚病毒包括类病毒（只含具有独立侵染性的 RNA 组分）、拟病毒（只含不具有独立侵染性的 RNA 组分）和朊病毒（只含单一蛋白质组分）。

（2）根据感染宿主的种类不同，一般可将病毒分为人和脊椎动物病毒、植物病毒、昆虫病毒、微生物病毒，如细菌病毒（噬菌体）、藻类病毒（噬藻类体）、真菌病毒（噬真菌体）等。

知识点【3-8】病毒的形态与大小

1. 病毒的形态

病毒的形态多种多样，在电子显微镜下病毒呈杆状、球状、卵圆状、砖状、蝌蚪状、冠状、子弹状和丝状等形状（图 3-30）。

病毒的形态与大小

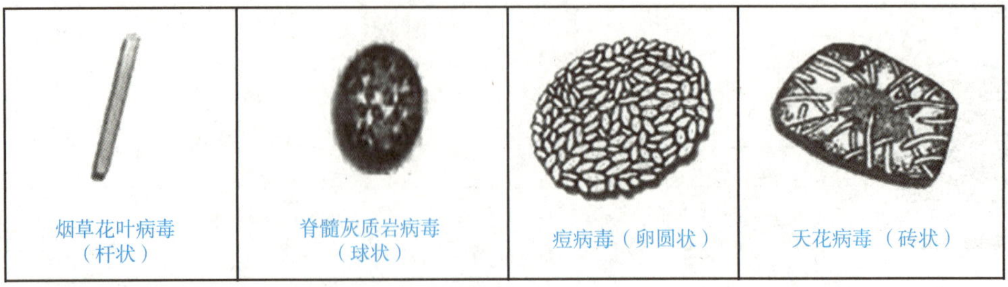

图 3-30　病毒的一些基本形态

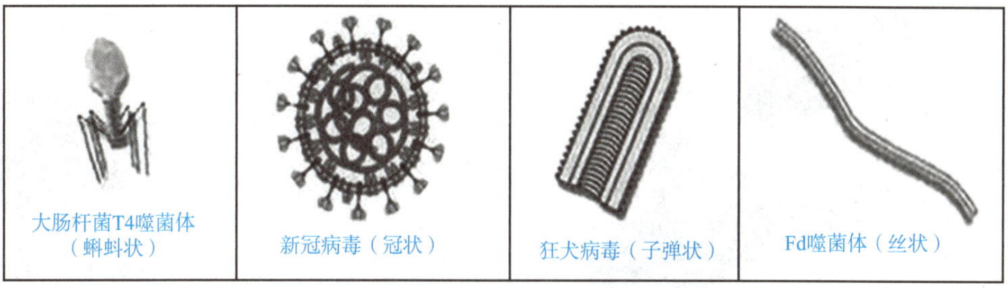

图 3-30 一些病毒的基本形态（续图）

2. 病毒的大小

绝大多数病毒是能通过细菌滤器的微小颗粒。病毒的大小常用纳米（nm）来度量，通常是 10 ～ 300 nm，通常为 100 nm（0.1 μm）左右（图 3-31）。

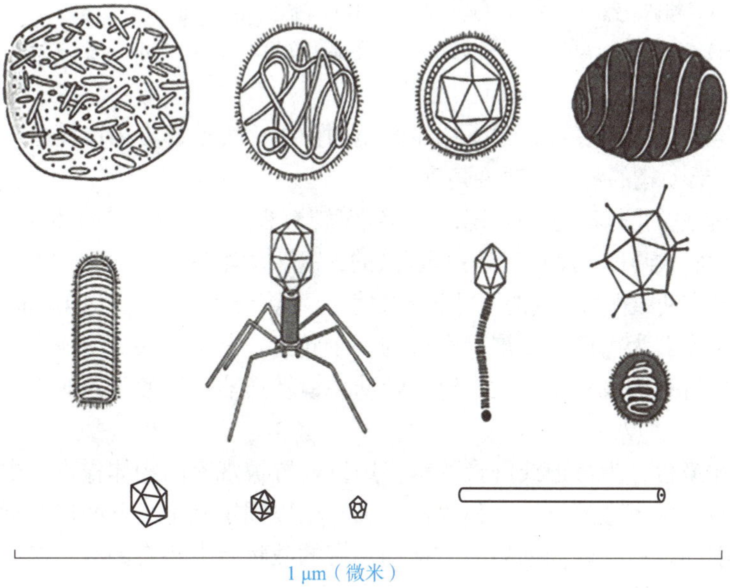

图 3-31 病毒的大小（小于 1 μm）

码上看

微生物尺寸大比拼

3.4 普通光学显微镜的构造与原理

知识点【3-9】普通光学显微镜的基本构造

现代普通光学显微镜主要利用目镜和物镜两组透镜系统来放大成像，故也常称为复式显微镜。它们由机械系统和光学系统两大部分组成（图 3-32）。机械系统是显微镜的基本组成单位，主要是保证光学系统的准确配置和灵活调控，在一般情况下是固定不变的，一般包括镜座、镜臂、镜筒、载物台等。光学系统由物镜、目镜、聚光器等组成，直接影响显微镜的性能，是显微镜的核心，能将物像放大，形成倒立的放大物像。一般的显微镜可配置多种可互换的光学组件，变换这些组件可以改变显微镜的功能。

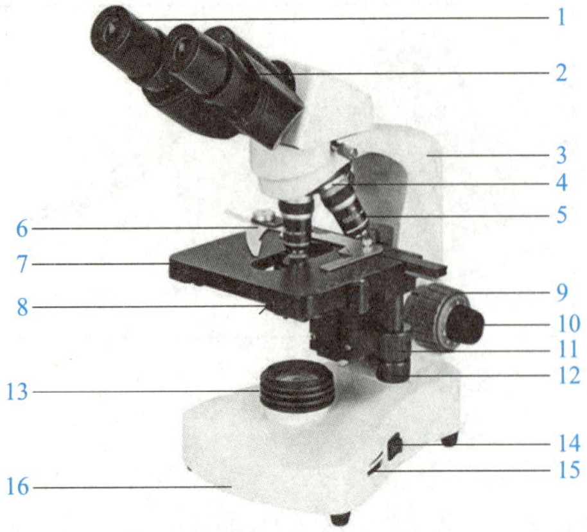

图 3-32　普通光学显微镜的构造示意

1—目镜；2—镜筒；3—镜臂；4—物镜转换器；5—物镜；6—标本夹；7—载物台（镜台）；
8—聚光器（可变光阑）；9—粗调节螺旋；10—细（微）调节螺旋；11—标本纵向移动手轮；
12—标本横向移动手轮；13—光源；14—电源开关；15—光源滑动变阻器（亮度调节旋钮）；16—镜座

码上看

普通光学显微镜的基本构造

（1）镜座和镜臂。镜座位于显微镜底部，起支撑显微镜的作用；镜臂起支撑镜筒的作用，有固定式和活动式两种，活动式的镜臂可改变角度。

（2）镜筒。镜筒是由金属制成的圆筒，上接目镜，下接物镜转换器。镜筒分为单筒和双筒两种。单筒又可分为直立式和倾斜式两种；而双筒都是倾斜式的，镜筒倾斜 45° 角。双筒中的一个目镜有屈光度调节装置，以备在两眼视力不同的情况下调节使用。镜筒的长度一般为 160 mm。

（3）物镜转换器。物镜转换器为由两个金属碟合成的一个转盘，其上安装 3 ～ 4 个物镜，可使每个物镜通过镜筒与目镜构成一个放大系统。转动物镜转换器可以使不同放大倍数的物镜达到工作位置。

（4）载物台。载物台又称镜台，为方形或圆形的盘，用以放置被观察的物体样本，中心有一通光孔。在载物台上装有两个金属压夹，称为标本夹，用以固定标本。下面连接标本夹的是标本推动器，将标本固定后，能向前后左右推动。有的载物台上还有刻度，能确定标本的位置，便于找到变换的视野。

（5）调焦装置。调焦装置是调节物镜和标本之间距离的部件，包括粗调节螺旋即粗调节器和微调节螺旋即细调节器，它们可以使镜台或镜筒上下移动，当物体落在物镜和目镜焦点上时，则得到清晰的图像。

（6）物镜。物镜安装在镜筒下端的物镜转换器上，因接近被观察的物体，又称接物镜。其作用是将物体作第一次放大，是决定成像质量和分辨能力的重要部件。物镜有低倍（4×）、中倍（10 ～ 20×）、高倍（40×）和油镜（100×）等不同的放大倍数。物镜上通常标有放大倍数、数值孔径（NA）、镜筒长度、工作距离（物镜下端与盖玻片之间的距离，mm）及指定盖玻片的厚度等主要参数（图 3-33），如 10×/0.25、160/0.17、16.3 mm。其中，“10×”表示物镜放大倍数，“0.25”表示数值孔径，“160”表示镜筒长度（mm），“0.17”表示指定盖玻片的厚度（mm），“16.3 mm”表示物镜工作距离。油镜上通常刻有“OIL”字样，并刻有一白色线圈作为标记，用于区别其他物镜。也可以从物镜的长短上来加以区别，物镜的长度一般与放大倍数成正比，即低倍镜最短，油镜最长，高倍镜则介于两者之间。

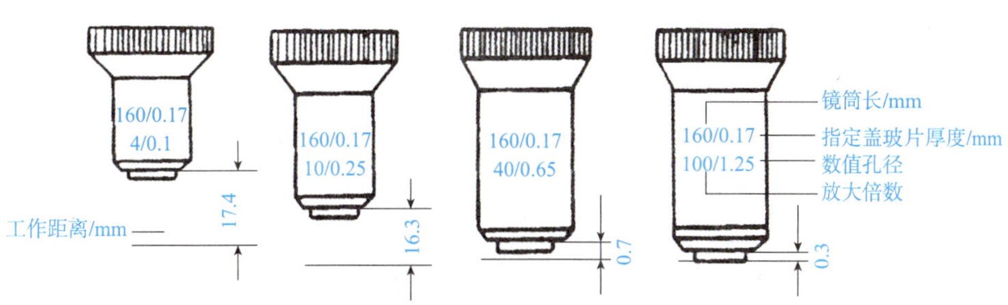

图 3-33　显微镜物镜参数示意

（7）目镜。目镜位于镜筒上端，由两块透镜组成，上面为接目透镜，下面为汇聚透镜，两者之间有一光阑。光阑的大小决定了视野的大小。光阑上可放置测量微生物大小的目镜测微尺。目镜将物镜所成的像再次进行放大，不增加分辨力，上面一般标有 7×、10×、15× 等放大倍数，可以根据需要选用。一般可以按照与物镜放大倍数的乘积为物镜数值孔径的 500 ～ 700 倍来进行选择，最大不能超过 1 000 倍。若目镜的放大倍数过大，则会影响观察效果。常用的目镜是 10× 目镜。

（8）聚光器。聚光器起汇聚光线的作用，可上下移动。光源射出的光线通过聚光器汇聚成光锥照射标本，增强照明度和造成适宜的光锥角度，提高物镜的分辨力。当用低倍镜观察时应下降聚光器，当用油镜观察时应将聚光镜上升至最高。在聚光器下方安装虹彩光圈（可变光阑），由十几张金属薄片组成，中心形成圆孔，推动把手可放大或缩小，用于调节光的强度和数值孔径的大小。在观察较透明的标本时，光圈易缩小，增强反差，从而使标本看得更清楚，但光圈不宜关得太小，以免由于光的干涉现象而导致成像模糊。

（9）光源。较新式的显微镜的光源通常是安装在显微镜的镜座内的电光源，通过电源按钮开关来控制。老式的显微镜大多是采用安装在镜座上的反光镜的作用。反光镜是一个两面镜子，一面是平面，另一面是凹面。使用低倍镜和高倍镜观察时，用平面反光镜；而在使用油镜或光线弱时，则可用凹面反光镜。

知识点【3-10】普通光学显微镜的工作原理

码上看

显微镜成像原理

1. 普通光学显微镜的成像原理

普通光学显微镜是利用凸透镜的放大成像原理，将人眼不能分辨的微小物体放大到人眼能分辨的尺寸。

光学显微镜通常由物镜和目镜两个汇聚透镜组成，其放大作用是由物镜和目镜共同完成，其成像光路如图 3-34 所示。物体 AB 经物镜成放大倒立的实像是 A′B′，位于目镜的物方焦距的内侧，经目镜后成放大的虚像 A″B″ 位于明视距离（人眼正常明视距离为 250 mm）处，人眼便可观察到。

2. 影响显微镜性能的主要技术参数

在使用显微镜镜检时，人们总是希望能看到清晰而明亮的理想图像，这就需要充分发挥显微镜应有的性能，得到满意的镜检效果。影响显微镜性能的光学技术参数包括数值孔径、分辨率、放大倍数、视场亮度、工作距离等。这些参数之间相互联系，又相互制约，它们的值并非越高越好。在使用显微镜时，应根据镜检的目的和实际情况来协调各个参数之间的关系，但是应以保证分辨率为标准。

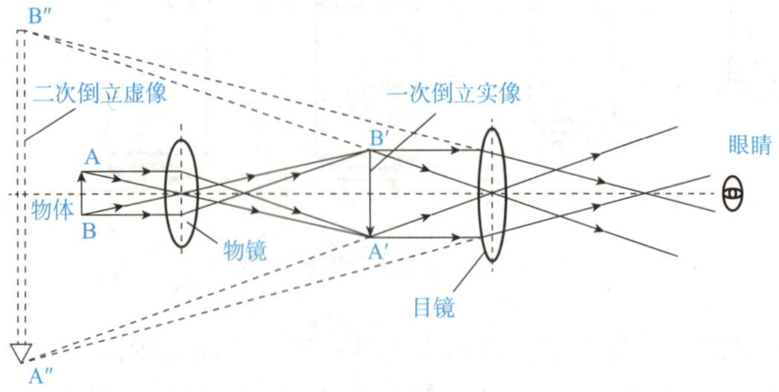

图 3-34　光学显微镜的成像光路

（1）数值孔径（Numerical Aperture，NA）。数值孔径是指介质的折射率（n）与 1/2 镜口角（a）正弦的乘积，可用公式 $NA = n \cdot \sin\frac{a}{2}$ 表示，它是决定物镜性能的最重要指标。数值孔径的大小则取决于物镜的镜口角和载玻片与镜头之间介质的折射率。镜口角取决于物镜的直径和焦距，因为进入物镜的光线与光轴不可能成 90° 角，所以，$\sin\frac{a}{2}$的最大值总是小于 1。

（2）分辨率。所谓分辨率，就是显微镜工作时能分辨出两点之间最小距离（D）的能力。对任何显微镜来说，分辨率是决定其观察效果的最重要指标。D 值越小表明分辨率越高，显微镜的性能就越优秀，可用公式 $D = 0.61\frac{\lambda}{NA}$ 表示。式中，λ 为所用光源的波长。从公式可以看出，显微镜的分辨率由所用光波的长短和物镜的数值孔径决定。缩短使用的光波波长或增加数值口径可以提高分辨率。可见光的光波范围比较窄（400 ～ 770 nm），紫外光的波长短可以提高分辨率，但不能用肉眼直接观察。所以，利用减小光波长来提高光学显微镜分辨率是有限的，而提高数值孔径是提高显微镜分辨率的理想措施。

（3）油镜的工作原理。显微观察时可根据物镜的特性而选用不同的介质。不同的介质折射率也不同（图 3-35），如空气（$n = 1.0$）、水（$n = 1.33$）、香柏油（$n = 1.52$）、载玻片（$n = 1.51$）。可见，香柏油的折射率比空气及水的折射率要高，因此，油镜的工作原理是以香柏油作为镜头与载玻片之间的介质，所能达到的数值孔径（NA 一般为 1.2 ～ 1.4）要高于低倍镜、高倍镜等物镜（NA 都低于 1.0）。若以可见光的平均波长 0.55 μm 来计算，数值孔径通常为 0.65 左右的高倍镜只能分辨出距离不小于 0.4 μm 的物体，而油镜的分辨率却可达到 0.2 μm 左右。大多数的细菌的直径在 0.5 μm 左右，故宜使用油镜来观察细菌等原核生物。另外，因光线要通过载玻片和空气才能进入物镜中，玻璃与空气的折射率不同，使部分光线产生折射而损失，导致进入物镜的光线减少，而使视野暗淡，物像不清。香柏油与玻璃的折射率相近，作为介质还可以减少光线的折射，从而增加油镜的视野亮度。

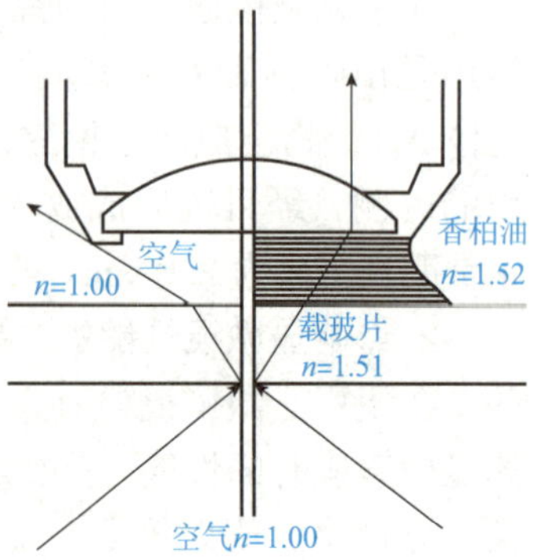

图 3-35　物镜光线路图

（4）放大倍数。显微镜总的放大倍数是目镜放大倍数和物镜放大倍数的乘积。

（5）工作距离（Working Distance，WD）。工作距离也称物距，是指物镜前端透镜到被检物体之间的距离。物镜的工作距离与物镜的焦距有关，物镜的焦距越长，放大倍数越低，其工作距离越长；放大倍数越高，其工作距离越短。人们平时所说的调焦实际上是指调节工作距离。

小测验·巩固新知

一、填空题

1. 细菌的基本形态有________、________和________。其中，球状的细菌称为________，杆状的细菌称为________，螺旋状的细菌称为________。

2. 根据分裂方式及排列情况，球菌可分为________、________、________、________、________、________等。

3. 根据螺旋菌的弯曲情况可分为________、________、________。螺旋不足 1 环者称为________，满 2～6 环的小型、坚硬的称为________，而旋转周数超过 6 环、体长而柔软的则称为________。

4. 度量细菌大小的单位是________，球菌的大小用________表示，杆菌和螺旋菌的大小都用________来表示。

5. 放线菌菌体为________，大多数由分枝发达的菌丝组成。根据放线菌菌丝的形态和功能，可分为________、________和________三种。

6. 酵母菌的基本形态有________、________、________等。

7. 霉菌的菌体由________构成。菌丝是其营养体的________，菌丝是________结构，有分枝，直径通常为________。

8. 根据霉菌菌丝中是否存在隔膜，可将霉菌的菌丝分为________和________两大类。

9. 霉菌营养菌丝体的特化构造有________、________、________、________、________、________、________、________、________等。

10. ________是根霉属等低等真菌匍匐菌丝与固体基质接触处分化出来的根状结构，具有固着和吸取养料等的功能。

11. 霉菌的气生菌丝体主要特化成各种形态的________。

12. 产生无性孢子的简单子实体常见的如曲霉属或青霉属的__________，根霉属或毛霉属的________等。产生有性孢子的简单子实体如担子菌的________。

13. 在子囊菌中，能产生有性孢子的、结构复杂的子实体，称为________。

14. 病毒的形态多种多样，电镜下病毒呈________、________、________、________、________、________、________、________等形状。

15. 病毒的大小常用________来度量，病毒大小是________，通常为________左右。

二、名词解释

1. 细菌；2. 放线菌；3. 酵母菌；4. 霉菌；5. 子实体；6. 病毒。

三、识图题

1. 图 3-36 是一些微生物在显微镜下的形态，请将正确的选项填在下面的横线上。
A 杆菌；B 链球菌；C 弧菌；D 放线菌；E 酵母菌；F 根霉菌；G 曲霉菌；H 青霉菌；I 烟草花叶病毒；J 新型冠状病毒；K 噬菌体；L 狂犬病毒。

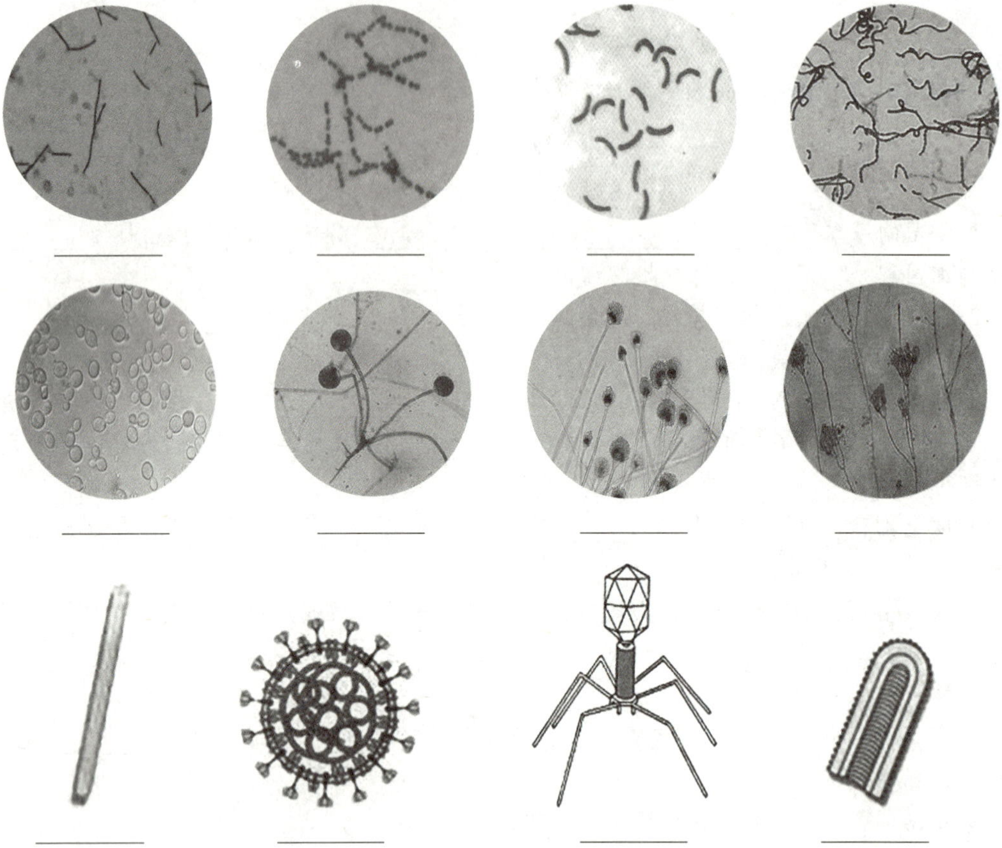

图 3-36 一些微生物在显微镜下的形态

2. 请标出图 3-37 中显微镜各部分的名称。

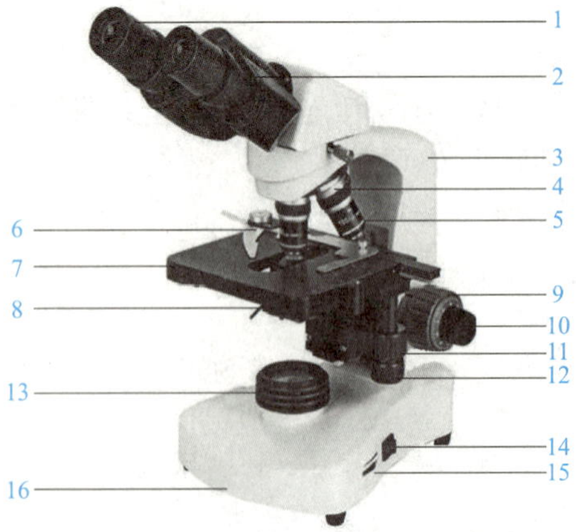

图 3-37 显微镜各部分的名称

小测验参考答案

练技能·实操详练

实训任务 3 使用显微镜观察微生物的基本形态

训练流程及目标

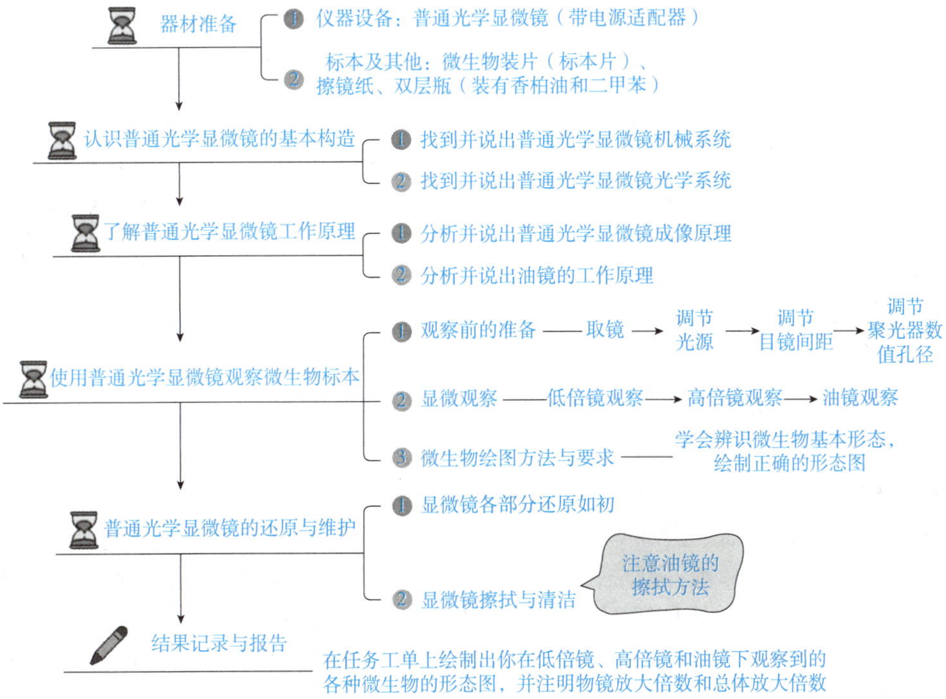

器材准备

1. 仪器设备

普通光学显微镜（带电源适配器）。

2. 标本及其他

微生物装片（标本片）、擦镜纸、双层瓶（装有香柏油和二甲苯或乙醚:乙醇 =7 : 3 的混合液）。

关键技能点详解

技能点【3-1】普通光学显微镜的使用方法

1. 观察前的准备

（1）取镜。一手握镜臂，另一手托镜座，保持镜体直立，平稳移动显微镜，将其放置在平整的实验台上，镜座距离实验台边缘 3 ～ 4 cm。镜检时，姿势要端正。

（2）调节光源。安装在镜座内的光源灯可通过调节电压以获得适当的照明亮度。首先，检查光源滑动变阻器并将其调节至最小位置。其次，打开电源开关，使整个视野都有均匀的照明。调节亮度，上升聚光器，打开虹彩光圈（即可变光阑），将光线调整至合适的亮度。若使用反光镜采集自然光或灯光作为照明光源，应根据光源的强度及所用物镜的放大倍数选用凹面或平面反光镜并调节其角度，使视野内的光线均匀，亮度适宜。

（3）调节目镜间距。双筒显微镜的目镜间距可以根据使用者的个人情况进行适当调节，而左目镜上一般还配有屈光度调节环，让瞳距不同或两眼视力有差异的观察者也能使用。

（4）聚光器数值孔径的调节。其目的是调节聚光器虹彩光圈值与物镜的数值孔径相符或略低。

2. 显微观察

在目镜保持不变的情况下，使用不同放大倍数的物镜所能达到的分辨率及放大率是不同的。在一般情况下，特别是初学者使用显微镜观察时，应遵守从低倍镜到高倍镜再到油镜的观察程序，因为低倍镜视野相对较大，容易发现目标及确定检查的位置。

码上看

普通光学显微镜的使用方法

（1）低倍镜观察。将微生物标本玻片放置于载物台上，用标本夹夹住，移动推进器使观察对象处在物镜的正下方。下降低倍物镜（4×），使其接近标本，用粗调节螺旋慢慢升起镜筒，使标本在视野中初步聚焦，再用细调节螺旋将图像调节清晰。如果视野中出现外界物体的图像，可以将聚光镜稍微下降，图像就可以消失。聚光镜下的虹彩光圈应调节到适当的大小，以控制射入光线的量，增加明暗差。通过玻片夹推进器（标本横向、纵向移动手轮）慢慢移动玻片，认真观察标本各部位，找到合适的目的物，仔细观察并记录所观察到的结果。

（2）高倍镜观察。在低倍镜下找到合适的观察目标并将其移动到视野中心后，轻轻转动物镜转换器将高倍镜移至工作位置。对聚光器虹彩光圈及视野亮度进行适当调整后，再微调细调节螺旋使物像清晰，利用推进器移动标本仔细观察并记录所观察到的结果。

（3）油镜观察。在高倍镜或低倍镜下找到要观察的样品区域后，用粗调节螺旋下降镜台或将镜筒升高，然后将油镜转到工作位置。在待观察的样品区域滴加香柏油，从侧面注视，用粗调节螺旋升高镜台或将镜筒小心地降下，使油镜浸在香柏油中并与标本相连。将聚光器升至最高位置并开足光圈，调节照明使视野的亮度合适，直至视野中出现物像，再用细调节螺旋使其清晰、聚焦。

技能点【3-2】普通光学显微镜的还原与维护

（1）上升镜筒或下降镜台，取下显微玻片标本。

（2）用油镜观察后，先用擦镜纸擦去镜头上的香柏油，然后用干净的擦镜纸蘸少许二甲苯（或乙醚:乙醇 = 7 : 3 的混合液）擦去镜头上残留的油迹，最后用干净的擦镜纸擦去残留的二甲苯。

（3）用擦镜纸清洁其他物镜及目镜，用柔软的绸布清洁显微镜的载物台等机械部分。

（4）将各部分还原。将光源滑动变阻器调节至最小位置，关闭电源开关。若用反光镜，则将反光镜垂直于镜座。将物镜转成八字形，使物镜镜头不与载物台通光孔相对。下降聚光镜，以免物镜与聚光镜发生碰撞危险。

（5）将显微镜放回显微镜专用柜内或镜箱中。避免阳光直射，避免和挥发性化学试剂放在一起。

码上看

普通光学显微镜的还原与维护

技能点【3-3】微生物显微绘图的方法与要求

（1）使用显微镜镜检时两眼要同时睁开，边观察边进行绘图记录。

（2）微生物显微绘图不同于一般的美术绘图，首先，要将所观察微生物的形态、构造等主要特征准确地描绘，必要时对关键部分加以注字说明。其次，比例要正确，应写明图题、放大倍数等。

（3）微生物显微绘图应注意科学性和准确性；点、线要清晰流畅，线条粗细均匀，光滑清晰，接头处无分叉和重线条痕迹，切忌重复描绘；点要圆且整齐，大小均匀，根据需要灵活掌握疏密变化。

技能点【3-4】使用显微镜的注意事项

码上看

使用光学显微镜的注意事项

（1）取镜姿势要正确，要学会用双眼同时进行观察。

（2）打开电源前，一定要检查光源滑动变阻器是否处于最小值处，以免烧坏其中的灯泡。

（3）观察时遵循先低倍镜后高倍镜，先粗调后细调的原则，即调焦时，应先用粗调节螺旋使镜台下降（或镜筒上升），待看到物像后再用细调节螺旋使物像清晰。

（4）转换物镜时，切记不能用手转动物镜，而是转动物镜转换器。

（5）转换物镜和调节粗细调节螺旋时，要注意从侧面观察，以免镜头与玻片相碰，损坏镜头。不要在调焦时误将粗调节螺旋向反方向转动，因为这样很容易损坏镜头和载玻片。

（6）保持镜头干净。用擦镜纸擦拭物镜镜头时，注意要朝向一个方向擦，以免揉搓磨损物镜镜头。不要用手和其他纸擦拭镜头，以免使镜头沾上污渍或产生划痕而影响观察。

结果报告

绘制出你在低倍镜、高倍镜和油镜下观察到的各种细菌、酵母菌和霉菌的形态图，并注明物镜放大倍数和总的放大倍数。

考核评价

根据实训任务 3 考核评价表，对完成情况进行自我评价、小组评价、教师评价，将评价的最终结果记入实训过程性考核成绩。

实训任务 3　考核评价表

考核要点	考核内容	分值及标准	评分
学习及训练态度	按时到岗，遵守实训室规则，不迟到、不旷课、不早退。态度积极、认真、主动，实训参与度高	优 15 ～ 20 分；良 5 ～ 15 分；差 <5 分	
实训目标达成情况	1. 能说出普通光学显微镜的基本构造与原理； 2. 能正确操作显微镜观察微生物标本； 3. 能正确辨识所观察的微生物的基本形态并正确绘图； 4. 能正确对普通光学显微镜进行还原与维护	优 35 ～ 50 分；良 20 ～ 35 分；差 <20 分	
训练结果报告	任务单内容完整、结果记录正确、书写工整	优 15 ～ 20 分；良 5 ～ 15 分；差 <5 分	
卫生整理情况	将本次实训用到的器皿、材料等清洁并归位；将操作台清理干净并将物品摆放整齐；将地面及垃圾桶打扫干净	优 8 ～ 10 分；良 5 ～ 8 分；差 <5 分	
考核结果	完成本次实训任务最终得分		

总结思考

1. 普通光学显微镜的物镜一般有几种，如何快速区分？影响显微镜分辨率的因素有哪些？

----

2. 使用显微镜观察标本时，为什么要先从低倍镜开始？

----

3. 使用油镜观察时应注意哪些问题？请描述正确擦拭油镜的方法。

----

4. 如何确定视野中所见到的污点或杂质的来源？显微镜下看到的物像是正像的还是反像的？物像与载玻片的移动方向是否一致？

强应用 · 学以致用

科学思辨能力训练

图 3–38 所示为不同种类的微生物，请仔细观察分析，并回答下列问题。

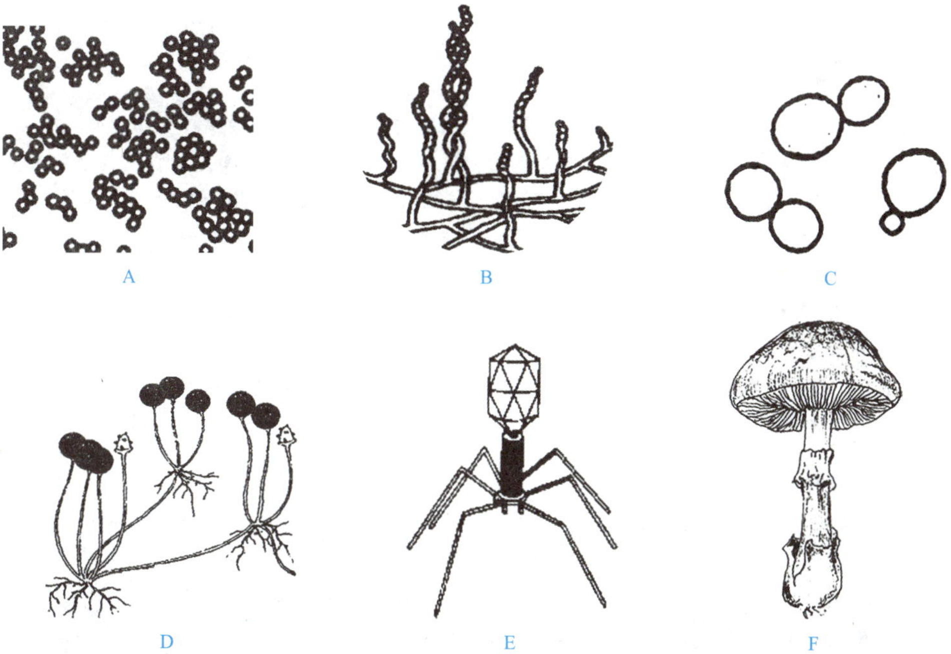

图 3–38　不同种类的微生物

（1）图 3–38 中的字母 A ～ F 分别是指哪类微生物？

A：　　　　　　　　B：　　　　　　　　C：

D：　　　　　　　　E：　　　　　　　　F：

（2）分析图 3–38 中的微生物中哪些是原核生物，哪些是真核微生物，哪些是无细胞结构的微生物，并说明分类原因。

（3）请描述 A 和 C 的区别，B 和 D 的区别。

（4）请查阅相关资料，分析以上微生物与人类的关系，并举例说明。

学习单元4　识别微生物的细胞构造与功能

学习目标

知识目标

1. 细菌是原核生物的代表。通过学习细菌的细胞构造与功能，掌握原核生物细胞的一般构造，尤其是细胞壁的构造，描绘并比较革兰氏阳性细菌和革兰氏阴性细菌细胞壁构造的异同，理解革兰氏染色方法的基本原理；掌握细菌的主要特殊构造，理解其主要功能及生产应用。

2. 学习酵母菌和霉菌细胞的构造与功能，掌握真核微生物细胞的基本构造与功能，并与原核生物的细胞构造进行比较分析。

3. 学习病毒的构造与功能，掌握非细胞型微生物的基本构造与特殊构造，分析比较其与细胞型微生物构造的不同之处。

4. 学习显微镜观察样品的制备技术，掌握光学显微镜观察样品的常用制备方法，了解电子显微镜样品的常用制备方法。

能力目标

1. 进行细菌的制片与染色技能训练，正确进行细菌的制片、简单染色和革兰氏染色，并能镜检观察与正确绘图。

2. 进行放线菌的制片与染色技能训练，正确采用插片法培养放线菌制片，并能观察与正确绘图，还要了解其他制片方法。

3. 进行酵母菌的制片与染色技能训练，对酵母菌进行正确制片，在显微镜下认真观察，正确区分、辨识酵母菌的死活细胞、子囊孢子和液泡。

4. 进行霉菌的制片与染色技能训练，对霉菌进行正确制片，在显微镜下认真观察各种霉菌的生长繁殖情况，正确分辨霉菌的不同孢子形态，以及菌丝有无隔膜等。

素质目标

1. 通过清华大学李赛团队解析新型冠状病毒结构的故事，学习他们守正创新、勇攀高峰的精神。

2. 通过积极参与科学探究——鲜牛奶中微生物菌相的演替，训练以问题为导向、增强问题意识的能力，培养发现问题、解决问题、勇于探索的思维与精神。

学习重点与难点

学习重点：常见微生物细菌、酵母菌、霉菌和病毒的细胞构造与功能；光学显微镜观察样品的制备方法。

学习难点：细菌细胞壁中肽聚糖的结构与组成。

本单元参考学时：6学时；建议教学场所：一体化智慧型微生物教室

学知识 · 新知细学

4.1 细菌的细胞构造与功能

知识点【4-1】细菌细胞的一般构造与功能

码上看

细菌细胞的一般构造

1. 细菌细胞的构造

如果将细菌的细胞切开，可以将细菌的细胞构造分为一般构造和特殊构造（图 4-1）。一般细菌都有的构造称为一般构造，由外到内包括细胞壁、细胞膜、细胞质和细胞核；而部分细菌具有的或一般细菌在特殊环境下才有的构造称为特殊构造，主要有鞭毛、菌毛、性菌毛、糖被（荚膜、微荚膜、黏液层）和芽孢等。

2. 细菌的一般构造与功能

（1）细胞壁（Cell Wall）。细胞壁是位于细胞最外面的一层厚实、坚韧的外被。细胞壁的主要功能有固定细胞外形和提高机械强度，从而使其免受渗透压等外力的伤害；为细胞的生长、分裂和鞭毛运动所必需；阻拦大分子有害物质（某些抗生素和水解酶等）进入细胞，保护细胞免受溶菌酶、消化酶和青霉素等有害物质的伤害；赋予细菌特定的抗原性、致病性及对抗生素和噬菌体的敏感性。

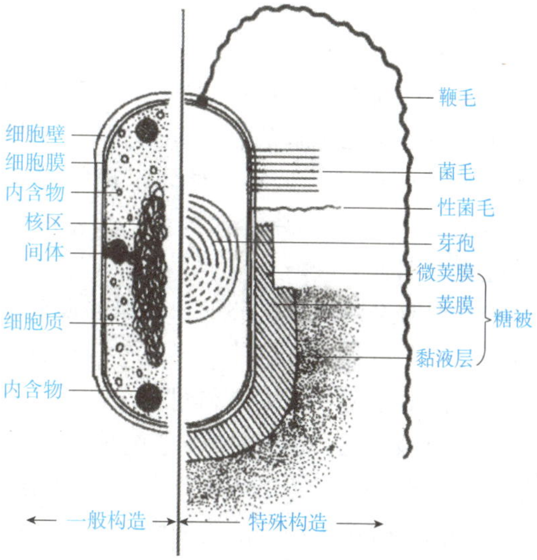

图 4-1 细菌细胞的构造

1884 年，丹麦医生汉斯 · 克里斯蒂安 · 格拉姆发明了一种染色方法，使用这种染色方法可以将细菌分成两大类，在光学显微镜下呈现蓝紫色的细胞称作革兰氏阳性菌（G^+）；呈现粉红色或淡紫色的细胞称作革兰氏阴性菌（G^-）。革兰氏染色法的基本原理在其发明 100 年后才得到确切的证明。出现两种不同染色结果的主要原因是 G^+ 和 G^- 细菌的细胞壁化学成分的差异而引起了物理特性即脱色能力的不同，从而决定了最终染色结果的区别。

革兰氏染色方法的基本原理如下。

细菌的革兰氏染色法

1）G^+ 和 G^- 细菌细胞壁的化学组成的不同。革兰氏阳性细菌细胞壁厚，化学组分简单，一般只含 60% ～ 95% 肽聚糖和 10% ～ 30% 的磷壁酸。肽聚糖含量高，具有多达 20 几层的较厚（20 ～ 80 nm）且致密的肽聚糖层，并与细胞膜的外层紧密相连。革兰氏阴性细菌的细胞壁较薄，但是层次多，成分较复杂，由外膜和肽聚糖组成，外膜的基本成分是脂多糖（Lipopolysaccharide，LPS）、磷脂、多糖和蛋白质等。肽聚糖含量低，肽聚糖层很薄，埋藏在外膜脂多糖（LPS）层之内，是仅由 1 ～ 2 层肽聚糖网状分子组成的薄层（2 ～ 3 nm），它与外膜的脂蛋白层相连。革兰氏阳性菌与革兰氏阴性菌细胞壁的化学成分比较见表 4–1。

表 4–1　革兰氏阳性菌与革兰氏阴性菌细胞壁的化学成分比较

成分	占细胞壁干重的 / %	
	革兰氏阳性菌	革兰氏阴性菌
肽聚糖	含量很高（60 ～ 95）	含量很低（约 10）
磷壁酸	含量较高（< 50）	无
类脂质	一般无（< 2）	含量较高（约 20）
蛋白质	无	含量较高

2）G^+ 和 G^- 肽聚糖的基本构造不同。肽聚糖又称黏肽、胞壁质或黏质复合物，是细菌细胞壁中的特有成分。以革兰氏阳性细菌的典型代表——金黄色葡萄球菌（*Staphylococcus aureus*）为例。肽聚糖分子是由肽与聚糖两部分聚合而成的大分子聚合物。其中，肽包括四肽尾和肽桥两种；聚糖则由 N– 乙酰葡萄糖胺（NAG）和 N– 乙酰胞壁酸（NAM）两种单糖相互间隔连接而成的长链状，整体呈现网格状结构（图 4–2），并交织成一个多层次、致密的网套覆盖在整个细胞上。

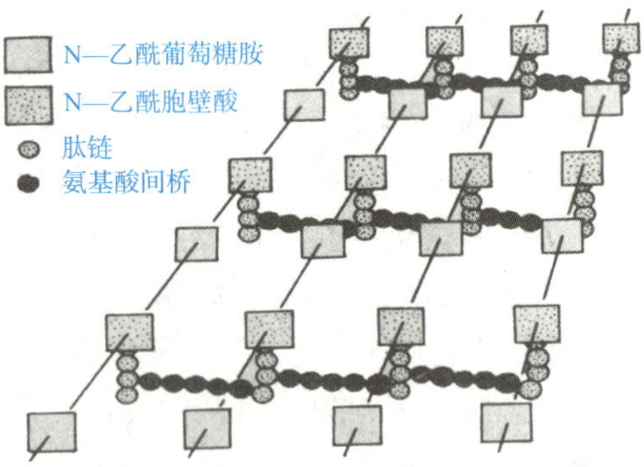

图 4–2　G^+ 肽聚糖的立体结构（片段）

看似复杂的肽聚糖分子，若把基本组成单位剖析一下，就显得十分简单了。每一肽聚糖单体都由三部分组成［图 4–2 和图 4–3（a）］：

①双糖单位：由一个 N– 乙酰葡萄糖胺通过 β–1，4– 糖苷键与另一个 N– 乙酰胞壁酸相连。这一双糖单位中的 β–1，4– 糖苷键很容易被一种广泛分布于卵清、人的泪液和鼻涕及部分细菌和噬菌体中的溶菌酶水解，从而使细菌由于肽聚糖细胞壁的“散架”而死亡。

②四肽尾或四肽侧链：是由四个氨基酸分子按 L 形与 D 形交替方式连接而成。在金黄色葡萄球菌中，接在 N– 乙酰胞壁酸上的四肽尾为 L–Ala → D–Glu → L–Lys → D–Ala，其中两种 D 形氨基酸在细菌细胞壁之外很少出现。

③肽桥或肽间桥（Peptide Interbridge）：在金黄色葡萄球菌中，肽桥为 Gly（甘氨酸）五肽，它起着连接前后两个四肽尾分子的“桥梁”作用。构成肽桥的氨基酸种类很多，除可与四肽尾中的氨基酸重复外，还可有甘氨酸、苏氨酸、丝氨酸和天冬氨酸等，由此形成了“肽聚糖的多样性”，目前所知的肽聚糖已超过 100 种。

G^- 肽聚糖的构造以大肠杆菌（*Escherichia coli*）为典型代表，其肽聚糖单体结构与 G^+ 细菌基本相同，差别仅在于：四肽尾的第三个氨基酸是特殊氨基酸——内消旋二氨基庚二酸（DAP）；没有特殊五肽桥。两个单体仅由肽键（酰胺键）直接相连，因此只形成较为稀疏、机械强度较差的肽聚糖网套［图 4-3（b）］。

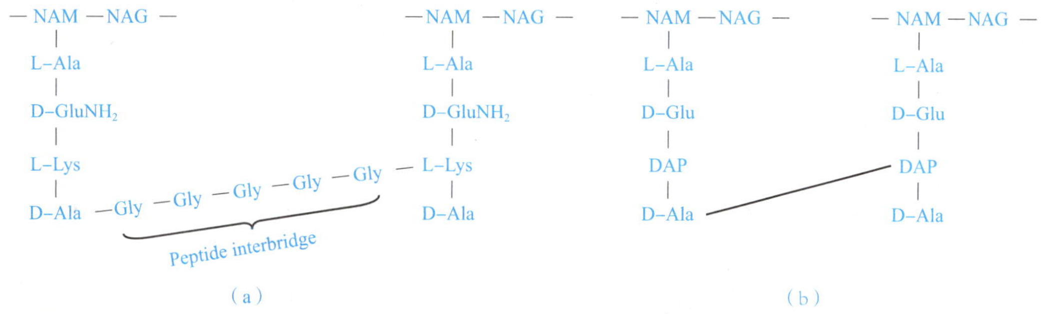

图 4-3　革兰氏阳性菌与革兰氏阴性菌单体结构比较

（a）革兰氏阳性菌单体结构；（b）革兰氏阴性菌单体结构

因此，以上分析可以得出革兰氏染色方法的基本原理如下：

G^+ 细胞壁厚，肽聚糖含量高，交联度大，当乙醇脱色时，肽聚糖因脱水而孔径缩小，故结晶紫 - 碘复合物被阻留在细胞内，细胞不能被乙醇脱色，仍呈紫色；G^- 细菌肽聚糖层薄，交联松散，乙醇脱色不能使其结构收缩，因其含脂量高，乙醇将脂类溶解，缝隙加大，结晶紫 - 碘复合物溶出细胞壁，乙醇将细胞脱色，细胞无色，沙黄复染后呈红色。

（2）细胞膜。细胞膜（Cell Membrance）又称细胞质膜或质膜，是紧贴细胞壁内侧包围细胞质的一层柔软、脆弱且富有弹性的半透明性薄膜。其主要由蛋白质、磷脂、糖类和少量的核酸组成。

细胞膜的构造如图 4-4 所示。细胞膜是由含有亲水区域和疏水区域的两亲性分子磷脂组成的磷脂双分子层。在膜中磷脂以双分子层的极性头部亲水区指向膜的外表面，而其疏水区脂肪酸的尾部指向膜的内层，形成了膜对于大分子或电荷高的分子的一个选择渗透屏障，使它们不易通过磷脂双分子层的疏水性内层。在磷脂双分子层中还埋藏着与物质运输、能量代谢和信号接收有关的整合蛋白，以及通过电荷相互作用，疏松附着于膜的外周蛋白。膜中的脂类和蛋白质还保持相对的运动状态。

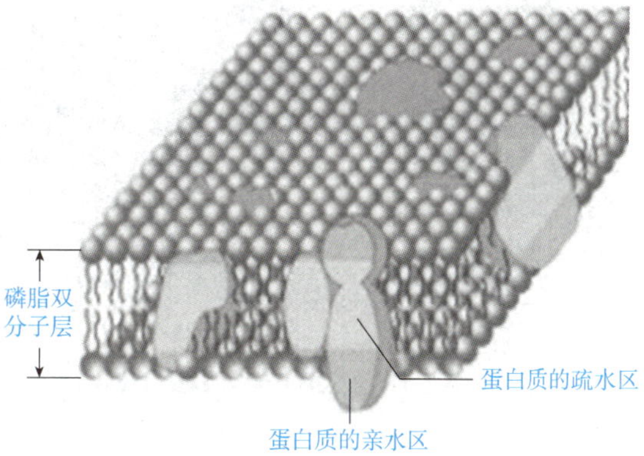

图 4-4　细胞膜的构造——液态镶嵌模型

细胞膜的生理功能：选择性地控制细胞内、外的营养物质和代谢产物的运送；是维持细胞内正常渗透压的屏障；合成细胞壁和糖被的各种组分（如肽聚糖、磷壁酸、LPS、荚膜多糖等）的重要基地；膜上含有氧化磷酸化或光合磷酸化等能量代谢的酶系，是细胞的产能场所；是特殊构造鞭毛基体的着生部位和鞭毛旋转的供能部位。

（3）细胞质及其内含物。细胞质（Cytoplasm）是细胞膜包围的除核区外的一切半透明、胶状、颗粒状物质的总称。细胞质的主要功能是进行物质代谢及合成核酸、蛋白质。细胞质的主要成分为水（约 80%）、核糖体、储藏物、多种酶类和中间代谢物、质粒、各种营养物和大分子的单体等，少数细菌还有类囊体、羧酶体、气泡或伴孢晶体等。

细胞质内形状较大的颗粒状构造称为内含物，包括各种储藏物、气泡等。储藏物是一类由不同化学成分累积而成的不溶性沉淀颗粒，主要功能是储存营养物质（图 4–5），主要有以下几种。

1）糖原和淀粉：碳源和能源储藏物。细菌在碳源过量而氮源限量的条件下生长时会大量积累糖原。

2）聚 β- 羟基丁酸（Poly-β-hydroxybutyrate，PHB）：既是细菌所特有的一种折射的、单层膜包裹的、大小变化很大的类脂颗粒，也是一种碳源和能源的储藏物。PHB 无毒、可塑、易降解，被认为是生产生物降解塑料的良好原料，如图 4–5（a）所示。

3）异染粒：有些细菌的细胞内包含一种能引起碱性染料所染颜色发生改变的颗粒，是一种多聚磷酸盐颗粒，是磷酸盐（磷素）和能量的储藏物。常在核酸合成受阻时产生。

4）硫粒：有些硫细菌能氧化 H_2S 为硫，获得能量，并储藏硫形成硫粒。当外界硫缺乏时，将硫进一步氧化获得能量，是硫素和能源的储藏物，如图 4–5（b）所示。

5）气泡：有些水生细菌含有气泡，是由许多小气囊组成的结构。气囊壁为蛋白质，能使细菌具有浮力，以利于细菌在适宜的溶解氧和营养物质的环境中生活，如图 4–5（c）所示。

6）磁小体：趋磁细菌细胞中含有的大小均匀、数目不等的 Fe_3O_4 颗粒，外有一层磷脂、蛋白或糖蛋白膜包裹。功能是导向作用，即借鞭毛游向对该菌最有利的泥、水界面微氧环境处生活。其可应用于生产磁性定向药物或抗体，以及制造生物传感器等，如图 4–5（d）所示。

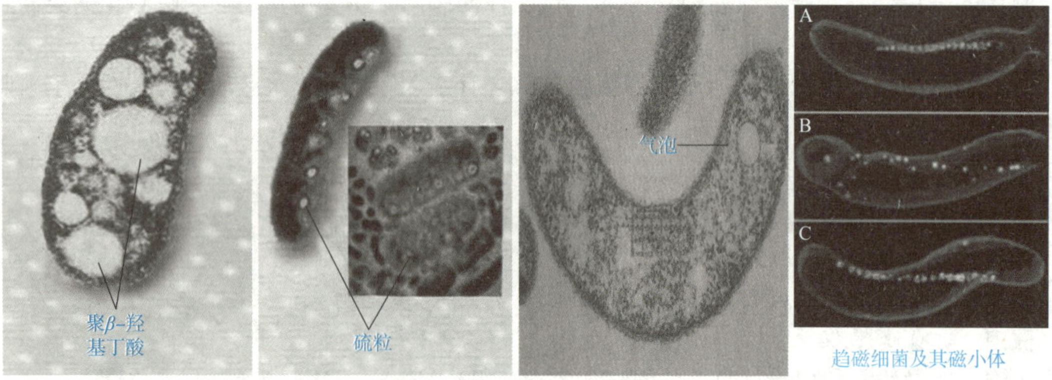

（a）（b）（c）（d）

图 4–5　细胞质中的一些储藏物

(a) PHB；(b) 硫粒；(c) 气泡；(d) 磁小体

（4）细胞核（或核区，Nuclear Region）。细胞核又称核质体、原核、拟核或核基因组，是指原核生物所特有的无核膜结构包裹、无固定形态的原始细胞核。功能是储存（和传递）遗传信息。化学成分是一个大型的环状双链 DNA 分子高度缠绕而成，一般不含蛋白质，长度一般为 0.25 ～ 3 mm。

质粒是细菌细胞核外的遗传物质，由共价闭合环状双链 DNA 分子组成，携带 1 ～ 100 个基因，每个细胞可有 1 至数个质粒。质粒具有的特点主要是可自我复制，稳定遗传；对生存不是必要的；不同质粒携带不同遗传信息，如细菌的抗药性因子、大肠杆菌的 F 因子。质粒主要应用在基因工程、体外重组等研究方面。

知识点【4-2】细菌细胞的特殊构造与功能

细菌的特殊构造是指某些细菌特有的或在生长的特定阶段所形成的结构，一般是指糖被（包括荚膜、微荚膜和黏液层）、鞭毛、菌毛和芽孢等。

细菌细胞的特殊构造

1. 糖被

（1）定义：糖被是指包被于某些细菌细胞壁外的一层厚度不定的胶状物质，如图 4–6（a）所示。

（2）分类：糖被按有无固定层次、层次厚薄又可细分为荚膜（大荚膜）、微荚膜、黏液层（图 4–1）和菌胶团［图 4–6（b）］等数种。

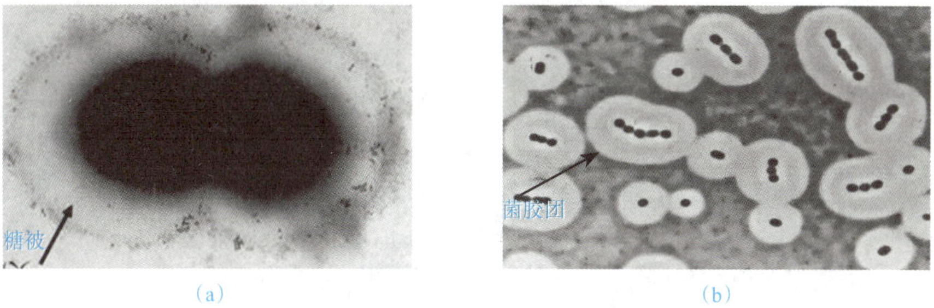

图 4–6　细菌的糖被和菌胶团

（a）糖被；（b）菌胶团

（3）化学成分：糖被的主要成分一般是多糖，少数是多肽或蛋白质，也有的是多糖与多肽的复合物。

（4）生理功能：保护细胞免于干燥；能抵御吞噬细胞的吞噬；是一些病原菌的毒力因子；能保护菌体免受噬菌体和其他物质（溶菌酶）的侵害；是某些病原菌必需的黏附因子；储藏养料，是细胞外碳源和能源的储备物质。

（5）理论和实践应用：糖被在科学研究和生产实践中都有较多的应用。例如，用于菌种的鉴定；用作药物和生化试剂，如代血浆（肠膜明串珠菌）；用作工业原料，如黄原胶（野油菜黄单胞杆菌）；用作污水处理，如形成菌胶团的细菌，有助于污水中有害物质的吸附和沉降等。

但是，有些细菌中的糖被也会危害人类，如使食用糖、酒类、面包、牛奶等变质，导致龋齿，使致病力强等。

2. 鞭毛

（1）定义：鞭毛是生长在某些细菌表面的长丝状、波曲的蛋白质附属物。其数目为一至数十条。鞭毛的长度一般为 15 ～ 20 μm，直径为 0.01 ～ 0.02 μm，如图 4–7 所示。

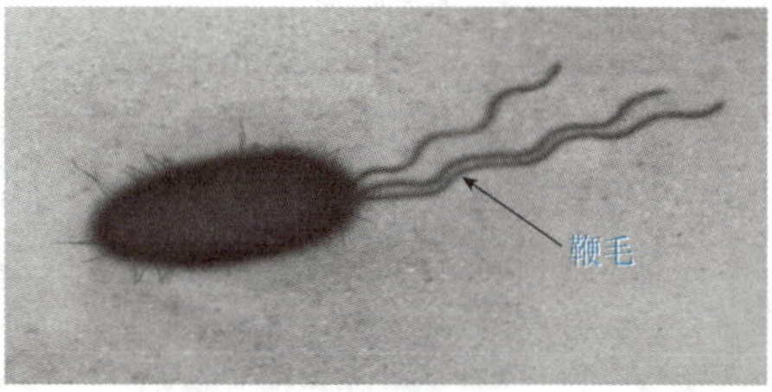

图 4–7　细菌的鞭毛

鞭毛细菌的运动

（2）功能及意义：鞭毛是细菌的运动器官，具有运动功能。鞭毛的有无和着生方式在细菌的分类与鉴定工作中，是一项十分重要的形态学指标。

（3）观察鞭毛的方法：用电子显微镜直接进行观察；用特殊的鞭毛染色法使染料沉积在鞭毛上，加粗后的鞭毛可用光学显微镜观察；在暗视野中观察细菌的悬滴标本或水浸片；通过固体培养基上菌落的形态或在半固体（含 0.3% ~ 0.4% 琼脂）直立柱穿刺线上群体扩散的情况，用肉眼观察也可初步推断某细菌是否存在鞭毛。

（4）鞭毛构造：鞭毛由基体、钩形鞘、鞭毛丝三部分组成。G^+ 和 G^- 鞭毛的基本构造稍有区别（图 4–8）。

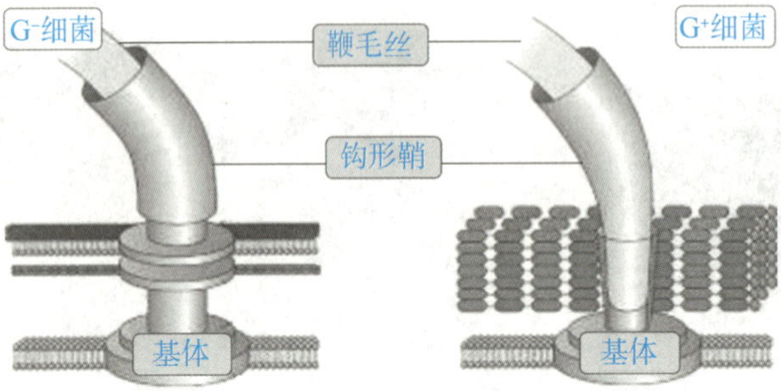

鞭毛的运动机理

图 4–8　G^+ 和 G^- 鞭毛的基本构造

（5）鞭毛在细菌细胞表面的着生方式各不相同：主要有单端生鞭毛、两端生鞭毛、两端丛生鞭毛、一端丛生鞭毛和周生鞭毛等几种（图 4–9）。周生鞭毛一般做直线运动，速度慢；两端生鞭毛则多做翻滚运动，方向多变，速度快。在各类细菌中，弧菌、螺菌类普遍着生鞭毛；在杆菌中，假单胞菌类都长有端生鞭毛，其余的有周生鞭毛或不长鞭毛的；球菌一般无鞭毛，仅个别的属如动球菌属才长鞭毛。显微镜下鞭毛的着生方式如图 4–10 所示。

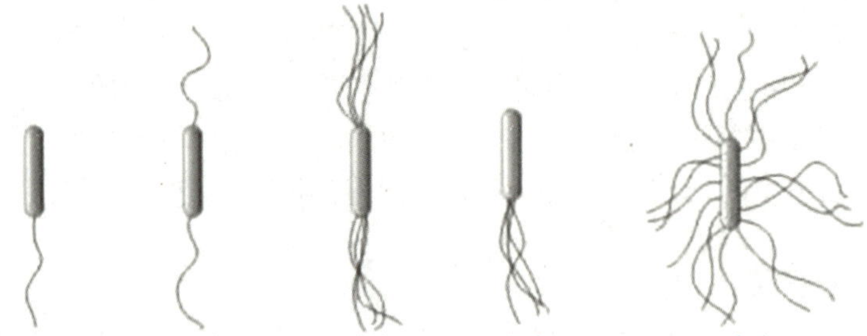

图 4–9　显微镜下鞭毛的着生方式

（a）单端生鞭毛；（b）两端生鞭毛；（c）两端丛生鞭毛；（d）一端丛生鞭毛；（e）周生鞭毛

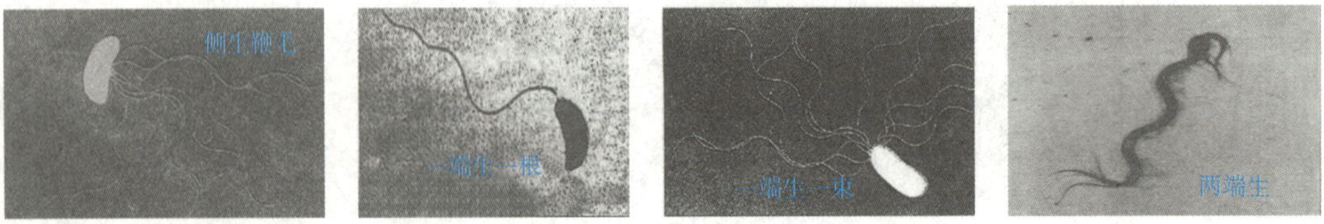

图 4–10　显微镜下看到的不同细菌鞭毛的着生方式

3. 菌毛

（1）定义：菌毛是一种长在细菌体表的纤细、中空、短直、数量较多的蛋白质类附属物，具有使菌体附着于物体表面的功能［图 4–11（a）］。菌毛多存在于 G^- 致病菌中。

（2）性菌毛（Sex–pili 或 F–pili）：构造和成分与菌毛相同，但比菌毛长，数量仅一至少数几根［图 4–11（b）］。性菌毛一般见于革兰氏阴性细菌的雄性菌株（即供体菌 F^+）中，其功能是向雌性菌株（即受体菌 F^-）传递遗传物质。

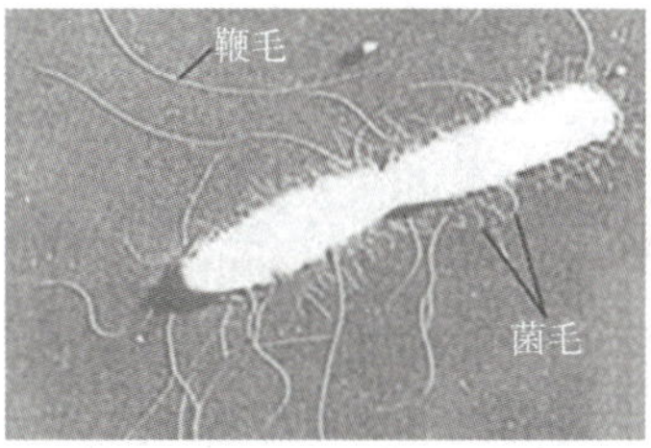

（a）

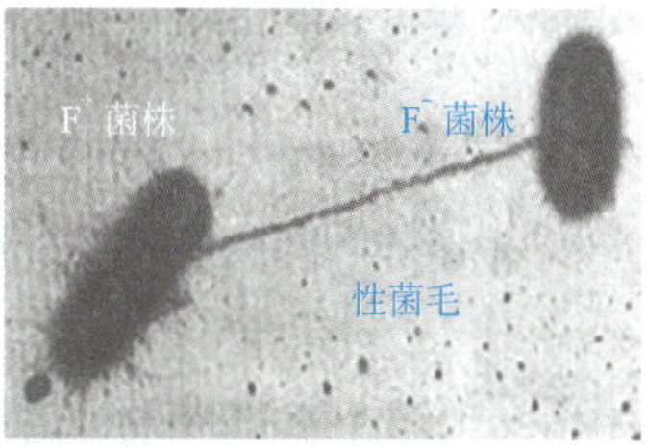

（b）

图 4–11　细菌的菌毛和性菌毛

（a）菌毛；（b）性菌毛

4. 芽孢

（1）定义：某些细菌在生长发育后期，在细胞内形成一个圆形或椭圆形、厚壁、含水量极低、抗逆性极强的休眠体，称为芽孢。芽孢成熟后可自行从芽孢囊中释放出来，如图 4–12 所示。

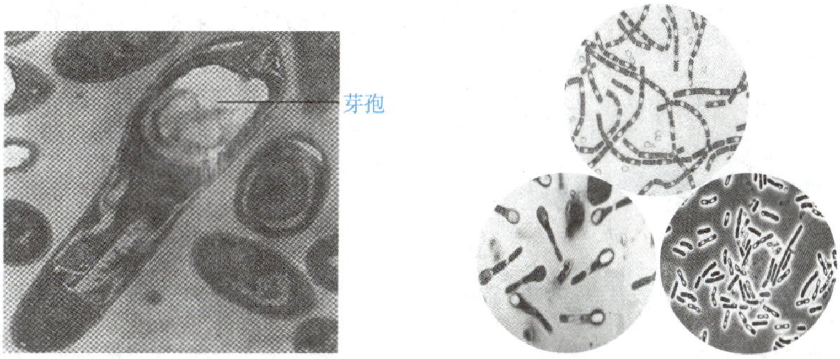

图 4–12　细菌的芽孢与一些芽孢杆菌

（2）基本构造与着生方式：芽孢的结构较为复杂，由里到外依次为核心、皮层、芽孢衣和孢外壁。不同细菌的芽孢着生的位置也不同，有的在中部，有的在顶端，有的膨大凸出（图 4–13）。芽孢的直径小于菌体直径的细菌通常被称为芽孢杆菌；芽孢的直径大于菌体直径，位于菌体中间，使整个菌体呈梭形或鼓塑形的细菌则被称为梭状芽孢杆菌。破伤风杆菌的芽孢位于菌体的一端，使菌体呈鼓槌状。好氧芽孢杆菌属（*Bacillus*）和厌氧的梭状芽孢杆菌属（*Clostridium*）的所有细菌都具有芽孢。在球菌和螺菌中，只有少数种类有芽孢，如芽孢八叠球菌属（*Sporosarcina*）。

（3）芽孢的主要生理功能：

1）每一个营养细胞内仅生成一个芽孢；而一个芽孢萌发只形成一个营养状态的细胞，

故芽孢无繁殖功能。

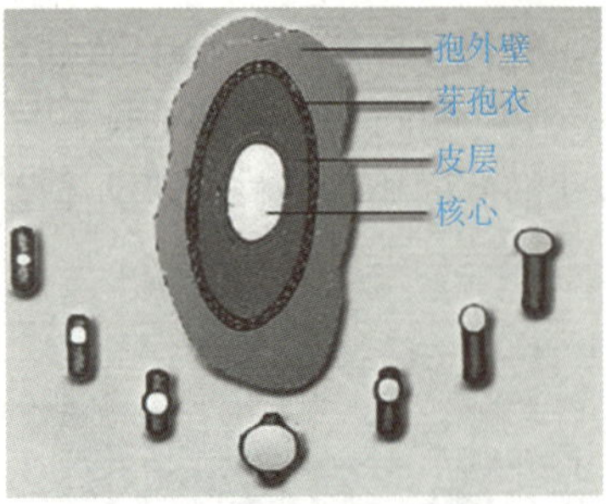

图 4-13　芽孢的基本结构和着生位置

码上看　细菌芽孢的形成过程

细菌芽孢的形成过程

2）芽孢是生命世界中抗逆性最强的一种构造，对高温、干燥、辐射、化学药物有强大的抵抗力。

3）芽孢含水量低，壁厚而致密，通透性差，不易着色，折光性强。

4）能产芽孢的细菌种类较少，主要是属于革兰氏阳性细菌的好氧性的芽孢杆菌属（*Bacillus*）和厌氧性的梭菌属（*Clostridium*）。

（4）芽孢的实践意义：芽孢的有无、形态、大小和着生位置是细菌分类和鉴定中的重要指标；有利于提高芽孢产生菌的筛选效率；有利于产芽孢菌菌种的长期保藏；是衡量各种消毒灭菌手段的最重要的指标。某些芽孢菌如苏云金芽孢杆菌（*Bacillus thuringiensis*）在形成芽孢的同时形成的一菱形或双椎形的碱性蛋白质，称为伴孢晶体。伴孢晶体对鳞翅目等昆虫和动植物线虫有毒性，但对人畜毒性很低，故可生产安全的、有利于环保的生物农药，以杀死农业害虫。当然，芽孢菌的存在也会产生危害，如提高了医疗器械、食品生产、传染病防治及发酵生产中的灭菌难度。

4.2　酵母菌和霉菌的细胞构造与功能

知识点【4-3】酵母菌细胞的构造与功能

酵母菌的细胞构造及其功能

酵母菌细胞的结构主要包括细胞壁、细胞膜、细胞核等（图 4-14）。

1. 酵母菌的细胞壁

酵母菌细胞壁的主要成分为葡聚糖和甘露聚糖（占干重的 85%），其次是蛋白质等。酵母菌的细胞壁呈“三明治”结构。外层主要为甘露聚糖，内层主要为葡聚糖，中间夹着一层蛋白质（图 4-15）。其中，葡聚糖是赋予细胞壁机械强度的主要成分。酵母菌的细胞壁可用玛瑙螺胃液制成的蜗牛消化酶水解，形成酵母原生质体。蜗牛消化酶还可以水解酵母菌的子囊壁，以释放子囊孢子。

2. 酵母菌的细胞膜

酵母菌细胞膜的主要成分为蛋白质、类脂和少量糖类，与原核生物一样呈磷脂双分子层构造，其间镶嵌着蛋白质和甾醇［如酵母甾醇、麦角甾醇（是维生素 D 的前体）］，如图 4-16 所示。

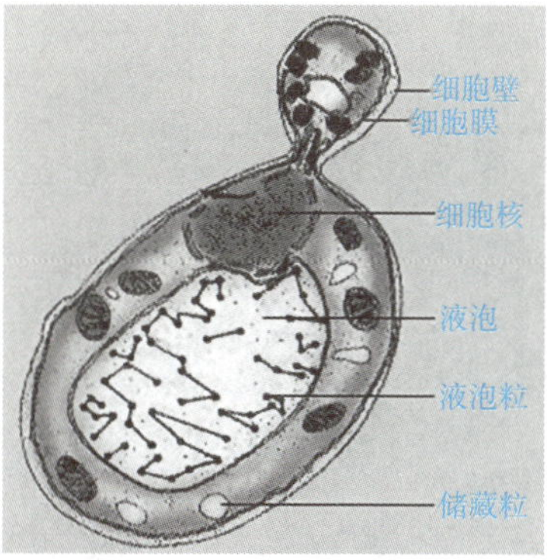

图 4-14 酵母菌细胞的模式构造图

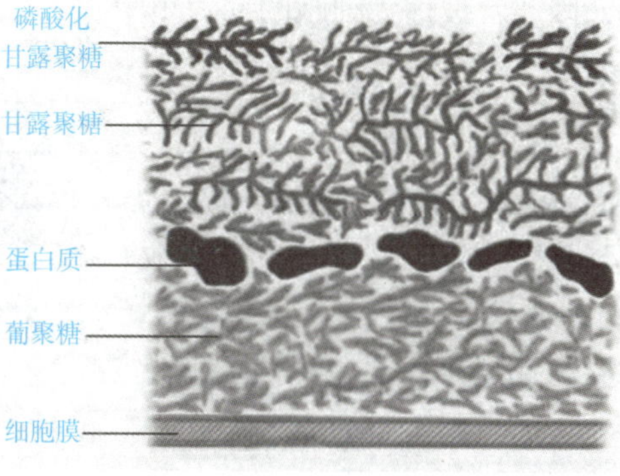

图 4-15 酵母菌细胞壁的模式构造图

3. 酵母菌的细胞质

酵母菌的细胞质是位于细胞膜和细胞核间的透明、黏稠、不断流动并充满各种细胞器的溶胶状物质。细胞质中含有各种功能不同细胞器，如内质网、核糖体、线粒体、液泡等。

（1）内质网。内质网是指细胞质中一个与细胞基质相隔离、但彼此相通的囊腔和细管系统，由脂质双分子层围成。内质网可根据膜上有无附着核糖体颗粒，分为糙面内质网和光面内质网（图 4-17）。糙面内质网的主要功能是合成和运送胞外分泌蛋白。光面内质网与脂类和钙的代谢有关。

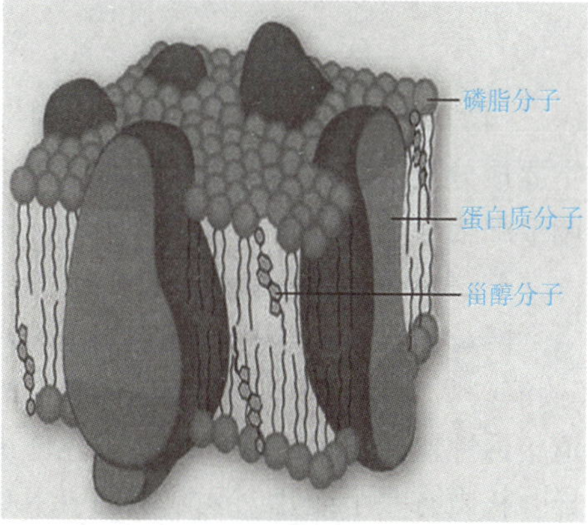

图 4-16 酵母菌细胞膜的模式构造

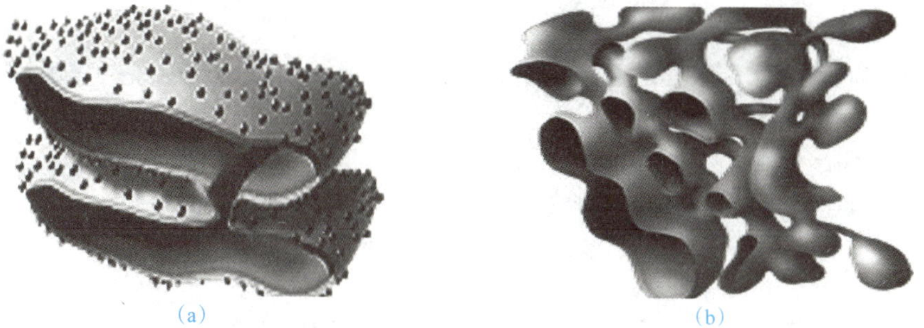

图 4-17 糙面内质网和光面内质网

（a）糙面内质网；（b）光面内质网

（2）核糖体。核糖体是存在于一切细胞中的无膜包裹的颗粒状细胞器［图 4-18（a）］，具有蛋白质合成功能，由 40% 蛋白质和 60% RNA 组成。酵母菌核糖体的沉降系数为 80S，由 60S 和 40S 大、小亚基构成。它游离在细胞质中或附着在内质网上。

（3）线粒体。线粒体一般呈线状、杆状或颗粒状。每个细胞有数百至数千个。线粒体由内外两层膜封闭，包括外膜、内膜、膜间隙和基质四个功能区［图 4-18（b）］。内膜向基质褶入形成嵴，嵴能显著扩大内膜的表面积。线粒体是细胞进行呼吸作用的重要场所，含有细胞呼吸作用所需要的各种酶，可以将蕴藏在有机物中的化学潜能转化成生命活动所需的能量，因此常被称为细胞的动力车间。

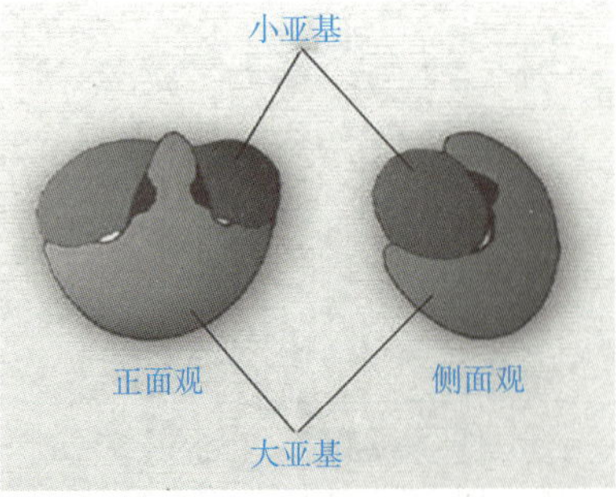

(a)

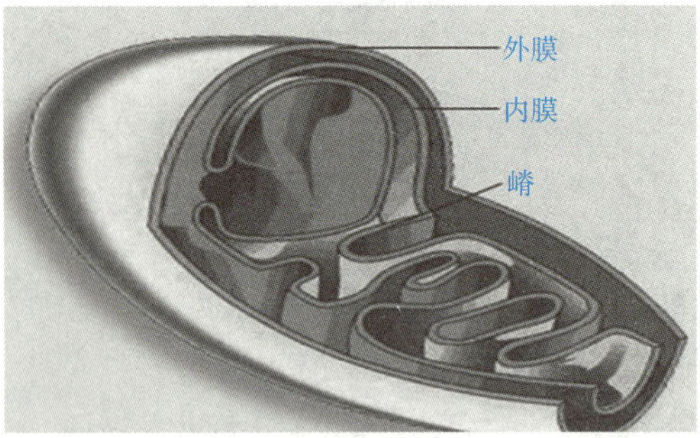

(b)

图 4-18 核糖体和线粒体结构示意

(a) 核糖体；(b) 线粒体

(4) 液泡。成熟的酵母菌细胞中有一个大的液泡，是由单层膜包裹的细胞器。液泡的主要成分是水，水中溶有无机盐、有机酸、糖类、脂类、氨基酸、水解酶类等。液泡具有调节细胞渗透压、储存营养物质等功能，还具有溶酶体的功能。

4. 酵母菌的细胞核

酵母菌具有由多孔核膜包裹起来的定形细胞核，含有核仁、染色体（染色质）、核基质（核液）等（图 4-19）。细胞核的核膜由双层膜构成，核膜上的核孔是核内外物质交换的通道，透性比任何生物膜都大。染色体由 DNA 和组蛋白牢固结合而成，呈线状，数目因种而异。核内有一个或几个区域中的 rRNA（核糖体 RNA）含量很高，这一区域叫作核仁，是合成核糖体的场所。细胞核的主要功能就是储存遗传信息。

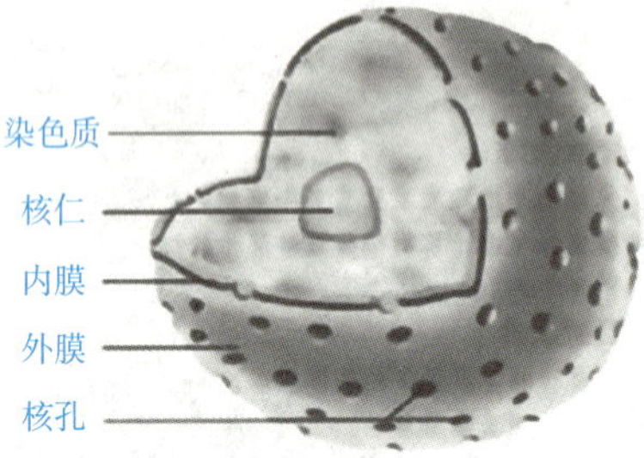

(a)

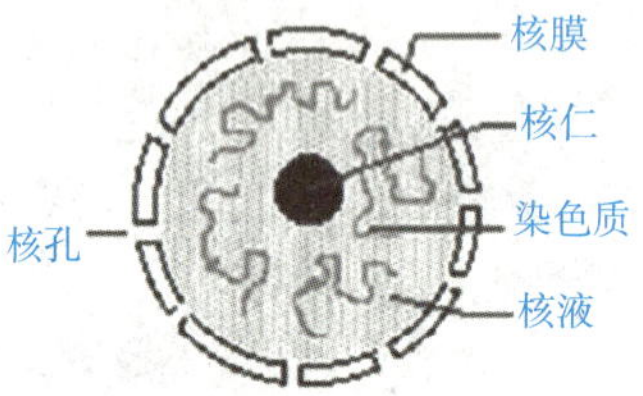

(b)

图 4-19 酵母菌细胞核的模式构造图

(a) 立体结构；(b) 平面结构

> **小资料**
>
> 酵母菌的 2 μm 质粒
>
> **2 μm 质粒**是指一类闭合环状超螺旋 DNA 分子，DNA 含量少，且能独立于细胞核进行自主复制。存在于酿酒酵母的细胞核中，但不与核基因组整合，每个细胞核中约含有 30 个。2 μm 质粒是用于研究基因调控、染色体复制的理想系统，也可以作为酵母菌转化的有效载体，并组建出一种“工程菌”。

知识点【4-4】霉菌细胞的构造与功能

霉菌菌丝细胞的构造与酵母菌类似，同样包括细胞壁、细胞膜、细胞质、细胞核及各种细胞器，其功能也同酵母菌基本一致（知识点【4-3】）。除少数低等水生霉菌的细胞壁中含有纤维素外，大多数霉菌的细胞壁主要由几丁质构成。细胞质中含有线粒体、核糖体和颗粒状内含物，幼龄菌丝细胞质均匀，老龄菌丝中会出现液泡，如图 4-20 所示。

霉菌的细胞构造及功能

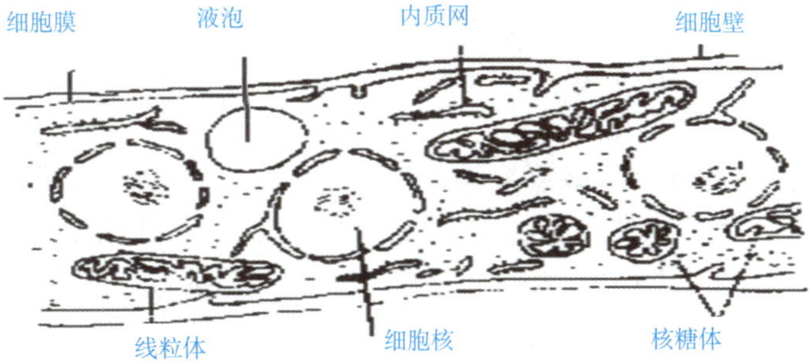

图 4-20　霉菌细胞的模式构造

霉菌菌丝顶端细胞的构造通常随着菌丝的不断延伸而逐渐变化、加厚并趋于成熟（图 4-21）。在菌丝顶端的延伸区和硬化区中，细胞壁的内层是几丁质层，外层为蛋白质层；在亚顶端部位即次生壁形成区，由内至外分别为几丁质层、蛋白质层和葡聚糖蛋白网层；在成熟区，由内至外相应地为几丁质层、蛋白质层、葡聚糖蛋白网层和无定形葡聚糖层；最后就是隔膜区，它是由菌丝内壁向内延伸而形成的环片状构造，可用蜗牛消化酶等消化真菌细胞壁，制备霉菌的原生质体。

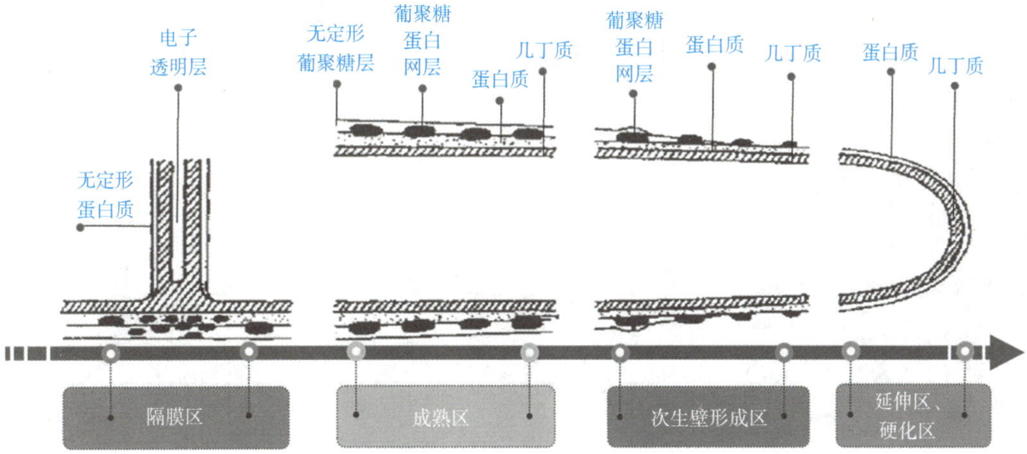

图 4-21　霉菌菌丝顶端的成熟过程及细胞壁成分的变化

4.3　病毒的构造

知识点【4-5】典型病毒的构造与化学成分

病毒的结构与化学组成

1. 病毒的化学成分

病毒的基本化学组分为核酸（DNA 或 RNA）和蛋白质，少数有包膜的大型病毒含脂类和糖类（主要来源于寄主的细胞膜）。

2. 病毒的构造

（1）基本构造。病毒主要由衣壳和核酸两部分构成，两者统称为核衣壳，是病毒的基本构造（图 4–22）。核酸位于病毒的中心，称为核心或基因组，蛋白质包围在核心周围，形成衣壳。衣壳由很多壳粒蛋白组成，衣壳粒以对称的形式，有规律地排列成杆状、球状、二十面体或其他形状，构成病毒的外壳，也称作壳体、蛋白质外壳。

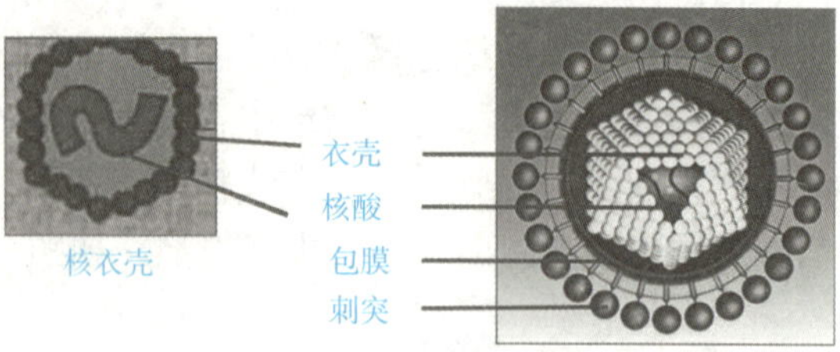

图 4–22　病毒的基本构造

（2）特殊构造。有些病毒也具有一些特殊构造，如包膜、刺突（图 4–22）。包膜是一层含蛋白质或糖蛋白的类脂双层膜。其中，类脂来自宿主的细胞膜，如新型冠状病毒、禽流感病毒，其核衣壳被包膜包围，包膜上还长有刺突等附属物。病毒的包膜上具有受体，它能使病毒粒子附着并感染宿主细胞。

（3）病毒的对称结构。衣壳粒是构成病毒粒子的最小形态单位，也称壳粒，每个壳粒有 1 ～ 6 个同种多肽分子折叠缠绕而成的蛋白质亚单位。根据衣壳粒的排列组合的方式不同，可分为以下三种形态（图 4–23）。

1）二十面体对称：二十面体具有 20 个面（每面均为等边三角形），30 条边，12 个顶角，腺病毒是典型代表。

2）螺旋对称：烟草花叶病毒（TMV）是最典型的代表，其衣壳由衣壳粒一个挨一个地呈螺旋对称排列而成，核酸存在于衣壳内侧的螺旋状沟中。

3）复合对称：由螺旋对称和二十面体对称两部分组成衣壳，*E. coli* T4 噬菌体是典型代表，外形如蝌蚪，头部为二十面体，核酸埋藏在二十面体中，尾部为 144 个衣壳粒组成的棒状结构。

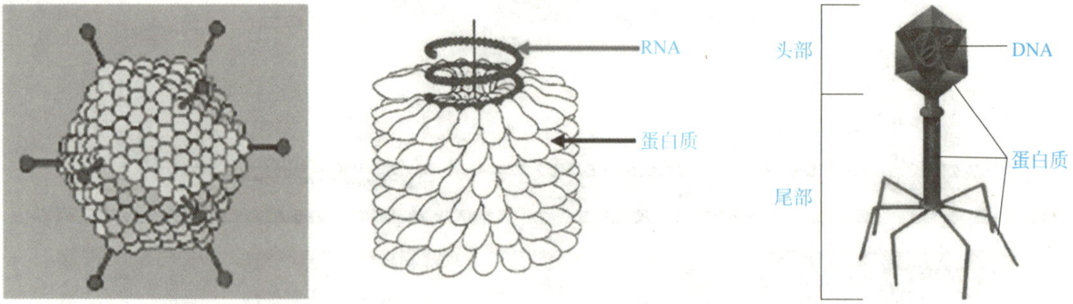

图 4–23　病毒衣壳的三种排列方式

(a) 二十面体对称（腺病毒）；(b) 螺旋对称（烟草花叶病毒）；(c) 复合对称（*E. coli* T4 噬菌体）

3. 病毒的核酸

病毒的核酸或基因组是病毒中最重要的成分，具有遗传信息的载体和传递体的作用。病毒核酸的种类很多，是病毒系统分类中最可靠的分子基础，主要有线状、环状、双链 DNA（dsDNA）、单链 DNA（ssDNA）、双链 RNA（dsRNA）、单链 RNA（ssRNA）、正单链 RNA

（+ssRNA）、负单链 RNA（-ssRNA）等类型。总体来说，动物病毒以线状的双链 DNA 和单链 RNA 居多，植物病毒以线状的单链 RNA 为主，噬菌体以线状的双链 DNA 居多。

视野窗

守正创新、勇攀高峰

国际首个完整新冠病毒真实结构 3D 图出炉

创作更科学真实的新型冠状病毒科普影像

7 个人，100 天，这个平均年龄不到 28 岁的清华大学课题组首次给出了新型冠状病毒真实的全病毒三维结构，这是世界上第一个解出完整新型冠状病毒真实结构的科研团队，展示了迄今为止最完整的新型冠状病毒形象。2021 年 1 月 21 日，由清华大学生命科学学院李赛实验室和奥地利 Nanographics 公司、沙特阿拉伯阿卜杜拉国王科学技术大学伊万・维奥拉团队合作的新型冠状病毒高清科普影像问世。在纳米尺度的图像上，平均直径约为 100 nm 的新型冠状病毒像一颗奇异的星球，表面分布着硕大的、可以自由摆动的刺突蛋白“触手”。在“星球”内部，超长的核糖核酸（RNA）链致密缠绕在有序排列的核糖核蛋白复合物（RNP）上。尽管人们总会面对无数未知，未知也时常让人恐惧，但正是有无数的科学家在自己的岗位坚守职责，才将未知变为已知，让人类少一些灾难和困苦。“人们对自己看不见的东西总是会掉以轻心，只有尽快将新型冠状病毒真实、完整、清晰地呈现给世界，让大家看到它的骇人形象，才会让更多人重视起来。”——团队负责人清华大学生命科学学院李赛

小资料

RNA 病毒：核酸多为单链，病毒全部遗传信息均含在 RNA 中。主要有以下几类：

（1）单链 +RNA 病毒：该类病毒 +RNA 可直接作为 mRNA 进行翻译，合成蛋白质。复制方式是以 +RNA 为模板，复制成 -RNA，然后以 -RNA 为模板合成若干子代 +RNA，如脊髓灰质炎病毒、SARS 冠状病毒、新型冠状病毒等。

（2）单链 -RNA 病毒：该类病毒 -RNA 不能起到 mRNA 的作用，需先合成互补的 mRNA，再用于翻译，产生病毒蛋白质。遗传物质复制时，是以 -RNA 为模板合成互补的 +RNA，再合成若干子代病毒 -RNA，如流感病毒、禽流感病毒、狂犬病毒、埃博拉病毒 EBV 等。

（3）双链 RNA 病毒：以双链 RNA 为模板进行不对称转录，先合成正链 RNA（+RNA），再以 +RNA 为模板合成 -RNA，形成双链 RNA 分子，以 +RNA 为模板翻译出病毒复制酶及其他蛋白质；蛋白质与子代双链 RNA 组装成新的病毒颗粒，如呼肠孤病毒。

（4）逆转录病毒：该病毒首先以自身 RNA 为模板，经逆转录酶的催化，形成 RNA-DNA 杂交分子，再以单链 DNA 为模板合成双链 DNA，将双链 DNA 整合到宿主细胞的 DNA 上，进而合成若干子代单链 RNA。其子代 RNA 和亲本均可充当 mRNA 翻译出各种病毒蛋白质，如 HIV 病毒、Rous 肉瘤病毒等。

4.4 显微观察样品的制备技术

样品制备是显微技术的一个重要环节，直接影响着显微观察效果的好坏。一般来说，在利用显微镜观察、研究生物样品时，除要根据所使用显微镜的特点采用合适的制样方法外，还应考虑生物样品的特点，尽量使被观察样品的生理结构保持稳定。

显微观察样品的制备技术

小测验 · 巩固新知

一、填空题

1. 细菌细胞的一般构造由外到内包括________、________、________和________。

2. 有些细菌具有特殊构造，如________、________、________、________和________等。

3. 细菌细胞壁的主要成分是________，它是由________和________两部分聚合而成的大分子聚合物，呈现________结构。

4. 革兰氏染色方法可以将细菌分成两大类，在光学显微镜下呈现蓝紫色的细胞称作________，呈现粉红色或淡紫色的细胞称作________。

5. 细菌的细胞膜主要由________、________、________和少量的________组成，其结构由含有亲水区域的和疏水区域的两亲性分子________组成的________。

6. 细菌细胞质内的储藏物种类很多，主要有________、________、________、________、________、________等。

7. 糖被按其有无固定层次、层次厚薄又可细分为________、________、________和________等数种。

8. 鞭毛是细菌的运动器官，主要由________、________、________三部分组成。

9. 酵母菌细胞壁的主要成分包括________、________和________。酵母菌的细胞壁可用________水解，形成酵母原生质体。

10. 酵母菌细胞膜的主要成分为________、________和少量________，同原核生物一样呈________构造，其间镶嵌着________和________。

11. 酵母菌的细胞核主要由________、________、________、________等构成。

12. 霉菌菌丝细胞的构造与酵母菌类似，霉菌的细胞壁主要由________构成。霉菌菌丝顶端的成熟过程可分成________、________、________和________四部分。

13. 病毒的基本化学组分为________和________。

14. 病毒主要由________和________两部分构成，两者统称为________。病毒的特殊构造主要有________和________。

15. 根据病毒衣壳粒的排列组合的方式不同，可分为________、________和________三种构造。

二、名词解释

1. 糖被；2. 鞭毛；3. 菌毛；4. 芽孢；5. 质粒；6. 核衣壳；7. 衣壳粒。

三、判断题

1. G^- 细胞壁厚，肽聚糖含量高，交联度大，G^+ 细肽聚糖层薄，交联松散。（　　）

2. 每一营养细胞内仅生成一个芽孢。一个芽孢萌发只产生一个营养状态的细胞，故芽孢具有繁殖功能。（　　）

3. 革兰氏染色法是鉴别细菌的重要方法，通过该染色方法可将所有细菌分为革兰氏阳性和革兰氏阴性两大类。（　　）

4. 杆菌、球菌类细菌普遍都有鞭毛。（　　）

5. 鞭毛的主要功能是运动，菌毛的主要功能是附着于物体表面，性菌毛的功能是向受体菌传递遗传物质。（　　）

四、识图题

图 4-24 是细菌和酵母菌细胞构造的模式，请标出各部分的名称。

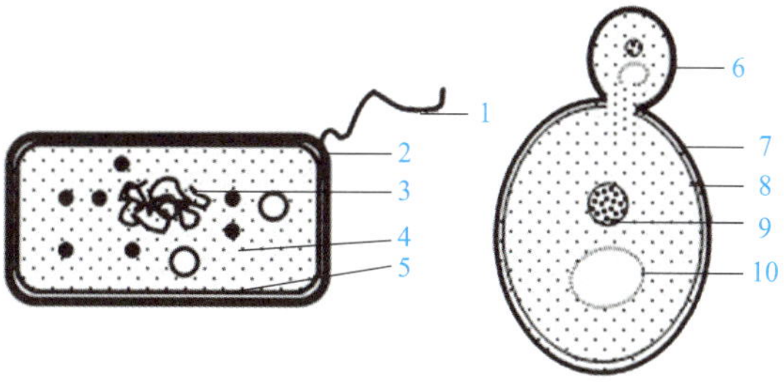

图 4-24　细菌和酵母菌细胞构造的模式

五、问答题

1. 细菌细胞壁、细胞膜、细胞质和细胞核的主要功能是什么？
2. 革兰氏染色法的基本原理是什么？
3. 细菌的特殊构造糖被和芽孢的主要功能是什么？其在人类的生产实践有何应用？
4. 通常可以采用哪些方法观察和判断细菌是否具有鞭毛？
5. 真核微生物（如酵母菌）细胞质中都含有哪些细胞器？
6. 使用光学显微镜观察微生物样品时，通常可采用哪些制片方法进行样品制备？

小测验参考答案

练技能·实操详练

实训任务 4　细菌的简单染色与革兰氏染色

训练目标及流程

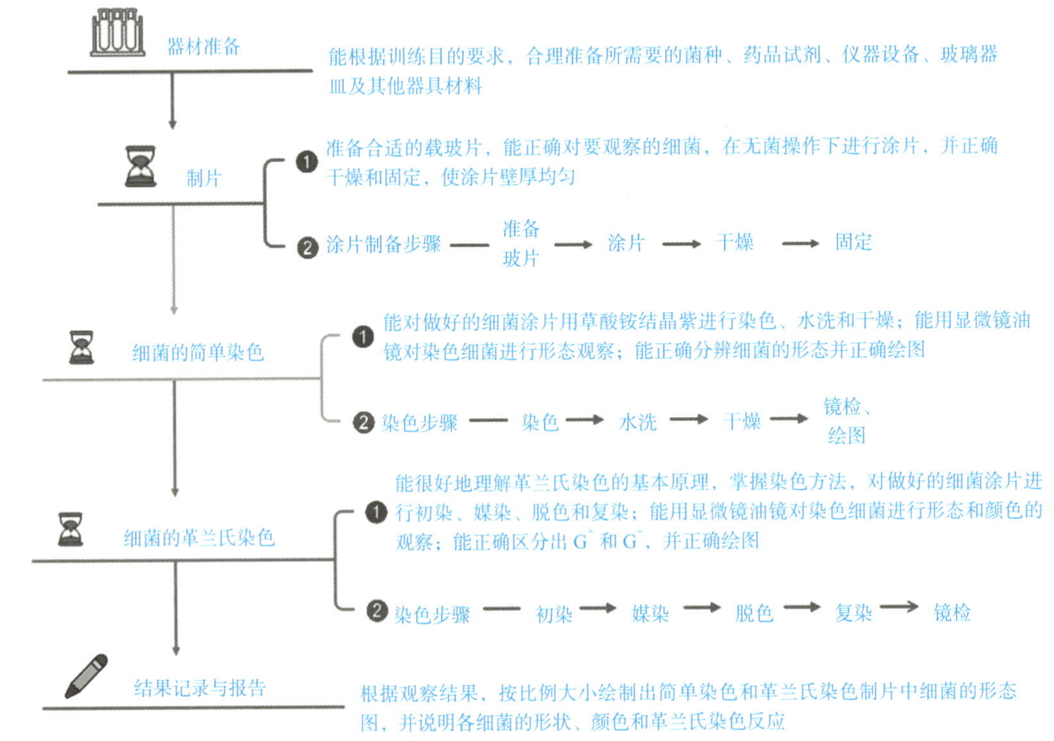

器材准备

1. 菌种

枯草芽孢杆菌 12 ～ 18 h 营养琼脂斜面培养物，大肠杆菌、金黄色葡萄球菌约 24 h 营养琼脂斜面培养物。

2. 染色剂

草酸铵结晶紫染色液、革兰氏碘液、95% 乙醇、0.5% 番红（或沙黄）染色液，或革兰氏染色试剂盒。

3. 仪器或其他用具

显微镜、酒精灯、载玻片、接种环、双层瓶（内装香柏油和二甲苯，因二甲苯有毒及容易损坏镜头，可用 70% 乙醚与 30% 乙醇混合液替代二甲苯）、生理盐水、擦镜纸、吸水滤纸、纱布、火柴、玻璃铅笔、玻片夹或镊子等。

细菌涂片的制作

关键技能点详解

技能点【4-1】细菌的制片

1. 准备载玻片

取保存于 95% 乙醇中的洁净而无油渍的载玻片，用洁净的纱布擦去乙醇或在酒精灯火焰上灼烧。如果载玻片上有油渍，可滴 95% 乙醇 2 ～ 3 滴或 1 ～ 2 滴冰醋酸，用纱布揩擦，然后在酒精灯火焰上烤几次，再用纱布反复擦拭干净。待冷却后，用玻璃铅笔或特种记号笔于载玻片右侧注明菌名或菌号。如有多个样品同时制备涂片，只要染色方法相同，也可在同一张载玻片上有秩序地排列好，用玻璃铅笔在载玻片上划分成若干个小方格，每方格涂抹一种菌种，这样一张载玻片就可同时完成多种菌的染色任务。

2. 涂片

先将无菌水滴一小滴（或用灭菌接种环挑取 1 ～ 2 环）于载玻片中央，而后用接种环以无菌操作，分别从枯草芽孢杆菌和大肠杆菌斜面上挑取少许菌苔于水滴中，混合均匀并涂成薄膜。

涂片无菌操作要点：

（1）试管或三角烧瓶在开塞后及回塞前，其口部应在火焰上烧灼灭菌，除去可能附着于管口或瓶口的微生物。开塞后的管口或瓶口应靠近酒精灯火焰，并尽量平置，以防止直立时落入尘埃，造成污染。

（2）接种环在每次使用前后均应在火焰上彻底烧灼灭菌；取菌前，必须待其冷却后进行。

对液体培养基培养物、菌悬液等材料，可直接用灭菌接种环取 2 ～ 3 环菌液于载玻片中央，均匀涂抹成合适大小的薄膜。

3. 干燥

室温自然干燥。有时为加速干燥，也可将涂面朝上在酒精灯上方稍微加热，使其干燥，但切勿紧靠火焰加热，以防止菌体变形或炭化。

4. 固定

固定的方法：以火焰加热固定。将干燥好的涂片的涂面朝上，使其迅速通过火焰 3 ～ 4 次，略微加热固定。

固定的目的：一是杀死菌体细胞，使细胞质凝固，以固定细胞形态，并使菌体牢固附着于载玻片上，以免水洗时被冲掉；二是使菌体蛋白变性，改变对染色剂的通透性，增加其对染料的亲和力，使其更易着色。

细菌的简单染色

技能点【4-2】细菌的简单染色

1. 染色

将载玻片平放于玻片搁架上，将染色液滴加涂片上（染色液刚好覆盖涂片薄膜为宜)，滴加适量草酸铵结晶紫染色液，染色 1 ～ 2 min。

2. 水洗

倒去染色液，倾斜载玻片约 45°，用自来水冲洗，直至从涂片上流下的水无色。注意，不要用水对着涂片冲洗，以免冲掉涂上的菌体。

3. 干燥

自然干燥，也可用吸水滤纸吸干。

4. 镜检、绘图

涂片干燥后进行镜检。用油镜观察并描绘出细菌的形态图。

技能点【4-3】细菌的革兰氏染色

革兰氏染色过程

1. 初染

在涂片菌膜处滴加草酸铵结晶紫染色液适量（以刚好将菌膜覆盖为宜)，染色 1 ～ 2 min，倾去染色液，细水冲洗至洗出液为无色为止。

2. 媒染

滴加革兰氏碘液于涂片上，染色 1 ～ 2 min，水洗。

3. 脱色

用滤纸吸去载玻片上的残水，将 95% 乙醇滴加涂片上，轻轻摆动载玻片，直至乙醇脱色刚好不出现紫色为止，一般 30 s（最长不超过 60 s）后立即水洗，终止脱色。

4. 复染

滴加沙黄染色液，染色 2 ～ 3 min，倾去染色液，水洗。用滤纸吸干或自然干燥。

5. 镜检

用油镜观察并绘图。区分出 G^+ 和 G^- 的形态与颜色。G^+ 呈蓝紫色，G^- 呈红色。

技能点【4-4】清洁处理

1. 显微镜的还原与油镜的清洁

（1）关闭电源开关，上升镜筒或下降镜台，取下载玻片。

（2）清洁油镜，先用擦镜纸擦去镜头上的香柏油，然后用沾有少许镜头清洁液的擦镜纸擦掉残留的香柏油，最后用干净的擦镜纸抹去残留的镜头清洁液。

（3）清洁目镜和其他镜头可采用干净的擦镜纸。用柔软的绸布擦净机械部分的灰尘。

（4）将物镜转成八字式，缓慢下降镜筒，使物镜靠置在镜台上，或下降镜台，使镜台下降至最低位置。同时，将聚光器降至最低位置。

2. 染色涂片的清洁

擦去细菌涂片上的香柏油，将 2 ～ 3 滴镜头清洁液加在涂片上，使香柏油溶解，再用吸水纸轻压在涂片上吸掉镜头清洁液和香柏油。这样处理不会损坏细菌涂片，并可保存以供以后再观察。如不需要保留涂片，可用去污粉等洗涤剂水煮沸后再清洗干净，晾干备用。

3. 菌种管的消毒和清洗

带菌的试管如不需要保藏，煮沸消毒或高压灭菌（致病菌）后清洗干净，并晾干备用。

注意事项

（1）涂片时，载玻片要洁净无油迹，否则菌液涂不均匀；滴生理盐水或无菌水和取菌时都不宜过多；涂片要涂抹均匀，不宜过厚，以淡淡的乳白色为宜，涂布面积直径约 1 cm 为宜。

（2）加热固定时，温度不能过高，以载玻片不烫手背为宜，否则会改变甚至破坏细胞形态。

（3）水洗时，不要直接冲洗涂面，而应使水从载玻片的一端流下。水流不宜过急、过大，以免涂片薄膜脱落。

（4）乙醇脱色是革兰氏染色操作的关键环节。如脱色过度，则 G^+ 被误染成 G^-；而脱色不足，G^- 被误染成 G^+。在染色方法正确无误的前提下，如菌龄过长，死亡或细胞壁受损伤的 G^+ 也会呈阴性反应，故革兰氏染色要用活跃生长期的幼龄培养物。

（5）染色过程的时间控制，应根据季节、气温调整。一般冬季时间可稍长些，夏季稍短些。

（6）对待检的未知菌进行革兰氏染色时，最好同时用大肠杆菌和金黄色葡萄球菌作为 G^+ 菌和 G^- 的对照。

结果报告

根据观察结果，按比例大小绘制出简单染色和革兰氏染色制片中细菌的形态图，并说明各细菌的形状、颜色和革兰氏染色反应。

考核评价

根据实训任务 4 考核评价表，对任务完成情况进行自我评价、小组评价、教师评价，将评价的最终结果记入实训过程性考核成绩。

实训任务 4 考核评价表

考核要点	考核内容	分值及标准	评分
学习及训练态度	按时到岗，遵守实训室规则，不迟到、不旷课、不早退。态度积极、认真、主动，实训参与度高	优 15 ～ 20 分；良 5 ～ 15 分；差 < 5 分	
实训目标达成情况	1. 能正确进行细菌的制片，涂片均匀、菌量合适、温度适宜。 2. 能正确进行细菌的简单染色，染色均匀充分。 3. 能正确进行细菌的革兰氏染色，染色均匀充分，合理控制时间。 4. 会用油镜对染色载玻片进行观察，并正确分辨细菌的形态特征和革兰氏染色结果	优 35 ～ 50 分；良 20 ～ 35 分；差 < 20 分	
训练结果报告	任务单内容完整、结果记录正确、书写工整	优 15 ～ 20 分；良 5 ～ 15 分；差 < 5 分	

续表

考核要点	考核内容	分值及标准	评分
卫生整理情况	对本次实训用到的器皿、材料等清洁并归位；将操作台清理干净，将物品摆放整齐；地面及垃圾桶打扫干净	优 8 ～ 10 分；良 5 ～ 8 分；差 < 5 分	
考核结果	完成本次实训任务最终得分		

总结思考

1. 详述革兰氏染色的原理及操作方法，以及染色时应注意的问题。

2. 哪些环节会影响革兰氏染色结果的正确性？其中最关键的环节是什么？

3. 不经过复染这一步，能否区别 G^+ 和 G^-？

4. 为什么要求将制片完全干燥后才能用油镜观察？

5. 对未知菌进行革兰氏染色时，怎样做才能保证操作正确、结果可靠？

强应用·学以致用

科学探究

鲜牛乳中微生物菌相的演替探究

1. 背景

刚采集的牛乳含有少量不同的微生物，而牛乳的成分对微生物来说是一种很好的营养基质（图 4–25）。因此，在温暖的条件下，微生物即开始很快地生长繁殖。由于微生物在鲜牛乳中活动，会逐渐使其变质，如图 4–26 所示。

图 4–25　采集鲜牛乳

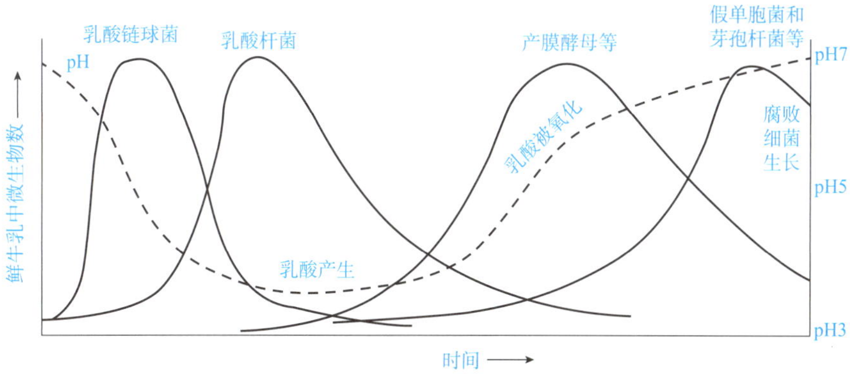

图 4–26　常温下鲜乳中微生物菌群和 pH 值的变化曲线

（1）抑制期：鲜牛乳中含有来自动物体的抗体物质等抗菌因子，能够抑制鲜乳中微生物的生长。在含菌少的鲜乳中，抑制期可持续 36 h 左右（在 13 ～ 14 ℃的温度条件下）；若污染严重的乳液，只可持续 18 h 左右，这段时间内菌数不会增加。

（2）乳酸链球菌期：牛乳中抗菌物质减少或消失后，存在于牛乳中的微生物便开始繁殖，乳酸链球菌占绝对优势。这些菌分解乳糖和其他糖类产生乳酸，使牛乳酸度不断升高，牛乳出现凝块。而酸度的升高抑制了腐败细菌的活动。当酸度升高到一定限度时（pH 值为 4.5 左右），乳酸链球菌本身也会受到抑制，不再继续繁殖，还会逐渐减少。

（3）乳酸杆菌期：在乳酸链球菌生长过程中，pH 值下降至 6 左右时，乳酸杆菌的活力逐渐增强，当 pH 值下降至 4.6 时，乳酸链球菌受到抑制，但由于乳酸杆菌对酸有较强的抵抗力，尚能继续繁殖并产酸，这个时期牛乳中有大量凝块，并析出大量乳清。

（4）真菌期：当酸度继续上升，pH 值达 3.0 ～ 3.5 时，绝大多数细菌被抑制，甚至死亡，仅酵母菌和霉菌尚能适应高酸环境，并能利用乳酸及其他一些有机酸而存活。由于酸被利用，乳液酸度会逐渐降低，使牛乳的 pH 值逐渐回升，接近中性。

（5）陈化细菌期：经过以上几个阶段的变化，牛乳中乳糖含量已被大量消耗，蛋白质和脂肪含量相对增高。因此，能分解蛋白质和脂肪的细菌开始活跃，乳凝块逐渐被消化，牛乳的 pH 值不断上升，向碱性转化，并有腐败菌生长繁殖，如芽孢杆菌属、假单胞杆菌属、变形杆菌属等细菌都能生长。于是，牛乳出现腐败的臭味。鲜牛乳的这种菌相变化的自然过程是一个典型例子。原始细菌的活动为以后的微生物生长创造了有利的条件，能在其中观察到一个微生物菌演替的过程。

2. 探究

请设计一项试验，通过制片和染色的方法，采用显微镜观察技术，跟踪检测牛奶中微生物的变化，详细记录检测结果，绘制牛奶中微生物菌相的演替过程图，描写在涂片中观察到的不同微生物，根据描写情况对比所介绍的微生物在各个时期的特点，并对其进行初步鉴定。

科学探究——方法参考

写下你的学习心得

学习单元 5　识别微生物群体特征

学习目标

知识目标

1. 学习常见的四大类细胞型微生物细菌、放线菌、酵母菌和霉菌的繁殖，掌握它们的繁殖方式；比较它们的异同；分析并掌握它们的典型群体形态特征。

2. 学习病毒的繁殖，掌握噬菌体的繁殖过程；了解包括新型冠状病毒在内的 RNA 病毒的繁殖方式。

能力目标

1. 对四大类微生物群体培养特征进行观察训练，能正确识别、分辨所观察菌落的典型特征。

2. 会使用专业术语对所观察的菌落进行正确的描述、记录，并能正确绘图。

3. 能正确找出细菌与酵母菌，放线菌与霉菌菌落的不同点，并详述菌落与菌落之间、菌落与菌体之间的区别与联系。

素质目标

1. 阅读中国真菌学的创始人戴芳澜的故事，学习他坚守初心、矢志不渝、追求真理、严谨治学的精神。

2. 学习与时间赛跑的药物研发团队的故事，发扬守正创新、集智攻关、团结协作的精神。

3. 通过积极参与科学探究——传统毛豆腐的形成过程探究，训练以问题为导向、增强问题意识的能力，培养发现问题、解决问题、勇于探索的精神。

学习重点与难点

学习重点：细菌、放线菌、酵母菌、霉菌、病毒的繁殖方式及其群体培养特征。

学习难点：不同微生物典型群体培养特征的观察与描述。

本单元参考学时：6 学时；建议教学场所：一体化智慧型微生物教室

学知识·新知细学

牛奶经乳酸菌发酵后变成了酸奶、雨后泥土中放线菌产生的“土腥味”、由酵母菌发酵而膨胀的面团、食物或衣物上生长有或长或短五颜六色的霉斑、树叶上由病毒形成的枯斑等，以上都是微生物经过生长繁殖所表现出来的、肉眼可见的群体形态，这些微生物是如何生长繁殖的呢？它们的繁殖方式都有哪些特点呢？如何根据群体形态来对它们进行区分呢？

码上看

细菌的繁殖与群体培养特征

5.1　常见原核生物的繁殖方式

知识点【5-1】细菌的繁殖

1. 细菌的繁殖方式

细菌的主要繁殖方式为裂殖，少数进行芽殖。

裂殖（Fission）是指一个细胞通过分裂而形成两个子细胞的过程。裂殖的方式可分为二分裂、三分裂、复分裂等。

典型的二分裂是对称的分裂方式，绝大多数细菌都采用这种方式进行繁殖。细菌的二分裂繁殖过程如图 5-1 所示。

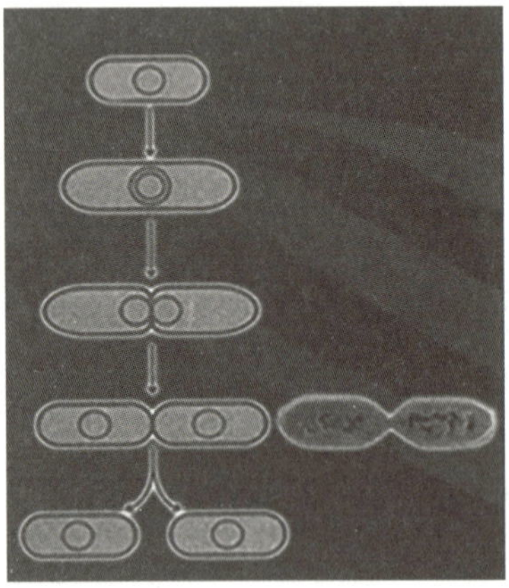

图 5-1　细菌的二分裂繁殖过程

（1）细胞核的分裂和隔膜的形成；

（2）横隔壁的形成；

（3）子细胞的分离。

细菌的二分裂繁殖方式

2. 细菌的群体培养特征

（1）细菌在固体培养基上（内）的群体特征。各种细菌在一定培养条件下形成的菌落具有一定的稳定性和专一性，这是衡量菌种纯度，辨认和鉴定菌种的重要依据。通常可以从大小、形状、隆起形状、边缘情况、表面状态、表面光泽、质地、颜色、透明度等方面对菌落进行描述。研究菌落对微生物学工作有很大作用，如菌落可用于微生物分离、纯化、鉴定、计数等研究及菌种选育的工作中。

细菌的菌落有自己的特征，一般呈现为湿润、较光滑、较透明、较黏稠、易挑取、质地均匀，以及菌落正反面或边缘与中央部位颜色一致等特征。细菌的菌落特征因种而异。同一细菌在不同的培养平板上会形成不同的特征菌落。不同形态、生理类型的细菌，在其菌落构造等特征上有许多明显的区别。例如，无鞭毛、不能运动的细菌尤其是球菌通常形成较小、较厚、边缘圆整的半球状菌落；有鞭毛、运动能力强的细菌一般形成大而平坦、边缘多缺刻（甚至呈树根状）不规则的菌落；有糖被的细菌会长出大型、光滑、透明、呈蛋清状的菌落；有芽孢的细菌往往形成外观粗糙、干燥、不透明且表面多褶皱的菌落。

（2）细菌在半固体培养基上（内）的群体特征。纯种细菌在半固体培养基上生长时，会出现许多特有的培养性状。例如，用穿刺接种法将菌种接入琼脂半固体或明胶半固体高层直立柱，根据琼脂半固体直立柱表面和穿刺线上细菌群体的生长状态与有无扩散现象来判断该菌的运动能力及其他特性［图 5–2（a）］；根据明胶半固体直立柱液化层中呈现的不同形状来判断某细菌有无蛋白酶产生和某些其他特征［图 5–2（b）］。

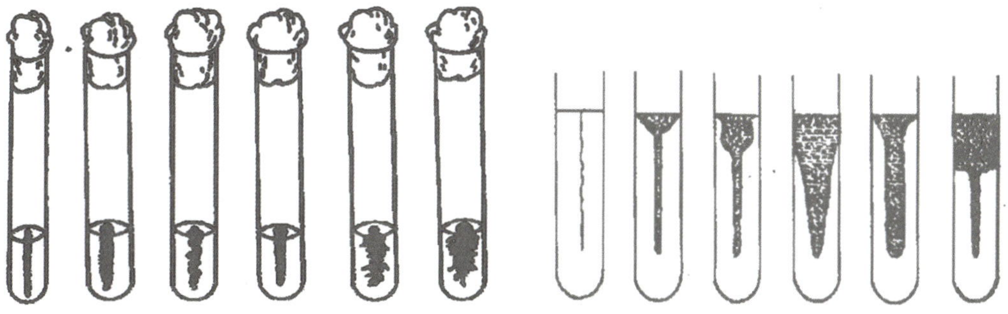

（a）　　（b）

图 5–2　细菌半固体培养特征

（a）琼脂半固体直立柱（穿刺线）；（b）明胶半固体直立柱（明胶液化）

（3）细菌的液体培养特征。细菌在液体培养基中生长时，会因其细胞特征、相对密度、运动能力和对氧气等关系的不同，而形成不同的群体形态（图 5–3）。多数表现为混浊，部分表现为沉淀。一些好氧性细菌则在液面上大量生长，形成有特征性的、厚薄有差异的菌醭或环状、小片状不连续的菌膜等。

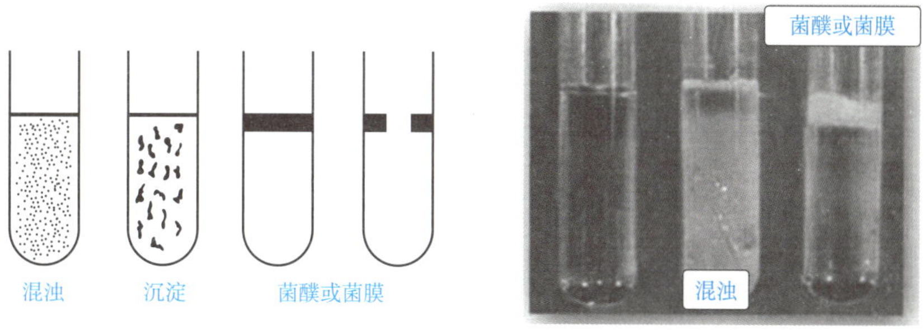

图 5–3　细菌的液体培养特征

知识点【5-2】放线菌的繁殖

放线菌的繁殖与培养特征

1. 放线菌的繁殖方式

放线菌的繁殖方式主要可分为借孢子繁殖和借菌丝繁殖两类。在自然界中，多数放线菌是借形成各种孢子进行繁殖的。

（1）借孢子繁殖。放线菌可形成分生孢子和孢囊孢子。其中，产生分生孢子最为常见。放线菌通常以横隔分裂的方式形成孢子，其过程为孢子丝的细胞膜内陷，再由外向内逐渐收缩，最后形成一个完整的横膈膜，从而将孢子丝分割成许多分生孢子。或者细胞壁和细胞膜同时内陷，再逐步向内缢缩，最终将孢子丝缢裂成一串分生孢子，如图 5–4 所示。

有些放线菌首先在菌丝上形成孢子囊，在孢子囊内形成孢子，孢子囊成熟后就会破裂，释放出大量的孢囊孢子。孢子囊可在气生菌丝上形成，也可在营养菌丝上形成，或在两者均形成。孢子囊可由孢子丝盘绕形成，或者由孢子囊柄顶端膨大形成，如图 5–5 所示。

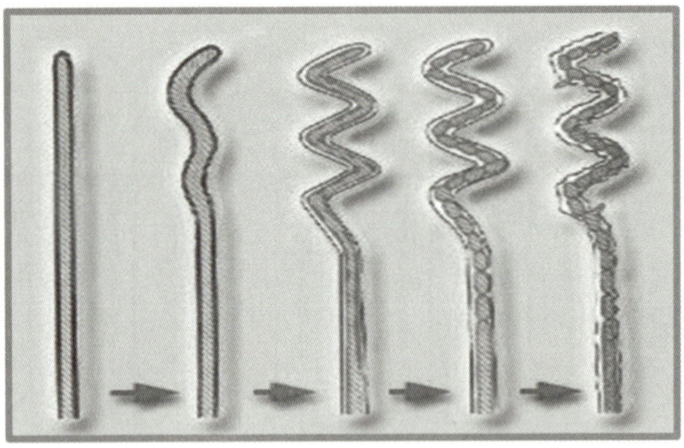

图 5–4　放线菌的分生孢子形成过程

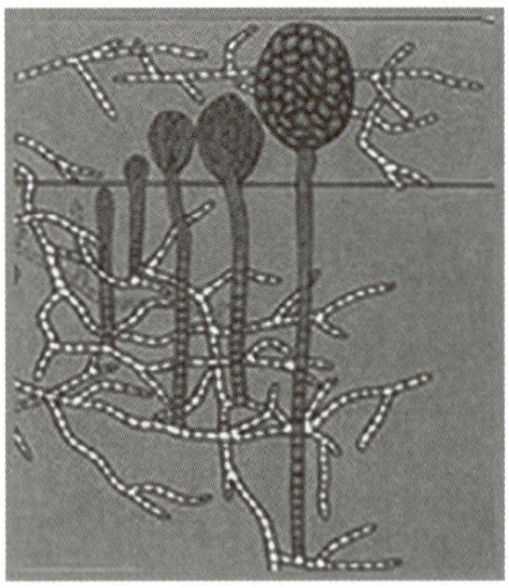

图 5–5　放线菌的孢囊孢子

（2）借菌丝繁殖。放线菌也可借菌丝断裂的片段形成新的菌体，这种繁殖方式常见于液体培养基中。例如，在工业化发酵生产抗生素时，放线菌就按此方式大量繁殖（图 5–6）。

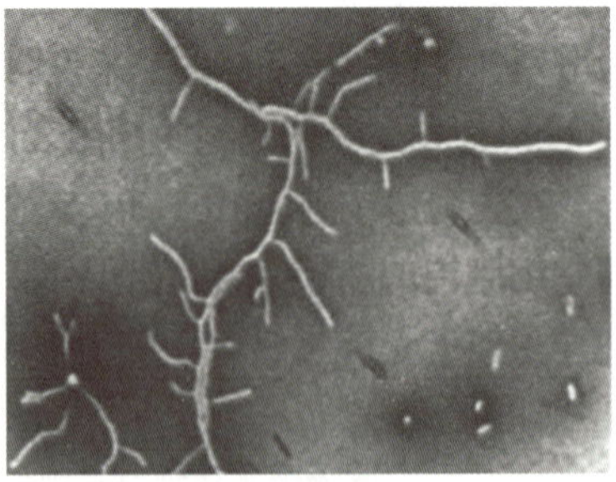

图 5–6　放线菌的菌丝繁殖

放线菌的繁殖和变化过程

2. 放线菌的群体培养特征

对放线菌的培养主要采用固体培养和液体培养两种方式。固体培养可以积累大量的孢子；液体培养则可以获得大量的菌丝体及代谢产物。

（1）放线菌的固体培养。放线菌在固体培养基上形成的菌落特征为小型、干燥、不透明，表面呈致密的丝绒状，有放射状沟纹，上有一薄层彩色干粉，菌落和培养基的连接紧密，难以挑取，菌落正反面颜色常不一致，在菌落边缘的琼脂平面有变形的现象，有泥腥味等。

（2）放线菌的液体培养。对放线菌进行摇瓶培养时，在液面与瓶壁交界处粘贴一圈菌苔，培养液清而不浊，其中悬浮许多珠状菌丝团，大型菌丝团则沉在瓶底（图 5-7）。

码上看

不同放线菌的菌落

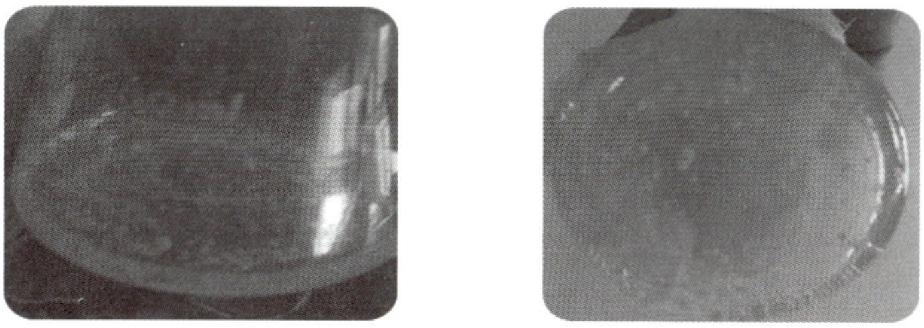

图 5-7　放线菌液态培养时形成的菌丝团

5.2　常见真核微生物的繁殖方式

知识点【5-3】酵母菌的繁殖

酵母菌的繁殖方式多样，可分为无性繁殖和有性繁殖。多数酵母菌以无性繁殖为主，包括芽殖、裂殖和产生无性孢子。有性繁殖的主要方式是产生子囊孢子。酵母菌的繁殖方式对科学研究、菌种鉴定和菌种选育工作都十分重要。

码上看

酵母菌的繁殖与培养特征

1. 酵母菌的无性繁殖

（1）芽殖。芽殖即出芽繁殖，是酵母菌最普遍的无性繁殖的方式。成熟的酵母菌细胞先长出一个小芽，芽细胞长到一定程度，脱离母细胞继续生长，然后形成独立的新个体。

1）芽殖的过程（图 5-8）。

①酵母菌成熟时，细胞核附近的液泡中产生一根小管，细胞表面产生一个小凸起。

②小管穿过细胞壁进入凸起，然后母细胞核分裂成两个，一个核留在母细胞内；另一个核随母细胞的部分原生质进入小凸起内，小凸起逐渐增大，进而成为芽体。

③当芽体长到母细胞大小一半时两者相连部分收缩，使芽体与母细胞分开，成为独立的新细胞。

2）芽痕和蒂痕：子细胞脱离母体后，在母细胞上留下的痕迹，即**芽痕**（图 5-9），而在子（芽）细胞上相应地留下的痕迹，即**蒂痕**（诞生痕）。任何细胞上的蒂痕仅一个，而芽痕有一至数十个。根据酵母菌细胞表面留下的芽痕的数目，就可确定某酵母菌细胞产生过的芽体数，因此可估计该细胞的菌龄。

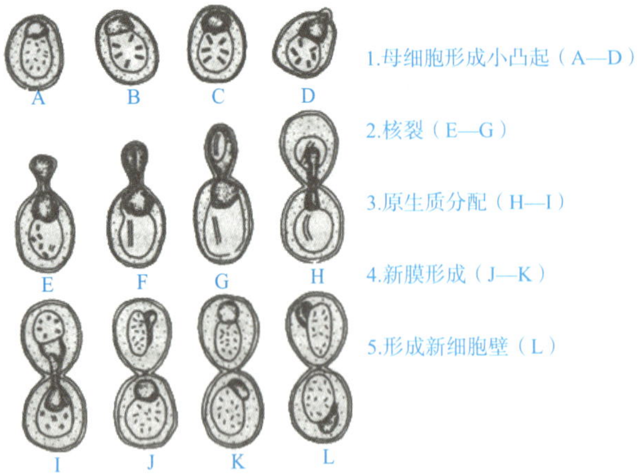

图 5-8　酵母芽殖过程示意

码上看

酵母菌的芽殖过程

3）出芽方式及假菌丝：酵母菌的出芽方式也多种多样，有多边出芽、两端出芽、三边出芽、单边出芽等。在环境适宜时，还可以出现假菌丝（图 5-10）。有的酵母菌进行芽殖后，长大的子细胞不与母细胞立即分离，期间仅以狭小的面积相连，细胞成串排列，这种藕节状的细胞串就称为假菌丝。相反，如果相连细胞间的横隔面积与细胞直径一致，呈竹节状的细胞串，就称为真菌丝。

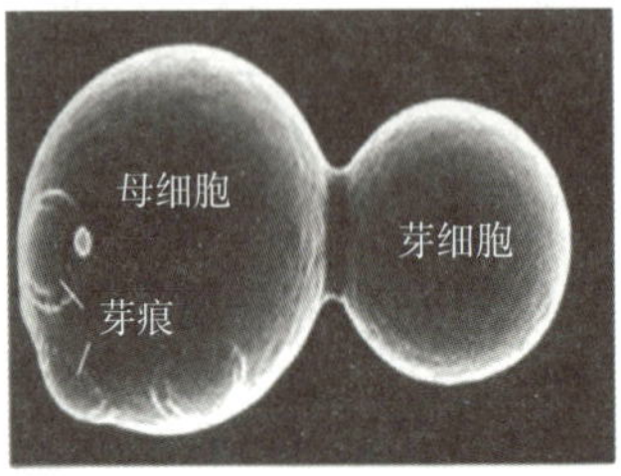

图 5-9　芽痕

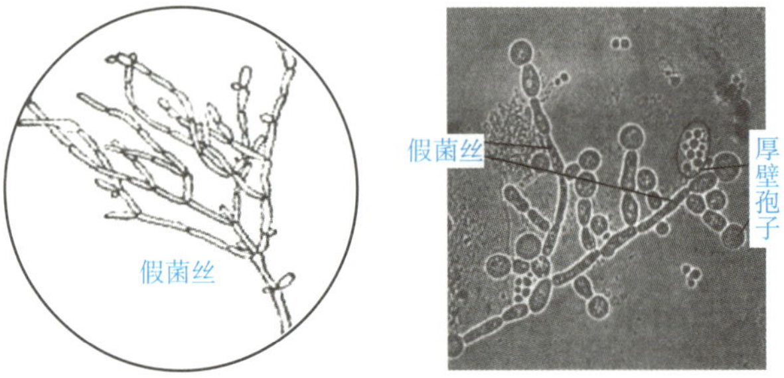

图 5-10　酵母菌的假菌丝

（2）裂殖。少数酵母菌可以像细菌一样借细胞横隔分裂进行二分裂繁殖，如裂殖酵母属。其裂值过程是母细胞先延长，核分裂为二，细胞中央出现隔膜，将细胞分为两个具有单核的子细胞（图 5-11）。

（3）产生无性孢子。少数酵母菌如掷孢酵母属，可在卵圆形营养细胞上长出小梗，其上还会产生肾形的掷孢子。孢子成熟后，通过一种特有的喷射机制将孢子射出。有的酵母菌如白假丝酵母等能在假菌丝的顶端产生具有厚壁的厚垣孢子。还有一些酵母菌（如地霉属）则可让成熟菌丝作竹节状断裂，产生大量的节孢子。

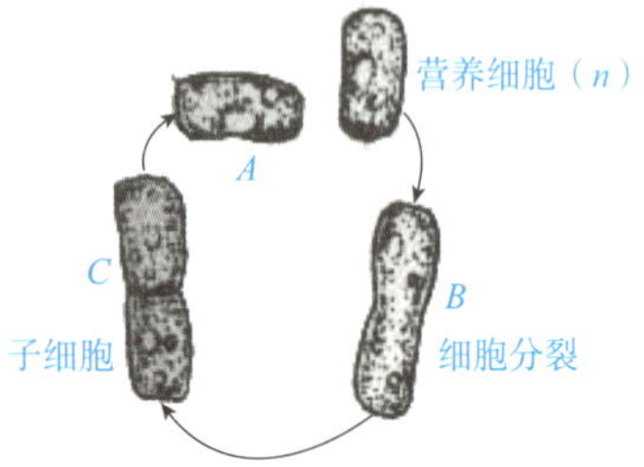

图 5-11　酵母菌的裂殖过程示意

2. 酵母菌的有性繁殖

酵母菌是以形成子囊孢子的方式进行有性繁殖的。子囊孢子的形成过程（扫码观看）：当酵母菌细胞发育到一定阶段时，邻近的两个性别不同的具有单倍体核的酵母菌营养细胞各自伸出 1 根管状原生质凸起，随即相互接触，此时接触处的细胞壁溶解，融合成通道，两个细胞的细胞质由通道结合进行质配，2 个单倍体核也在此进行核配，形成二倍体接合子细胞。二倍体细胞可以出芽方式形成二倍体营养细胞，进行多代的生长繁殖。在一定条件下，二倍体核进行减数分裂，形成 4 个或 8 个子核，每一子核与其附近的原生质一起，在其表面形成一层孢子壁后，就形成了一个子囊孢子，而原有的接合子细胞就成了子囊。子囊孢子的数目可以是 4 个或 8 个，因种而异，子囊及子囊孢子是酵母菌分类鉴定的依据。

酵母菌子囊孢子的形成过程

3. 酵母菌的生活史

生活史又称生命周期，是指上一代生物（如酵母菌）个体经一系列生长、发育阶段而产生下一代的全部过程。由于酵母菌的单倍体细胞（n）和二倍体细胞（$2n$）都有可能独立存在，并各自进行生长和繁殖。因此，酵母菌的生活史包含了单倍体生长阶段和二倍体生长阶段两个部分。

根据酵母菌生活史中单倍体和二倍体阶段存在时间的长短，可以将酵母菌分成单倍体型（如八孢裂殖酵母）、二倍体型（如路德类酵母）和单双倍体型（如酿酒酵母）三种类型。这里重点介绍以酿酒酵母为代表的单双倍体型生活史。其特点为：单倍体营养细胞和双倍体营养细胞均可进行芽殖，营养体既可以单倍体形式存在，也可以双倍体形式存在，在特定条件下进行有性繁殖，单倍体和双倍体两个阶段同等重要，形成世代交替。

酿酒酵母生活史的全过程（图 5-12）：子囊孢子在合适的条件下出芽产生单倍体营养细胞；单倍体营养细胞不断进行出芽繁殖；两个不同性别的单倍体营养细胞相互接触、融合发生质配，在质配后发生核配，形成接合子细胞即二倍体营养细胞；二倍体营养细胞并不立即进行核分裂，而是不断进行出芽繁殖；在特定条件下，二倍体营养细胞的细胞核经减数分裂后形成 4 个或 8 个子核，每个子核被周围原生质包围形成子囊孢子，原接合子细胞便成为子囊；子囊破裂释放出单倍体子囊孢子。

酿酒酵母的二倍体营养细胞因体积大、活性强，被广泛应用于食品发酵工业生产和科学研究或遗传工程实践中。

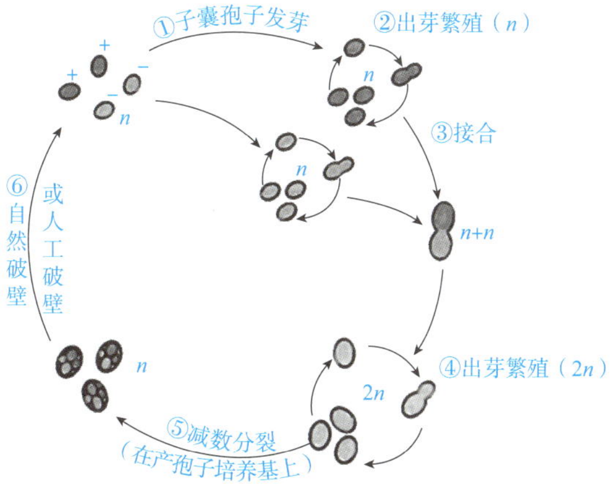

图 5-12　酿酒酵母生活史的全过程

码上看

酿酒酵母的生活史

4. 酵母菌的菌落特征

在固体培养基上，酵母菌的菌落与细菌很相似。但由于酵母菌的个体细胞较大，胞内颗粒明显，细胞间含水量比细菌的少，菌落较大而厚，表面光滑、湿润，有黏性，与培养基结合不紧密。菌落颜色较单调，多数呈乳白色，只有少数呈红色、黑色等。有些菌落因培养时间较长，会逐渐生皱，变得较为干燥，颜色变暗。假丝酵母由于边缘常产生丰富的藕节状假菌丝，故细胞易向外围蔓延，使菌落较大，扁平而无光泽，边缘不整齐。不同酵母菌的菌落如图 5-13 所示。

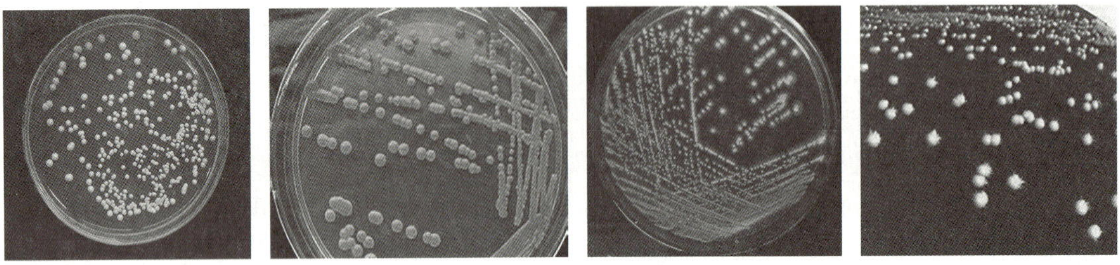

(a)　(b)　(c)　(d)

图 5-13　不同酵母菌的菌落

(a) 酿酒酵母菌落；(b) 红酵母菌落；(c) 阿萨希丝孢酵母菌落；(d) 假丝酵母菌（念珠菌）菌落

知识点【5-4】霉菌的繁殖

霉菌主要依靠各种孢子进行繁殖，产生孢子的方式可分为无性孢子和有性孢子两种。霉菌的菌丝片段也可以生长成新的菌丝，即断裂繁殖。

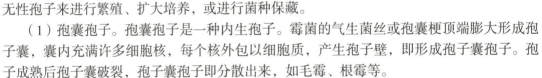

霉菌的繁殖与群体形态

1. 霉菌的无性繁殖

霉菌的无性繁殖主要是通过产生孢囊孢子、分生孢子、节孢子和厚垣孢子等无性孢子来实现的。无性孢子的特点是分散、数量大，而且孢子有一定抗性。利用霉菌的这一特点，在工业发酵中，短期内可得到大量菌体，因此，常利用无性孢子来进行繁殖、扩大培养，或进行菌种保藏。

（1）孢囊孢子。孢囊孢子是一种内生孢子。霉菌的气生菌丝或孢囊梗顶端膨大形成孢子囊，囊内充满许多细胞核，每个核外包以细胞质，产生孢子壁，即形成孢子囊孢子。孢子成熟后孢子囊破裂，孢子囊孢子即分散出来，如毛霉、根霉等。

（2）分生孢子。分生孢子生于细胞外，是一种外生孢子。霉菌菌丝顶端或分生孢子梗上，以类似于出芽或缢缩的方式形成单个或成簇的孢子，称为分生孢子。它是霉菌中最常见的一类无性孢子。分生孢子的形状、大小、颜色、结构及着生方式因菌种不同而异。分生孢子着生在菌丝或其分支的顶端，产生的孢子可以是单生的、成链的或成簇的，如青霉和曲霉等。

（3）节孢子。节孢子又称粉孢子、裂生子，是由霉菌菌丝断裂形成的。菌丝生长到一定阶段，出现许多隔膜，然后从隔膜处断裂，产生许多单个孢子，孢子形态多为圆柱形，如白地霉。

（4）厚垣孢子。厚垣孢子具有很厚的壁，因此又名厚壁孢子，是霉菌菌丝的顶端或中间部分细胞的原生质浓缩、变圆，细胞壁加厚，形成球形或纺锤形的休眠体，对恶劣环境有很强的抵抗力，如总状毛霉。

2. 霉菌的有性繁殖

霉菌的有性繁殖是通过不同性别的细胞或菌丝结合后，产生的有性孢子来繁殖的。霉菌的种类不同，其有性繁殖方式也不同。有性孢子主要有卵孢子、接合孢子、子囊孢子和担孢子等。霉菌的有性繁殖多发生于特定条件下，而不常出现在一般培养基上。

（1）卵孢子。卵孢子是由两个大小、形状不同的配子囊结合后而成的有性孢子。小型配子囊称为雄器；大型配子囊称为藏卵器。藏卵器内有一个或数个卵球，雄器与藏卵器相配，雄器中的细胞质与细胞核，通过受精管进入藏卵器与卵球结合成卵孢子，如德氏腐霉。

（2）接合孢子。接合孢子是由形态相同或略有不同的配子囊结合形成的。当接近的两菌丝接触，接触处的细胞壁溶解，两个菌丝内的核和细胞质融合形成接合孢子（合二为一）。接合孢子的壁很厚，表面有棘状或尤状隆起，当外界条件适宜时，接合孢子即萌发出新菌丝。接合孢子主要分布在接合菌类中，如高大毛霉和黑根霉。

（3）子囊孢子。在子囊中形成的有性孢子称为子囊孢子。形成子囊孢子是子囊菌的主要特征。子囊是一种囊状结构，呈球形、棒形、圆筒形，因种而异。一般，每个子囊中形成 8 个子囊孢子。大多数的子囊包在由很多菌丝聚集而形成的子囊果中，子囊孢子、子囊和子囊果的形态、大小、颜色、质地等特征是霉菌分类鉴定的依据，如红曲霉。

（4）担孢子。蕈菌的菌丝经过特殊分化和有性结合形成担子，又在担子上形成有性孢子，即担孢子，如蘑菇。

3. 霉菌的生活史

霉菌的生活史是指霉菌从孢子萌发开始，经过一定的生长和发育，到最后又产生孢子的过程。整个生活史中包括无性世代和有性世代。

较典型的生活史为：霉菌的菌丝体（即营养体）在适宜的条件下，产生无性孢子，无性孢子萌发形成新的菌丝体，即无性世代，如此多次重复；霉菌生长后期，可能进入有性阶段，在菌丝体上形成配子囊，经质配、核配形成二倍体的细胞核，再经过减数分裂，形成单倍体的有性孢子。

码上看

毛霉和曲霉的生活史

4. 霉菌的群体培养特征

（1）菌落特征。霉菌的菌落有明显的特征，外观上很容易辨认。它们的菌落形态较大，质地疏松，表面干燥，呈现或松或紧的蛛网状、绒毛状、棉絮状或毛毡状；菌落与培养基之间的连接紧密，不易挑取，菌落正面与反面的颜色、构造，以及边缘与中心的颜色、构造常常不一致等。菌落的这些特征都是霉菌的细胞（菌丝）在宏观上的反映。霉菌的菌落特征是鉴定不同霉菌的重要形态学指标，在实验室和生产实践中有着重要的意义。不同霉菌的菌落如图 5–14 所示。

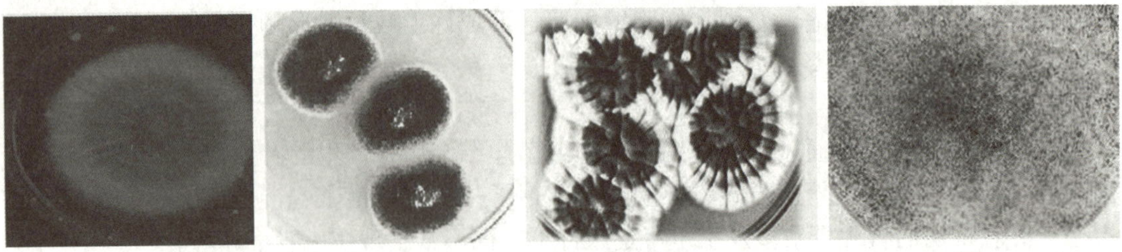

(a) (b) (c) (d)

图 5-14 不同霉菌的菌落

(a) 土曲霉菌落；(b) 黑曲霉菌落；(c) 点青霉菌落；(d) 黑根霉菌落

（2）液体培养特征。用液体培养基培养霉菌，如果是静置培养，霉菌往往在表面生长，液面上形成菌膜，培养基不混浊。当进行通气搅拌或振荡培养时，霉菌菌丝体相互紧密缠绕，往往会产生菌丝球（图 5-15），而菌丝球均匀悬浮于培养液，有利于氧的传递及营养物质和代谢产物的输送，对菌丝的生长和代谢产物的形成有利。

图 5-15 黑曲霉液态振荡培养形成的菌丝球

视野窗

坚守初心、矢志不渝

中国真菌学创始人——戴芳澜

中国真菌学创始人——戴芳澜

中国真菌学的创始人和中国植物病理学的主要创建人之一戴芳澜，历经战火连天的岁月，始终矢志不渝，为我国植物病理学的发展和真菌学的研究开疆拓土。在半个多世纪的时间里，他辗转祖国大江南北，主要从事真菌分类学、形态学、遗传学及植物病理学的研究，特别是在霜霉菌、白粉菌、鹿角菌、锈菌、鸟巢菌、尾孢菌等分类方面，还在竹鞘寄生菌的形态学和脉孢菌的细胞遗传学方面进行了系统的研究，由他主导收集整理编写的《中国真菌总汇》这部巨头书籍对我国真菌学的发展、真菌资源的开发和利用具有重要的促进作用。

5.3 病毒的繁殖

病毒的繁殖方式是自我复制，即病毒只有寄生在其他生物活细胞中才能进行生命活动，再利用宿主细胞内的代谢系统生产自己的核酸和蛋白质成分，从而实现大量的繁殖。病毒的种类很多，它们的繁殖方式既有共性也有各自的特点。根据病毒的核酸，可将其分为 DNA 病毒（如 T 偶数噬菌体）和 RNA 病毒（如烟草花叶病毒、新型冠状病毒等）。大肠杆菌 T 偶数噬菌体的繁殖方式研究得最为深入，通常以它为例来介绍 DNA 病毒的繁殖过程。另外，以新型冠状病毒的繁殖过程为例简单介绍 RNA 病毒的繁殖过程。

知识点【5-5】噬菌体的繁殖

1. 噬菌体的定义

噬菌体即专门侵害原核生物的病毒，包括噬细菌体、噬放线菌体、噬蓝细菌体等。所以，凡是有原核生物活动之处，几乎都发现有相应的噬菌体的存在。

码上看

病毒的繁殖与培养特征

2. 噬菌体的形态

在电子显微镜下观察噬菌体有蝌蚪形、微球形和丝状三种基本形态（图 5-16）。大多数噬菌体都是蝌蚪形的，其中最具代表性的是侵染大肠杆菌的 T 偶数噬菌体，即 T2、T4、T6。它们的结构极其简单，是人们研究得最为透彻的生命对象之一，也是病毒学和分子遗传学基础理论研究中的极好材料。

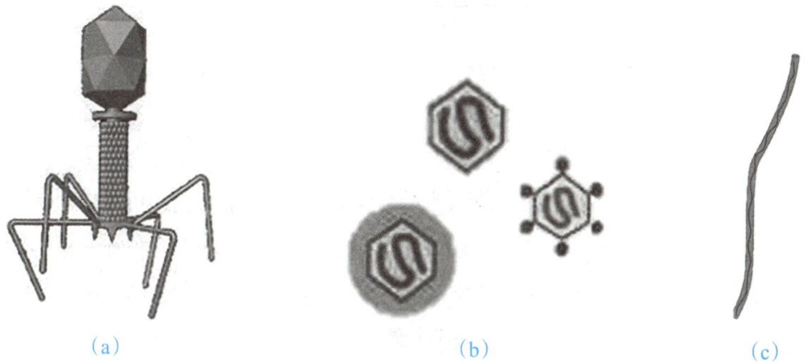

图 5-16　噬菌体的基本形态示意

（a）蝌蚪形；（b）微球形；（c）丝状

3. 噬菌体的结构

以 T4 噬菌体为例（图 5-17）。T4 噬菌体由头部、颈部和尾部三部分构成。头部呈椭圆形二十面体对称结构，长 95 nm，宽 65 nm，内藏有由线状双链 DNA（dsDNA）构成的核心，长度约为 50 μm，外部衣壳由 8 种蛋白质组成，212 个直径为 6 nm 的衣壳粒。头部与尾部相连接处有一构造简单的颈部，包括颈环和颈须两部分。颈环为一个六角形的盘状构造，其上长有 6 根颈须，用以裹住吸附前的尾丝。尾部呈螺旋对称结构，由尾鞘、尾管、基板、刺突和尾丝 5 部分组成。尾鞘长 95 nm，是由 144 个衣壳粒缠绕而成的 24 环螺旋组成；尾管长 95 nm，直径 8 nm，其中央孔道直径为 2.5 ～ 3.5 nm，也由 24 环螺旋组成，是头部核酸注入宿主细胞时的必经之路。基板与颈环相同，是一个有孔的六角形盘状物，直径为 3.5 nm，其上长有 6 个刺突和 6 根尾丝。刺突长 20 nm，有吸附功能；尾丝长 140 nm，可弯折成等长的两端，直径为 2 nm，由两种分子量较大的蛋白质和

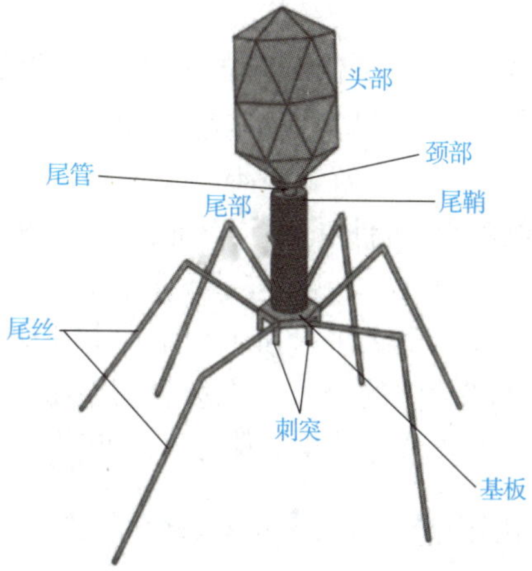

图 5-17　T4 噬菌体的基本构造示意

4 种分子量较小的蛋白质分子构成，能专一地吸附在敏感宿主细胞表面的相应受体上。

4. 噬菌体的繁殖过程

与其他细胞型的微生物不同，噬菌体和一切病毒粒并不存在个体的生长过程，而只有其基本成分的合成和装配过程，因此，同种病毒粒之间并没有年龄和大小区分。*E. coli* T4 噬菌体的繁殖过程一般可分为吸附、侵入（注入遗传物质）、增殖（复制合成自身的核酸和蛋白质）、成熟（装配）和裂解（释放）5 个阶段（图 5-18）。

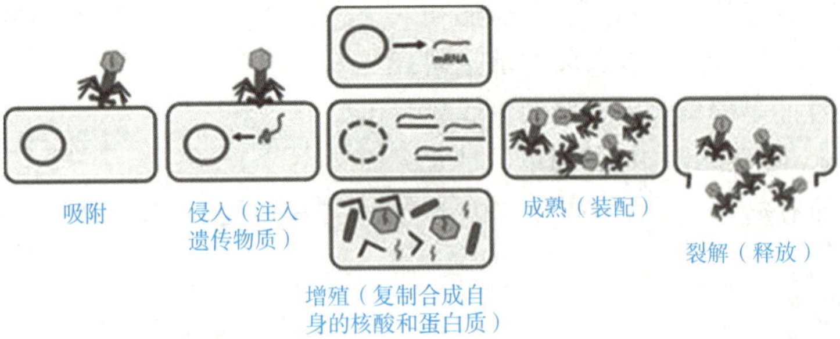

噬菌体增殖

图 5-18　*E. coli*T4 噬菌体的繁殖过程示意

（1）吸附（Adsorption）。当噬菌体的尾丝尖端与宿主细胞表面的特异性受体如蛋白质、多糖或脂蛋白 - 多糖复合物等接触时，触发颈须把卷紧的尾丝散开，随即附着在受体上，并将刺突、基板固定于宿主细胞表面。这种结合决定了这种病毒能够感染哪些细胞，不能感染哪些细胞。吸附作用会受到许多内外因素的影响，如噬菌体的数量、阳离子浓度、温度和辅助因子（色氨酸、生物素）等。

（2）侵入（Penetration）。噬菌体吸附后，尾丝收缩，推出尾管并插入宿主细胞壁和细胞膜中，释放溶菌酶水解肽聚糖，头部的核酸迅速通过尾管注入宿主细胞中，并将蛋白质衣壳留在宿主细胞外。从吸附到侵入的时间极短，如 T4 噬菌体只需要 15 s。

（3）增殖（Replication）。增殖包括核酸的复制和蛋白质的生物合成。在噬菌体核酸遗传信息的指引下，宿主细胞的代谢系统按严密程序、有条不紊地被逐一转向或适度改造，最终转变成能有效合成噬菌体所特有的蛋白质组分和“部件”，为下一步的成熟装配做准备。

（4）成熟（装配，Assembly）。噬菌体将已合成的各种“部件”进行装配。其过程主要是，当 DNA 分子的缩合，用衣壳包裹 DNA 形成头部，独立装配尾丝和尾部的其他“部件”，头部和尾部结合后，再装配上尾丝，就产生了新的子代噬菌体。

（5）裂解［Lysis，释放（Release）］。当宿主细胞内大量的子代噬菌体装配成熟后，在水解细胞膜的脂肪酶和水解细胞壁的溶菌酶的作用下，促进宿主细胞的裂解，从而释放子代噬菌体。

【说明】凡是在短时间内能连续完成以上 5 个阶段而实现其繁殖的噬菌体，称为**烈性噬菌体**；反之进入宿主细胞后并不进行繁殖或引起溶菌的噬菌体则称为**温和性噬菌体**。温和性噬菌体的侵入并不引起宿主细胞裂解，此即称为**溶源性**或**溶源现象**。**溶原菌**是一类被温和性噬菌体感染后能相互长期共存，一般不会出现迅速裂解的宿主细菌。

知识点【5-6】RNA 病毒的繁殖

RNA 病毒的繁殖相对来说较为复杂，病毒粒子的侵入、遗传物质的复制等方面都较

DNA 病毒有很大的不同。常见的 RNA 病毒有艾滋病病毒、丙型肝炎病毒、乙型脑炎病毒、流感病毒、烟草花叶病毒、SARS 病毒、MERS 病毒、埃博拉病毒（Ebola virus）、马尔堡病毒、新型冠状病毒等。下面简单介绍新型冠状病毒及烟草花叶病毒等几种 RNA 病毒的繁殖过程。

1. 新型冠状病毒的繁殖过程

新型冠状病毒在系统分类上属冠状病毒科冠状病毒属，是一种具有包膜结构、含有单股正链 RNA（+RNA）的病毒。其繁殖过程为：首先包膜可以帮助病毒粒子以类似于胞吞的方式侵入到宿主细胞内。当病毒进入寄主细胞内，+RNA 基因组会从包裹着外壳蛋白的病毒粒子上释放出来进入细胞质，病毒即以 +RNA 基因组为模板，即单股 +RNA 链可以充当 mRNA，利用寄主的核糖体等翻译机器翻译产生包括复制蛋白在内的多种病毒蛋白。在遗传物质复制时，先以 +RNA 链为模板，遵循碱基互补配对原则合成互补负链 RNA（–RNA 链），再用 –RNA 链指导合成多条 +RNA 链。新合成的蛋白质与 +RNA 遗传物质链组装成新的病毒粒子。

RNA 病毒——新冠病毒的增殖过程

2. 其他 RNA 病毒的繁殖过程

（1）烟草花叶病毒（TMV）是一种植物病毒，无包膜，有一条单链 +RNA，也是属于 RNA 复制型病毒。它没有特殊的吸附结构，只能借助植物表面的创口进入，在植物组织中，借胞间连丝实现病毒的扩散和传播。侵入宿主细胞后脱去衣壳，进行遗传物质的复制、子代病毒粒子组装等过程。

（2）HIV 病毒（艾滋病毒）是逆转录型病毒，侵染人体淋巴细胞。其以病毒 RNA 链为模板，在自身携带的逆转录酶的作用下利用宿主体内的原料合成互补 DNA，历经 RNA–DNA、DNA–DNA、DNA–RNA 等双链结构，实现遗传物质的增殖。

（3）流感病毒可引发多种动物感染和发病，如人流感、禽流感、猪流感等。人流感主要是由甲型流感病毒和乙型流感病毒引起，甲型流感病毒容易发生变异。流感病毒有包膜、–RNA 链，通过类似胞吞的方式进入宿主细胞。–RNA 链不能直接作为 mRNA，而是先以其为模板合成与之互补的 +RNA 链，再以此作为 mRNA 翻译出蛋白质，并产生更多的 –RNA 链，和蛋白质一起组装成新的子代病毒。

视野窗

守正创新、团结协作

与时间赛跑的新冠药物研发团队

与时间赛跑的新冠药物研发团队

2021 年 12 月 8 日晚，我国首个自主研发的抗击新型冠状病毒抗体的药物正式被中国药监局批准上市。在这个药物上市的背后，有一群科研人员，他们在过去的 18 个月中，争分夺秒，与各种变异毒株赛跑。这个药物就是由张林琦教授团队从新冠肺炎（注：2022 年 12 月 26 日国家卫生健康委员会发布公告，将新型冠状病毒肺炎更名为新型冠状病毒感染）康复者的血液样本中，分离筛选出了两株最强中和能力的抗体组合 BRII–196 和 BRII–198，经研究和试验发现，这个抗体组合对全球发现的包括德尔塔等在内的所有病毒变异株均保持高效中和活性。然而，药物上市也仅仅是第一步，面对不断变异的病毒，团队要从更多维度、致病机理等方面全面地去破解一个又一个未知，验证药物对各类突变的有效性，失败也是家常便饭。科研团队形象地说，他们正在实验室里和病毒进行一场没有硝烟的战争。"过去 18 个月的时间里，完成了常规情况下十年的工作量，所以，可想而知工作强度之大。你一定要有韧劲，一定要有这种持之以恒的坚守。我自己感觉比较欣慰，就是我们有非常强大的团队，没有他们的努力和付出，我们根本就不可能获取今天的成绩。"——清华大学医学院教授张林琦

小测验·巩固新知

一、填空题

1. 裂殖的方式有二分裂、三分裂、复分裂等类型，绝大多数细菌都采用________方式进行繁殖。

2. 通常可以从____等方面对菌落进行描述。

3. 细菌的菌落有自己的特征，一般呈现为____________________________等特征。

4. 根据琼脂半固体直立柱表面和穿刺线上______________判断该菌的运动能力和其他特性；根据明胶半固体直立柱液化层中呈现的不同形状来判断______________。

5. 细菌的液体培养特征多数表现为________，部分表现为________，一些好氧性细菌则在液面上形成________或________等。

6. 放线菌的繁殖方式主要分为________和________两类。在自然界中，多数放线菌是________进行繁殖的，可形成________和________。

7. 放线菌的固体培养可以____________，液体培养则可以______________。

8. 酵母菌的无性繁殖包括________、________和________，有性繁殖的主要方式是产生________，________是酵母菌最普遍的无性繁殖的方式。

9. 霉菌的无性繁殖主要是通过产生________、________、________和________等无性孢子来实现的。

10. 霉菌的有性繁殖是通过产生的________、________和________等有性孢子来繁殖的。

11. 噬菌体有三种基本形态：________、________和________，大多数噬菌体是________。

12. T4 噬菌体由________、________和________3 部分构成。头部呈椭圆形________结构，尾部呈________结构。

13. T4 噬菌体的繁殖过程一般分为________、________、________、________和________5 个阶段。

二、名词解释

1. 酵母菌的芽痕和蒂痕；2. 假菌丝；3. 酵母菌的生活史；4. 噬菌体。

三、判断题

1. 细菌的主要繁殖方式为芽殖，少数细菌进行裂殖。（　　）
2. 典型的二分裂是不对称的分裂方式，绝大多数细菌采用这种方式进行繁殖。（　　）
3. T 偶数噬菌体是烈性噬菌体。（　　）
4. 凡在短时间内能连续完成吸附、侵入、增殖、成熟、裂解五个阶段而实现其繁殖的噬菌体，称为温和性噬菌体。（　　）

四、问答题

1. 举例说明不同形态、生理类型的细菌，在其菌落构造等特征上可能呈现出什么明显区别？
2. 放线菌菌落特征与霉菌的菌落特征相比，有何区别？
3. 酵母菌的菌落特征与细菌的菌落特征相比，有何区别？
4. 酿酒酵母的生活史有哪些？
5. 霉菌的生活史有哪些？
6. 噬菌体的繁殖过程分为哪些步骤？

小测验参考答案

写下你的学习心得

练技能·实操详练

实训任务 5-1　认识四大类微生物的群体培养特征

训练目标及流程

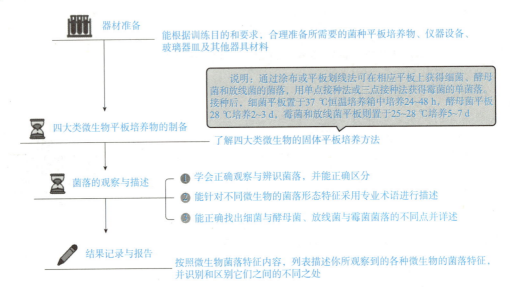

器材准备

能根据训练目的和要求，合理准备所需要的菌种平板培养物、仪器设备、玻璃器皿及其他器具材料

说明：通过涂布或平板划线法可在相应平板上获得细菌、酵母菌和放线菌的菌落，用单点接种法或三点接种法获得霉菌的单菌落。接种后，细菌平板置于37 ℃恒温培养箱中培养24~48 h，酵母菌平板28 ℃培养2~3 d，霉菌和放线菌平板则置于25~28 ℃培养5~7 d

四大类微生物平板培养物的制备

了解四大类微生物的固体平板培养方法

菌落的观察与描述

1. 学会正确观察与辨识菌落，并能正确区分
2. 能针对不同微生物的菌落形态特征采用专业术语进行描述
3. 能正确找出细菌与酵母菌、放线菌与霉菌菌落的不同点并详述

结果记录与报告

按照微生物菌落特征内容，列表描述你所观察到的各种微生物的菌落特征，并识别和区别它们之间的不同之处

器材准备

1. 菌种

（1）细菌平板培养物：大肠杆菌、金黄色葡萄球菌、枯草芽孢杆菌等营养琼脂平板培养物。

（2）放线菌平板培养物：细黄链霉菌（*Streptomyces microflavus*）（又称“5406 菌”）、灰色链霉菌（*Str.griseus*）、天蓝色链霉菌（*Str.coelicolor*）等高氏Ⅰ号平板培养物（划线接种或点接种）。

（3）酵母菌平板培养物：啤酒酵母、产朊假丝酵母（*Candida utilis*）或热带假丝酵母（*C.tropicalis*）、红酵母（*Rhodotorula spp.*）等麦芽汁琼脂或马铃薯葡萄糖琼脂（PDA）平板培养物（划线接种）。

（4）霉菌平板培养物：曲霉（*Aspergillus spp.*）、青霉（*Penicillium spp.*）、根霉（*Rhizopus spp.*）和毛霉（*Mucor spp.*）等培养 2 ～ 5 d 的 PDA 平板培养物（点植接种）。

细菌菌落

【平板培养物制备方法】

通过涂布或平板划线法可在相应平板上获得细菌、酵母菌和放线菌的菌落，采用单点接种法或三点接种法获得霉菌的单菌落。接种后，细菌平板置于 37 ℃恒温培养箱中培养 24 ～ 48 h，酵母菌平板 28 ℃培养 2 ～ 3 d，霉菌和放线菌平板则置于 25 ～ 28 ℃培养 5 ～ 7 d。

2. 仪器或其他用具

普通光学显微镜、放大镜、接种环、酒精灯、格尺等。

关键技能点详解

技能点【5-1】观察和描述细菌群体培养特征

选取单个菌落，对其大小、形状、凸起、边缘、质地、颜色、透明度等特征进行观察并描述（图 5-19）。注意观察时不要打开培养皿盖，不要触摸菌落和培养基表面，从侧面观察其凸起，从正面和背面观察颜色等，必要时可借助放大镜（低倍镜）来观察。

（1）菌落大小：用格尺测量菌落的直径。大菌落（5 mm 以上）、中等菌落（3 ～ 5 mm）、小菌落（1 ～ 2 mm）、露滴状菌落（1 mm 以下）。

（2）表面状况：光滑、褶皱、颗粒状、龟裂状、同心环状等。

（3）凸起情况：扩展、扁平、低凸起、凸起、高凸起、台状、草帽状、脐状、乳头状等。

（4）边缘状况：整齐、波浪状、裂叶状、齿轮状、锯齿状等。

（5）菌落形状：圆形、放射状、假根状、不规则状等。

（6）表面光泽：闪光、金属光泽、无光泽等。

（7）菌落质地：油脂状、膜状、松软（黏稠）、脆硬等。观察方法：在酒精灯旁以无菌操作打开平皿盖，用接种环挑动菌落，判别菌落质地为松软或脆硬等。

（8）菌落颜色：乳白色、灰白色、柠檬色、橙黄色、金黄色、玫瑰红色、粉红色等。平皿正反面或菌落边缘与中央部位的颜色不同。

（9）透明程度：透明、半透明、不透明等。

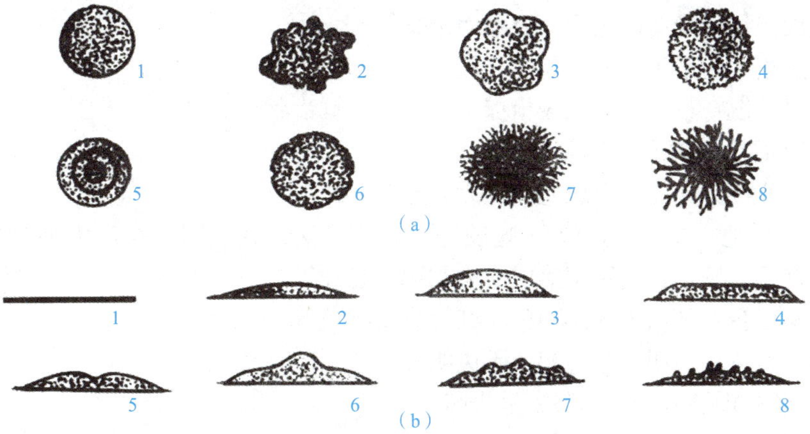

图 5-19 细菌的菌落特征示意

（a）菌落的形状及边缘状况

1—圆形、边缘整齐、表面光滑；2—不规则状；3—边缘波浪状；4—边缘锯齿状；

5—同心圆状；6—边缘缺刻状、表面呈颗粒状；7—丝状；8—假根状

（b）菌落的凸起情况

1—扁平、扩展；2—低凸面；3—高凸面；4—台状；5—脐状；6—草帽状；7—乳头状；8—褶皱凸面

技能点【5-2】观察和描述放线菌群体培养特征

选取平板上不同放线菌的单个菌落，对其大小、表面、形状、凸起、边缘、质地、颜色、透明度等特征进行观察并描述。注意观察时不要打开培养皿盖，不要触摸菌落和培养基表面，从侧面观察其凸起，从正面和背面观察颜色，必要时可借助放大镜（低倍镜）进行观察。

放线菌菌落

（1）菌落大小：局限生长或蔓延生长，用格尺测量菌落在培养基上的直径和高度。

（2）表面特征：干燥粉末状、絮状（丝绒状）、褶皱、颗粒状、同心圆放射状等。

（3）菌落形状：圆形、边缘放射状、不规则状等。

（4）菌落质地：松软（黏稠）、致密干燥、脆硬等。观察方法：在酒精灯旁以无菌操作打开平皿盖，用接种针挑动菌落，判别质地是否致密干燥，着生牢固，或用接种针不易挑起等。

（5）菌落颜色：白色、灰色、黄色、橙色、红色、蓝色、天蓝色、绿色、灰绿色等。平皿正反面或菌落边缘与中央部位的颜色不同。

（6）透明程度：透明、半透明、不透明等。

技能点【5-3】观察和描述酵母菌群体培养特征

选取平板上不同酵母菌的单个菌落，对其大小、表面、形状、凸起、边缘、质地、颜色、透明度等特征进行观察并描述。注意观察时不要打开培养皿盖，不要触摸菌落和培养基表面，从侧面观察其凸起，从正面和背面观察颜色，必要时可借助放大镜（低倍镜）进行观察。

酵母菌的菌落特征

（1）菌落大小：用格尺测量菌落的直径。大菌落（5 mm 以上）、中等菌落（3 ～ 5 mm）、小菌落（1 ～ 2 mm）、露滴状菌落（1 mm 以下）。

（2）表面特征：光滑而湿润、皱缩而干燥等。

（3）隆起情况：平坦、低凸起、凸起、高凸起等。

（4）边缘状况：整齐、边缘较粗糙呈波浪状、锯齿状等。

（5）菌落形状：圆形、不规则状等。

（6）表面光泽：闪光、金属光泽、无光泽等。

（7）菌落质地：松软（黏稠）、脆硬等。观察方法：在酒精灯旁以无菌操作打开平皿盖，用接种针挑动菌落，判别菌落质地为黏稠、脆硬等。

（8）菌落颜色：乳白色或奶油色，红色或粉红色等。

（9）透明程度：透明、半透明、不透明等。

（10）气味：酿酒香味或面包发酵香味。

技能点【5-4】观察和描述霉菌群体培养特征

在一定培养条件下（包括培养基的性状、培养温度和时间等），不同种属的霉菌在菌落形态上显出一定的特征，用肉眼即可观察。霉菌的菌落特征内容不同于细菌和酵母菌，可根据下列要求对各种霉菌的菌落特征进行观察，并加以记录，必要时可借助放大镜（低倍镜）观察。

霉菌菌落

（1）菌落大小：局限生长和蔓延生长，用格尺测量菌落的直径和高度。

（2）菌落的颜色：观察表面和反面的颜色，培养基基质的颜色变化（有无分泌水溶性色素）。

（3）菌落的组织形状：棉絮状、蜘蛛网状、绒毛状、地毯状等。

（4）菌落的表面形状：同心轮纹、放射状、疏松或紧密的菌丝，有无水滴等。

注意事项

对要观察和识别的菌落，必须选择生长在稀疏区域的单菌落，若菌落过分拥挤，则会影响对其大小、形状和结构等特点进行正确的判断。

结果报告

按照微生物菌落特征内容，列表描述你所观察到的各种微生物的菌落特征，并区别它们的不同之处（表 5–1）。

表 5–1　各种微生物的菌落特征

种类	菌名	菌落特征									
		大小	形状	表面		边缘	隆起状	颜色		质地	透明度
				干湿	光泽			正面	反面		
细菌											
放线菌											
酵母菌											
霉菌											

考核评价

根据实训任务 5 考核评价表，对任务完成情况进行自我评价、小组评价、教师评价，将评价的最终结果记入实训过程性考核成绩。

实训任务 5　考核评价表

考核要点	考核内容	分值及标准	评分
学习及训练态度	按时到岗，遵守实训室规则，不迟到、不旷课、不早退。态度积极、认真、主动，实训参与度高	优 15 ～ 20 分；良 5 ～ 15 分；差 < 5 分	
实训目标达成情况	1. 会正确观察与辨识菌落，并能正确区分； 2. 能针对不同微生物的菌落形态特征采用专业术语进行描述； 3. 能正确找出细菌与酵母菌、放线菌与霉菌菌落的不同点，并详述	优 35 ～ 50 分；良 20 ～ 35 分；差 < 20 分	
训练结果报告	任务单内容完整、结果记录正确、书写工整	优 15 ～ 20 分；良 5 ～ 15 分；差 < 5 分	

续表

考核要点	考核内容	分值及标准	评分
卫生整理情况	将本次实训用到的器皿、材料等清洁并归位；将操作台清理干净并将物品摆放整齐；将地面及垃圾桶打扫干净	优 8 ～ 10 分；良 5 ～ 8 分；差 < 5 分	
考核结果	完成本次实训任务最终得分		

总结思考

1. 导致微生物菌落干燥与湿润的主要原因是什么？试分析影响菌落大小的内外因素。

2. 具有鞭毛、荚膜或芽孢的细菌在形成菌落时，一般会出现哪些相应特征？

3. 酿酒酵母与热带假丝酵母的菌落特征有何区别？为什么？

4. 当放线菌菌落处在生长初期（气生菌丝还未大量形成），其菌落外形也呈现出较湿和光滑，这时应如何判断它是放线菌而不是细菌？

5. 试分析为什么一般霉菌的菌落中间颜色较深，而边缘颜色较浅。

实训任务 5-2　放线菌的培养与形态观察

请扫码查看放线菌的培养与形态观察的具体操作过程。

实训任务 5-3　酵母菌的培养与形态观察

请扫码查看酵母菌的培养与形态观察的具体操作过程。

实训任务 5-4　霉菌的培养与形态观察

请扫码查看霉菌的培养与形态观察的具体操作过程。

强应用·学以致用

科学探究

传统毛豆腐的形成过程探究

1. 背景

安徽省黄山市以其独特的地理环境和温润气候孕育出很多别具风味的徽菜美食，徽州毛豆腐（图 5-20）便是其中的典型代表。徽州毛豆腐又称霉豆腐，是徽州地区的传统名菜，是表面稍长白毛的霉制品。历经数百年传承，毛豆腐的香味依然飘散在徽州的大街小巷，成为一种深刻徽州记忆的文化符号。俗话说“徽州第一怪，豆腐长毛上等菜。”徽州毛豆腐选料精良，过程复杂而严谨，每道工序必须严格按照规范进行，绝不能省工省料。要使用当地的优质黄豆进行泡豆、磨豆、烧浆、点腐、脱脂和凝固等几十套工序才能完成。外表长毛、内心软糯的毛豆腐，早已和最初的豆腐“判若两豆”。看着极其不像食物的毛豆腐，顶着一头“浓密的毛发”，内心的蛋白酶，被大豆蛋白降解成小分子的氨基酸，这一系列的转化，赋予了豆腐更软糯的口感和更鲜美的味道。毛豆腐用油煎后，佐以葱、姜、糖、盐及肉清汤、酱油等烧烩而成，上桌时以辣椒酱佐食，鲜醇爽口，芳香诱人，有开胃的作用，是徽州地区特殊的风味小吃。

码上看 传统毛豆腐的制作

徽州毛豆腐

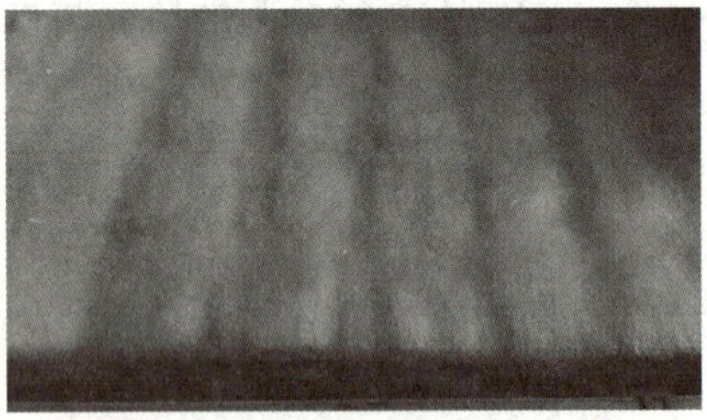

图 5-20 徽州毛豆腐

2. 实践

请设计一项试验，制作传统毛豆腐，并观察记录毛豆腐的形成过程。

3. 探究

（1）用流程图表示传统毛豆腐的制作过程。

（2）利用所学的微生物学知识解释毛豆腐形成的原因，分析参与毛豆腐发酵的主要微生物是什么，并说出这些微生物在繁殖过程中的特点。

（3）毛豆腐的外部会形成一层“皮”，这层“皮”是如何形成的？

（4）分析影响毛豆腐品质的主要因素。

学习成果及评价

学习成果名称	核心内容及要求	分层次评价参考标准			
		优秀	良好	一般	较差
基础知识学习成果	根据每个单元的小测验，自测是否掌握了微生物的个体形态特征、微生物的群体形态特征描述、微生物细胞基本构造与功能等最基本的知识；是否能运用这些基本知识发现问题、解决问题	单元测验成绩 >90 分，非常熟练地掌握本模块所学基础知识，达到学习目标	单元测验成绩 80 ～ 89 分，比较熟练地掌握本模块所学基础知识，基本达到学习目标	单元测验成绩为 60 ～ 79 分，基本掌握本模块所学基础知识，基本完成学习目标	单元测验成绩 < 60 分，没有掌握本模块所学基础知识，没有达到学习目标
基本技能训练成果	根据实训任务达成目标，自测是否能熟练使用普通光学显微镜进行微生物基本形态的观察；是否能对常见微生物进行制片、染色和显微观察；是否会对观察到的个体形态进行正确绘图描述；是否能正确描述和辨识常见微生物的群体培养特征；是否能按时完成任务工单	实训任务考核评价成绩 >90 分，非常熟练地掌握本模块训练技能，任务目标达成	实训任务考核评价成绩 80 ～ 89 分，比较熟练地掌握本模块训练技能，任务目标基本达成	实训任务考核评价成绩 60 ～ 79 分，基本掌握本模块训练技能，任务目标基本达成	实训任务考核评价成绩 < 60 分，没有学会本模块训练技能，任务目标没有达成
探究性学习成果	根据科学探究“鲜牛奶中微生物菌相的演替”“传统毛豆腐的形成过程”的提示，自测是否具有独立探究微生物学领域新知识的能力；是否具有识别筛选和处理最新的热点信息的能力；是否具有团队合作、科学思维与创新精神；是否能完成研究报告并形成研究成果等	积极主动进行科学探索与实验研究；非常熟练地利用互联网收集大量与主题相关的热点信息，并能很好地进行思考和分析，对成果的形成有举足轻重的贡献	积极主动进行科学探索与实验研究；比较熟练地利用互联网收集一些与主题相关的热点信息，并能较好地进行思考分析，对成果的形成有一定的贡献	在其他同学的帮助下进行科学探索与研究；可以利用互联网收集少量的与主题相关的热点信息，参与讨论，对成果的形成有一些贡献	依赖别人完成；不利用互联网进行信息收集；没有合作精神，对成果的形成基本没有贡献
自我反思	提示：根据本模块学习成果的完成情况，反思自己的不足，提出改进措施				

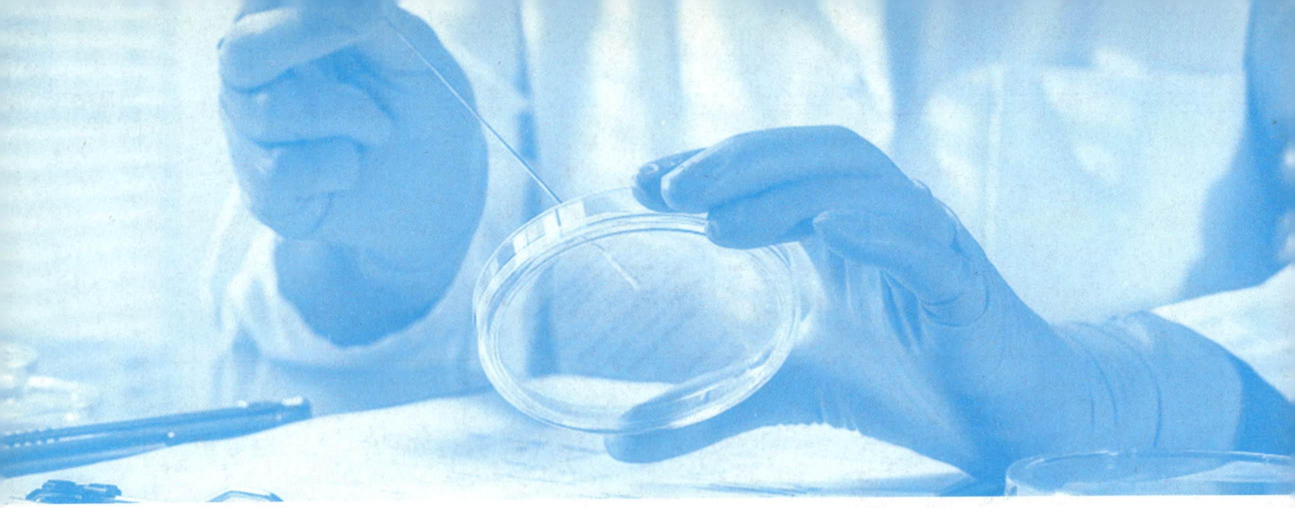

模块 3　培育微生物

学习三步骤

学 新知细学

练 实操详练

用 学以致用

学习要点

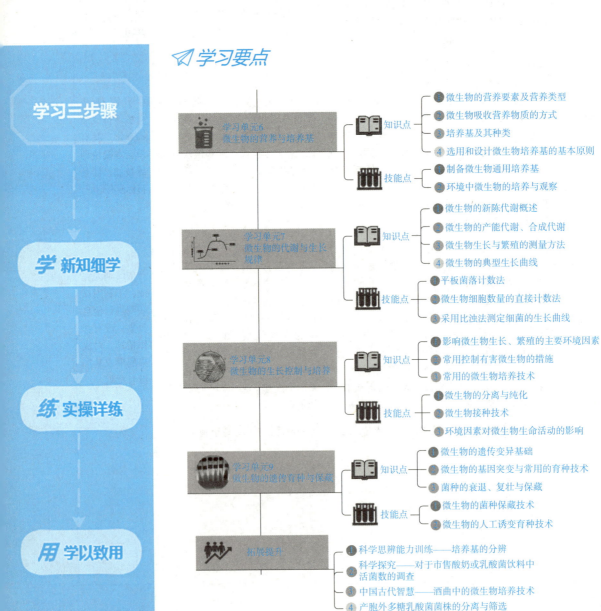

- 学习单元6 微生物的营养与培养基
  - 知识点
    1. 微生物的营养要素及营养类型
    2. 微生物吸收营养物质的方式
    3. 培养基及其种类
    4. 选用和设计微生物培养基的基本原则
  - 技能点
    1. 制备微生物通用培养基
    2. 环境中微生物的培养与观察
- 学习单元7 微生物的代谢与生长规律
  - 知识点
    1. 微生物的新陈代谢概述
    2. 微生物的产能代谢、合成代谢
    3. 微生物生长与繁殖的测量方法
    4. 微生物的典型生长曲线
  - 技能点
    1. 平板菌落计数法
    2. 微生物细胞数量的直接计数法
    3. 采用比浊法测定细菌的生长曲线
- 学习单元8 微生物的生长控制与培养
  - 知识点
    1. 影响微生物生长、繁殖的主要环境因素
    2. 常用控制有害微生物的措施
    3. 常用的微生物培养技术
  - 技能点
    1. 微生物的分离与纯化
    2. 微生物接种技术
    3. 环境因素对微生物生命活动的影响
- 学习单元9 微生物的遗传育种与保藏
  - 知识点
    1. 微生物的遗传变异基础
    2. 微生物的基因突变与常用的育种技术
    3. 菌种的衰退、复壮与保藏
  - 技能点
    1. 微生物的菌种保藏技术
    2. 微生物的人工诱变育种技术
- 拓展提升
  1. 科学思辨能力训练——培养基的分辨
  2. 科学探究——对于市售酸奶或乳酸菌饮料中活菌数的调查
  3. 中国古代智慧——酒曲中的微生物培养技术
  4. 产胞外多糖乳酸菌菌株的分离与筛选

学习单元 6　微生物的营养与培养基

学习目标

知识目标

1. 学习微生物的营养，掌握微生物生长所需要的六大营养要素及其功能；熟悉微生物的主要营养类型，比较微生物吸收营养物质的不同方式，掌握其特点。

2. 学习微生物的培养基，明确微生物培养基的定义；掌握常见常用的培养基种类；理解选用和设计培养基的基本原则。

能力目标

1. 学会制备常用的牛肉膏蛋白胨琼脂培养基，能正确进行培养基的制备；会正确操作和维护高压蒸汽灭菌器；会制作试管斜面；能对培养基进行无菌检查和保存；能说出其他通用培养基的制备过程。

2. 学会对环境中的微生物进行培养与观察，能在无菌条件下进行平板的制备和环境中微生物的接种，并正确说出无菌操作技术要点；会正确使用超净工作台和恒温培养箱等设备。

素质目标

1. 学习科赫与培养基的故事，深刻理解实践没有止境、功夫不负有心人的道理，培养持之以恒、坚持不懈的精神。

2. 学习中国古代人民的智慧——传统红曲、泡菜中的选择性培养，坚定历史自信、文化自信，弘扬和传承优秀技术。

学习重点与难点

学习重点：微生物的六大营养要素及其功能，微生物吸收营养物质的主要方式及其特点，培养基及其种类，选用和设计培养基的基本原则。

学习难点：微生物吸收营养物质的方式及其特点。

本单元参考学时：8 学时；建议教学场所：一体化智慧型微生物教室

学知识·新知细学

6.1 微生物的营养

微生物需要从环境中获得进行生命活动的原料和燃料，以保证进行正常的生长繁殖，从而保证其生命能维持和延续。这些原料和燃料就是人们常说的营养要素或营养物质，即能够满足微生物机体生长、繁殖和完成各种生命活动所需要的物质，而微生物获得和利用营养物质的过程则称为营养。营养物质是微生物生存的物质基础，而营养则是微生物维持和延续其生命形式的一种生理过程。

知识点【6-1】微生物的营养要素及营养类型

1. 微生物细胞的化学组成

要了解微生物需要的营养物质，首先要了解微生物细胞的化学组成。微生物细胞的化学组成和其他生物十分接近，从元素上讲，都含有碳、氢、氧、氮和各种矿物质元素。其中，碳、氢、氧、氮、磷、硫六种元素占微生物细胞干重的97%，称为大量元素，其他如锌、锰、钠、氯、钼、硒、钴、铜、钨、镍、硼等称为微量元素。这些元素在微生物细胞内以水、有机物（如糖类、蛋白质、核酸、脂类、维生素及其降解产物和代谢产物等）和无机物（如无机盐）的形式存在。

2. 微生物的营养要素

从微生物细胞的化学组成上可以看出，微生物生长所需的营养物质应该包含组成细胞的各种化学元素。所以，微生物的营养物质按其在机体中的生理作用可分为碳源、氮源、能源、无机盐、生长因子和水六大类，即微生物的六大营养要素。

码上看

微生物的营养要素

（1）碳源。凡是能提供微生物生长繁殖所需碳元素的营养物质，称为碳源。碳源的主要作用是构成微生物自身的细胞物质和代谢产物；同时，其还能为机体提供维持生命活动的能量。微生物可利用的碳源范围（即碳源谱）很广，从简单的无机含碳化合物（如 CO_2 和碳酸盐）到各种各样的天然有机化合物都可以作为微生物的碳源，见表6-1。凡必须利用有机碳源的微生物，称为异养微生物，种类众多；反之，凡以无机碳源作为唯一或主要碳源的微生物，则是自养微生物，种类较少。对异养微生物来说，最适宜的碳源为C～H～O型。

【说明】不同的微生物利用碳源时具有选择性，利用能力也有差异。例如，微生物会优先利用结构简单、相对分子量小的碳源，其次才会利用结构复杂、相对分子量大的碳源，如单糖优于双糖，纯多糖优于杂多糖，淀粉优于纤维素。

表 6-1 微生物可利用的碳源

类型	元素水平	化合物水平	培养基原料水平
有机碳	C•H•O•N•X	复杂蛋白质、核酸等	牛肉膏、蛋白胨、花生饼粉等
	C•H•O•N	多数氨基酸、简单蛋白质等	一般的氨基酸、明胶等
	C•H•O	糖、有机酸、醇、脂类等	葡萄糖、蔗糖、各种淀粉、糖蜜等
	C•H	烃类	天然气、石油及其不同馏分、石蜡油等
无机碳	C(?)	—	—
	C•O	CO_2	CO_2
	C•O•X	$NaHCO_3$	$NaHCO_3$、$CaCO_3$ 等
注：? 表示假设类型，目前并未发现单纯碳元素可作为微生物碳源；X 表示除 C、H、N、O 外的任何元素			

（2）氮源。凡是能提供微生物生长繁殖所需氮元素的营养物质称为**氮源**。氮源是构成重要生命物质蛋白质、核酸的主要元素。少数情况下也可作为能源物质，如某些厌氧微生物可利用某些氨基酸作为能源。能被微生物所利用的氮源主要有蛋白质及其各类降解产物、铵盐、硝酸盐、亚硝酸盐、分子态氮等。微生物可利用的氮源范围（即氮源谱）见表 6–2。

表 6–2 微生物可利用的氮源范围

类型	元素水平	化合物水平	培养基原料水平
有机氮	N•C•H•O•X	复杂蛋白质、核酸等	牛肉膏、酵母膏、饼粕粉、蚕蛹粉等
	N•C•H•O	尿素、一般氨基酸、简单蛋白质等	尿素、蛋白胨、明胶等
无机氮	N•H	NH_3、铵盐等	$(NH_4)_2SO_4$ 等
	N•O	硝酸盐等	KNO_3 等
	N	N_2	空气

部分微生物不需要利用氨基酸作为氮源，可以把尿素、铵盐、硝酸盐甚至氮气等简单氮源自行合成所需要的一切氨基酸，故称为**氨基酸自养型微生物**，如大肠杆菌、酿酒酵母、多数放线菌和真菌；反之，凡需要从外界吸收现成的氨基酸作为氮源的微生物，即**氨基酸异养型微生物**，如所有的异养微生物。

【说明】微生物对氮源的利用具有选择性，结构简单、相对分子量小的优先于结构复杂、相对分子量大的，如氨基酸优于蛋白质、铵离子优于硝酸盐。

（3）能源。能为微生物的生命活动提供最初能量来源的营养物质或辐射能，称为**能源**。微生物的能源包括化学能和辐射能（光能），有机物和无机物都可以为微生物提供化学能（表 6–3）。化能异养微生物的碳源，就是它们的能源。化能自养微生物的能源十分独特，它们都是一些还原态的无机物质，如 NH_4^+、NO_2^-、S、H_2S、H_2 和 Fe^{2+} 等。能利用这种能源的微生物都是一些原核生物，包括亚硝酸细菌、硝酸细菌、硫化细菌、硫细菌、氢细菌和铁细菌等。而光能自养微生物则能够利用辐射能（光能）进行光合作用并从中获得能源。

表 6-3 微生物的能源

化学能	有机物：与碳源相同
	无机物：NH_4^+、NO_2^-、S、H_2S、H_2、Fe^{2+} 等还原态的无机化合物
辐射能	光能

【说明】在能源中，可以看出某一具体营养物质可同时拥有几种营养要素的功能。如光辐射能只能是能源（即单功能营养物），还原态的 NH_4^+ 既可以是能源，又可以是氮源（即双功能营养物质），而氨基酸则可以是碳源、能源和氮源（即三功能的营养物质）。

（4）无机盐。无机盐提供除碳源、氮源外的各种重要的无机元素。就像人需要吃盐、补钙，庄稼需要补充钾肥一样。微生物生长所需的无机盐一般有磷酸盐、硫酸盐、氯化物，以及含有钠、钾、钙、镁、铁等金属元素的化合物。它们的功能主要是作为酶活性中心的组成部分，维持生物大分子和细胞结构的稳定性，调节并维持细胞的渗透压平衡，控制细胞的氧化还原电位和作为某些微生物生长的能源物质等（表 6–4）。

表 6-4 微生物常用无机盐及其功能

元素	化合物形式	主要生理功能
磷	KH_2PO_4，K_2HPO_4	核酸、核蛋白、磷脂、辅酶及 ATP 等高能分子的成分，作为缓冲系统调节培养基 pH 值
硫	$(NH_4)_2SO_4$，$MgSO_4$	含硫氨基酸（半胱氨酸、甲硫氨酸等）、维生素的成分，谷胱甘肽可调节胞内氧化还原电位
镁	$MgSO_4$	己糖磷酸化酶、异柠檬酸脱氢酶、核酸聚合酶等活性中心组分，叶绿素和细菌叶绿素成分
钙	$CaCl_2$，$Ca(NO_3)_2$	某些酶的辅因子，维持酶（如蛋白酶）的稳定性，芽孢和某些孢子形成所需，建立细菌感受态所需
钠	NaCl	细胞运输系统组分，维持细胞渗透压，维持某些酶的稳定性
钾	KH_2PO_4，K_2HPO_4	某些酶的辅因子，维持细胞渗透压，某些嗜盐细菌核糖体的稳定因子
铁	$FeSO_4$	细胞色素及某些酶的组分，某些铁细菌的能源物质，合成叶绿素、白喉毒素所需

（5）生长因子。微生物生长所必需而且需要量很小，但自身不能合成的或合成量不足以满足机体生长需要的微量有机化合物，称为生长因子。狭义的生长因子一般仅指维生素，主要是作为酶的辅基或辅酶参与新陈代谢；广义的生长因子是指维生素、氨基酸、嘌呤和嘧啶及其衍生物、卟啉及其衍生物、甾醇、胺类、一些脂肪酸等。如有些微生物自身缺乏合成某些氨基酸的能力，因此，必须在培养基中补充这些氨基酸或含有这些氨基酸的小肽类物质，才能保证其正常生长。嘌呤与嘧啶作为生长因子在微生物机体内的作用主要是作为酶的辅酶或辅基，以及用来合成核苷、核苷酸和核酸。

（6）水。与其他营养要素一样，水也是微生物生长所必不可少的。水在细胞中主要起溶剂与运输介质的作用；维持蛋白质、核酸等生物大分子稳定的天然构象；参与某些重要的生物化学反应；有效控制细胞内的温度变化；维持细胞的正常形态等。

3. 微生物的营养类型

为了使复杂多样的微生物简明化、调理化，以及更方便人们的认识、学习和研究，通常根据微生物对营养物质的需求的不同对其进行营养类型的划分。根据微生物所需的碳源，通常可以将它们分为**自养微生物**和**异养微生物**。自养微生物就是以 CO_2 等无机碳源为唯一或主要碳源的微生物，能够在完全无机的环境中生长；而异养微生物则是必须利用有机碳源才能生长的微生物。而根据微生物所利用的能源，又可以将微生物分为光能微生物和化能微生物两类。光能微生物能利用光能进行光合作用；化能微生物的能源则来自无机物或有机物氧化所产生的化学能。综合以上两种划分依据，人们可以将微生物的营养类型归纳为**光能自养型**、**化能自养型**、**光能异养型**和**化能异养型**。

码上看

微生物的营养类型

知识点【6–2】微生物吸收营养物质的方式

营养物质能否被微生物利用的一个决定性因素是这些营养物质能否进入微生物细胞内。只有营养物质进入细胞后才能被微生物细胞内的新陈代谢系统分解利用，进而使微生物正常生长繁殖。微生物没有人类的口、植物的根等摄食器官，其是如何摄入营养物质的呢？其实，除原生动物可通过胞吞作用和胞饮作用摄取营养物质外，其他各大类有细胞的微生物都是通过细胞膜的渗透和选择吸收作用从外界吸收营养物质的。

码上看

微生物吸收营养物质的方式

细胞膜具有选择性渗透作用，即允许一种物质比另一种物质更容易通过的特性。这是对物质运输影响最大的因素，它能保证对细胞有用的营养物质进入，将无用的代谢产物排出，并防止无用物质进入和有用物质漏出，使细胞与外界进行合理的物质交换。通过细胞膜运送微生物所需要的营养物质主要有 4 种方式，即单纯扩散、促进扩散、主动转运和基团转位。

1. 单纯扩散（Simple Diffusion）

（1）定义。单纯扩散属于被动运送（Passive Transport），是指细胞膜（包括孔蛋白在内）在无载体蛋白参与下，单纯依靠物理扩散方式让许多小分子、非电离分子尤其是亲水性分子被动通过的一种物质运送方式（图 6–1）。

（2）特点。营养物质进入细胞的动力是细胞内外的浓度差；不消耗能量，不需载体蛋白协助；没有特异性，被运输物质不与膜上物质发生任何反应，自身的分子结构也不发生化学变化。

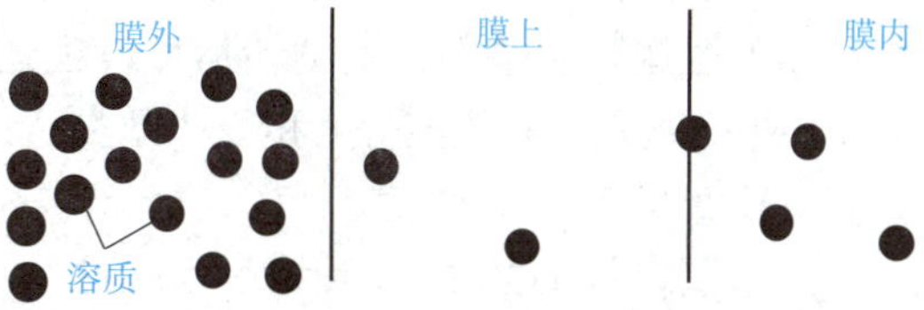

图 6–1　单纯扩散过程示意

（3）运送物质举例。通过这种方式运送的物质种类不多，主要是一些气体分子（如 O_2、CO_2）、乙醇、甘油及某些氨基酸分子。单纯扩散对营养物质的运送缺乏选择能力和逆浓度梯度的"浓缩"能力，故不是细胞获取营养物质的主要方式。

2. 促进扩散（Facilitated Diffusion）

（1）定义。促进扩散是指溶质在运送过程中，必须借助细胞膜上的底物特异载体蛋白，但不消耗能量的一类扩散性运送方式（图 6-2）。

【说明】载体蛋白有时称作透性酶、移位酶或移位蛋白，一般通过诱导产生。它借助自身构象的变化，在不耗能的条件下可加速将膜外高浓度的溶质扩散到膜内，直至膜内外该溶质的浓度达到平衡为止。每种载体只运输相应的物质，具有较高的专一性。载体只影响物质的运输速率，并不改变该物质在膜内外形成的动态平衡状态。

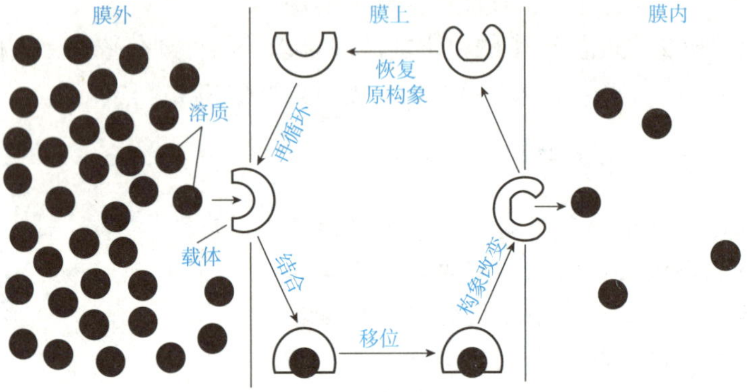

图 6-2　促进扩散过程示意

（2）特点。物质运送必须借助细胞膜上的底物特异载体蛋白；载体蛋白对被运送的物质具有高度专一性；不消耗能量，物质扩散的动力来自参与扩散的物质在膜内外的浓度差。

（3）运送物质举例。例如，酿酒酵母（*Saccharomyces cerevisiae*）对各种糖类、氨基酸和维生素的吸收；大肠杆菌（*Escherichia coli*）对甘油的吸收等。

【说明】促进扩散是可逆的，细胞内浓度较高的营养物质也可以被运送到细胞外。这种运送方式在真核细胞中要比在原核细胞中更为普遍。

3. 主动转运（Active Transport）

（1）定义。主动转运是指一类须提供能量（包括 ATP、质子动势或"离子泵"等）并通过细胞膜上特异性载体蛋白构象的变化，而使膜外环境中低浓度的溶质运入膜内的一种运送方式（图 6-3）。这种方式属于逆浓度梯度运送营养物质的方式，对于许多生存在低浓度营养环境中的微生物极为重要。

（2）特点。被运送的物质可逆浓度梯度进入细胞内；需要消耗能量；有膜载体参加，膜载体发生构型变化；被运送的物质不发生任何变化。

（3）运送物质举例。主动转运可以运送的营养物质有很多，主要有无机离子、有机离子（某些氨基酸、有机酸等）和一些糖类（乳糖、葡萄糖、麦芽糖、半乳糖、蜜二糖及阿拉伯糖、核糖）等。

4. 基团转位（Group Translocation）

（1）定义。基团转位是指一类既需要特异性载体蛋白的参与，又需要耗能的一种物质运送方式，与主动转运的主要区别就在于溶质在运送前后还会发生分子结构的变化（图 6–4）。

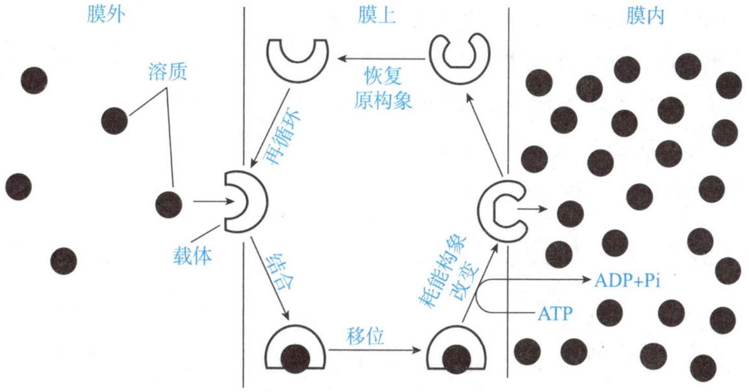

图 6–3　主动转运过程示意

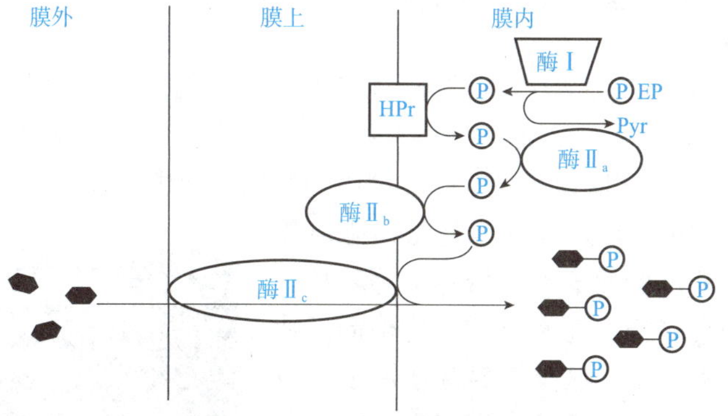

图 6–4　基团转位过程示意

（2）特点。物质运送必须借助于细胞膜上的底物特异载体蛋白；溶质在运送前后发生分子结构的变化；需要消耗能量。

（3）运送物质举例。基团转位主要用于运送各种糖类（葡萄糖、果糖、甘露糖和 N–乙酰葡糖胺等）、核苷、脂肪酸等物质。

（4）运送机制。基团转位的运送机制在大肠杆菌中研究得较为清楚，主要靠磷酸转移酶系统（Phosphotransferase system，PTS）即磷酸烯醇式丙酮酸 – 己糖磷酸转移酶系统进行。该系统由 24 种蛋白质组成，运送某一糖类至少要有 4 种蛋白质的参与。具体过程为：首先细胞质内的高能化合物——磷酸烯醇式丙酮酸（PEP）的磷酸基团通过酶 I 激活细胞膜上的热稳载体蛋白（Heat-stable Carrier Protein，HPr），膜外的糖分子先与酶 $\mathrm{II_c}$ 结合，再被经 P ～ HPr—酶 $\mathrm{II_a}$—酶 $\mathrm{II_b}$ 传递来的磷酸基团激活，最后由酶 $\mathrm{II_c}$ 将磷酸 – 糖释放到细胞质中（图 6–4）。

例如，在大肠杆菌、金黄色葡萄球菌、枯草芽孢杆菌和巴氏梭菌中，葡萄糖就是通过基团转位方式自外环境运送到细胞内的。另外，大肠杆菌还可以利用基团转位运送果糖、甘露糖、蔗糖、N–乙酰葡糖胺和纤维二糖等。

6.2 微生物的培养基

微生物也有自己的“食谱”，这就是人们常说的培养基。无论是以微生物为材料的研究，还是利用微生物生产生物制品，都必须进行培养基的配制，它是微生物学研究和微生物发酵生产的基础。那么，什么是培养基？培养基都有哪些种类呢？人们应该如何选用和设计所需要的培养基呢？

码上看

微生物培养基种类

知识点【6-3】培养基及其种类

1. 培养基的定义

培养基（Medium，复数 Media）是指由人工配制的、适合微生物生长、繁殖或产生代谢产物用的混合营养料。因此，微生物的培养基应具备微生物所需要的六大营养要素。培养基的应用广泛，主要用途是促使微生物的生长、积累代谢产物、分离微生物菌种、鉴定微生物种类、微生物细胞计数、菌种保藏、制备微生物制品等。

2. 培育基的种类

微生物培养基种类繁多，根据其成分、物理状态和用途可将培养基分成多种类型。

（1）根据培养基成分不同，可划分为天然培养基、组合培养基和半组合培养基。

1）天然培养基。天然培养基是指一类利用动植物或微生物体包括用其提取物配制成的培养基。如培养多种细菌所用的牛肉膏蛋白胨培养基（图 6–5），培养酵母菌的麦芽汁培养基等。其优点是营养丰富、种类多样、配制方便、价格低；缺点是成分不清楚、不稳定。这类培养基适用于一般实验室中的菌种培养、发酵工业中生产菌种的培养和某些发酵产物的生产等。在实验室中配制这类培养基时，除利用天然的动植物成分，如动物肉类、植物组织或其浸出物，以及牛奶、血清或土壤浸液外，还常用商品化形式的天然材料，包括酪蛋白、大豆蛋白、牛肉膏、酵母粉及它们的酶解或酸解产物（如各种蛋白胨）等。

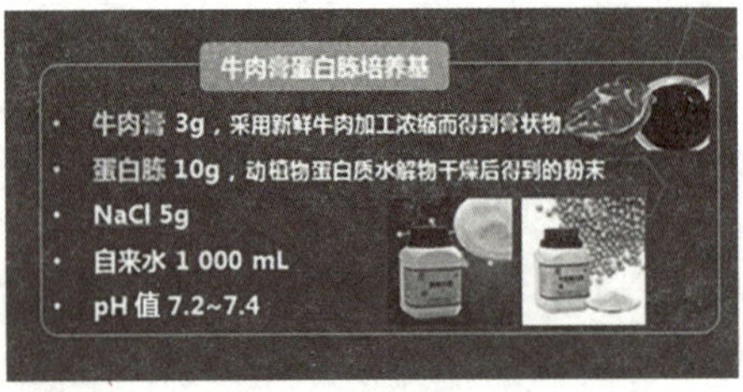

图 6–5 牛肉膏蛋白胨培养基配方

2）组合培养基。组合培养基又称合成培养基或综合培养基，是一类按微生物的营养要求精确设计后用多种高纯化学试剂配制成的培养基。如培养 *E.coli* 等细菌用的葡萄糖铵盐培养基、培养放线菌（一些链霉菌）的淀粉硝酸盐培养基［常称高氏 I 号培养基，图 6–6（a）］、培养真菌的蔗糖硝酸盐培养基［即查氏培养基，图 6–6（b）］等。其优点是成分精确、重演性高；缺点是价格较高、配制麻烦，且微生物生长比较一般。通常仅适用于营养、代谢、生理、生化、遗传、育种、菌种鉴定或生物测定等对定量要求较高的研究工作中。

3）半组合培养基。半组合培养基又称半合成培养基，是指主要以化学试剂配制，还添加了某些天然成分的培养基，如培养真菌的马铃薯蔗糖培养基（图 6–7）、豆芽汁蔗糖培养基等。严格地讲，凡含有未经特殊处理的琼脂的任何组合培养基，因其中含有一些未知的天然成分，实质上也只能视为一种半组合培养基。

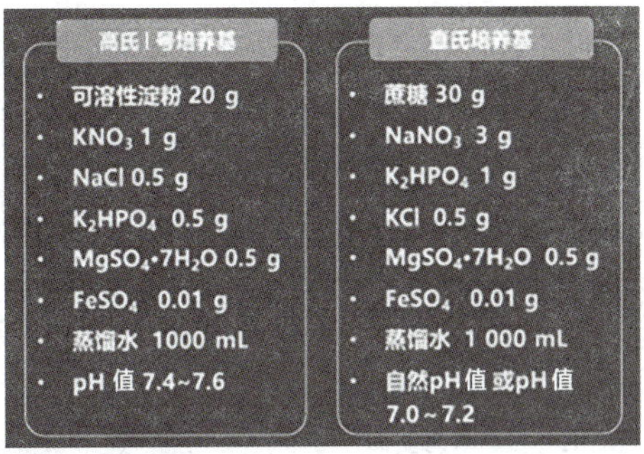

（a）　（b）

图 6-6　高氏Ⅰ号培养基配方和查氏培养基配方

（a）高氏Ⅰ号培养基配方；（b）查氏培养基配方

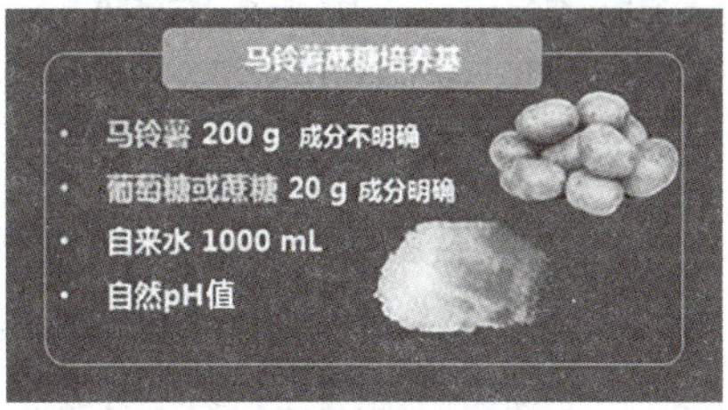

图 6-7　马铃薯蔗糖培养基配方

（2）根据培养基的外观物理状态，其可分为液体培养基、固体培养基、半固体培养基和脱水培养基。

1）液体培养基。液体培养基是指一类呈液体状态的培养基，其广泛应用于实验室和生产实践中，尤其适用于大规模培养微生物，常见的有三角烧瓶液体培养、试管液体培养和发酵罐液体培养等（图 6–8）。

（a）　（b）　（c）

图 6–8　不同液体培养基

（a）三角烧瓶培养；（b）试管培养；（c）发酵罐培养

2）固体培养基。固体培养基是指一类呈固体状态的培养基。根据其固态性质又可分为以下几种：

①固化培养基。固化培养基即常称的固体培养基，在液体培养基中加入一定量凝固剂，使其成为固体状态的培养基，其特点是遇热可溶解、冷却后可凝固。常用的凝固剂有琼脂和明胶。对绝大多数微生物而言，琼脂是最理想的凝固剂（通常在 96 ℃以上溶解，在 45 ℃以下凝固），其添加量一般为 15 ～ 20 g/L。固化培养基用途广泛，在实验室中，一般将其加入平皿或试管中，制成培养微生物的平板或斜面（图 6–9）。固化培养基常用来进行微生物的分离、鉴定、活菌计数及菌种保藏等。

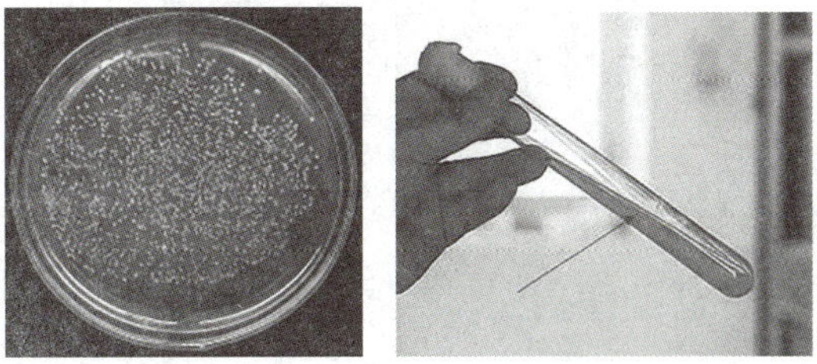

（a）　（b）

图 6–9　固化培养基

（a）平板；（b）斜面

视野窗

实践没有止境，功夫不负有心人

罗伯特·科赫与培养基的故事

罗伯特·科赫与培养基的故事

1881 年，罗伯特·科赫发明了固体培养基划线分离纯种法，解决了液体培养基培养细菌时各种细菌混合生长难以分离的问题，这种方法的发明使得多种传染病病原菌相继被发现。然而发现能用于凝固培养基的合适的凝固剂却不是一帆风顺的，经过多次试验，功夫不负有心人，科赫和他的助手终于找到了最合适的凝固剂——琼脂，随后，他又经过多次试验找到了著名的“血清培养基”（图 6-10），成功地分离出结核分枝杆菌，并将其成功培养，他也因此获得了 1905 年的诺贝尔生理学或医学奖。

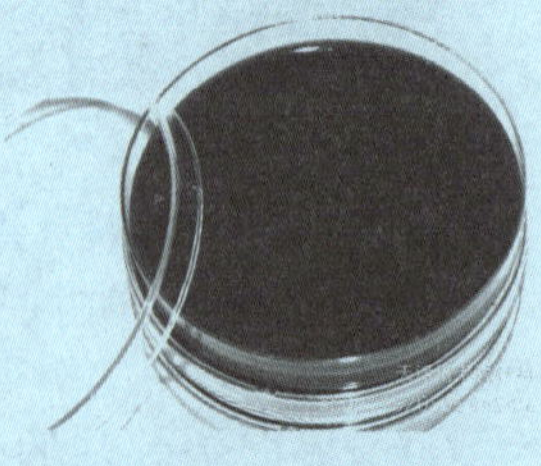

图 6-10　血清培养基

②非可逆性固化培养基。非可逆性固化培养基是指一类一旦凝固后不能再重新熔化的固化培养基，如血清培养基或无机硅胶培养基等，后者专门用于化能自养细菌的分离和纯化等方面。

③天然固态培养基。由天然固态基质直接配制成的培养基，例如，培养真菌用的由麸皮、米糠、木屑、纤维或稻草粉配制成的培养基；由马铃薯片、胡萝卜条、大米、麦粒、大豆、面包或动植物组织直接制备的培养基等。又如生产酒的酒曲、生产食用菌的棉籽壳培养基等。

④滤膜。滤膜是一种坚韧且带有无数微孔（孔径为 0.22 ～ 0.45 μm）的乙酸纤维素、硝酸纤维素、尼龙、聚碳酸酯、聚四氟乙烯或聚偏二氯乙烯等制成的薄膜［图 6-11（a）］，一般放在合适的漏斗中在加压条件下进行过滤［图 6-11（b）］。若把滤膜制成圆片覆盖在营养琼脂或浸有液体培养基的纤维索衬垫上，就形成了具有固化培养基性质的培养条件。滤膜主要用于对含菌量很少的水中微生物的计数和检测。

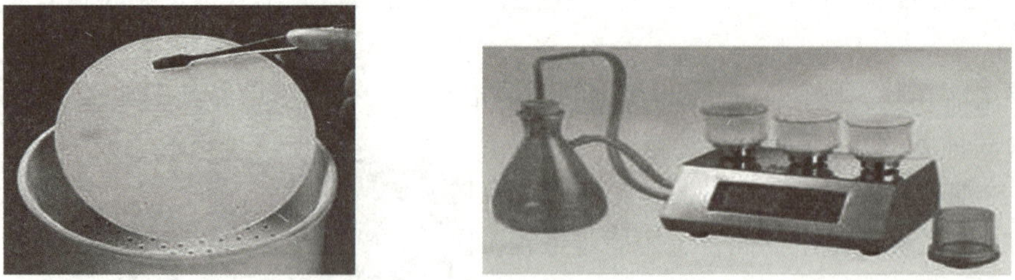

（a）　（b）

图 6-11　滤膜和抽滤装置

（a）滤膜；（b）抽滤装置

固体培养基在科学研究和生产实践上的用途很广，如可用于菌种分离、鉴定、菌落计数、检验杂菌、选种、育种、菌种保藏、获取大量真菌孢子，以及用于微生物的固体培养和大规模生产等。

3）半固体培养基。半固体培养基是指在液体培养基中加入少量的凝固剂（0.2%～0.5%）而配制成的半固体状态培养基。在小型容器倒置时不会流出，但在剧烈振荡后则呈破散状态。半固体培养基可放入试管中形成“直立柱”（图 6–12），用于细菌的动力观察，趋化性研究，厌氧菌的培养、分离和计数，以及细菌与酵母菌的菌种保藏等，还可以用于双层平板法中测定噬菌体的效价。

4）脱水培养基。脱水培养基又称脱水商品培养基或预制干燥培养基，是指含有除水外的一切营养成分的商品化培养基（图 6–13），使用时只需按说明加入一定比例的水并进行灭菌、分装，是一类成分精确、使用方便的现代化培养基。

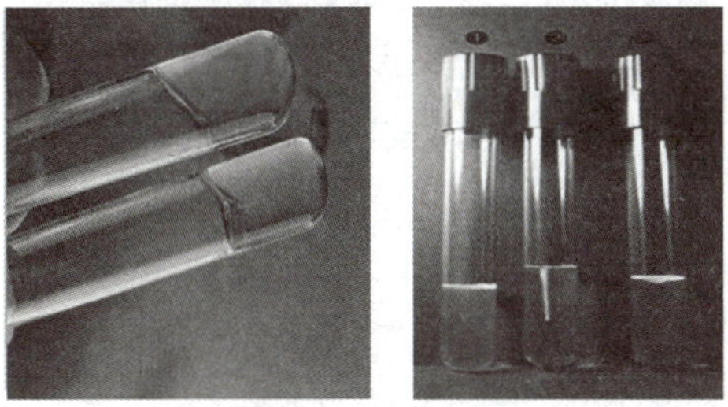

图 6–12　半固体培养基（图右侧为直立柱）

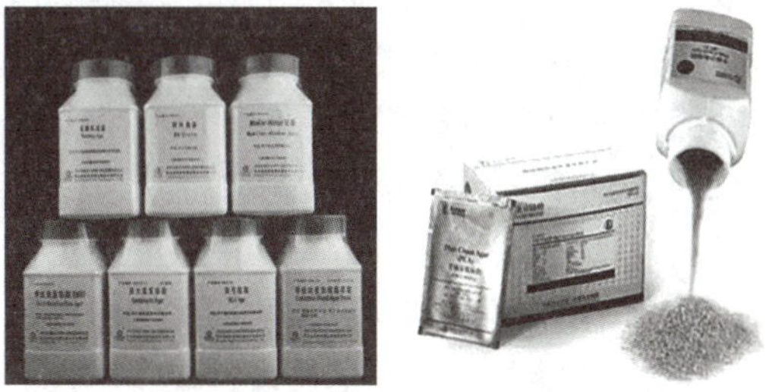

图 6–13　脱水培养基（脱水商品培养基）

（3）按照培养基对微生物的功能，可划分为基础培养基、选择培养基和鉴别培养基。

1）基础培养基。尽管不同微生物的营养需求各不相同，但大多数微生物所需的基本营养物质是相同的。基础培养基就是含有一般微生物生长、繁殖所需的基本营养物质的培养基。例如，牛肉膏蛋白胨培养基就是最常用的基础培养基。

2）选择培养基。选择培养基是一类根据某微生物的特殊营养要求或其对某化学、物理因素抗性的原理而设计的培养基，具有使混合菌样中的劣势菌变成优势菌的功能，广泛应用于菌种筛选等领域。当原始混合试样中微生物数量很少时，可采用加富性选择培养基或抑制性选择培养基。

①加富性选择培养基。加富性选择培养基是指利用该分离对象对某种营养物有特殊“嗜好”的原理，专门在培养基中加入该营养物，可使原来极少量的筛选对象在数量上很快便接近或超过原试样中其他占优势的微生物，并因此达到富集或增殖的目的。

②抑制性选择培养基。抑制性选择培养基是在筛选的培养基中加入某种抑菌物质，经培养后，使原菌样中对此抑制剂表现敏感的优势菌的生长受到抑制，而原来处于劣势的目的菌不受影响（图 6–14）。

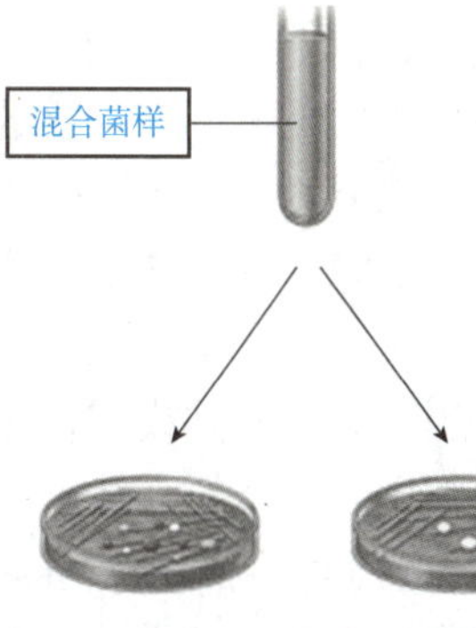

图 6–14　普通培养基的培养结果和抑制性选择培养基的培养结果

在实际应用时，所设计的选择培养基通常兼有上述两种功能，以充分提高其选择效率。用作加富的营养物质主要是一些特殊的碳源或氮源，如甘露醇可富集自生固氮菌，纤维素可富集纤维分解菌，石蜡油可富集分解石油的微生物，较浓的糖液可富集酵母菌等。用来抑制其他微生物的选择性抑菌剂有染料（如结晶紫等）、抗生素、脱氧胆酸钠和叠氮化钠等。用于选择性的其他理化因素还有温度、氧浓度、pH 值和渗透压等。

视野窗

历史自信，文化自信

中国古代人民的智慧——传统红曲、泡菜中的选择性培养

虽然 19 世纪末选择培养基由荷兰的拜耶林克和俄国的维诺格拉德斯基所发明，但是我国人民很早就学会了利用选择培养基，如在 12 世纪的宋代，就已根据红曲霉耐酸和耐高温的特性，采用明矾调节酸度和用酸米抑制杂菌的高温培养法，获得了纯度很高的红曲。传统泡菜的制作也是巧妙地利用了选择培养基原理，创造出适合乳酸菌生长的环境，促使其产酸，从而达到抑制其他杂菌生长的目的，这样可以保证将泡菜制作成功。

3）鉴别培养基。鉴别培养基是指添加能与目的菌的代谢产物（或酶）发生显色反应（或水解圈）的指示剂，从而达到用肉眼辨别颜色就能方便地从近似菌落中找出目的菌菌落的培养基（图 6–15）。

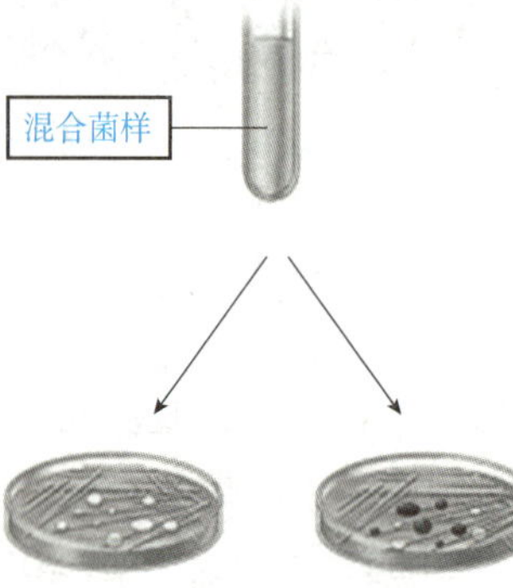

图 6–15　普通培养基的培养结果和鉴别培养基的培养结果

最常见的鉴别培养基是伊红 – 亚甲蓝培养基，即 EMB 培养基。它在饮用水、牛奶的大肠菌群等细菌学检查和在大肠杆菌的遗传学研究工作中有着重要的作用。鉴别培养基在临床病原菌的检验和其他领域也有着十分重要的应用。

知识点【6–4】选用和设计微生物培养基的基本原则

无论是以微生物为材料的研究，还是利用微生物生产生物制品，都必须进行培养基的配制，它是微生物学研究和微生物发酵生产的基础。综合文献资料和实践经验，一般选用和设计培养基时，应遵循以下基本原则。

选用和设计培养基的基本原则

（1）目的明确，即要根据微生物的营养需要配制培养基。由于微生物种类繁多，营养类型复杂，不同微生物对营养物质的需求也是不同的，因此．首先要根据不同微生物的营养需求配制针对性强的培养基。例如，在实验室中常用牛肉膏蛋白胨培养基（或简称普通肉汤培养基）培养细菌，用高氏 I 号培养基培养放线菌，培养酵母菌一般用麦芽汁培养基，培养霉菌则一般用查氏培养基。另外，培养目的不同，原料的选择和配合比也应不同。例如，枯草芽孢杆菌的一般培养用肉汤培养基或 LB 培养基；自然转化用基础培养基；观察芽孢用生孢子培养基；产蛋白酶则用以玉米粉、黄豆饼粉为主的产酶培养基。

（2）营养协调，即营养物质的浓度与比例应恰当。培养基中营养物质浓度合适时微生物才能生长良好，营养物质浓度过低时不能满足微生物正常生长所需，当浓度过高时则可能对微生物的生长起抑制作用，如高浓度糖类物质、无机盐、重金属离子等不仅不能维持

和促进微生物的生长，反而起到抑菌或杀菌作用。另外，培养基中各营养物质之间的浓度配合比也直接影响微生物的生长、繁殖和（或）代谢产物的形成与积累。其中，碳氮比（C/N，指碳源与氮源含量之比）的影响较大。例如，真菌需要 C/N 比较高的培养基；细菌（动物病原菌）需要 C/N 比较低的培养基。

（3）理化适宜，即培养基的 pH 值、渗透压、水活度和氧化还原电势等物理化学条件较为适宜。

1）pH 值。各大类微生物都有其生长适宜的 pH 值范围。常见微生物的最适宜生长 pH 值：大部分细菌为 6.5 ～ 7.5；一般放线菌为 7.5 ～ 8.5；一般酵母菌为 3.8 ～ 6.0；一般霉菌为 4.0 ～ 5.8。因此，培养基的 pH 值必须控制在一定的范围内，以满足不同类型微生物的生长、繁殖或产生代谢产物。但是，微生物在生长、代谢过程中也会产生引起培养基 pH 值改变的代谢产物（图 6–16），导致培养基 pH 值的升高或降低，从而影响微生物的生长、繁殖或代谢产物的生成。一般为了维持培养基 pH 值的相对恒定，需要进行 pH 值的调节。通常有两种方式进行 pH 值的调节：一种是内源调节，即在培养基中添加一些缓冲剂或不溶性的碳酸盐进行调节，如 K_2HPO_4、KH_2PO_4、$CaCO_3$ 等；另一种是外源调节，即按照实际需要不断向发酵液添加酸液（如 HCL）或碱液（如 NaOH）进行调节。

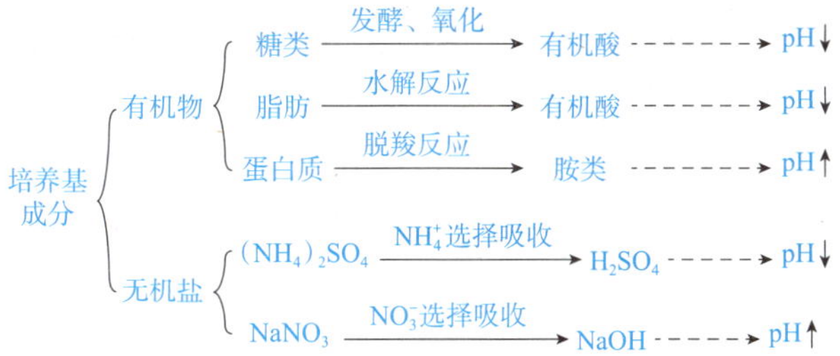

图 6–16　微生物的生长、代谢过程引起培养基 pH 值的改变

2）渗透压（Osmotic Pressure）。渗透压是某水溶液中一个可用压力来量度的物化指标。它表示两种浓度不同的溶液间被一个半透性薄膜隔开时，稀溶液中的水分子会因水势的推动而透过隔膜流向浓溶液，直到浓溶液产生的机械压力足以使两边水分子的进出达到平衡为止，此时由浓溶液中的溶质所产生的机械压力，即它的渗透压值。渗透压的形成过程示意如图 6–17 所示。

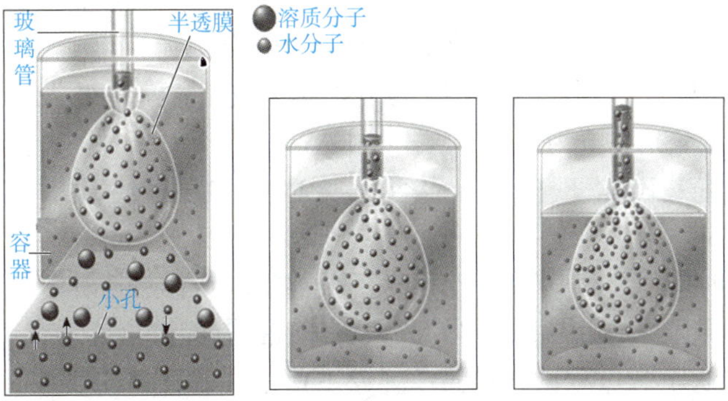

图 6–17　渗透压的形成过程示意

码上看

渗透的原理

通常，与微生物细胞渗透压相等的等渗溶液最适宜微生物的生长。高渗溶液会使细胞发生质壁分离，低渗溶液则会使细胞吸水膨胀，形成很高的膨压，这对于细胞壁脆弱或各种缺壁细胞（如原生质体、球状体或支原体）则是致命的，如图 6–18 所示。

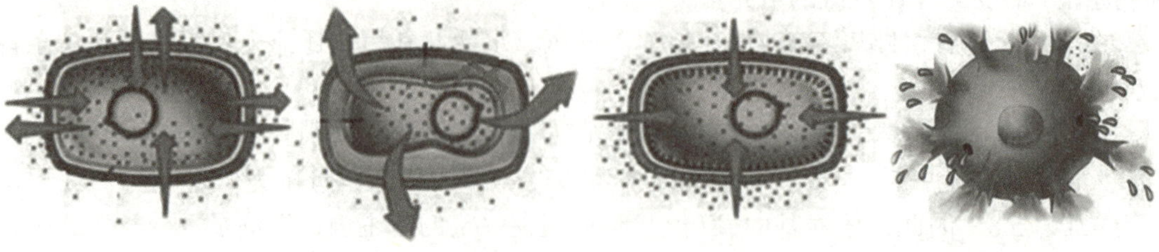

(a)　(b)　(c)　(d)

图 6–18　不同渗透压对微生物细胞的影响情况示意

(a) 等渗溶液；(b) 高渗溶液（质壁分离）；(c) 低渗溶液（吸水膨胀）；(d) 原生质体吸水膨胀破裂

3）水活度（Water Activity）。a_w 是一个比渗透压更有生理意义的物化指标。它表示在天然或人为环境中，微生物可实际利用的自由水或游离水的含量。一般适合细菌生长、繁殖的 a_w 为 0.90 ～ 0.98，适合酵母菌生长、繁殖的 a_w 为 0.87 ～ 0.91，适合霉菌生长、繁殖的 a_w 为 0.80 ～ 0.87。为了表示微生物生长与水的关系，有时也常使用相对湿度（ERH）的概念。水活度表示公式及其与相对湿度的关系可表示为

$$a_w = \frac{p}{p_0} = \frac{\text{ERH}}{100}$$

式中　p——溶液蒸汽压；

p_0——纯水蒸汽压。

4）氧化还原电势（Redox Potential）。氧化还原电势又称氧化还原电位，是度量某氧化还原系统中还原剂释放电子或氧化剂接受电子趋势的一种指标。一般用 Eh 表示，单位是 V（伏）或 mV（毫伏）。不同类型微生物生长对氧化还原电势的要求不同。好氧性微生物 +0.1 V 以上时可正常生长，以 +0.3 ～ +0.4 V 为宜；厌氧性微生物低于 +0.1 V 条件下生长；兼性厌氧微生物 +0.1 V 以上时进行好氧呼吸，+0.1 V 以下时进行发酵。

氧化还原电势与氧分压和 pH 值有关，也受某些微生物代谢产物的影响。通常通过增加通气量（如振荡培养、搅拌）提高培养基的氧分压，或加入氧化剂可以增大 Eh 值；在培养基中加入巯基乙醇、抗坏血酸（Vc，0.1%）、硫化氢（0.025%）、半胱氨酸（< 0.05%）、谷胱甘肽、铁屑、二硫苏糖醇、庖肉（瘦牛肉粒）等还原性物质可降低 Eh 值。

可以用电位计测定氧化还原电势，也可以在培养基中加入化学指示剂刃天青（Resazurin）进行间接测定。刃天青在无氧条件下为无色（E_h = –40 mV）；在有氧条件下，其颜色与溶液的 pH 值相关（中性——紫色；碱性——蓝色；酸性——红色）；在微量氧时，它呈粉红色。

（4）节约原料，即在配制培养基时应尽量利用价格低且易于获得的原料作为培养基成分，特别是在发酵工业中，培养基用量很大，利用低成本的原料更体现出其经济价值。

例如，在微生物单细胞蛋白的工业生产过程中，糖蜜（制糖工业中含有蔗糖的废液）、乳清（乳制品工业中含有乳糖的废液）、豆制品工业废液及黑废液（造纸工业中含有戊糖和

己糖的亚硫酸纸浆）等都可以作为培养基的原料。再如，工业上的甲烷发酵主要利用废水、废渣作为原料，而在我国农村，已开始利用人畜粪便及禾草为原料发酵产生的甲烷作为燃料。另外，大量的农副产品或制品，如麸皮、米糠、玉米浆、酵母浸膏、酒糟、豆饼、花生饼、蛋白胨等都是常用的发酵工业原料。

（5）灭菌处理，即不同种类的培养基需要选择合适的灭菌方法和条件。要获得微生物的纯培养，必须避免杂菌的污染。对培养基而言，就是要进行严格的灭菌。常采取高压蒸汽灭菌，一般培养基在 121.3 ℃条件下维持 15 ～ 30 min 可达到灭菌目的。但是，在高压蒸汽灭菌过程中，长时间高温会使某些不耐热物质遭到破坏，如使糖类物质形成氨基糖、焦糖，因此，含糖培养基常在 112.6 ℃灭菌 15 ～ 30 min，某些对糖类要求较高的培养基，也可先将糖进行过滤除菌或间歇灭菌，再与其他已灭菌的成分混合。长时间的高温还会引起磷酸盐、碳酸盐与某些阳离子（特别是钙离子、镁离子、铁离子）结合形成难溶性复合物而产生沉淀。因此，在配制用于观察和定量测定微生物生长状况的合成培养基时，经常需要在培养基中加入少量螯合剂，从而避免培养基中产生沉淀。常用的螯合剂为乙二胺四乙酸（EDTA），还可以将含钙离子、镁离子、铁离子等的成分与磷酸盐、碳酸盐分别进行灭菌处理，然后混合，避免形成沉淀。

小测验 · 巩固新知

一、填空题

1. 微生物的营养素包括________、________、________、________、________和________六大类。

2. 微生物的碳源谱很广，对异养微生物来说最适宜的碳源为________型。

3. 凡必须利用有机碳源的微生物，称为________。反之，凡以无机碳源作为唯一或主要碳源的微生物，则是________。

4. 各种异养微生物的能源就是其________，化能自养微生物的能源都是一些________，光能自养微生物则能够利用________进行光合作用获得能源。

5. 微生物生长所需的无机盐一般包括________________________________等金属元素的化合物。

6. 狭义的生长因子是指________，广义的生长因子是指________________________等。

7. 根据微生物所需的碳源和能源的不同，通常可以将它们分成________、________、________和________。

8. 通过细胞膜运送微生物所需要的营养物质主要有 4 种方式，即________、________、________和________。

9. 根据培养基成分不同，其可划分为________、________和________。

10. 根据培养基外观物理状态，其可划分为________、________、________、________。

11. 固化培养基，即常说的固体培养基，常用的凝固剂有________和________，其中________是最理想的凝固剂，其添加量一般为________ g/L。

12. ________主要用于对含菌量很少的水中微生物的计数和检测。

13. ________是指含有一般微生物生长、繁殖所需的基本营养物质的培养基。

14. 培养基中营养物质浓度________时，微生物才能生长良好，营养物质浓度________时，不能满足微生物正常生长所需，营养物质浓度________时则可能对微生物的生长起抑制作用。

15. 大部分细菌的最适宜生长pH值为________；一般放线菌的最适宜生长pH值为________；一般酵母菌的最适宜生长pH值为________；一般霉菌的最适宜生长pH值为________。

16. 与微生物细胞渗透压相等的________最适宜微生物的生长；________会使细胞发生质壁分离；________则会使细胞吸水膨胀，形成很高的膨压。

二、名词解释

1. 碳源；2. 氮源；3. 氨基酸自养型微生物；4. 能源；5. 生长因子；6. 培养基；7. 天然培养基；8. 组合培养基；9. 固化培养基；10. 脱水培养基；11. 选择培养基；12. 鉴别培养基；13. 碳氮比（C/N）。

三、判断题

1. 至少需要提供一种大量有机物才能满足其正常营养要求的微生物称为自养型微生物。（　）

2. 单纯扩散方式中营养物质进入细胞的动力是细胞内外的浓度差，不需要能量。（　）

3. 牛肉膏蛋白胨琼脂培养基常用来培养细菌；马铃薯葡萄糖培养基常用于培养真菌；高氏Ⅰ号培养基常用于培养放线菌。（　）

4. 促进扩散这种运输方式多发生在原核生物，真核生物少见。（　）

5. 无机盐是提供除碳源、氮源以外的各种重要元素，是微生物生长必不可少的营养物质。（　）

6. 微生物对碳源物质的利用具有选择性，结构复杂、相对分子量大的优先级高于结构简单、相对分子量小的。（　）

四、问答题

1. 微生物的四大营养类型是什么？
2. 微生物吸收营养物质的4种方式的异同是什么？请适当举例并列表比较。
3. 常用的固体培养基有哪些种类？举例说明其用途。
4. 在实际应用时，所设计的选择培养基可以采用哪些措施来提高其选择效率？
5. 选用和设计培养基时应遵循哪些基本原则？请举例说明。
6. 不同类型微生物生长对氧化还原电势的要求有何不同？在设计培养基时应如何提高或降低氧化还原电势？

五、综合分析题

现有一培养基，适用于分离培养酵母菌而抑制细菌和霉菌。其成分为葡萄糖；KH_2PO_4；

Na_2HPO_4；$(NH_4)_2SO_4$；尿素；酵母膏；$MgSO_4$；$FeSO_4$；H_2O（1 000 mL）；链霉素；琼脂；pH=4.5。试回答下列问题。

（1）从对其成分的了解程度来看，它属于哪一种培养基？

（2）从其物理状态来看，它属于哪一种培养基？

（3）从其用途来看，它属于哪一种培养基？

（4）各成分分别属于何种营养要素或具有何种功能？

小测验参考答案

写下你的学习心得

练技能·实操详练

实训任务 6-1 制备微生物通用培养基

训练目标及流程

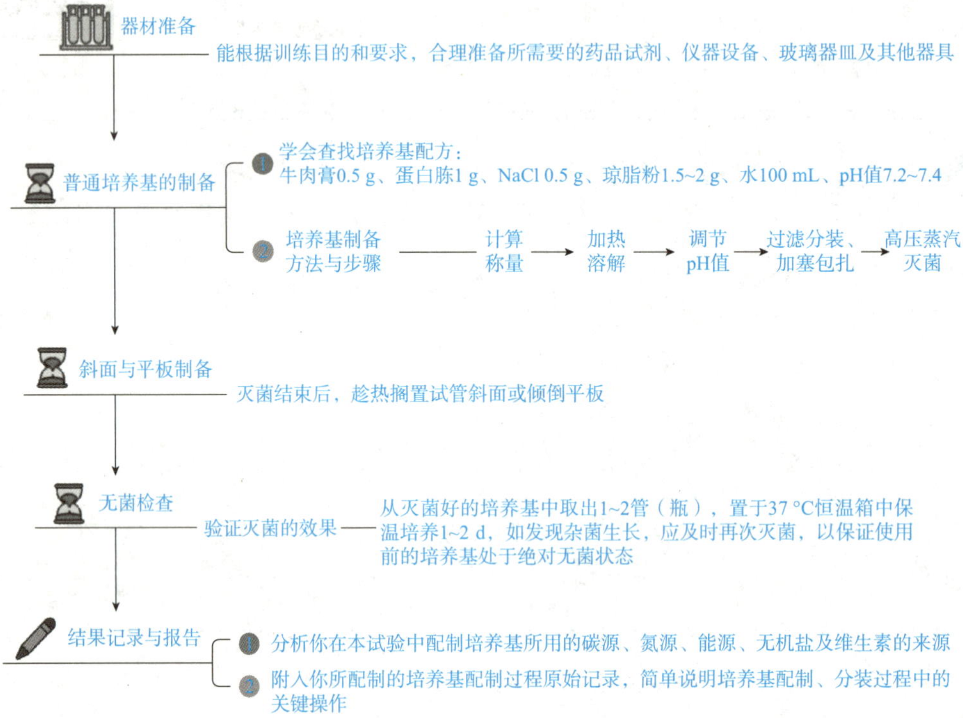

器材准备
能根据训练目的和要求，合理准备所需要的药品试剂、仪器设备、玻璃器皿及其他器具
普通培养基的制备
1 学会查找培养基配方：
牛肉膏0.5 g、蛋白胨1 g、NaCl 0.5 g、琼脂粉1.5~2 g、水100 mL、pH值7.2~7.4
2 培养基制备方法与步骤
计算称量
加热溶解
调节pH值
过滤分装、加塞包扎
高压蒸汽灭菌
斜面与平板制备
灭菌结束后，趁热搁置试管斜面或倾倒平板
无菌检查
验证灭菌的效果
从灭菌好的培养基中取出1~2管（瓶），置于37 °C恒温箱中保温培养1~2 d，如发现杂菌生长，应及时再次灭菌，以保证使用前的培养基处于绝对无菌状态
结果记录与报告
1 分析你在本试验中配制培养基所用的碳源、氮源、能源、无机盐及维生素的来源
2 附入你所配制的培养基配制过程原始记录，简单说明培养基配制、分装过程中的关键操作

器材准备

1. 药品试剂

牛肉膏蛋白胨培养基、高氏Ⅰ号培养基、马铃薯蔗糖培养基、厌氧培养基，各培养基的配方中所列的药品试剂、琼脂粉、1 mol/L HCl、1 mol/L NaOH 等。

2. 仪器设备

高压蒸汽灭菌器、电子天平、电炉、酸度计（或 pH 试纸）等。

3. 玻璃器皿

烧杯、试管、量筒、三角烧瓶、漏斗、玻璃棒、胶头滴管、培养皿等。

4. 其他材料

纱布、废旧报纸或牛皮纸、棉花、棉绳、橡皮筋、铁架台、止水夹、橡胶管等。

关键技能点详解

技能点【6-1-1】制备细菌通用培养基

1. 查找牛肉膏蛋白胨琼脂培养基的配方

牛肉膏 3 g、蛋白胨 10 g、NaCl 5 g、琼脂粉 15 ～ 20 g、水 1 000 mL、pH 值为 7.2 ～ 7.4。

2. 计算称量

根据培养基配方及配量要求，准确计算并称取各种药品。在烧杯中加入所需水量的 2/3 左右，然后将蛋白胨、NaCl、牛肉膏依次加入水中。如果使用的是商品培养基，则按照说明书计算用量，再称量即可。

【牛肉膏的称量方法】用玻璃棒挑取适量牛肉膏置于一个小烧杯（50 mL）中，进行称量，然后加入少量（20 mL）水，加热溶解。还可用称量纸称好所需的牛肉膏的量，连同称量纸一起加入水中，再将称量纸用玻璃棒挑出即可。

【注意】称取药品时，切勿将药匙混用，称取完成后应及时盖好瓶盖。

3. 加热溶解

将盛有药品的烧杯放置电炉上，用文火加热，并不断搅拌，待药品溶解后，加入称量好的琼脂粉，继续加热至琼脂完全熔化，并补足需要的全部水分。如果配制液体培养基，则不需要加入琼脂粉。

【注意】在加热过程中应不断搅拌，以防止琼脂粉沉淀在烧杯底而被烧焦，并应控制火力，以免培养基因暴沸而溢出。

4. 调节 pH 值

培养基配制好后，一般要调节至所需的 pH 值。常用一定浓度的盐酸及氢氧化钠溶液进行调节。

调节培养基酸碱度最简单的方法是使用精密 pH 试纸进行测定。用玻璃棒蘸取少许培养基，点在 pH 试纸上进行对比。如果 pH 值偏酸，则滴加 1 mol/L NaOH 溶液，偏碱则滴加 1 mol/L HCl 溶液。经反复几次调节至所需 pH 值。此法简便快速，但难以控制得十分精确。要准确调节培养基的 pH 值，可使用酸度计。牛肉膏蛋白胨培养液一般是微酸性的，故需要 1 mol/L NaOH 调节 pH 值至 7.2 ～ 7.4。

【注意】进行 pH 值调节时，应注意将培养基温度保持在 80 ℃以上，以防因琼脂凝固影响调节操作。同时注意缓慢滴加，并边滴加边搅拌。

5. 过滤分装

（1）过滤。若需要配制清澈透明的培养基，可对其进行过滤。通常，可使用滤纸过滤液体培养基，对于固体培养基，可用 4 层纱布趁热过滤。

培养基的分装方法

（2）分装。培养基配制好后，要根据不同的使用目的，分装到试管或三角烧瓶中。

1）分装试管：将熔化的固体培养基趁热加入分装漏斗中。分装时，用左手拿住空试管中部，并将漏斗下的玻璃管或橡胶管插入试管内，用右手大拇指及食指开启弹簧夹，使培养基直接流入试管内，如图 6-19 所示。

【说明】装入试管的培养基的量视试管大小及需要而定。液体培养基则分装至试管高度的 1/4 左右为宜；固体培养基则分装量为试管管高的 1/5；半固体培养基则分装至试管 1/3 ～ 1/2 的高度为宜。

2）分装三角烧瓶：用三角烧瓶分装培养基时，容量以不超过三角烧瓶容积的 1/2 ～ 3/5 为宜。

【注意】分装时，谨防培养基沾染试管或三角烧瓶管口，以免沾染棉塞，造成灭菌后的培养基在储存中污染杂菌。同时，装量不宜过多，若装量过多，灭菌时培养基沸腾易污染棉塞，导致后期储存时染菌。

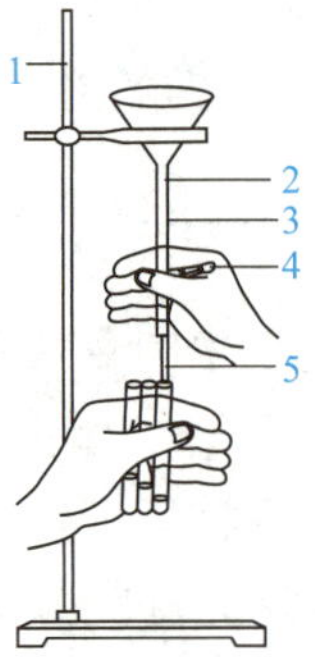

图 6-19　培养基分装试管

1—铁架台；2—漏斗；3—乳胶管；4—弹簧夹；5—玻璃管

6. 加塞包扎

（1）加棉塞。在试管口和三角烧瓶瓶口塞上棉塞。加塞时，应使棉塞总长的 3/5 塞入管口或瓶口，以防止棉塞脱落。也可用橡胶塞或铝制试管帽代替棉塞，缺点是不易操作，且通气防止污染的效果较差。若需要摇床振荡培养，则可用 8 层纱布做成通气塞，可以保证良好的通气状态。

（2）包扎。在加好棉塞的试管或三角烧瓶的管口或瓶口外，再包上一层牛皮纸或旧报纸。具体做法：先将试管成捆绑扎牢固，再在成捆试管的管口外包上一层牛皮纸或旧报纸，然后用棉绳或皮筋绑扎紧，最后贴上标签，注明培养基名称、日期及组别后，方可灭菌。三角烧瓶直接包扎好带塞的瓶口即可。

7. 高压蒸汽灭菌

将待灭菌的培养基放入高压蒸汽灭菌器中，在 121 ℃温度下灭菌 20 min。高压蒸汽灭菌器的构造及灭菌方法详见实训任务 2 技能点【2–3】。

8. 搁置试管斜面

对已灭菌的固体培养基要趁热制作斜面试管。要求斜面的斜度要适当，斜面的长度以不超过试管长度的 1/2 为宜，摆放时应注意不可使培养基沾染棉塞，在冷凝过程中勿再移动试管。制得的斜面以稍有凝结水析出为佳。待斜面完全凝固后，再进行收存。制作半固体或固体深层培养基（即“直立柱”）时，灭菌后则应将其垂直放置至凝固。

搁置试管斜面

9. 无菌检查

灭菌后的培养基，一般需要进行无菌检查。从中取出 1 ～ 2 管（瓶），置于 37 ℃恒温箱中保温培养 1 ～ 2 d，如发现杂菌生长，应及时进行再次灭菌，以保证培养基在使用前处于绝对无菌的状态。

技能点【6–1–2】制备其他通用培养基

1. 放线菌通用培养基

（1）高氏 I 号培养基配方。可溶性淀粉 20 g、KNO_3 1 g、NaCl 0.5 g、$K_2HPO_4 \cdot 3H_2O$ 0.5 g、$MgSO_4 \cdot 7H_2O$ 0.5 g、$FeSO_4 \cdot 7H_2O$ 0.01 g、水 1 000 mL、琼脂 15 ～ 20 g、pH 值为 7.4 ～ 7.6。

（2）配制方法。配制方法同牛肉膏蛋白胨琼脂培养基。配制时应注意先将可溶性淀粉用冷水调节均匀后，再用文火加热，然后加入水及其他药品。

（3）分装、包扎、灭菌同牛肉膏蛋白胨培养基。

2. 酵母菌和霉菌通用培养基

（1）马铃薯蔗糖（或葡萄糖）培养基配方：马铃薯（去皮）200 g、蔗糖（或葡萄糖）20 g、水 1 000 mL、琼脂 15 ～ 20 g、霉菌用蔗糖、酵母菌用葡萄糖。

（2）配制方法：将马铃薯去皮，切成约 2 cm^2 的小块，放入 1 000 mL 的烧杯中煮 30 min。注意用玻璃棒搅拌，以防止糊底，然后用双层纱布过滤，取其滤液，加入称量好的蔗糖、琼脂粉，加热使其充分溶解，再补足水至 1 000 mL，自然 pH 值。

（3）分装、包扎、灭菌同牛肉膏蛋白胨琼脂培养基。

技能点【6-1-3】制备无菌水和无菌生理盐水

（1）量取 100 mL 蒸馏水于三角烧瓶中，塞上棉塞，并用牛皮纸或报纸包扎瓶口，置于高压蒸汽灭菌器中，在 121 ℃的温度下灭菌 15 min，即无菌水。

（2）称取 0.85 g NaCl 于三角烧瓶中，再加入 100 mL 蒸馏水，塞上棉塞，并用牛皮纸或报纸包扎瓶口，置于高压蒸汽灭菌器中，在 121 ℃的温度下灭菌 15 min，即无菌生理盐水。

技能点【6-1-4】制备厌氧菌培养基

1. 厌氧菌培养基配方

蛋白胨 5 g、酵母膏 10 g、葡萄糖 10 g、胰酶解酪蛋白 5 g、盐溶液 10 mL、0.025% 刃天青溶液 4 mL、半胱氨酸盐酸盐 0.5 g、琼脂 15 g、水 1 000 mL、pH 值为 7.0，在 121 ℃温度下灭菌 15 min。

盐溶液的成分：无水 $CaCl_2$ 0.2 g、$MgSO_4 \cdot 7H_2O$ 0.48 g、K_2HPO_4 1 g、$KHPO_4$ 1 g、$NaHCO_3$ 10 g、NaCl 2 g、蒸馏水 1 000 mL。

盐溶液配制方法：先将 300 mL 水加入 $CaCl_2$ 和 $MgSO_4 \cdot 7H_2O$ 溶液，待溶解后，再加 500 mL 水，并陆续加入其余盐类，再不断搅拌，待全部溶解后，补足水至 1 000 mL。

【说明】该培养基中的半胱氨酸盐酸盐为还原剂。刃天青是氧化还原指示剂，它具有双重作用，在有氧条件下起 pH 指示剂的作用，即在 pH 值为碱性时呈蓝色，pH 值为酸性时呈红色，而中性时呈紫色。当培养基处于无氧状态时，刃天青变为无色。此时，培养基的氧化还原电势约为 −40 mV，可满足一般厌氧菌的生长、繁殖。

2. 药品称量

称取除半胱氨酸盐酸盐和盐溶液外的各成分于烧杯中，加水溶解后，再加盐溶液和刃天青溶液，最后加半胱氨酸盐酸盐。

3. 调节 pH 值

用 1 mol/L NaOH 将 pH 值调节至 7.0。调节方法同牛肉膏蛋白胨琼脂培养基。

4. 分装

取培养基 100 mL 加入容量为 150 mL 的血浆瓶中，再加 1.5% 琼脂，旋紧瓶盖。

5. 灭菌

在每一血浆瓶塞上插一枚注射器的针头，放入高压蒸汽灭菌器内，在 121 ℃温度下灭菌 15 min。灭菌完毕打开高压蒸汽灭菌器后应立即拔去针头，以减少冷却时空气溶入培养基中而增加溶解氧。若在培养基冷却时用高纯氮气维持瓶压的下降，则培养基的无氧状态可以保持得更好。

6. 加热驱氧

灭菌后，随着放置时间的延长，则培养基中的溶解氧也随之增加（液体培养基更易溶入 O_2），因此，在使用前，必须将培养基放入沸水浴中加热以驱除溶解氧，即沸水浴至瓶内刃天青褪至无色时才可使用。

注意事项

（1）称取不同药品时，药匙不能混用。称取完毕应及时盖紧瓶盖，切勿盖错瓶盖。

（2）固体培养基加热溶解时，在加热过程中应不断搅拌，以防止琼脂沉淀在烧杯底而烧焦，并应控制火力，以免培养基因暴沸而溢出。

（3）调节 pH 值时要小心操作，尽量避免由于回调而带入过多的无机离子。

（4）培养基分装时注意不要使培养基沾染管口或瓶口，以免浸湿棉塞，引起污染。

（5）培养基制备完毕后应立即进行高压蒸汽灭菌。如不及时进行灭菌，会因杂菌生长、繁殖，导致培养基因污染杂菌变质而不能使用。特别是在环境气温较高的情况下，数小时内培养基就可能变质。若不能立即灭菌，可将培养基暂放于 4 ℃的冰箱或冰柜中，但也不宜放置过久。

（6）不同成分的培养基要采用不同的杀菌条件，要注意区分。详见知识点【6–4】。

（7）配制某些培养基时，若有些原料需要的用量很少，不易称量，可先配制成高浓度的溶液，再按照比例换算后，取一定体积的溶液加入容器中。

结果报告

1. 分析你在本试验中配制培养基所用的碳源、氮源、能源、无机盐及生长因子的来源。
2. 记录你配制培养基的过程，简单说明培养基配制、分装过程中的关键操作。

考核评价

根据实训任务 6–1 考核评价表，对任务完成情况进行自我评价、小组评价、教师评价，将评价的最终结果记入实训过程性考核成绩。

实训任务 6–1　考核评价表

考核要点	考核内容	分值及标准	评分
学习及训练态度	按时到岗，遵守实训室规则，不迟到、不旷课、不早退。态度积极、认真、主动，实训参与度高	优 15 ～ 20 分；良 5 ～ 15 分；差 < 5 分	
※ 实训目标达成情况	1. 理解微生物培养基的原理与方法，并能进行相关准备工作； 2. 能正确进行普通培养基的配制与分装； 3. 理解高压蒸汽灭菌的原理，并能正确使用高压蒸汽灭菌器灭菌； 4. 会正确制作试管斜面； 5. 会对所配制的培养基进行灭菌效果验证； 6. 了解并熟悉其他培养基的制备方法	优 35 ～ 50 分；良 20 ～ 35 分；差 < 20 分	

续表

考核要点	考核内容	分值及标准	评分
训练结果报告	任务单内容完整、结果记录正确、书写工整	优 15 ～ 20 分；良 5 ～ 15 分；差 <5 分	
卫生整理情况	将本次实训用到的器皿、材料等清洁并归位；将操作台清理干净并将物品摆放整齐；将地面及垃圾桶打扫干净	优 8 ～ 10 分；良 5 ～ 8 分；差 <5 分	
考核结果	完成本次实训任务最终得分		

总结思考

1. 培养不同种类微生物能否使用同一种培养基？培养细菌、放线菌、酵母菌、霉菌各常采用什么培养基？

2. 琼脂的作用是什么？它有何特点？

3. 培养基配制完成后，为什么必须立即灭菌？若不能及时灭菌，应如何处理？已灭菌的培养基应如何进行无菌检查？

实训任务 6-2　环境中微生物的培养与观察

训练流程及目标

- 器材准备
  - 能根据训练目的和要求，合理准备所需要的药品试剂、仪器设备、玻璃器皿及其他器具材料
- 无菌平板制作
  1. 会制作75%乙醇消毒棉球
  2. 会正确使用超净工作台
  3. 提前做好标记（皿底标注：班级、姓名、日期、样品来源）
  4. 能熟练进行无菌平板的制作 —— 培养基溶解 → 保温 → 倾倒平板 → 冷却凝固
- 环境中微生物接种
  1. 会进行空气中微生物的接种
  2. 会进行操作台或桌面上微生物的接种
  3. 会进行人体表面微生物的接种 —— 头发、手印等
- 恒温培养
  1. 能正确进行恒温培养箱的使用
  2. 能正确设定恒温培养条件：将接种好的所有待测平板置于37 ℃恒温培养箱中培养1~2 d
- 结果记录与报告
  1. 观察各平板上微生物的生长情况，描述你处理的培养皿中长出的菌落形态特征（如形状、颜色、大小、边缘等）并计数菌落数，将结果记录在表中
  2. 小组成员对试验结果进行比较讨论

器材准备

1. 药品试剂

无菌牛肉膏蛋白胨琼脂培养基。

2. 玻璃器皿

无菌培养皿、广口瓶。

3. 仪器设备

电炉、超净工作台、恒温培养箱、恒温水浴锅。

4. 其他

酒精灯、95% 乙醇、脱脂棉、蒸馏水、镊子、棉签。

【75% 乙醇消毒棉球制作方法】

材料： 95% 乙醇、蒸馏水、广口瓶、棉花、镊子。

方法： 将乙醇与水按比例配制成 75% 浓度（参见后面的计算公式），取一小块脱脂棉做成小球置于广口瓶中，加入配制好的 75% 乙醇，摇匀备用。

75% 乙醇消毒棉球的制作

计算公式： $95\%A = 75\%B \qquad C = B - A$

式中　A——95% 乙醇的体积；

B——75% 乙醇的体积；

C——蒸馏水（纯水）的体积。

关键技能点详解

技能点【6-2-1】超净工作台和恒温培养箱的使用方法

1. 超净工作台的使用

（1）超净工作台的工作原理。超净工作台主要由风机、空气过滤器、箱体、框架、工作台面、灯（紫外灯和照明灯）等部分构成。其工作原理：在一定的空间内，洁净空气经预过滤装置进行初滤，再由小型离心式通风机压进静压箱，最后经高效空气过滤器进一步得到过滤净化。从高效空气过滤器出风面吹出来的洁净空气有着均匀的风速，能够清除工作区原来的空气；同时，将尘埃颗粒和微生物带走，以形成相对无菌洁净的工作环境。

（2）超净工作台的使用方法。

1）清洁台面，先用干净的纱布擦拭台面，然后用消毒乙醇擦拭消毒。

2）超净工作台台面上的物品要摆放整齐，不要存放不必要的物品，以保持工作区内的洁净气流不受干扰。除菌种外，其他已灭菌的物品可提前放入超净工作台。

3）接通电源，打开紫外灯照射消毒，30 min 后，关闭紫外灯，打开送风机，开启照明灯。

4）操作结束后，清理工作台面，收集各废弃物，关闭风机及照明开关，用清洁剂及消毒剂擦拭消毒。

5）再次开启紫外灯，待照射消毒 30 min 后，关闭紫外灯，切断电源。

码上看

超净工作台及使用方法

恒温培养箱及使用方法

2. 恒温培养箱的使用

（1）使用方法。

1）打开电源开关，此时电源指示灯亮，控温面板上有数字显示。

2）设定温度。先按控温面板上的功能键“SET”进入温度设定状态，SV 设定显示一闪一闪，再按移位键“◢”，配合加键“△”或减键“▽”进行设定，设定结束后需按功能键“SET”确认。

如需设定 37 ℃，原设定温度为 26.5 ℃。先按功能键“SET”，再按移位键“◢”，将光标移至显示器十位数字上，然后按加“△”，使十位数字从“2”升至为“3”，十位数设定后，移动光标依次设定个位和分位数字，使设定温度显示为 37 ℃，按功能键“SET”确认，此时温度设定结束。

3）温度设定完成后，各项数据会被长期保存。此时，培养箱进入升温状态，加热指示灯亮起。当箱内温度接近设定温度时，加热指示灯忽亮忽熄，反复多次，进入恒温状态。

4）打开内外门，把所需培养的物品放入培养箱，关好内外门，如内外门开门时间过长，箱内温度会有一些波动，属于正常现象。

5）根据需要选择培养时间，培养结束后，关闭电源开关，打开箱门，拿出培养的物品。如不马上取出，请不要打开箱门。

（2）维护与保养。

1）培养箱外壳必须有效接地，以保证使用安全。

2）培养箱应放置在具有良好通风条件的室内，在其周围不可放置易燃易爆物品。

3）箱内物品放置切勿过于拥挤，必须留出空间。

4）箱内外应每日保持整洁，每次使用完毕应当进行清洁。当长期不使用时，应盖好塑料防尘罩，放在干燥的室内。

技能点【6-2-2】制备平板

码上看

持皿法倒平板

1. 持皿法倒无菌平板

（1）用左手握住三角烧瓶的底部，倾斜三角烧瓶，将瓶口移至酒精灯中上方位置火焰旁的无菌操作区域内。

（2）用右手旋松三角烧瓶上的棉塞，然后以右手小拇指和手掌边缘夹住棉塞并将其轻轻拔出（切勿将棉塞放在桌面上，以免造成棉塞污染）。

（3）将瓶口边缘在酒精灯火焰上过一下火（以杀灭可能黏附在瓶口外的杂菌，但切勿让瓶口在火焰中久留，以防止瓶口过热而引起爆裂），棉塞也稍过火。接下来，将三角烧瓶瓶口维持在火焰旁的无菌操作区域内。

（4）将斜握在左手中的三角烧瓶，迅速移交给右手，仍以右手的拇指、食指和中指握住三角烧瓶的底部（瓶塞仍夹在右手小指与手掌间）。

【注意】在倒平板的整个操作过程中三角烧瓶瓶口始终维持在火焰无菌操作区域内，始终让瓶口保持朝向火焰，严防杂菌污染瓶内的培养基。

（5）用左手托起一套无菌培养皿，用中指、无名指和小拇指托住培养皿底部，保持水平。

（6）用食指和大拇指使培养皿皿盖开启成一条缝，恰好能让三角烧瓶瓶口伸入。随后，迅速向无菌培养皿内倒出熔化的培养基，培养基的量要适宜，以 10 ～ 15 mL 为宜，不要过多，也不能过少。

（7）迅速盖上培养皿的皿盖，置于水平位置，并用食指和中指按住皿盖，轻轻晃动，将皿内培养基摇匀，待其冷却凝固，期间不要移动或晃动。注意混合均匀时用力不要过大，以免培养基污染培养皿皿盖。

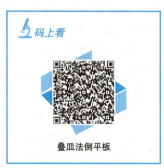

（8）将倒好平板的三角烧瓶在火焰旁，迅速转移至左手中，在此操作过程中仍让瓶口和棉塞过火一周，塞上棉塞，用报纸包扎好，使三角烧瓶内剩余的培养基处于无菌状态。

码上看

叠皿法倒平板

2. 叠皿法倒无菌平板

（1）将无菌培养皿叠放在酒精灯的左侧，使其尽量靠近火焰。

（2）用右手握住三角烧瓶的底部，再以左手小拇指与无名指夹住瓶塞并拔出，将瓶口过火一周，然后用左手开启最上面一套培养皿的皿盖使其露一条缝，让三角烧瓶瓶口伸入并倒出培养基，盖上皿盖后再移至水平位置处待凝。

（3）依次倒完叠放在下层的各培养皿即可。

【注意】在连续倒平板的操作过程中，含培养基的三角烧瓶的瓶口应始终朝向酒精灯火焰（但切忌在火焰中灼烧），切勿让瓶口朝天，以免瓶内的培养基受到污染。

技能点【6-2-3】环境中微生物的接种与培养观察

1. 做标记

在制备好的平板的皿底贴上标签，注明班级、姓名、日期、样品来源（如实验室空气或无菌室空气及头发或手印等）。

【注意】标签贴在皿底的一边，不要贴在中间，也不要贴在皿盖，以免影响观察结果。如果用记号笔书写，则字尽量小一些，要写在皿底的一边，不要写在中间。

2. 接种

（1）空气。将牛肉膏蛋白胨琼脂平板放在实验室操作台上，打开皿盖，使培养基表面暴露在空气中一段时间（5 ～ 10 min），目的是让空气中带有微生物的尘埃或微粒沉降，自然接种到培养基的表面，最后盖上皿盖。

（2）实验台或桌面。用记号笔在平板皿底画一直线，将其均匀分成两半。在酒精灯火焰旁进行无菌操作：取一根无菌棉签，插入事先准备的无菌水使其湿润。在火焰旁用左手拇指和食指将平板开启成一条缝，用浸湿的棉签在无菌平板的半侧划数条“Z”字线，以此作为无菌对照区域。接下来，用该棉签擦拭操作台台面或桌面，在平板的另一侧同样划线接种（图 6-20），再闭合皿盖。

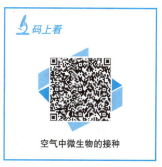

码上看

空气中微生物的接种

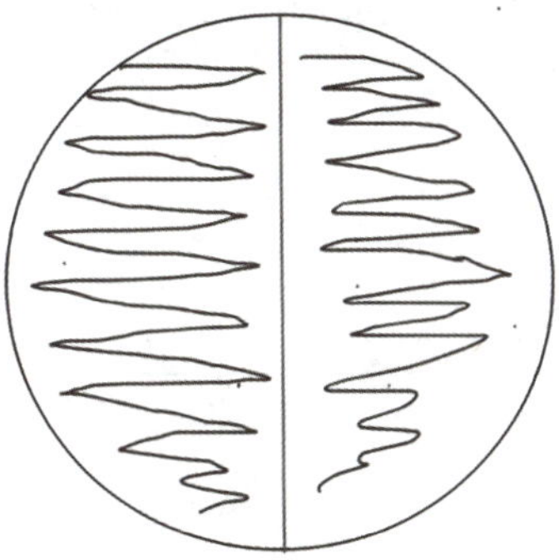

图 6-20　棉签的平板划线示意

（3）人体表面微生物的检查。

1）手指。在火焰旁用左手大拇指和食指将平板开启成一条缝。接下来，将未洗过的手指在琼脂平板的表面，轻抹一下，盖上皿盖。

2）头发。在火焰旁用左手大拇指和食指将平板开启成一条缝。接下来，将 1 ～ 2 根头发轻轻放在琼脂平板表面，然后

码上看

手上微生物的接种

头发上微生物的接种

盖上皿盖。

3. 培养

将接种好的所有待测平板置于 37 ℃恒温培养箱中培养 1 ～ 2 d。

4. 观察

观察各平板上微生物的生长情况，并计数菌落数。

注意事项

（1）用于倒平板的培养基一定要彻底熔化，否则会在所倒的平板培养基表面出现未熔化的琼脂块。倒平板时的培养基温度不能过高（以 50 ～ 55 ℃为宜），否则会在皿盖内侧形成较多的冷凝水或在凝固的平板表面形成许多冷凝水微滴，不利于单菌落的形成。

（2）在无菌操作倒平板的过程中，不能用手抓、握三角烧瓶的瓶口处，以防止灼热的瓶口端烫伤手指，也要防止手指上的微生物严重污染三角烧瓶的瓶口端。

（3）本试验对各种环境中微生物的检测均属定性检测，若要做定量检测，则需要进一步设计试验流程。

（4）在无菌操作中使用酒精灯火焰时，要特别注意安全。不要将火焰调节得太大，要严防引燃工作服或头发等事故的发生。

结果报告

在表 6-5 记录试验结果并描述你处理的培养皿中长出的菌落形态特征（如形状、颜色、大小、边缘等）。小组成员对试验结果进行比较讨论。

表 6-5　培养皿中长出的菌落形态特征

微生物来源	菌落数	大小	颜色	形状	边缘	是否形成菌苔

考核评价

根据实训任务 6-2 考核评价表，对完成情况进行自我评价、小组评价、教师评价，将评价的最终结果记入实训过程性考核成绩。

实训任务 6-2　考核评价表

考核要点	考核内容	分值及标准	评分
学习及训练态度	按时到岗，遵守实训室规则，不迟到、不旷课、不早退。态度积极、认真、主动，实训参与度高	优 15 ～ 20 分；良 5 ～ 15 分；差 < 5 分	

续表

考核要点	考核内容	分值及标准	评分
※ 实训目标达成情况	1. 能正确进行无菌操作与固体平板的制作； 2. 能正确使用超净工作台并进行维护； 3. 能正确进行环境中微生物的接种与培养观察与描述	优 35 ～ 50 分；良 20 ～ 35 分；差 < 20 分	
训练结果报告	任务单内容完整、结果记录正确、书写工整	优 15 ～ 20 分；良 5 ～ 15 分；差 < 5 分	
卫生整理情况	将本次实训用到的器皿、材料等清洁并归位；将操作台清理干净并将物品摆放整齐；地面及垃圾桶打扫干净	优 8 ～ 10 分；良 5 ～ 8 分；差 < 5 分	
考核结果	完成本次实训任务最终得分		

总结思考

1. 本次实训中的哪些步骤需要注意无菌操作？无菌操作的重要意义是什么？

----

2. 制作平板时应该注意哪些事项？

----

3. 如何正确使用超净工作台？应该注意哪些方面的问题？

----

4. 对于本次实训的结果，你有何看法？请谈一谈你的体会。

强应用·学以致用

科学思辨能力训练

培养基的分辨

表 6–6 中列出了几种常见常用培养基，请认真思考辨别，并从微生物的营养要素、营养类型、培养基的种类、营养物浓度比例及理化条件等方面分析比较它们之间的异同。

表 6–6　常见常用培养基

序号	培养基名称	培养基配方组成	应用
1	马丁氏（Martin）培养基	KH_2PO_4 1 g，$MgSO_4 \cdot 7H_2O$ 0.5 g，蛋白胨 5 g，葡萄糖 10 g，1/3 000 孟加拉红（或玫瑰红、虎红）水溶液 100 mL，水 800 mL，自然 pH 值	用于从土壤中分离真菌
2	LB（Lysogeny Broth）培养基	胰蛋白胨 10 g，酵母提取物 5 g，氯化钠（NaCl）10 g，水 1 000 mL，pH 值为 7.2	用于大肠杆菌培养
3	MRS（Man Rogosa Sharpe）培养基	蛋白胨 10 g，牛肉粉 5 g，酵母粉 4 g，葡萄糖 20 g，吐温 80 mL，K_2HPO_4 2 g，醋酸钠 5 g，柠檬酸三铵 2 g，$MgSO_4 \cdot 7H_2O$ 0.2 g，$MnSO_4 \cdot 4H_2O$ 0.05 g，琼脂 15 g，水 1 000 mL，pH 值为 6.2	用于乳酸菌分离、计数和培养
4	糖发酵培养基	蛋白胨 0.2 g，NaCl 0.5 g，K_2HPO_4 0.02 g，水 100 mL，溴麝香草酚蓝 (1% 水溶液) 0.3 mL，糖类 1 g［常用的糖类，如葡萄糖、蔗糖、甘露糖、麦芽糖、乳糖、半乳糖等（乳糖、半乳糖的用量可加大为 1.5%）］，pH 值为 7.4	用于细菌糖发酵试验
5	厌氧菌培养基	蛋白胨 5 g，酵母膏 10 g，葡萄糖 10 g，胰酶解酪蛋白 5 g，盐溶液（盐溶液的成分：无水 $CaCl_2$ 0.2 g，$MgSO_4 \cdot 7H_2O$ 0.48 g，K_2HPO_4 1 g，$KHPO_4$ 1 g，$NaHCO_3$ 10 g，NaCl 2 g，蒸馏水 1 000 mL）10 mL，0.025% 刃天青溶液 4 mL，半胱氨酸盐酸盐 0.5 g，琼脂 15 g，水 1 000 mL，pH 值为 7.0	用于培养厌氧菌
6	豆芽汁培养基	新鲜黄豆芽 100 g，蔗糖（或葡萄糖）50 g，水 1 000 mL。用于细菌培养时：pH 值为 7.2 ～ 7.4。用于真菌（霉菌或酵母菌）培养时：自然 pH 值。霉菌用蔗糖培养，酵母菌用葡萄糖培养	用于细菌、真菌培养

学习单元 7　微生物的代谢与生长规律

学习目标

知识目标

1. 学习微生物代谢基础，了解微生物的分解代谢、合成代谢及其关系；掌握微生物的主要产能代谢途径及其特点；了解微生物独特的合成代谢，区分微生物的初生代谢产物和次生代谢产物；了解微生物代谢调控的主要类型及其特点。

2. 学习微生物生长与繁殖，理解微生物生长、繁殖的概念，两者的区别与联系；掌握微生物的生长量与繁殖数常用的测量方法；可以描绘微生物典型生长规律曲线，掌握各个阶段的形成原因及特点。

能力目标

1. 通过平板菌落计数法的训练，能说出平板菌落计数法原理，能熟练进行无菌操作、十倍梯度稀释；熟悉倾注平板培养法、涂布平板培养法的技术要点；学会对培养的菌落进行正确的计数和结果计算。

2. 通过微生物细胞直接计数法的训练，能说出血细胞计数板的结构和计数原理；能进行酵母菌悬液的制备；能正确操作显微镜进行观察和计数，并对计数结果正确计算和报告；能正确使用和清洁血细胞计数板。

3. 通过比浊法测定细菌生长曲线的训练，能说出比浊法计数原理；能正确处理菌悬液；会用分光光度计测定 OD 值；能绘制正确的标准曲线；会根据样品的 OD 值从标准曲线查得每毫升的含菌数。

素质目标

1. 学习思考微生物产能代谢中呼吸链电子传递过程，明白“万物皆有序”的道理，培养坚持系统观念并养成良好的学习习惯。

2. 阅读第一个发现并命名中华根瘤菌的中国微生物学家陈文新的故事，学习她坚持自信自立、不忘初心的爱国精神。

3. 积极参与科学探究——市售酸奶或乳酸菌饮料中活菌数的调查，训练以问题为导向、增强问题意识的能力，培养发现问题、解决问题、勇于探索的精神。

学习重点与难点

学习重点：微生物的能量代谢与合成代谢、微生物生长与繁殖的测量方法、微生物的典型生长曲线。

学习难点：微生物的典型生长曲线各阶段的特点及其实践意义。

本单元参考学时：8 学时；建议教学场所：一体化智慧型微生物教室

学知识·新知细学

7.1 微生物的代谢基础

新陈代谢是生物体全部生命活动的能量和物质基础，包括分解代谢和合成代谢两大类。微生物在其新陈代谢的本质上与其他生物一样存在着高度的统一性，同时，也有着明显的多样性或特殊性。那么，微生物是如何通过代谢获得生命活动所需要的能量和物质呢？不同类型的微生物如异养微生物和自养微生物的代谢有什么不同呢？

知识点【7-1】微生物的新陈代谢概述

新陈代谢（Metabolism）简称代谢，是活细胞中一切有序化学反应的总称，通常包括分解代谢（Catabolism）和合成代谢（Anabolism）两大类。代谢是推动一切生命活动的动力源（即能量基础）和提供各种生命物质的“加工厂”（即物质基础）。

1. 分解代谢

分解代谢又称异化作用，是指复杂的有机物分子通过分解代谢酶系的催化产生简单分子、能量和还原力的作用。

一般可将分解代谢分为三个阶段（图 7-1）：第一阶段是将蛋白质、多糖及脂类等大分子营养物质降解成氨基酸、单糖及脂肪酸等小分子物质；第二阶段是将第一阶段产物进一步降解成更为简单的丙酮酸、乙酰辅酶 A 及能进入三羧酸循环的某些中间产物，这个阶段

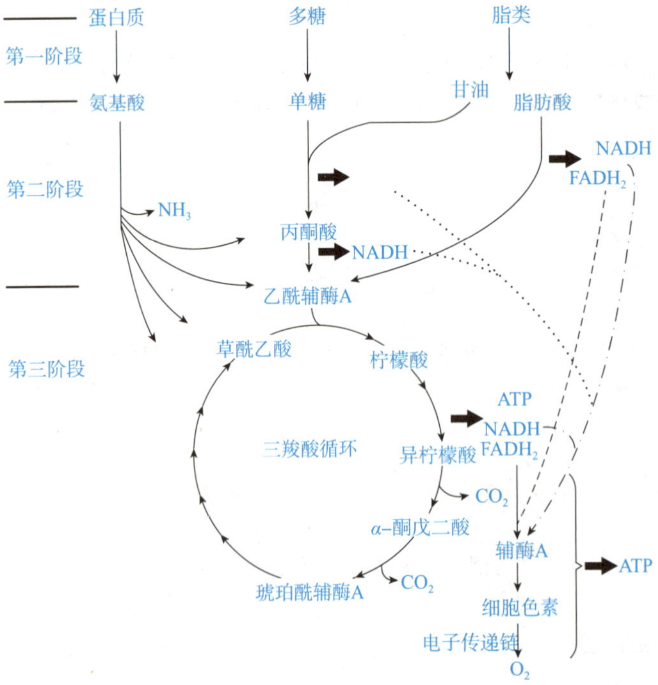

图 7-1 分解代谢的三个阶段

> **小贴士：** 在分解代谢中，起捕获和储存能量作用的分子是腺嘌呤核苷三磷酸，简称腺苷三磷酸（ATP）。ATP 是由腺苷二磷酸（ADP）和无机磷酸合成的。它们广泛存在于生物体的各个细胞内，起着传递能量的作用，因此又称为能量传递系统。

会产生一些能量（ATP）和还原力（NADH、$FADH_2$）；第三阶段是通过三羧酸循环将第二阶段产物完全降解生成 CO_2，并产生 ATP、NADH 及 $FADH_2$。第二阶段和第三阶段产生的 ATP、NADH 及 $FADH_2$ 通过电子传递链被氧化，可产生大量的 ATP。

2. 合成代谢

合成代谢是指细胞利用简单的小分子物质合成复杂大分子的过程（图 7-2），在这个过程中要消耗能量。合成代谢所利用的小分子物质来源于分解代谢过程中产生的中间产物或环境中的小分子营养物质。

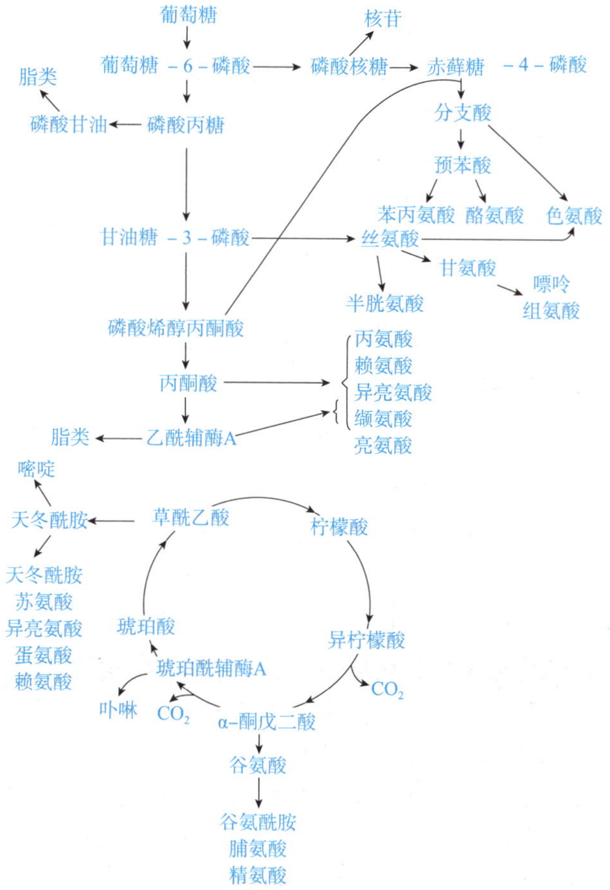

图 7-2　合成代谢示意

3. 能量与代谢的关系

分解代谢和合成代谢所包括的物质转化，都属于**物质代谢**；以物质代谢为基础，并与物质代谢过程伴随发生的，就是蕴藏在化学物质中的能量转化，统称为**能量代谢**。由于一切生命活动都需要提供能量，都是耗能反应，能量代谢就成了新陈代谢中的核心问题。研究能量代谢的根本目的就是追踪生物体如何将外界环境中的多种形式的最初能源转换成一切生命活动都能利用的通用能源（ATP）的过程（图 7-3）。

微生物新陈代谢的本质与其他生物存在高度统一性，也有着明显的多样性或特殊性。在代谢过程中，微生物通过分解代谢产生化学能，这些能量除用于合成代谢外，还可用于微生物的运动和营养物质的运输，另有一部分能量则以废弃物的形式释放到环境中。微生物产生和利用能量及其与代谢的关系示意如图 7-4 所示。

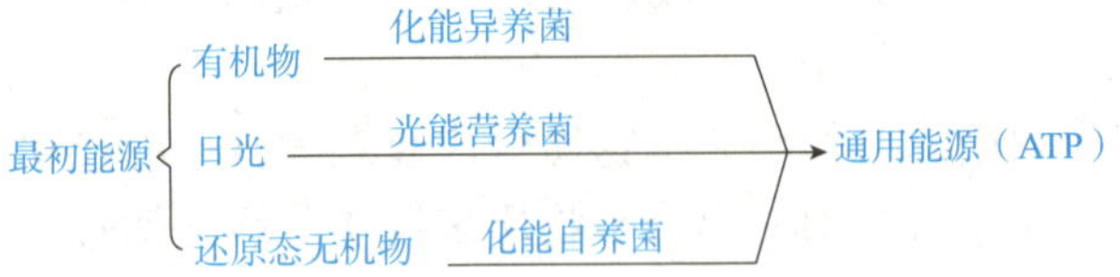

图 7-3　微生物将最初能源转化为通用能源（ATP）示意

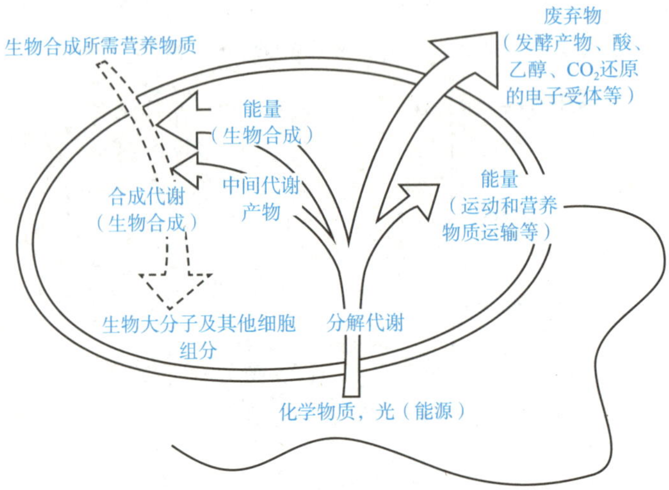

图 7-4　微生物产生和利用能量与其与代谢的关系示意

知识点【7-2】微生物的产能代谢

细胞的生物氧化——呼吸作用

有机分子在细胞内氧化分解成二氧化碳和水，并释放出能量形成 ATP 的过程，笼统地称为**生物氧化**。分解代谢实际上就是物质在生物体内经过一系列连续的氧化还原反应，逐步分解并释放能量的过程，这个过程也称为**生物氧化**，即发生在活细胞内的一系列产能性氧化反应的总称，是一个**产能代谢**过程。概括来讲，生物氧化的形式包括某物质与氧结合、脱氢和失去电子 3 种。生物氧化的过程可分为脱氢（或电子）、递氢（或电子）和受氢（或电子）3 个阶段。生物氧化的功能主要有产能（ATP）、产还原力 [H] 和产小分子中间代谢物 3 种。生物氧化的类型主要有呼吸、无氧呼吸和发酵 3 种。在真核生物细胞内，生物氧化主要在线粒体内进行，原核生物则在细胞膜上进行。不同类型的微生物，进行生物氧化所利用的物质是不同的，如异养微生物利用有机物通过生物氧化来进行产能代谢，自养微生物则利用无机物通过生物氧化来进行产能代谢。

1. 异养微生物的生物氧化和产能过程

（1）底物脱氢的 4 条途径。

1）EMP 途径（Embden-Meyerhof-Parnas pathway）。EMP 途径又称糖酵解途径（Glycolysis）或己糖二磷酸途径。整个 EMP 途径大致可分为两个阶段（图 7-5）。第一阶段可认为是不涉及氧化还原反应及能量释放的准备阶段（耗能），只是生成两分子的主要中间代谢产物即甘

油醛 -3- 磷酸；第二阶段是发生氧化还原反应（产能），合成 ATP 并生成两分子的丙酮酸。

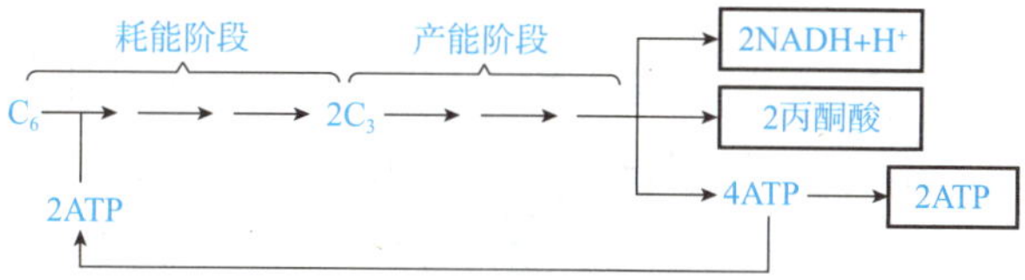

图 7-5　EMP 途径简图

注：C_6 为葡萄糖，C_3 为甘油醛 -3- 磷酸

EMP 途径的总反应式如下：

$$C_6H_{12}O_6 + 2NAD^+ + 2ADP + 2Pi \longrightarrow 2CH_3COCOOH + 2NADH + 2H^+ + 2ATP + 2H_2O$$

EMP 途径在微生物生命活动中的重要意义在于：一是供应 ATP 形式的能量和还原力（$NADH_2$）；二是作为连接其他几个重要代谢的桥梁（TCA 循环、HMP 途径、ED 途径）；三是为合成代谢提供多种中间代谢物（碳骨架）；四是通过逆向反应可进行多糖合成；五是在生产实践中，与乙醇发酵、乳酸发酵、甘油发酵、丙酮发酵、丁醇发酵等的发酵生产关系密切。

2）HMP 途径（又称磷酸戊糖途径、磷酸己糖途径）。HMP 途径简要概述为葡萄糖不经过 EMP 途径和 TCA 循环就可以被彻底氧化，并产生大量的还原力（$NADPH+H^+$）和多种重要的中间代谢产物（图 7-6）。

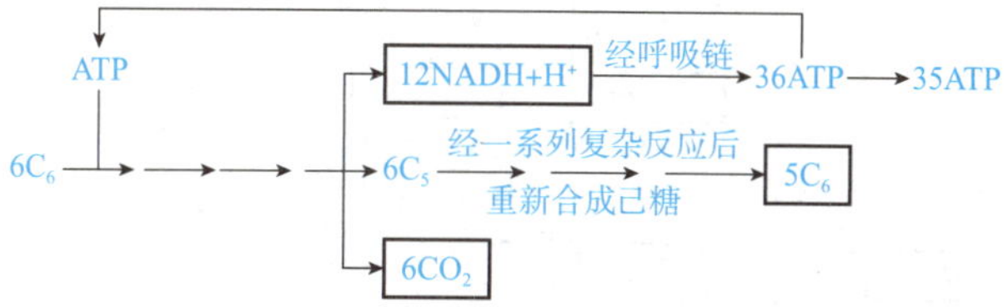

图 7-6　HMP 途径简图

注：C_6 为己糖或己糖磷酸，C_5 为核酮糖 -5- 磷酸

HMP 途径的总反应式如下：

$$6(6\text{-磷酸葡糖}) + 12NADP^+ + 7H_2O \longrightarrow 5(6\text{-磷酸葡糖}) + 12NADPH + 12H^+ + 6CO_2 + Pi$$

一般认为 HMP 途径不是产能途径，而是为生物合成提供大量的还原力和中间代谢产物。其在微生物生命活动中的重要意义在于：一是供应合成原料，提供戊糖 -P、赤藓糖 -P；二是产生大量 $NADPH_2$ 形式的还原力；三是自养微生物固定 CO_2 的重要中介（核酮糖 - ⑤ -P 在羧化酶的催化下固定 CO_2，并形成核酮糖 -1，5- 二磷酸）；四是为微生物利用 $C_3 \sim C_7$ 多种碳源提供了必要的代谢途径；五是通过连接 EMP 途径，为生物合成提供更多的戊糖；六是可以提供许多重要的发酵产物（核苷酸、氨基酸、辅酶、乳酸等）。

3）ED 途径（Entner–Doudoroff pathway）。ED 途径又称 2- 酮 -3- 脱氧 -6- 磷酸葡糖（KDPG）途径。最初由恩特纳和杜多罗夫于 1952 年在 *Pseudomonas saccharophila*（嗜糖假单胞菌）中发现，故名 ED 途径。ED 途径可不依赖于 EMP 和 HMP 途径而单独存在，是少数缺乏完整 EMP 途径的微生物的一种替代途径，存在于多种细菌中，在革兰氏阴性菌中分布较广。ED 途径可简要概括为一分子葡萄糖经 ED 途径最后生成两分子丙酮酸、一分子 ATP、一分子 NADH 和 NADPH（图 7-7）。

ED 途径的总反应式如下：

$$C_6H_{12}O_6 + ADP + Pi + NADP^+ + NAD^+ \longrightarrow 2CH_3COCOOH + ATP + NADPH + H^+ + NADH + H^+$$

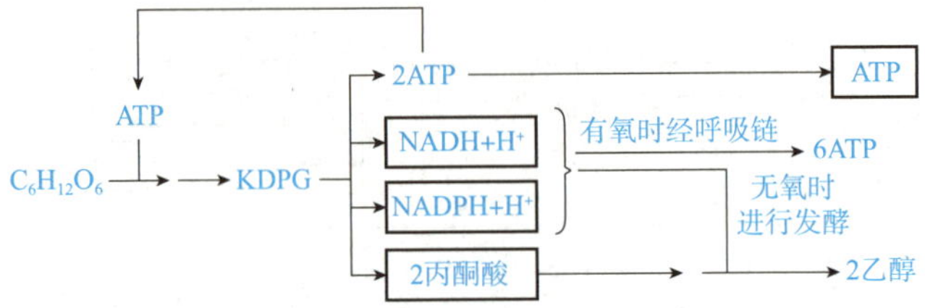

图 7-7　ED 途径简图

ED 途径在微生物生命活动中的重要意义在于：一是可与 EMP、HMP、TCA 循环等代谢途径相连，可相互协调，满足微生物对能量、还原力和不同中间代谢产物的需要；二是细菌乙醇发酵的主要途径（细菌乙醇的发酵相比传统酵母乙醇发酵有较多的优点，如代谢快、产物转化率高、副产物少、发酵温度较高及不需要定期供氧等）。

4）TCA 循环（Tricarboxylic Acid Cycle）。TCA 循环即三羧酸循环，又称 Krebs 循环或柠檬酸循环，是指由丙酮酸经过一系列循环式反应而彻底氧化、脱羧，形成 CO_2、H_2O 和 $NADH_2$ 的过程（图 7-8）。在各种好氧微生物中都存在 TCA 循环。真核微生物存在于线粒体中，原核

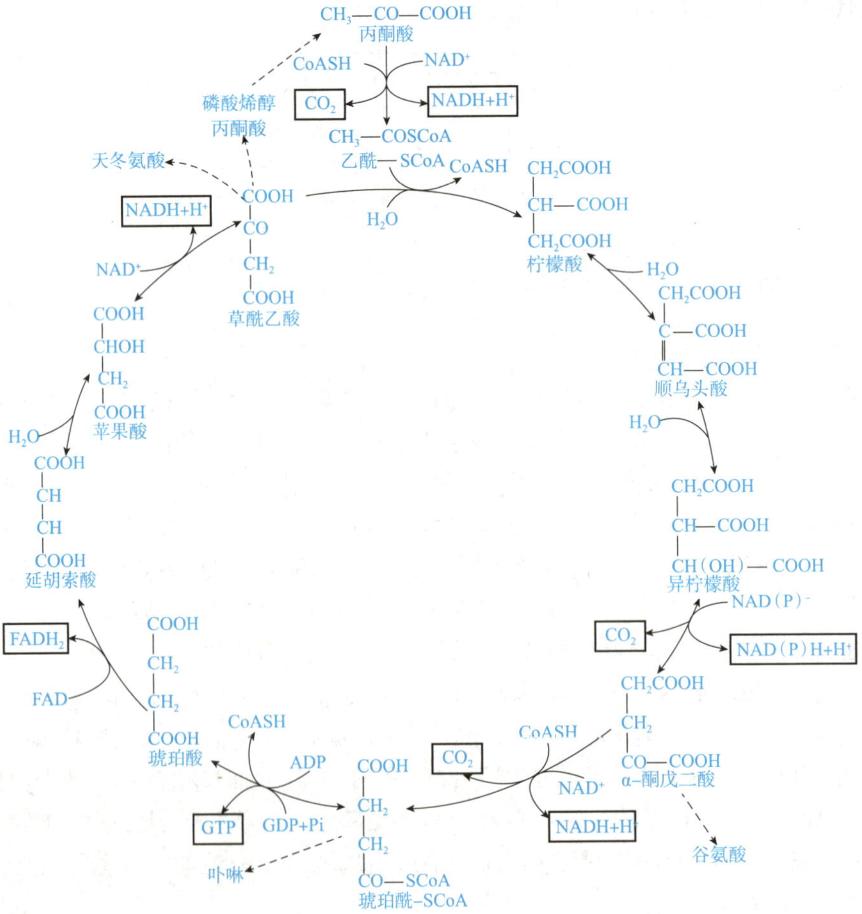

图 7-8　TCA 循环

生物在细胞质中。其特点是氧虽不直接参与其中反应，但必须在有氧条件下运转（因 NAD^+ 和 FAD 再生时需要氧）；每个丙酮酸分子可产生 4 个 $NADH + H^+$、1 个 $FADH_2$ 和 1 个 GTP，总共相当于 11.5 个 ATP，因此产能效率较高；TCA 位于一切分解代谢和合成代谢的枢纽地位，不仅可为微生物的生物合成提供各种碳架原料，还与人类的发酵生产密切相关（图 7–9）。

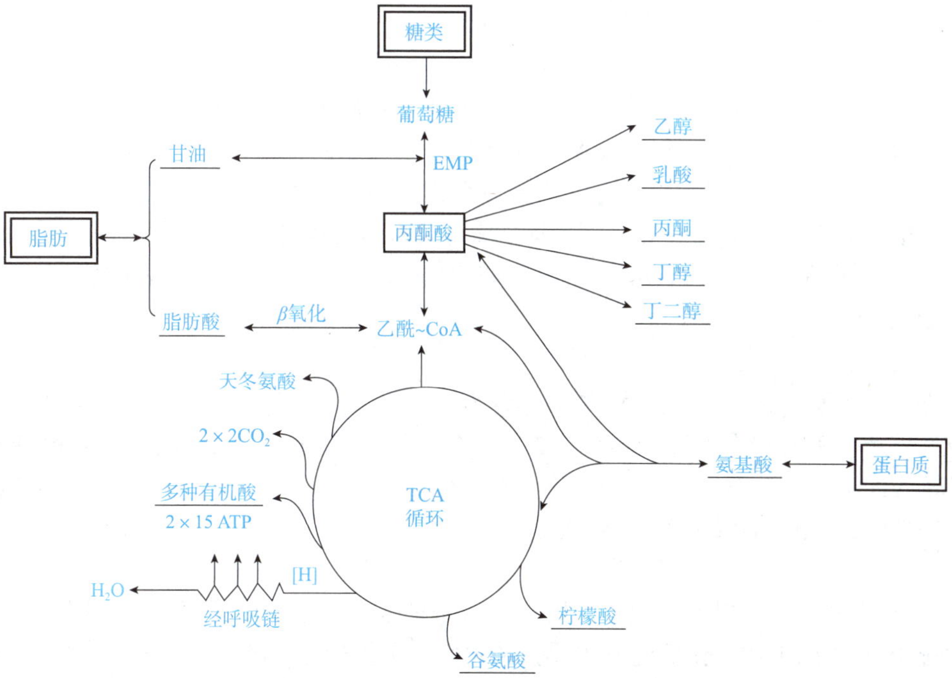

图 7–9　TCA 循环在微生物分解代谢与合成代谢中的枢纽地位

注：双框表示主要营养物质，单框表示主要中间代谢产物，划线表示重要发酵产物

葡萄糖经不同脱氢途径后的产能效率对比见表 7–1。

表 7–1　葡萄糖经不同脱氢途径后的产能效率地比

产能形式		EMP	HMP	ED	TCA
底物水平	ATP	2	—	1	2
	GTP	—	—	—	2（相当于 2ATP）
$NADH+H^+$		2（相当于 5ATP）	—	1（相当于 2.5ATP）	—
$NADPH+H^+$		—	12（相当于 30ATP）	1（相当于 2.5ATP）	2+8※（相当于 25ATP）
$FADH_2$		—	—	—	2（相当于 3ATP）
净产 ATP		7	29※※	6	30 ～ 32※※※

※ 在 TCA 循环的异柠檬酸至 α－酮戊二酸反应中，有的微生物（如细菌）产生的是 $NADPH+H^+$；

※※ 因为在葡萄糖变成葡糖 –6– 磷酸过程中消耗 1ATP，故净产 29ATP；

※※※ 在原核生物中，因呼吸链组分在细胞膜上，故产 32 个 ATP；而真核生物的呼吸链组分在线粒体膜上，$NADH+H^+$ 进入线粒体时要消耗 2ATP，故最终只产 30 个 ATP。

小资料

底物水平磷酸化和氧化磷酸化

在产能代谢过程中，微生物通过底物水平磷酸化和氧化磷酸化将某种物质由于氧化而释放出的能量储存于 ATP 等高能分子中。

1. 底物水平磷酸化

物质在生物氧化过程中，常生成一些含有高能键的化合物，而这些化合物可直接偶联 ATP 或 GTP 的合成，这种产生 ATP 等高能分子的方式称为底物水平磷酸化。底物水平磷酸化既存在于发酵过程，也存在于呼吸作用过程中。例如，在 EMP 途径中，1，3-二磷酸甘油酸转变为 3- 磷酸甘油酸及磷酸烯醇式丙酮酸转变为丙酮酸的过程中都分别偶联一分子 ATP 的形成；在三羧酸的循环过程中，琥珀酰辅酶 A 转变为琥珀酸时偶联一分子 GTP 的形成。

2. 氧化磷酸化

物质在生物氧化过程中形成 NADH 和 $FADH_2$，可通过位于真核微生物的线粒体内膜和原核生物质膜上的电子传递系统将电子传递给氧或其他氧化型物质，并在这个过程中偶联 ATP 的合成，这种产生 ATP 的方式便称为氧化磷酸化。一分子 NADH 和 $FADH_2$ 可分别产生 2.5 个 ATP 和 1.5 个 ATP。

（2）递氢和受氢。根据氧化还原反应递氢特别是最终电子（氢）受体的不同，可将微生物细胞内发生的生物氧化反应分成呼吸和发酵两种类型，而呼吸又可分为有氧呼吸和无氧呼吸两种方式（图 7-10）。

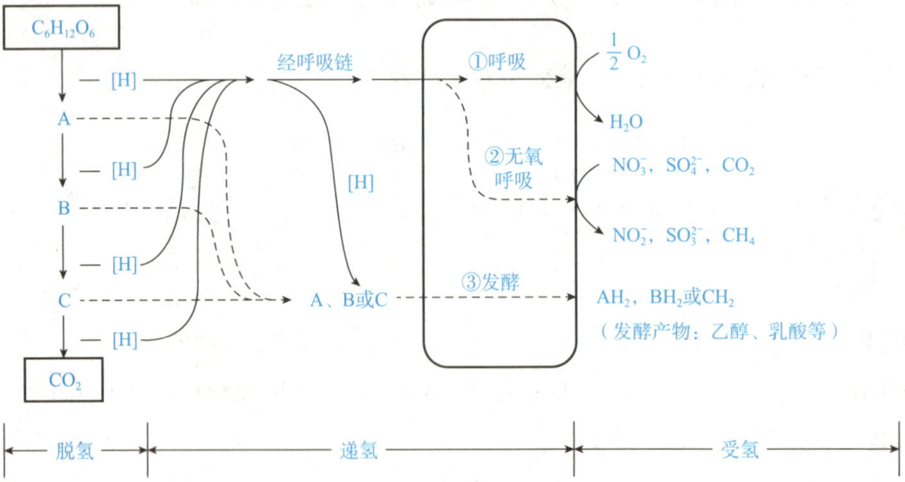

图 7-10 呼吸、无氧呼吸和发酵示意

1）呼吸（又称有氧呼吸）。在呼吸作用中，以分子氧作为最终电子受体的称为有氧呼吸，是一种最普遍又重要的生物氧化或产能方式。在有氧呼吸的过程中，丙酮酸进入 TCA 循环，被彻底氧化生成 CO_2 和 H_2O 并释放出大量的能量。其特点是底物脱氢（以还原力

[H] 形式存在）后，[H] 经完整的呼吸链（图 7–11）进行传递，最终与外源分子氧结合，产生 H_2O 并释放 ATP。

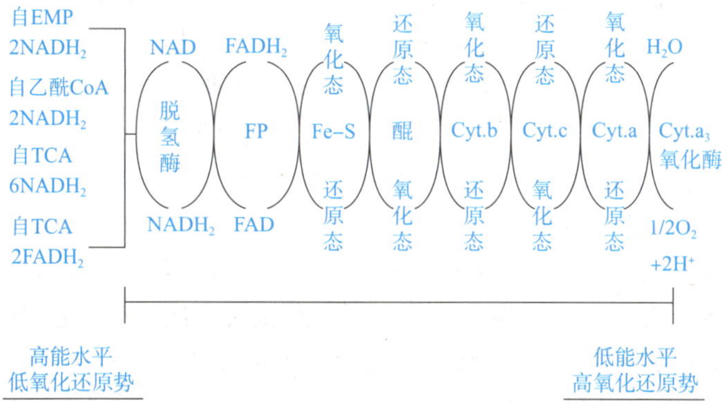

图 7–11　呼吸链

呼吸链（Respiratory Chain，RC）又称电子传递链（Electron Transport Chain，ETC），是指位于原核生物细胞膜上或真核生物线粒体膜上的、由一系列氧化还原电势呈梯度差的、链状排列的一组氢（或电子）传递体（图 7–11）。其功能是把氢或电子从低氧化还原势的化合物处逐级传递给高氧化还原势的分子氧或其他无机、有机氧化物，并使它们还原。在电子传递过程中，通过与氧化磷酸化反应偶联，产生 ATP，称氧化磷酸化。

呼吸链的组成成分及其顺序为：

NAD（P）→ FP → Fe–S → CoQ → Cyt · b → Cyt · c → Cyt · a → Cyt · a_3。

视野窗

系统观念，秩序思维

电子传递系统和 ATP 合成

呼吸链中电子传递过程给我们的启示

电子传递链带给我们的启示：“万物皆有序”。呼吸链中的电子传递体有序排列，相互联系，组成一个传递电子的系统，依次按照氧化还原电势从低到高进行电子的传递，最终促使 ATP 的合成。可以看出，高度有序，不仅是生物信息高效处理和传递的“捷径”，而且体现在学习和工作上，也是建立知识信息有序连接的能力。一个系统内的有序代表了高效，稳定可控；无序则代表了消耗，低效失控。因此，学习贵在坚持系统观念，建立秩序思维，而“有序”就是学习力，即养成良好的学习习惯。

2）无氧呼吸。在呼吸作用中，以氧化型化合物作为最终电子受体的称为无氧呼吸（Anaerobic Respiration）。无氧呼吸的最终电子受体不是氧，而是 NO_3^-、NO_2^-、SO_4^{2-}、CO_2 等外源受体。无氧呼吸也需要细胞色素等电子传递体，并在能量分级释放过程中伴随有磷酸化作用，也能产生较多的能量用于生命活动。但由于部分能量随电子转移传递给最终电子受体，产生的能量不如有氧呼吸产生的能量多。

3）发酵。发酵（Fermentation）是指微生物细胞将有机物氧化释放的电子直接交给底物本身未完全氧化的某种中间产物，同时释放能量并产生各种不同的代谢产物。在发酵条件下，有机化合物只是部分地被氧化，因此，只释放出一小部分的能量。发酵过程的氧化是与有机物的还原偶联在一起的。被还原的有机物来自初始发酵的分解代谢，即不需要外界提供电子受体。在发酵过程中，葡萄糖经过糖酵解作用形成的丙酮酸在厌氧条件下转变成不同的发酵产物。发酵的种类有很多，可发酵的底物有糖类、有机酸、氨基酸等，其中以微生物发酵葡萄糖最为重要。下面简要介绍一些发酵类型。

①乙醇发酵。目前发现多种微生物可以发酵葡萄糖产生乙醇。能进行乙醇发酵的微生物包括酵母菌、根霉、曲霉和某些细菌。例如，酿酒酵母（*Saccharomyces cerevisiae*）可将葡萄糖经 EMP 途径降解为两分子丙酮酸，然后丙酮酸脱羧生成乙醛，乙醛发酵生成乙醇。运动发酵单胞菌（*Zymomonas mobilis*）和厌氧发酵单胞菌（*Z. anaerobic*）可以利用 ED 途径分解葡萄糖为丙酮酸，最后得到乙醇。

②乳酸发酵。根据产物的不同，乳酸发酵可分为同型乳酸发酵和异型乳酸发酵。

a. 同型乳酸发酵。同型乳酸发酵的过程是葡萄糖经 EMP 途径降解为丙酮酸，丙酮酸在乳酸脱氢酶的作用下被 NADH 还原为乳酸。由于终产物只有乳酸一种，故称为同型乳酸发酵。能进行同型乳酸发酵的微生物有德氏乳杆菌（*Lactobacillus delbruckii*）、嗜酸乳杆菌（*L.acidophilus*）、乳酸乳球菌（*Lactococcus lactis*）、粪肠球菌（*Enterococcus faecalis*）等。同型乳酸发酵的总反应式如下：

$$C_6H_{12}O_6+2ADP+2Pi \rightarrow 2\text{乳酸}+2ATP$$

b. 异型乳酸发酵。异型乳酸发酵是指葡萄糖经发酵后除主要产生乳酸外，还产生乙醇、乙酸和 CO_2 等多种产物的发酵。例如，在肠膜明串珠菌（*Leuconostoc mesenteroides*）中，利用 HMP 途径分解葡萄糖，产生甘油醛 -3- 磷酸和乙酰磷酸，其中甘油醛 -3- 磷酸进一步转化为乳酸。异型乳酸发酵的总反应式如下：

$$C_6H_{12}O_6+ADP+Pi \rightarrow 1\text{乳酸}+\text{乙醇}+CO_2+ATP$$

③丙酸发酵。许多厌氧菌可进行丙酸发酵，如谢氏丙酸杆菌（*Propionibacterium shermanii*）。葡萄糖经 EMP 途径分解为两个丙酮酸后，再被转化为丙酸。少数丙酸细菌还能将乳酸（或利用葡萄糖分解而产生的乳酸）转变为丙酸。

④丁酸发酵。某些专性厌氧菌，如梭菌属（*Clostridium*）、丁酸弧菌属（*Butyrivibrio*）、真杆菌属（*Eubacterium*）和梭杆菌属（*Fusobacterium*），能进行丁酸与丙酮 - 丁醇发酵。在发酵过程中，葡萄糖经 EMP 途径降解为丙酮酸，然后在丙酮酸 - 铁氧还蛋白酶的参与下，将丙酮酸转化为乙酰辅酶 A，乙酰辅酶 A 再经一系列反应生成丁酸或丁醇和丙酮。

⑤混合酸发酵。埃希氏菌属（*Escherichia*）、沙门氏菌属（*Salmonella*）和志贺氏菌属（*Shigella*）中的一些细菌，能够利用葡萄糖进行混合酸发酵。先通过 EMP 途径将葡萄糖分解为丙酮酸，然后由不同的酶系将丙酮酸转化成不同的产物，如乳酸、乙酸、甲酸、乙醇、CO_2 和氢气，还有一部分磷酸烯醇式丙酮酸用于生成琥珀酸；而肠杆菌属（*Enterobacter*）、欧文氏菌属（*Erwinia*）中的一些细菌，能将丙酮酸转变成乙酰乳酸，乙酰乳酸经一系列反应生成丁二醇。由于这类肠杆菌还具有丙酮酸 - 甲酸裂解酶、乳酸脱氢酶等，其最终产物还有甲酸、乳酸、乙醇等。

小资料

与发酵有关的一些重要的鉴定反应

V.P. 试验（Vogos-Prouskauer Test）： 产气肠杆菌产 2，3- 丁二醇比较多，碱性条件下可氧化为二乙酰，再与肌酸或胍类衍生物缩合成红色物质，即 V. P. 反应阳性，若加入 α-萘酚、肌酸，可促进反应。大肠杆菌不产生或少产生 2，3- 丁二醇，V. P. 反应阴性。

甲基红（M.R）反应： 大肠杆菌产酸多，使 pH 值降至 4.2，甲基红由黄变红，反应阳性。产气肠杆菌产 2，3- 丁二醇，产酸少（pH 值为 5.3），甲基红反应阴性。另外，甲酸只在碱性环境下积累（pH 值为 7.3），当 pH 值在 6.2 以下时不产甲酸，$HCOOH \rightarrow CO_2+H_2$。甲酸脱氢酶与氢化酶联合作用。伤寒杆菌无甲酸脱氢酶，只产酸不产气。

吲哚试验： 有些细菌可以分解色氨酸生成吲哚，可以与二甲基氨基苯甲醛反应生成红色的玫瑰吲哚，因此，可根据细菌能否分解色氨酸产生吲哚来鉴定菌种。

硫化氢试验： 许多细菌能分解含硫氨基酸（胱氨酸、半胱氨酸）而产生硫化氢，硫化氢与培养基中的铅盐或铁盐反应，形成黑色沉淀硫化铅或硫化铁，即为硫化氢试验阳性，该试验常用于区别肠杆菌种类。

2. 自养微生物产能代谢过程

自养微生物可通过无机物或光能获得能量，然后同化合成细胞物质。可以从氧化无机物获得能量的微生物即化能自养微生物，它们在无机物氧化过程中通过氧化磷酸化产生 ATP。能够利用日光辐射能的微生物即光能自养微生物，其获得 ATP 是通过光合磷酸化、非循环光合磷酸化或紫膜光合磷酸化产生的。

（1）化能自养微生物。

1）氨的氧化。NH_3 与亚硝酸（NO_2^-）是可以当作能源使用的最普通的无机氮化合物，能被硝化细菌所氧化。硝化细菌可分为亚硝化细菌和硝酸化细菌两个亚群。氨氧化为硝酸的过程可分为两个阶段，先由亚硝化细菌将氨氧化为亚硝酸，再由硝酸化细菌将亚硝酸氧化为硝酸。由氨氧化为硝酸是通过这两类细菌依次进行的。硝化细菌都是一些专性好氧的革兰氏阳性细菌，以分子氧为最终电子受体，且大多数是专性无机营养型，分布非常广泛。

2）硫的氧化。硫杆菌能够利用一种或多种还原态或部分还原态的硫化合物（包括硫化物、元素硫、硫代硫酸盐、多硫酸盐和亚硫酸盐）作为能源。H_2S 首先被氧化成元素硫，随后被硫氧化酶和细胞色素系统氧化成亚硫酸盐，放出的电子在传递过程中可以偶联产生 4 个 ATP。亚硫酸盐的氧化可分为两条途径：一是直接氧化成 SO_4^{2-} 的途径，由亚硫酸盐—细胞色素 c 还原酶和末端细胞色素系统催化，产生 1 个 ATP；二是经磷酸腺苷硫酸的氧化途径，每氧化 1 分子 SO_3^{2-} 便会产生 2.5 个 ATP。

3）铁的氧化。从亚铁到高铁状态的铁的氧化，对于少数细菌来说这也是一种产能反应，但这种氧化中只有少量能量可以被利用，如嗜酸性的氧化亚铁硫杆菌（*Thiobacillus ferrooxidans*）在低 pH 值环境中能利用亚铁在氧化时释放的能量生长、繁殖。

4）氢的氧化。氢细菌都是一些呈革兰氏阴性的兼性化能自养菌。它们能利用分子氢氧化产生的能量同化 CO_2，也能利用其他有机物生长。氢细菌的细胞膜上有泛醌、维生素 K_2

及细胞色素等呼吸链组分。在该细菌中，电子直接从氢传递给电子传递系统产生 ATP。在多数氢细菌中有两种与氢的氧化有关的酶：一种是位于壁膜间隙或结合在细胞质膜上的不需要 NAD^+ 的颗粒状氧化酶，它能够催化 $H_2 \rightarrow 2H^+ + 2e^-$ 反应，该酶在氧化氢并通过电子传递系统传递电子的过程中，可驱动质子的跨膜运输，形成跨膜质子梯度为 ATP 的合成提供动力；另一种是可溶性氢化酶，它能催化氢的氧化，使 NAD^+ 的还原反应所生成的 NADH 主要用于 CO_2 的还原。

（2）光能自养微生物。光合作用是自然界一个极其重要的生物学过程，其实质是通过光合磷酸化将光能转变成化学能，用来 CO_2 合成各种细胞物质。能进行光合磷酸化的微生物主要有藻类、蓝细菌和光合细菌（如紫色细菌、绿色细菌、嗜盐菌）等。它们利用光能维持生命，同时，也为其他生物（如动物和异养微生物）提供了赖以生存的有机物。

1）循环光合磷酸化。光合细菌主要通过循环光合磷酸化作用产生 ATP，这类细菌主要包括紫色硫细菌、绿色硫细菌、紫色非硫细菌和绿色非硫细菌。在光合细菌中，吸收光量子而被激活的细菌叶绿素释放出高能电子，使得细菌叶绿素分子带有正电荷。所释放出来的高能电子依次通过铁氧还蛋白、辅酶 Q、细胞色素 b 和 c，再返回到带正电荷的细菌叶绿素分子。在辅酶 Q 将电子传递给细胞色素 c 的过程中，造成了质子的跨膜移动，为 ATP 的合成提供了能量。在电子循环传递的过程中，光能转变为化学能，故称为循环光合磷酸化。循环光合磷酸化可在厌氧条件下进行，产物只有 ATP，没有 NADP(H)，也不产生分子氧。

2）非循环光合磷酸化。藻类、蓝细菌与光合细菌不同，它们含有两种类型的反应中心，即光合系统Ⅰ和光合系统Ⅱ，这两个系统偶联进行非循环光合磷酸化（图 7–12）。光合

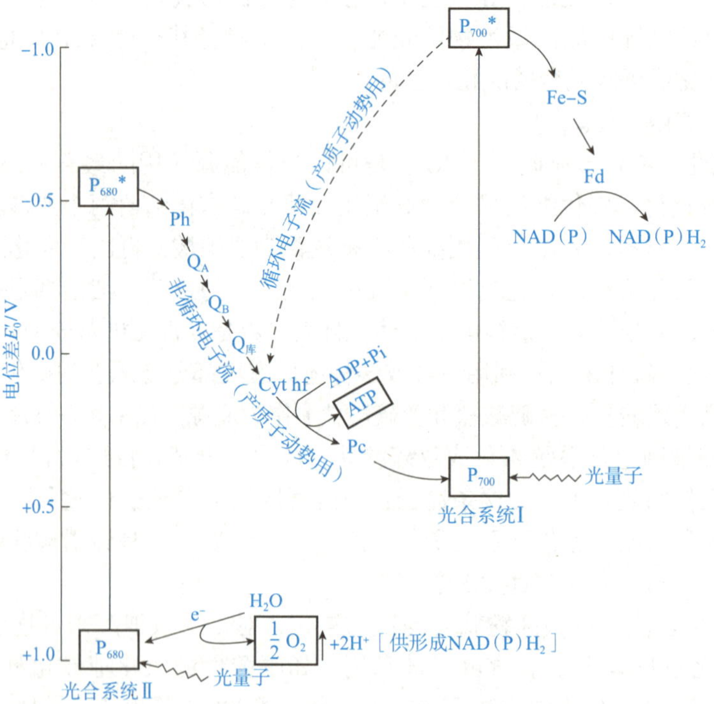

图 7–12　非循环光合磷酸化途径

注：P_{680}* 和 P_{700}* 为两种叶绿素的激发态；Ph 为褐藻素；Q 为泛醌；Pc 为质体蓝素；Fe–S 为非血红素铁硫蛋白；Fd 为铁氧还蛋白

系统Ⅰ中含叶绿素 a，反应中心的吸收光波为“P_{700}”，有利于红光的吸收。光合系统Ⅱ中含叶绿素 b，反应中心的吸收光波为“P_{680}”，有利于蓝光的吸收。叶绿素分子 P_{700} 吸收光后被激活，释放出一个高能电子，传递给铁氧还蛋白（Fd），并使其被还原。还原的铁氧还蛋白在 $NADP^+$ 还原酶的作用下，将 $NADP^+$ 还原为 NADPH。用以还原 P_{700} 的电子来源于光合系统Ⅱ。在光合系统Ⅱ中，叶绿素分子 P_{680} 吸收光子后，释放出一个高能电子。电子须经两个系统接力传递，先由光合系统Ⅱ将电子传递给辅酶 Q，再将其传递给光合系统Ⅰ，从而使 P700 还原。失去电子的 P_{680}，由水的光解产生的电子来补充。高能电子从辅酶 Q 到光合系统Ⅰ的过程中，可推动 ATP 的合成。有的光合细菌虽然只有一个光合系统，但也以非循环光合磷酸化的方式合成 ATP，如绿硫细菌和绿色细菌。

知识点【7-3】微生物的合成代谢

1. 自养微生物的 CO_2 固定

各种自养微生物在其生物氧化磷酸化、发酵和光合磷酸化中获取的能量主要用于 CO_2 的固定。在微生物中，CO_2 的固定途径有 4 条。

（1）Calvin 循环（Calvin Cycle，卡尔文循环）。Calvin 循环又称 Calvin-Benson 循环、Calvin-Bassham 循环、核酮糖二磷酸途径或还原性戊糖磷酸循环。这种循环是光能自养生物和化能自养生物固定 CO_2 的主要途径。核酮糖二磷酸羧化酶（简称 RuBisCO）和磷酸核酮糖激酶是本途径中两种特有的酶。能利用 Calvin 循环进行 CO_2 固定的微生物包括蓝细菌、多数光合细菌（光能自养型）和硫细菌、铁细菌、硝化细菌等（化能自养型）。

（2）厌氧乙酰 -CoA 途径（Activated Acytyl-CoA pathway）。厌氧乙酰 -CoA 途径又称活性乙酸途径（Activated Acetic Acid pathway）。这种非循环式的 CO_2 固定机制主要存在于一些产乙酸菌、硫酸盐还原菌和产甲烷菌等化能自养细菌中。

（3）逆向 TCA 循环（reverse TCA cycle）。逆向 TCA 循环又称还原性 TCA 循环，主要存在于 *Chlorobium*（绿菌属）的一些绿色硫细菌中，CO_2 固定通过逆向 TCA 循环进行。

（4）羟基丙酸途径（Hydroxy Propionate Pathway）。羟基丙酸途径只是少数绿色非硫细菌 *Chloroflexus*（绿弯菌属）在以 H_2 或 H_2S 为电子供体进行自养生活时所特有的一种 CO_2 固定机制。

2. 生物固氮

所有的生命都需要氮元素，氮的最终来源是无机氮。尽管氮气在大气中的占比为 79%，但所有的动植物及大多数微生物都不能利用分子态氮作为氮源。只有一些特殊类群的原核生物能够将分子态氮还原为氨，然后由氨转化为各种细胞物质。微生物将大气中的分子氮通过微生物固氮酶的催化而还原成氨的过程称为生物固氮。

目前已知的具有固氮作用的微生物是固氮菌（图 7-13），属于原核生物和古菌类，多达 200 余属（2006 年）。根据固氮微生物与高等植物及其他生物的关系，可以将它们分为好氧自生固氮菌、厌氧自生固氮菌和联合固氮菌三大类。好氧自生固氮菌以固氮菌属（*Azotobacter*）较为重要，固氮能力较强。厌氧自生固氮菌以巴氏固氮梭菌（*Clostridium pasteurianum*）较为重要，但固氮能力较弱。共生固氮菌中最为人们所熟知的是根瘤菌属（*Rhizobium*），它与其所共生的豆科植物有严格的种属特异性。另外，弗兰克氏菌属（*Frankia*）能与非豆科树

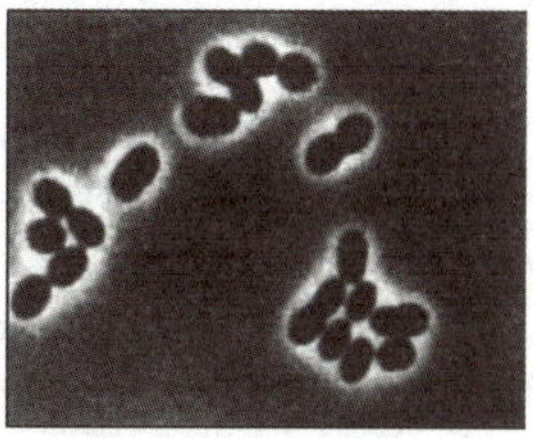

图 7-13　固氮菌

木共生固氮。联合固氮菌是指必须生活在植物根际、叶面或动物肠道等处才能进行固氮的微生物，如产脂固氮螺菌（*Azospirillum lipoferum*）等，它们在某些作物的根系黏膜鞘内生长发育，并将所固定的氮供给植物，但并不形成类似根瘤的共生结构。

视野窗

发现并命名“中华根瘤菌属”的微生物学家——陈文新

自信自立，不忘初心

第一个由中国学者发现并命名的根瘤菌属——陈文新

“一个人要想为社会做些事情并有所成就，首先要有强烈的爱国热忱。”——陈文新

我国微生物学家陈文新于1988年发现并命名的“中华根瘤菌属”（*Sinorhizobium*），是第一个由中国学者发现并命名的根瘤菌属，也成为当时世界已知的第四个根瘤菌属。后来，陈文新率领课题组又相继描述并发表了另一个新属——“中慢生根瘤菌属”（*Bradyrhizobium*）和15个新种，占1984年以来国际上所发表根瘤菌属的1/2，占种的1/3。

作为一名老党员，陈文新忘不了中华人民共和国成立前老百姓悲惨、屈辱的岁月；忘不了和母亲一样在当时受尽苦难的农民蹒跚在农田艰苦劳作的身影；更忘不了毛主席对农民的关注，对农业发展的高度重视。这些是她对祖国强烈的爱和矢志建设好祖国的责任心及战胜任何困难的动力源泉，是她宽厚大度、不计较个人名利得失，做到“安贫乐道”、不骄奢淫逸、不挥霍浪费的思想基础。

微生物能够在常温常压的条件下固氮，靠的是固氮酶的催化作用。固氮作用是一个耗能反应，固氮反应必须在有固氮酶和ATP的参与下才能进行（图7-14）。固氮酶的结构比较复杂，由铁蛋白和钼铁蛋白两个组分组成。每固定1 mol氮大约需要21 mol ATP，这些能量来自氧化磷酸化或光能磷酸化。另外，这个过程还需要一些特殊的电子传递体，其中主要的是铁氧还蛋白和含有FMN作为辅基的黄素氧还蛋白。铁氧还蛋白和黄素氧还蛋白的电子供体来自NADPH，受体是固氮酶。

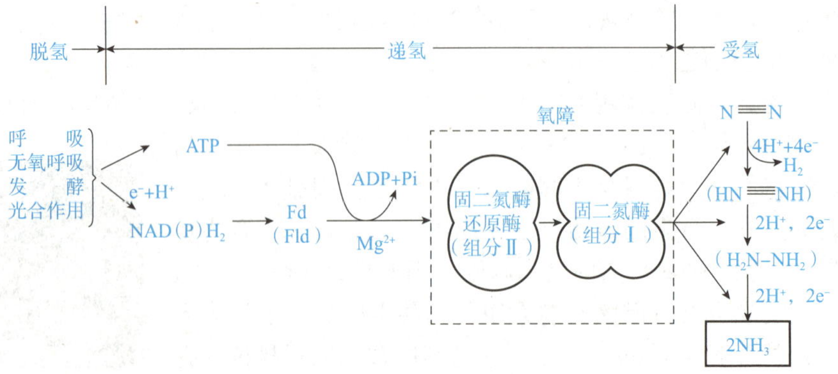

图7-14　生物固氮的生化途径

3. 微生物结构大分子的合成

（1）糖类的合成。微生物在生长过程中，除有分解糖类的能量代谢外，还要不断地从简单化合物合成糖类，以构成细胞生长所需要的单糖、多糖等。单糖在微生物中很少以游离形式存在，一般以多糖或多聚体的形式，或以少量的糖磷酸酯和糖核苷酸形式存在。单糖和多糖的合成对自养微生物和异养微生物的生命活动都十分重要。

微生物合成单糖的途径一般是通过 EMP 途径逆行合成 6– 磷酸葡萄糖，然后转化为其他的糖。因此，单糖合成的中心环节是葡萄糖的合成。但自养微生物和异养微生物合成葡萄糖的前体来源不同。自养微生物通过卡尔文循环可产生 3– 磷酸甘油醛，通过还原的羧酸环可得到草酰乙酸或乙酰辅酶 A。异养微生物可利用乙酸为碳源，经乙醛酸循环产生草酰乙酸；或利用乙酸、草酸、甘氨酸为碳源时通过甘油酸途径生成 3– 磷酸甘油醛；若以乳酸为碳源，可直接氧化成丙酮酸；也可将生糖氨基酸脱去氨基后，作为合成葡萄糖的前体使用。

微生物细胞内所含的多糖是一种多聚物，包括同多糖和杂多糖。同多糖是由相同单糖分子聚合而成的糖类，如糖原、纤维素等；杂多糖是由不同单糖分子聚合而成的糖类，如肽聚糖、脂多糖和透明脂酸等。多糖的合成不仅仅是分解反应的逆转，而是以一种核苷糖为起始物，然后糖单位逐个地添加在多糖链的末端。促进合成的能量是由核苷糖中高能糖 – 磷酸键水解得到。

（2）氨基酸的合成。在氨基酸的合成中，主要包含各氨基酸碳骨架的合成及氨基的结合。合成氨基酸的碳骨架来自糖代谢产生的中间产物。氨的来源有 4 条途径：直接从外界环境获得；通过体内含氮化合物的分解得到；通过固氮作用合成；由硝酸还原作用合成。另外，在合成含硫氨基酸时，还需要硫的供给。大多数微生物可从环境中吸收硫酸盐作为硫的供体，但由于硫酸盐中的硫是高度氧化状态的，而存在于氨基酸中的硫是还原状态的，所以无机硫要经过一系列的还原反应才能用于含硫氨基酸的合成。

4. 微生物次生代谢产物的合成

初生代谢产物是指微生物通过代谢活动所产生的、自身生长和繁殖所必需的物质。某些微生物在代谢过程中除产生其生命活动所必需的初生代谢产物和能量外，还会产生一些**次生代谢产物**，即微生物生长到一定阶段才产生的化学结构十分复杂、对该微生物无明显生理功能，或并非是微生物生长和繁殖所必需的物质。这些次生代谢产物除有利于微生物的生存外，还与人类的生产与生活密切相关，也是微生物学的一个重要研究领域，如抗生素可以杀菌或抑菌，激素可以影响动植物的生长发育，微生物产生的色素（如红曲色素、β– 胡萝卜素等）在食品加工中得到了广泛应用。初生代谢产物与次生代谢产物之间的异同见表 7–2。

表 7–2　初生代谢产物与次生代谢产物之间的异同

项目	初生代谢产物	次生代谢产物
生长繁殖是否必需	是	否
产生阶段	始终产生	生长到一定阶段后产生
菌种特异性	无	有

续表

项目	初生代谢产物	次生代谢产物
分布位置	细胞内	细胞内或细胞外
种类	氨基酸、核苷酸、脂肪酸、维生素、蛋白质、酶类、多糖、低级有机酸、低级有机醇	抗生素、激素、色素、毒素、生物碱

5. 微生物的代谢调节

无论是分解代谢还是合成代谢，代谢途径都是由一系列连续的酶促反应构成的，前一步反应的产物是后续反应的底物。细胞通过各种方式有效地调节相关的酶促反应，来保证整个代谢途径的协调性与完整性，从而使细胞的生命活动得以正常进行。微生物细胞内各种代谢反应虽然错综复杂，但是各个反应过程之间是相互制约、彼此协调的，可随环境条件的变化而迅速改变代谢反应的速度。微生物细胞的代谢调节主要有两种类型：一类是酶活性调节，调节的是已有酶分子的活性，这是在酶化学水平上发生的；另一类是酶合成的调节，调节的是酶分子的合成量，这是在遗传学水平上发生的。在细胞内，这两种方式协调进行。酶活性调节是指一定数量的酶，通过其分子构象或分子结构的改变来调节其催化反应的速率。这种调节方式可以使微生物细胞对环境变化做出迅速的反应。酶活性调节受多种因素的影响，如底物的性质和浓度、环境因子，以及其他酶的存在都有可能激活或控制酶的活性。酶合成的调节和酶活性的调节的比较见表 7–3。

表 7–3　酶合成的调节和酶活性的调节的比较

项目	酶合成的调节	酶活性的调节
调节对象	诱导酶的合成	酶的活性
调节机制	对基因表达的调控	以反馈的方式调节反应过程
特点	较慢	快速、精细
意义	避免物质和能量的浪费	避免代谢产物的积累

7.2　微生物的测量与生长规律

任何生物都有出生、发育、繁殖、衰老和死亡的过程，微生物也不例外。只是微生物的生长规律和动植物不同（动植物通常是个体生长），而微生物的生长通常是指群体生长。也就是说，人们肉眼看到或接触到的微生物已不是单个，而是成千上万个单个的微生物组成的群体。怎样才能知道人们培养的微生物“长大”了呢？微生物的“身高”和“体重”该怎样测量呢？微生物的生长规律具体如何呢？又有什么独特之处呢？研究微生物的生长规律对人们的生产实践有哪些指导意义呢？

知识点【7–4】微生物生长与繁殖的测量方法

1. 生长与繁殖

（1）生长。生长即个体生长，是指微生物细胞吸收营养物质，进行新陈代谢，当合成代谢大于分解代谢时，生命个体的质量和体积不断增大的过程。

（2）繁殖。繁殖即群体生长，是指微生物生长到一定阶段，通过特定方式产生新的生命个体，即引起生命个体数量增加的生物学过程。

从以上可以看出，微生物的生长与繁殖是两个不同但又相互联系的概念。生长是一个逐步发生的量变过程；繁殖是一个产生新的生命个体的质变过程。在高等生物中，这两个过程可以明显分开，但是，在低等特别是在单细胞的微生物中，由于个体微小，这两个过程是紧密联系、很难划分的过程。除特定的目的外，在微生物学的研究和应用中，只有群体的生长才具有意义。因此，在微生物学中，凡提到“生长”时，一般指群体生长，这一点与研究大生物时有所不同。

码上看

微生物生长与繁殖的测量方法

2. 微生物生长与繁殖的测量方法

微生物生长情况可以通过测生长量和计繁殖数两类方法来进行评价。

（1）测生长量。生长量是指单位时间内微生物质量上的变化。常用的直接测量方法有称干重法、测体积法；间接测量的方法有比浊法和生理指标法。

1）称干重法：是指将一定量菌液中的菌体通过离心法或过滤法分离出来，然后烘干、称重。微生物的干重一般为其湿重的 10%～20%。该法适合菌液浓度较高的样品，尤其较适用于丝状微生物的生长量的测定，对于细菌来说，一般较少使用。

2）测体积法（图 7–15）：在刻度离心管中进行离心，通过测定沉淀的多少来确定微生物的生长情况。

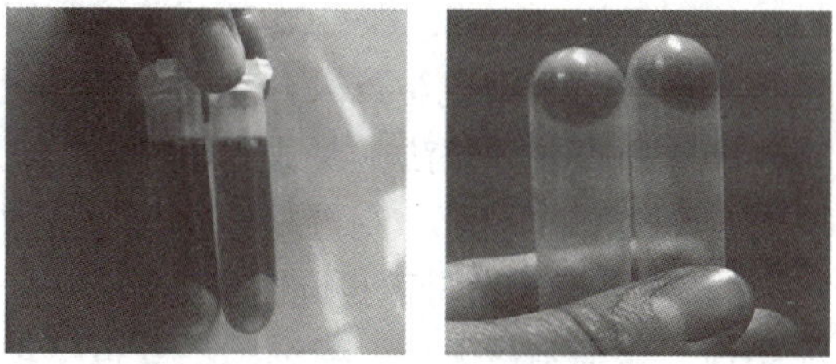

图 7–15　测体积法

3）比浊法：用光电比浊计［图 7–16（a）］或分光光度计对微生物悬浮液进行测定，在一定波长（450 ～ 650 nm 波段）下测定菌悬液的光密度（Optical Density，即 OD 值），就可反映出菌悬液的浓度。其原理是在一定范围内，菌悬液中的细胞浓度与混浊度成正比，即与光密度成正比，菌数越多，光密度越大。该法简便、迅速，但颜色太深的细菌或菌悬液中有其他物质时不能用此法测定，不能区分死活菌，且不同大小的菌体光密度值不同，所以，会出现误差。若要连续跟踪某一培养物的生长动态，可用带有侧臂的三角烧瓶［图 7–16（b）］作原位测定，即不必取样。

4）生理指标法：微生物的生理指标（如氮、碳、DNA、ATP 等物质的含量）、呼吸强度、耗氧量、酶活性、生物热等与其群体的生长成正相关。样品中微生物数量越多或生长越旺盛，这些指标越明显，因此，可以借助特定的仪器如瓦勃氏呼吸仪、微量量热计等设备来测定相应的指标，常用于对微生物的快速鉴定与检测。

（2）计繁殖数。计繁殖数（即计数法）是指单细胞微生物细胞个体数目的检测法。常用的直接计数法如血球计数板法；间接计数法如平板菌落计数法、膜过滤培养法、纸片法及用于厌氧菌的菌落计数的亨盖特滚管培养法、半固体深层琼脂法等。

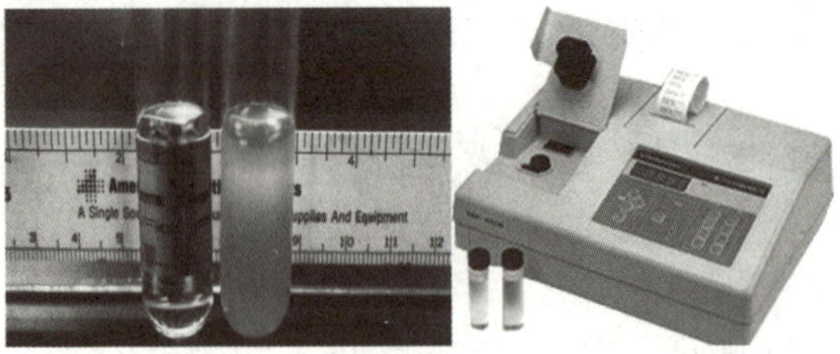

（a）

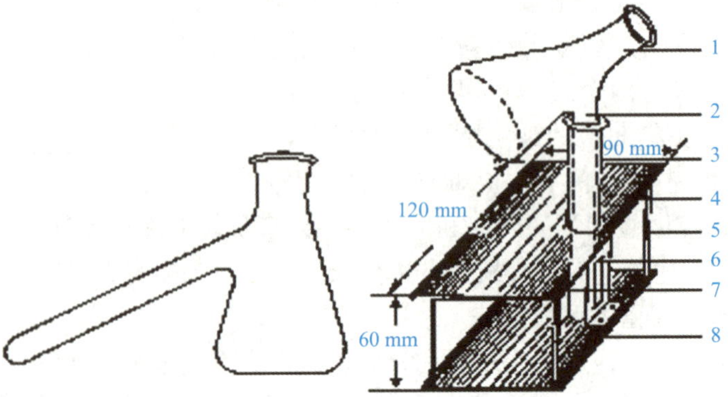

（b）

图 7-16　光电比浊计和侧臂三角烧瓶

（a）光电比浊计；（b）侧臂三角烧瓶

1—侧臂试管三角烧瓶；2—侧臂试管；3—侧臂试管插座；4—比色架面板；

5—连接螺线；6—比浊测定透光窗；7—光路开关孔；8—比色架底板

1）计数板直接计数法。计数板直接计数法是指采用计数板（细菌计数板或血球计数板，如图 7-17 所示），在显微镜下直接观察微生物细胞并进行计数的方法。采用特定的染色技术进行活菌染色，可以分别对活菌和死菌进行计数。其特点是简便、直接、快速、准确。计数板直接计数法主要适用于测定单细胞微生物（如细菌和酵母菌），而对于丝状微生物（如放线菌和霉菌），则可以计算其孢子数。

【举例】对于酵母菌可同时测定出芽率，或在菌悬液中加入少量美蓝，可以区分细胞是死是活。活细胞呈无色，死细胞呈蓝色。细菌经吖（a）啶橙染色后，在紫外光显微镜下可观察，活细胞呈现橙色荧光，死细胞呈现绿色荧光。

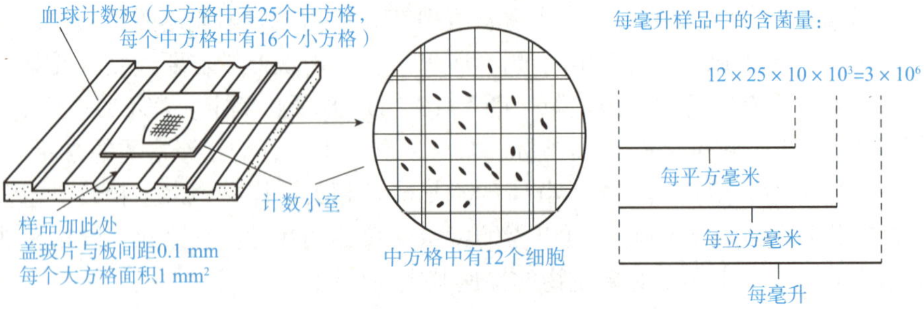

图 7-17　血球计数板及其计数原理

2）平板菌落计数法。平板菌落计数法是利用固体培养基上（内）形成菌落的计数法，是一种活菌计数法，可采用倾注平板法或涂布平板法进行（图 7–18）。其主要操作是将样品做一系列稀释后，取一定量的稀释液接种在固体培养基上进行培养，数出菌落数，即可计算出活菌数。此方法最为常用，但操作较为烦琐且要求操作者技术熟练。

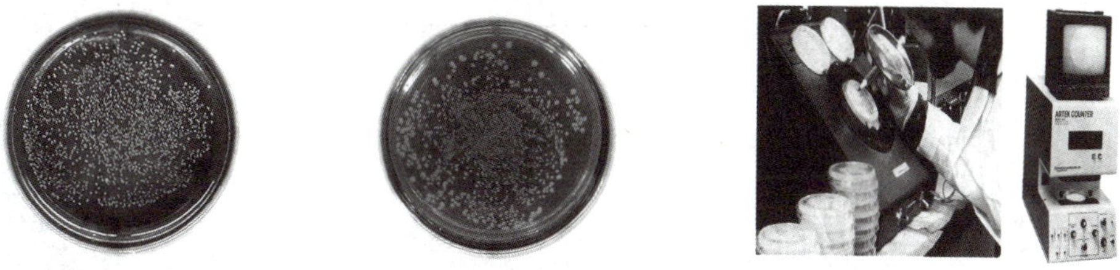

（a）　　（b）　　（c）

图 7–18　倾注平板法和涂布平板法平板菌落（左）与菌落计数（右）

（a）倾注平板法；（b）涂布平板法；（c）计数

【说明】一个菌落可能是由多个细胞一起形成，所以在科研中，一般用菌落形成单位（Colony Forming Units，CFU）来表示，而不是直接表示为细胞数。菌落形成单位数是指单位质量或体积样品在培养基上形成的菌落数。

3）检测纸片法（图 7–19）。检测纸片是一种微型、快速、商品化的用于菌落计数的小型纸片或密封琼脂板。其原理是利用加在培养基中的活菌指示剂 TTC（2，3，5- 氯化三苯基四氮唑），它可使菌落在很微小时就染成易于辨认的玫瑰色。

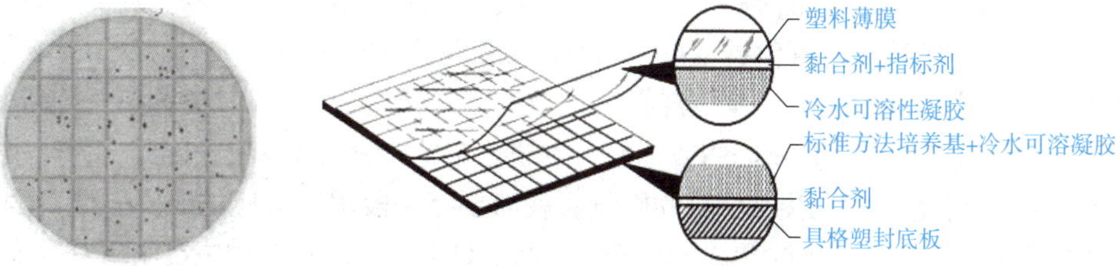

图 7–19　检测纸片及其结构

4）膜过滤法。当样品中菌数很低时，如湖水、海水或饮用水，可以将一定体积的对等样品通过膜过滤器，然后将膜转到相应的培养基上进行培养，最后对形成的菌落进行统计。

5）厌氧菌的菌落计数法。一般可用亨盖特滚管培养法进行。此方法所用的设备较复杂，技术难度很高。半固体深层琼脂法可测定双歧杆菌和乳酸菌等厌氧菌活菌数，详见知识点【8–3】。

知识点【7–5】微生物的典型生长曲线

定量描述液体培养基中微生物群体生长规律的试验曲线，称为生长曲线。当将少量纯种单细胞微生物接种到恒容积的液体培养基后，在适宜的温度、通气等条件下，该群体就会由小到大，发生有规律的增长。如果以细胞数目的对数值作纵坐标，以培养时间作横坐标，就可绘制出一条由延滞期、指数期、稳定期、衰亡期 4 个阶段组成的曲线，这条曲线即微生物的典型生长曲线（图 7–20）。其“典型”性是指它只适合单细胞微生物（如细菌或酵母菌），而对丝状生长的真菌或放线菌不适用，因为丝状微生物的细胞数目不呈几何级数增加，无指数生长期，一般只包括生长延滞期、快速生长期和生长衰退期 3 个时期。

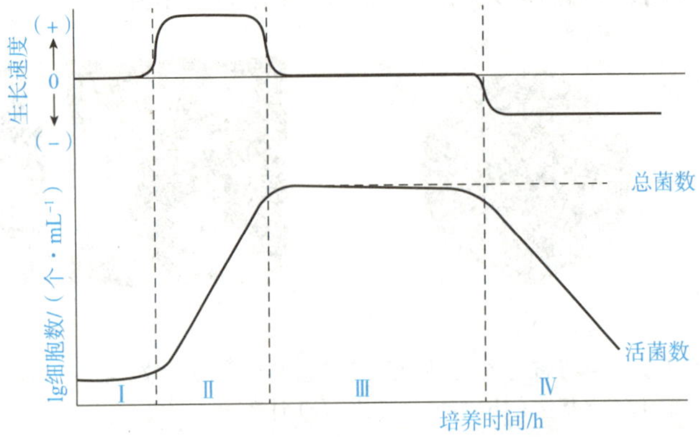

图 7-20　微生物的典型生长曲线

Ⅰ延滞期，Ⅱ指数期，Ⅲ稳定期，Ⅳ衰亡期

微生物的生长规律

1. 延滞期

（1）延滞期的特点。细菌接种到新鲜培养基而处于一个新的生长环境，因此，在一段时间内并不会马上分裂，细菌的数量维持恒定，或增加很少。此时，细胞生长速率常数［指微生物每小时分裂的次数（R）］为 0，细胞形态变大或增长，细胞内的 RNA，特别是 rRNA 的含量增高，合成代谢活跃（核糖体、酶类、ATP 合成加快），易产生诱导酶，对外界不良条件的反应敏感（如氯化钠浓度、温度、抗生素等理化因素）。

（2）延滞期产生的原因。产生延滞期的主要原因是微生物（种子）接种到一个新的环境，暂时还缺乏分解或催化有关底物的酶或辅酶，或缺乏充足的中间代谢物，因此，为产生诱导酶或合成有关的中间代谢物，以及足够的能量，就需要有一段用于适应的时间。或者因为“种子”老化或未充分活化，接种时造成的损伤等。影响延滞期时间长短的主要因素有以下几种：

1）接种龄。接种龄是指接种物或种子的生长年龄，即它生长到生长曲线上哪一阶段时可以用作种子。试验证明，如果以指数期接种龄的种子接种，则子代培养物的延滞期就短；反之，如果以延滞期或衰亡期的种子接种，则子代培养物的延滞期就长；如果以稳定期的种子接种，则子代培养物的延滞期居中。

2）接种量。接种量的大小明显影响延滞期的长短。一般来说，接种量大，延滞期则短；反之则长。因此，在发酵工业上，为缩短延滞期以缩短生产周期，通常采用较大的接种量（种子:发酵培养基 = 1 : 10，体积分数）。

3）培养基成分。接种到营养丰富的天然培养基中的微生物，要比接种到营养单一的组合培养基中的微生物延滞期短。所以，一般要求发酵培养基的成分与种子培养基的成分尽量接近，且应适当丰富一些。

4）种子损伤度。若用于接种的细胞曾被加热、辐射或被有毒物质损伤过，就会因修复损伤而延长延滞期。

（3）生产实践意义。在工业发酵和科研中，延滞期会增加生产周期而产生不利的影响，但也是必要的，因为在细胞分裂之前，合成细胞中的各成分也需要时间，应该采取一定的措施来缩短延滞期。

2. 指数期

指数期又称对数期，是指在生长曲线中，紧接着延滞期的一段细胞数目以几何级数增长的时期。

（1）指数期的特点。细菌经过延滞期进入指数生长期，并以最大的速率生长和分裂，导致细菌数量呈指数增加。该时期微生物细胞生长速率常数最大，代时（*G*，是指细胞每分裂一次所需要的时间）最短；细胞进行平衡生长，菌体大小、形态、生理特征等比较一致；酶系活跃，代谢最旺盛。

（2）影响指数期的主要因素。

1）菌种。不同菌种代时（*G*）的差别极大。不同微生物的代时见表 7–4。

表 7–4　不同微生物的代时

菌种	代时
Escherichia coli（大肠埃希氏菌）	12.5 ～ 17 min
Bacillus subtilis（枯草芽孢杆菌）	26 ～ 32 min
Lactobacillus acidophilus（嗜酸乳杆菌）	66 ～ 87 min
Streptococcues lactis（乳酸链球菌）	26 ～ 48 min
Staphylococcus aureus（金黄色葡萄球菌）	27 ～ 30 min
Mycobacterium tuberculosis（结核分枝杆菌）	792 ～ 932 min
Nitrobacter agilis（活跃硝化杆菌）	1 200 min
Azotobacter chroococcum（褐球固氮菌）	240 min
Rhizobium japonicum（大豆根瘤菌）	344 ～ 461 min
Anabaena cylindrica（柱孢鱼腥蓝细菌）	636 min
Treponema pallidum（梅毒螺旋体）	1 980 min
Saccharomyces cerevisiae（酿酒酵母）	120 min
Paramecium caudatum（尾状核草履虫）	10.4 h
Chlorella pyrenoidosa（蛋白核小球藻）	7.75 h

2）营养成分。同一种微生物，在营养丰富的培养基上生长时，其代时较短；反之则长（表 7–5）。

表 7–5　营养成分对微生物生长的影响

菌名	培养基	培养温度 /℃	代时 /min
Escherichia coli（大肠杆菌）	肉汤	37	17
	牛奶	37	12.5

续表

菌名	培养基	培养温度 /℃	代时 /min
Enterobacter aerogenes（产气肠杆菌）	肉汤或牛奶	37	16~18
	组合	37	29 ～ 44
Bacillus cereus（蜡样芽孢杆菌）	肉汤	30	18
Bacillus thermophilus（嗜热芽孢杆菌）	肉汤	55	18.3
Lactobacillus acidophilus（嗜酸乳杆菌）	牛奶	37	66 ～ 87
Streptococcus lactis（乳酸链球菌）	牛奶	37	26
	乳糖肉汤	37	48
Azotobacter chroococcum（褐球固氮菌）	葡萄糖	25	344 ～ 346
Mycobacterium tuberculosis（结核分枝杆菌）	组合	37	792 ～ 993
Nitrobacter agilis（活化硝化杆菌）	组合	27	1200

3）营养物质浓度。营养物质的浓度既可影响微生物的生长速率，又可影响它的生长总量。凡处于较低浓度范围内可影响生长速率和菌体产量的某营养物，就称为生长限制因子。

4）培养温度。温度对微生物的生长速率有明显的影响，如大肠杆菌在不同培养温度下代时也不同（表 7–6）。这一规律的发现对发酵实践和食品保藏以及夏天防止食物变质和食物中毒等都有重要的参考价值。

表 7–6　大肠杆菌在不同培养温度下的代时

温度 / ℃	代时 / min
10	860
15	120
20	90
25	40
30	29
35	22
40	17.5
45	20
47.5	77

（3）生产实践意义。指数期细菌的代谢活性、酶活性高而稳定，菌体形态、大小比较一致，生命力强，因而，这个时期的微生物在生产上被广泛用作“种子”，在科研上可以作为理想的试验材料。因此，在发酵工业上应尽量延长该期，可以获得更多的菌体。

3. 稳定期

（1）稳定期的特点。达到稳定期后，微生物的生长速度降低直至零，菌体产量达到了最高值，合成次生代谢产物（如抗生素），细胞内出现储藏物质（如糖原），芽孢杆菌内开始产生芽孢。

（2）稳定期产生的原因。稳定期产生的原因主要是营养物质的消耗、代谢产物的积累和 pH 值等环境条件的变化，逐步不适合微生物细胞的生长，从而导致生长速率降低直至零（即细菌分裂生成新细胞增加的数量等于细菌死亡细胞的数量）。

（3）生产实践意义。在生产实践中要适当延长稳定期，并使稳定期的活菌数达到最高并维持稳定。如及时采取措施，补充营养物质或取走代谢产物及改善培养条件；对好氧菌进行通气、搅拌或振荡等可以延长稳定期，获得更多的菌体物质或代谢产物。稳定期也是次生代谢产物的最佳收获期；是测定维生素、碱基、氨基酸等物质进行生物的最佳时期；通过对稳定期到来原因的研究，也促进了连续培养原理的提出和工艺、技术的创建。

4. 衰亡期

（1）衰亡期的特点。在衰亡期中，个体死亡的速度超过新生的速度，整个群体呈现负生长状态（R 为负值）。细胞形态发生多形化，例如，会发生膨大或不规则的退化形态；有的微生物因蛋白水解酶活力的增强而发生自溶；有的微生物在这一时期合成或释放抗生素等次生代谢产物。

（2）产生衰亡期的原因。产生衰亡期的原因主要是外界环境对菌体继续生长越来越不利，如营养物质耗尽和有毒代谢产物的大量积累等，从而引起细胞内的分解代谢大大超过合成代谢，继而导致菌体死亡。

（3）生产实践意义。在生产实践中，要注意监控衰亡期，在工业发酵中要尽量阻止衰亡期的到来，但出现衰亡期是不可避免的。一旦进入该时期，积累的微生物代谢毒物可能与代谢产物发生反应或影响产物的提纯。因此，必须在合适的时间结束发酵。

小测验 · 巩固新知

一、填空题

1. 微生物在其新陈代谢的本质上与其他生物一样存在高度的________，也有着明显的____________。

2. 不同类型微生物进行生物氧化所利用的物质是不同的，即异养微生物利用________，自养微生物则利用________，通过生物氧化来进行产能代谢。

3. 在真核生物的细胞内，生物氧化主要在________内进行，原核生物则在________上进行。

4. 根据氧化还原反应递氢特别是最终电子（氢）受体的不同，可将微生物细胞内发生的氧化反应分成________和________两种类型。

5. 化能自养微生物无机能源氧化过程中通过________产生通用能源 ATP。光合微生物则通过________将光能转变为化学能并储存于 ATP 中。

6. ________能够利用一种或多种还原态或部分还原态的硫化合物作能源。

7. 在微生物中，CO_2的固定有4条途径：Calvin循环、________、逆向TCA循环和________。

8. 目前已知的具有固氮作用的微生物即固氮菌都属于________和________。根据固氮微生物与高等植物及其他生物的关系，可以把它们分为________、________和________三大类。

9. 常用的测微生物生长量的方法有________、________、________和________。

10. 常用的微生物计繁殖数的方法有________、________、________、________及用于厌氧菌的菌落计数的________、________等。

11. 在微生物的典型生长曲线中，________的微生物在生产上被广泛地用作“种子”。________是次生代谢产物的最佳收获期。在芽孢杆菌中，通常在生长的________释放芽孢。

二、名词解释

1. 生物氧化；2. 发酵；3. 生物固氮；4. 次生代谢产物；5. 典型生长曲线；6. 指数期。

三、判断题

1. 呼吸链是位于原核生物细胞质中或真核生物细胞膜上的、由一系列氧化还原电势呈梯度差的、链状排列的一组氢（或电子）传递体。（　　）

2. 凡葡萄糖经发酵后除主要产生乳酸外，还产生乙醇、乙酸和CO_2等多种产物的发酵，称为异型乳酸发酵。（　　）

3. TCA循环扩大了碳源的利用范围，为微生物利用C_3～C_7多种碳源提供了必要的代谢途径。（　　）

4. 发酵是一种递氢和受氢都必须在有氧条件下完成的生物氧化作用，是一种高效的产能方式。（　　）

5. 生物氧化就是发生在活细胞内的一系列产能性氧化反应的总称。（　　）

6. 当样品中菌数很低时，可以将一定体积的湖水、海水或饮用水等样品通过膜过滤器，然后将膜转到相应的培养基上进行培养，最后对形成的菌落进行统计。（　　）

7. 通常微生物学中的“生长”是指个体生长。（　　）

8. 生长是指生命个体生长到一定阶段，通过特定方式产生新的生命个体，即引起生命个体数量增加的生物学过程。（　　）

9. 平板菌落计数法是利用固体培养基上（内）形成菌落的菌落计数法。（　　）

10. 微生物的典型生长曲线，其“典型”性，是指它只适合单细胞微生物如细菌或酵母菌，而对丝状生长的真菌或放线菌不适用。（　　）

四、问答题

1. 微生物呼吸、厌氧呼吸和发酵的区别是什么？请举例并列表比较。

2. 微生物细胞的调节方式有哪些？请列表比较它们的异同。

3. 在微生物学中，为什么凡提到“生长”，一般指群体生长？

4. 微生物典型生长曲线中指数期有什么特点？影响因素有哪些？对生产实践有什么指导意义？

5. 请分析微生物生长、繁殖过程中稳定期产生的原因、特点及对生产实践的指导意义。

6. 在工业发酵和科研过程中，延滞期会延长生产周期而产生不利的影响，因此应该采取哪些措施来缩短延滞期？

小测验参考答案

写下你的学习心得

练技能·实操详练

实训任务 7-1　平板菌落计数法

训练目标及流程

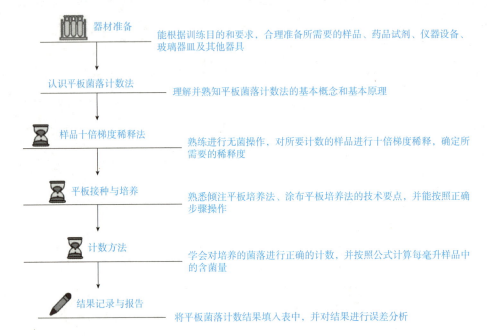

器材准备——能根据训练目的和要求，合理准备所需要的样品、药品试剂、仪器设备、玻璃器皿及其他器具

↓

认识平板菌落计数法——理解并熟知平板菌落计数法的基本概念和基本原理

↓

样品十倍梯度稀释法——熟练进行无菌操作，对所要计数的样品进行十倍梯度稀释，确定所需要的稀释度

↓

平板接种与培养——熟悉倾注平板培养法、涂布平板培养法的技术要点，并能按照正确步骤操作

↓

计数方法——学会对培养的菌落进行正确的计数，并按照公式计算每毫升样品中的含菌量

↓

结果记录与报告——将平板菌落计数结果填入表中，并对结果进行误差分析

器材准备

1. 检验样品

大肠杆菌菌悬液。

2. 培养基

牛肉膏蛋白胨琼脂培养基。

3. 仪器或其他用具

1 mL 无菌吸管、无菌平皿、盛有 9 mL 无菌生理盐水的试管、试管架、记号笔、玻璃涂布棒、恒温培养箱等。

关键技能点详解

技能点【7-1-1】平板菌落计数原理

平板菌落计数法又称标准平板活菌计数法（Standard Plate Count，SPC），是最常用的一种活菌计数法。它是根据微生物在高度稀释条件下，于固体培养基上所形成的单个菌落是由一个单细胞繁殖而成的这一培养特征设计的计数方法，即一个菌落代表一个单细胞。

计数时，首先将待测样品配制成均匀的系列稀释液，尽量使样品中的微生物细胞分散开，使其成为单个细胞存在（否则一个菌落就不只是代表一个细胞），再取一定稀释度、一定量的稀释液接种到平板中，使其均匀分布于平板中的培养基内。经培养后，由单个细胞生长、繁殖形成菌落，统计菌落数，根据其稀释倍数和取样量即可换算出样品中的活菌数。由于培养基和试验条件的限制，在待测样品中并非所有细菌都能形成肉眼可见的菌落，而且待测样品往往不易完全分散成单个细胞，即不能保证每个菌落都是由单个细胞繁殖而来，因此，现在多用菌落形成单位（CFU）来表示样品中的活细菌数量。由于该法所测结果是活菌数，更能真实反映样品中的细菌总数，被广泛用于生物制品检验（如活菌制剂），发酵剂、食品、饮料和饮用水等的含菌数量或污染程度的检测。

技能点【7–1–2】样品梯度稀释法

以下操作均需在超净工作台上进行无菌操作。

1. 编号

取 6 支盛有 9 mL 无菌生理盐水的试管，依次标明 10^{-1}、10^{-2}、10^{-3}、10^{-4}、10^{-5}、10^{-6}。另取无菌平皿 9 套，选择 3 个稀释度（即 10^{-4}、10^{-5}、10^{-6}），每个稀释度对应 3 套平皿，分别用记号笔标明。

2. 样品稀释液的制备

用 1 mL 无菌吸管吸取 1 mL 已充分混合均匀的大肠杆菌的菌悬液（待测样品）至 10^{-1} 的试管中，而后置于振荡器上振荡或置于手掌心轻轻晃动，使菌液充分混匀，即 10^{-1} 稀释液。另换一支 1 mL 吸管插入 10^{-1} 试管中反复吹吸菌悬液 10 余次，进一步分散菌体。用此吸管吸取 10^{-1} 菌液 1 mL 至 10^{-2} 试管中，即 10^{-2} 稀释液。其余依次类推，连续稀释，配制成 10^{-3}、10^{-4}、10^{-5}、10^{-6} 系列稀释菌液，整个过程如图 7–21 所示。

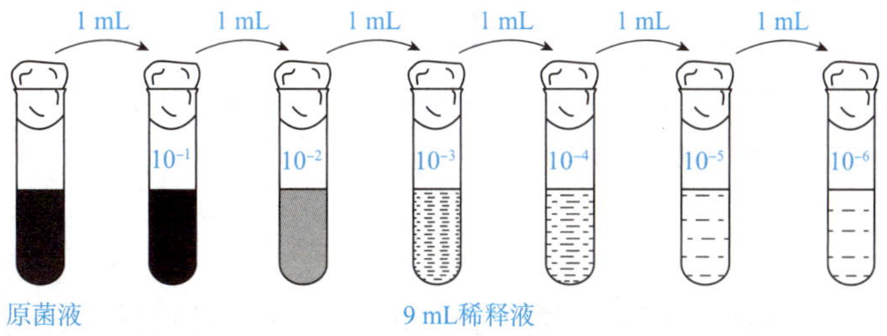

图 7–21　样品的十倍梯度稀释过程示意

技能点【7–1–3】平板接种培养与计数

以下操作均需在超净工作台上进行无菌操作。

1. 接种培养

平板接种培养通常有倾注平板培养法和涂布平板培养法两种方法。

（1）倾注平板培养法。用 3 支 1 mL 无菌吸管分别吸取 10^{-4}、10^{-5} 和 10^{-6} 的稀释菌悬液各 1 mL，对号放入编制好号码的无菌平皿中（每个编号设 3 个重复），然后尽快在 9 个平板中倒入熔化后冷却至约 45 ℃（不烫手）的牛肉膏蛋白胨琼脂培养基约 15 mL，置水平位置迅速轻轻旋动平皿，使培养基与菌液充分混匀，而又不使培养基荡出平皿或溅到平皿盖上。待培养基凝固后，将平板倒置于 37 ℃恒温培养箱中培养 24 ～ 48 h，至菌落长出后即可计数。

【说明】由于细菌易吸附到玻璃器皿表面，所以，菌液加入培养皿后，应尽快倒入熔化并已冷却至约 45 ℃的培养基，立即摇匀，否则细菌将不易分散或长成菌苔，影响计数。

（2）涂布平板培养法。先将牛肉膏蛋白胨琼脂培养基熔化后，趁热倒入无菌平板中，冷却凝固，每个稀释度倒 3 个平板，用记号笔编号或贴好标签，冷凝备用（平板制作方法详见技能点【6–2–2】）。然后使用无菌吸管吸取 0.1 mL 菌液对号接种于不同稀释度编号的平板上，再用无菌玻璃涂布棒（用乙醇棉球擦拭并灼烧灭菌）将平板上的菌液涂布均匀，平放于实验台上 20 ～ 30 min，使菌液渗入培养基内，然后倒置 37 ℃的恒温箱中培养 24 ～ 48 h，至菌落长出后即可计数。

涂布平板法

2. 计数方法

培养 24 ～ 48 h 后，取出培养平板，计数 9 个平板的菌落数（每计 1 个菌落，用记号笔在平皿底上点 1 个点，以避免重复），计算出同一稀释度 3 个平板上的平均菌落数，选择其中的平均菌落数为 30 ～ 300 的稀释度，按下列公式计算每毫升样品中的含菌量。

（1）倾注平板培养法。

每毫升样品中菌落形成单位（CFU）= 同一稀释度 3 次重复的平均菌落数 × 稀释倍数

（2）涂布平板培养法。

每毫升样品中菌落形成单位（CFU）= 同一稀释度 3 次重复的平均菌落数 × 稀释倍数 ×10

【说明】采用平板菌落计数法测定样品中的活菌数时，对稀释度的选择很重要。一般根据样品的含菌量高低或污染程度选择 2 ～ 3 个适宜的稀释度，使至少有一个稀释度的平均菌落数在 30 ～ 300 之间。一般以 3 个连续稀释度中的第二个稀释度的平均菌落数为 50 左右为好，否则要适当增加或减少稀释度加以调整。同一稀释度的 3 个重复平板的菌落数不应相差悬殊，否则表示试验不精确。

注意事项

（1）样品稀释时，吹吸菌液时不要过猛、太快，吸时将吸管伸入管底，吹时将吸管提到接近液面以下，避免将吸管中的过滤棉花浸湿或试管内液体外溢。

（2）放菌液时吸管尖端不要碰到液面，即每支吸管只能接触一个稀释度的菌悬液，否则稀释得不精确，出来的结果误差较大。

（3）每个稀释度用一个灭菌玻璃涂布棒，当由低浓度向高浓度涂布时，也可不更换玻璃涂布棒。

结果报告

将平板菌落计数结果填入表 7–7 中，并对结果进行误差分析。

表 7-7 平板菌落计数结果

稀释度	10^{-4}				10^{-5}				10^{-6}			
	1	2	3	平均	1	2	3	平均	1	2	3	平均
CFU/ 平板中												
CFU/mL 样品中												

考核评价

根据实训任务 7–1 考核评价表，对任务完成情况进行自我评价、小组评价、教师评价，将评价的最终结果记入实训过程性考核成绩。

实训任务 7–1 考核评价表

考核要点	考核内容	分值及标准	评分
学习及训练态度	按时到岗，遵守实训室规则，不迟到、不旷课、不早退。态度积极、认真、主动，实训参与度高	优 15 ～ 20 分；良 5 ～ 15 分；差 < 5 分	
实训目标达成情况	1. 理解并熟知平板菌落计数法的基本概念和基本原理。 2. 熟练进行无菌操作，对所要计数的样品进行 10 倍梯度稀释，确定所需要的稀释度。 3. 熟悉倾注平板培养法、涂布平板培养法的技术要点，并能按照正确步骤操作。 4. 会对培养的菌落进行正确的计数，并按照公式计算每毫升样品中的含菌量	优 35 ～ 50 分；良 20 ～ 35 分；差 < 20 分	
训练结果报告	任务单内容完整、结果记录正确、书写工整	优 15 ～ 20 分；良 5 ～ 15 分；差 < 5 分	
卫生整理情况	将本次实训用到的器皿、材料等清洁并归位；将操作台清理干净并将物品摆放整齐；将地面及垃圾桶打扫干净	优 8 ～ 10 分；良 5 ～ 8 分；差 < 5 分	
考核结果	完成本次实训任务最终得分		

总结思考

1. 为什么熔化后的培养基要冷却至 45 ℃左右才能倒平板？

2. 要使平板菌落计数准确，需要掌握哪几个关键？为什么？

3. 试比较平板菌落计数法和显微镜直接计数法的优点、缺点及它们在应用中的区别。

4. 当平板上长出的菌落并非均匀分散，而是长成菌苔时，你认为问题出在哪里？

实训任务 7-2 微生物细胞数量的直接计数法

训练目标及流程

器材准备：能根据训练目的和要求，合理准备所需要的菌种、药品试剂、仪器设备、玻璃器皿及其他器具

认识血细胞计数板：
1. 了解显微计数法常用的计数器及其优点、缺点
2. 认识血细胞计数板的基本构造，能说出血细胞计数板的计数原理
3. 能在显微镜下找到血细胞计数板的计数室

酵母菌细胞的计数：
1. 能进行不同酵母菌种的菌悬液的制备，并将其稀释到合理的浓度；能正确添加样品并在显微镜下观察和计数；能正确对计数结果进行计算和报告；能采用正确的清理方法对使用结束的血细胞计数板进行清洗
2. 步骤——菌悬液的制备 → 计数板检查 → 加样 → 找计数室 → 镜检、计数——清洗血细胞计数板

结果记录与报告：根据观察计数情况将观察计数结果记录在表中

器材准备

1. 菌种

酿酒酵母斜面菌种或活性干酵母。

2. 器材

显微镜、血细胞计数板、盖玻片、吸水纸、无菌滴管或移液管、酒精灯、无菌生理盐水、接种环。

关键技能点详解

技能点【7-2-1】认识血细胞计数板

码上看

血细胞计数板的结构与原理

1. 显微计数法

显微计数法是将少量待测样品的悬浮液置于一种特别的具有确定面积和容积的载玻片上（又称计菌器），于显微镜下直接计数的一种简单、快速、直观的方法。目前，国内外常用的计菌器有血细胞计数板（又称血球计数板）、彼得罗夫·霍泽细菌计菌器及霍克斯利计菌器等，都可用于酵母、细菌、霉菌孢子等悬液的计数，基本原理相同。后两种计菌器可用油浸物镜对细菌等较小的细胞进行观察和计数。显微镜计数法的优点是直观、快速、操作简单；缺点是所测得的结果通常是死菌体和活菌体的总和。目前可以通过结合活菌染色、微室培养及添加细胞分裂抑制剂等方法来达到只计数活的菌体的目的。

2. 血细胞计数板

血细胞计数板是一块特制的厚型载玻片，载玻片上有由 4 条槽所形成的 3 个平台。中间的平台较宽，其中间又被一短横槽分隔成两半，每边平台上各有一个含 9 个大格的方格网，中间大格被双线划分为中格再进一步被单线划分成小格，称为计数室，计数室的面积为 1 mm^2，由于中间平台比两边平台低 0.1 mm，在盖上盖玻片后，计数室的体积为 0.1 mm^3，容积为 10^{-4} mL，那么 1 mL 菌液的容积就相当于 10^4 个计数室的容积，因此，只要将细胞悬液注入计数室，计算计数室中平均细胞总数即可算出每毫升菌液中的细胞数。血细胞计数板的构造如图 7-22 所示。

血细胞计数板一般有两种规格：一种是 16 × 25 型，称为麦氏血细胞计数板，计数室被划分成 16 个中格，每个中格再分为 25 个小格；另一种是 25 × 16 型，称为希里格式血细胞计数板，计数室共有 25 个中格，每个中格又分为 16 个小格。无论哪种规格的血细胞计数板，其计数室均由 400 个小方格组成。

使用血细胞计数板计数时，一般测定 5 个中格中微生物细胞的数量，再通过公式换算成每 mL 菌液（或每 g 样品）中微生物的数量。

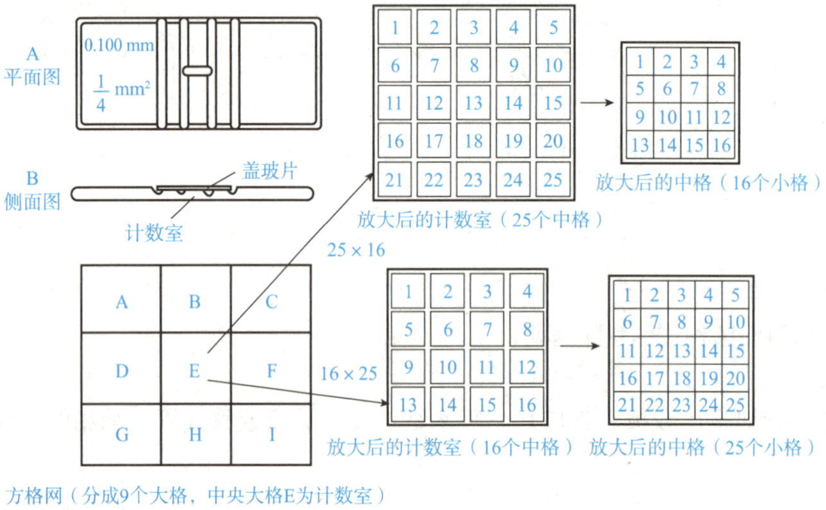

图 7-22 血细胞计数板构造

技能点【7-2-2】酵母菌细胞的计数

码上看

血细胞计数板使用方法

1. 菌悬液制备

（1）斜面菌种。取酿酒酵母斜面菌种 1 管，以无菌生理盐水将酿酒酵母配制成浓度适当的菌悬液，进行 10 倍梯度稀释，一般稀释到 10^{-2}。稀释度选择时以小方格中分布的菌体清晰可数为宜。

（2）酿酒活性干酵母。称取 0.1 g 酿酒活性干酵母，在 20 mL 无菌水或生理盐水中振摇混合均匀，在 32 ℃恒温水中或恒温培养箱中活化 1 h，再适当稀释备用。

2. 检查血细胞计数板

取血细胞计数板 1 块，用显微镜镜检血细胞计数板的计数室是否洁净，若有污染物，需用急流的水柱冲洗至干净无污物，晾干或用擦镜纸擦干后方可使用。

3. 加样

在计数板上盖一块盖玻片。将菌悬液振摇均匀后，用无菌滴管或移液管吸取一滴滴于盖玻片的边缘，让菌悬液自行渗入，多余的菌悬液用滤纸吸去，注意加样时不要产生气泡。静置 3 ～ 5 min，待细菌细胞全部沉降到计数室底部，将计数板置于显微镜上计数。

4. 镜检

用低倍镜找到计数室后，转换高倍镜，调节光亮度至菌体和计数室线条清晰为止，再将计数室一角的小格移至视野中。顺着大方格线移动计数板，使计数室位于视野中间。

5. 计数

计数时，一般应取上下及中央 5 个中格的总细胞数。如用 16×25 型计数板，则按对角线方位，取左上、右上、左下、右下 4 个中格，以及中间任一中格内的细胞进行计数；如使用规格为 25×16 型的计数板，则计数左上、右上、左下、右下 4 中格和中央的中格内的细胞数。计数时若遇到格线上的细胞，一般原则是数上不数下、数左不数右。将计得的细胞数填入结果表中，对每个样品重复 2 ～ 3 次，取平均值，按下列公式计算每 1 mL 菌液中所含的细胞数。

（1）16×25 型血细胞计数板的计算公式为

每毫升细胞数 = 大格中的细胞总数（5 个中格内的细胞数之和 /5×16）$\times 10^4 \times$ 稀释倍数

（2）25×16 型血细胞计数板的计算公式为

每毫升细胞数 = 大格中的细胞总数（5 个中格内的细胞数之和 /5×25）$\times 10^4 \times$ 稀释倍数

6. 清洗血细胞计数板

使用完毕后，将血细胞计数板先用 95% 乙醇轻轻擦洗，再用蒸馏水冲洗，然后用擦镜纸擦干净或自行晾干或用吹风机吹干，最后放入盒内保藏，切勿用硬物洗刷。若计数的样品是病原微生物，则须先将其浸泡在 5% 石碳酸溶液中消毒后再清洗。

注意事项

（1）样品浓度应适宜，如样品浓度太高，需做一定稀释后再计数，分布在计数室中每一小格 3 ～ 7 个细胞为适宜的浓度值。

（2）清洗计数板时，用急流的水冲洗，切勿用硬物洗刷或用纸擦洗，以免损坏网格刻度。

结果报告

将观察计数结果记录在表 7-8 中。

表 7-8　观察计数结果

计数次数	每个中格的菌数					大格中细胞总数	稀释倍数	总菌数 /（个·mL^{-1}）	平均值
	左上	右上	左下	右下	中间				
第 1 次									
第 2 次									
第 3 次									

考核评价

根据实训任务 7–2 考核评价表，对完成情况进行自我评价、小组评价、教师评价，将评价的最终结果记入实训过程性考核成绩。

实训任务 7–2　考核评价表

考核要点	考核内容	分值及标准	评分
学习及训练态度	按时到岗，遵守实训室规则，不迟到、不旷课、不早退。态度积极、认真、主动，实训参与度高	优 15 ～ 20 分；良 5 ～ 15 分；差 < 5 分	
实训目标达成情况	1. 认识血细胞计数板的基本构造，能说出血细胞计数板的计数原理； 2. 能进行不同酵母菌种的菌悬液的制备，并将其稀释至合理的浓度； 3. 能正确添加样品，并在显微镜下观察和计数； 4. 能正确进行计算和报告； 5. 能采用正确的方法对使用过的血细胞计数板进行清洗	优 35 ～ 50 分；良 20 ～ 35 分；差 < 20 分	
训练结果报告	任务单内容完整、结果记录正确、书写工整	优 15 ～ 20 分；良 5 ～ 15 分；差 < 5 分	
卫生整理情况	将本次实训用到的器皿、材料等清洁并归位；将操作台清理干净，将物品摆放整齐；将地面及垃圾桶打扫干净	优 8 ～ 10 分；良 5 ～ 8 分；差 < 5 分	
考核结果	完成本次实训任务最终得分		

总结思考

1. 根据你的分析，说明用血细胞计数板计数的误差主要来自哪个方面？怎样才能尽量减小误差？

2. 制备细胞菌悬液时，对其浓度有什么要求？

3. 待计数结束后，如何正确清洗和保存血细胞计数板？

实训任务 7-3　采用比浊法测定细菌的生长曲线

请扫码查看采用比浊法测定细菌的生长曲线的具体操作过程。

强应用·学以致用

科学探究

对于市售酸奶或乳酸菌饮料中活菌数的调查

1. 背景

酸奶是一种以牛乳为原料，经过巴氏杀菌后，添加有益菌（乳酸菌发酵剂），经发酵后得到的一种发酵乳制品。市场上的酸奶制品多以凝固型、搅拌型（添加各种果汁、果酱等辅料）及乳酸菌饮料为主。

乳酸菌是一类能利用可发酵碳水化合物产生大量乳酸的细菌的统称。这类细菌在自然界分布极为广泛，具有丰富的物种多样性，除极少数外，绝大部分都是人体内必不可少的，且具有重要生理功能的菌群，广泛存在于人体的肠道中。酸奶中的乳酸菌通过发酵产生的有机酸、特殊酶系、细菌素等物质具有特殊的生理功能（图 7-23）。大量研究资料表明，乳酸菌能促进动物生长，调节胃肠道正常菌群、维持微生态平衡，从而改善胃肠道功能，提高食物消化率和生物效价，降低血清胆固醇，控制内毒素，抑制肠道内腐败菌生长，提高机体免疫力等。

图 7-23　酸奶中的乳酸菌

酸奶中的常规发酵乳酸菌通常是保加利亚乳杆菌和嗜热链球菌，它们是生产酸奶必备的发酵菌种。市场上还有添加了多种其他益生菌的酸奶，这些益生菌多数不参与酸奶的发酵，但在被摄取后能够对人体产生有益的作用。通常加入酸奶中的益生菌株有乳双歧杆菌、鼠李糖乳杆菌（LGG）、干酪乳杆菌、嗜酸乳杆菌、乳酸乳杆菌等。它们能够起到调整肠道 pH 值、合成抗菌化合物、抑制有害菌生长、调节免疫系统及生成乳糖酶（帮助消化乳糖）等作用。

研究显示，每天饮用含 10 亿个活性乳酸菌的酸奶的健康成年人，肠道微生态的结构和多样性有所改变，而且是正向积极的改变，肠道益生菌的数量也会明显增多。这类改变在饮用酸奶 7 天后便可被检测出来。所谓菌多力量大，只有达到足够的数量才能保证益生菌到达肠道并存活下来。简单理解，只要酸奶中的总活菌量超过 10 亿个，喝下去的酸奶就可以认为是有助于肠道健康的。当然，生命力顽强的益生菌，如动物双歧杆菌、干酪乳杆菌、鼠李糖乳杆菌及植物乳杆菌，抗胃酸能力强，肠道定植能力也强。当这类特殊的益生菌菌株的日摄入量为 1 亿时，就足够它们发挥作用了。

我国对低温酸奶出厂时乳酸菌数的标准是每克酸奶含至少 100 万（10^6）活菌，即一杯（100 g 以上）普通酸奶含有 1 亿活性菌。除非额外添加益生菌且数量达到 1 亿，否则这个数量等级的发酵乳酸菌在肠道中的存活力可能比较弱。图 7–24 所示为普通酸奶中的乳酸菌含量。

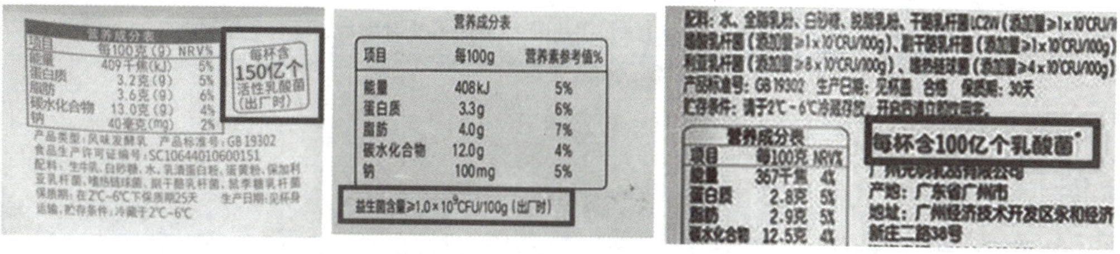

图 7–24　普通酸奶中的乳酸菌含量

2. 实践

请设计一项试验，选择市售 3 ～ 5 种不同品牌、不同类型的酸奶或乳酸菌饮料，检测其中的乳酸菌活菌数量，记录检测过程与结果，并对结果进行比较分析。

3. 探究

（1）测量市售酸奶中的活菌数有何实践意义？

（2）你测量的结果与产品标签上标注的数量是否一致？如果不一致，请分析原因。

（3）你采用这种微生物计数方法对市售酸奶中乳酸菌活菌数检测时，有何优点与缺点？是否可以结合其他计数法进行检测？如果可以，哪种计数法更好？请说明理由。

科学探究——方法参考

学习单元 8　微生物的生长控制与培养

学习目标

知识目标

1. 学习对于微生物生长的控制方法，分析温度、氧气、pH 值等主要环境因素对微生物生长的影响；明确不同微生物的生长所需要的环境条件不同；了解常见微生物最佳生长环境和条件，掌握用来控制有害微生物的消毒、灭菌等主要措施。

2. 学习微生物的培养方法，熟悉微生物实验室和生产实践中常用的微生物培养技术；理解并掌握常用培养技术的方法及特点。

能力目标

1. 学习环境因素对微生物生命活动影响的相关知识，能针对氧气、温度、pH 值、盐浓度等对微生物的影响情况进行正确的检测与判断。

2. 学习土壤中微生物的分离纯化的相关知识，能理解微生物的划线、涂布或浇注分离方法，并能说出操作要点；对于经分离纯化培养获得的菌落，能进行观察、辨识，并能正确描述其菌落特征。

3. 学习微生物接种技术的相关知识，能将平板上的菌落接到斜面上，或将斜面菌种划线接到平板上；能将斜面菌种接到无菌斜面上；能进行穿刺接种和液体接种。

素质目标

1. 阅读中国近代医学先驱、国际著名卫生防疫专家“鼠疫斗士”伍连德的故事，学习他心系祖国、无私奉献的爱国主义精神，发扬知难而进、迎难而上的精神。

2. 学习和探究中国古代智慧——酒曲中的微生物培养技术，深刻理解古代人民在生产实践中培养微生物的智慧，拥有责任感与使命感。

学习重点与难点

学习重点：影响微生物生长繁殖的环境因素、常用控制有害微生物的措施、常用微生物培养技术。

学习难点：影响微生物生长繁殖的环境因素。

本单元参考学时：6 学时；建议教学场所：一体化智慧型微生物教室

学知识 · 新知细学

大多数动植物的研究和利用都能以个体为单位进行，而微生物由于个体微小，人们通常利用群体来研究其属性、繁衍和保存。在微生物学中，人为规定的条件下培养、繁殖得到的微生物群体称为培养物，而只有一种微生物的培养物称为纯培养物。由于在通常情况下纯培养物能较好地被研究、利用和重复结果，将特定的微生物从自然界混杂存在的状态中分离、纯化出来的纯培养技术是进行微生物学研究的基础。为了更好地从自然界中分离得到需要的纯的微生物培养物（菌种），人们首先需要解决以下问题：影响微生物的生长、繁殖除必要的营养因素外，还有哪些环境因素？如何在分离培养的过程中控制有害微生物产生的影响？在科学研究与生产实践中，如何培养微生物？常用的微生物培养技术有哪些？

8.1　微生物的生长控制

知识点【8-1】影响微生物生长、繁殖的主要环境因素

生长是微生物与外界环境因素共同作用的结果。当环境条件发生改变时，在一定限度内，可引起微生物在形态、生理、生长、繁殖等特征上的改变，或者抵抗、适应环境条件的某些能力的改变。如果环境条件的变化超过一定限度，则会导致微生物死亡。因此，微生物的生长除需要适宜的营养条件外，还受到许多物理因素的影响，其中最主要的影响因素是温度、氧气和 pH 值等。

码上看

影响微生物生长的环境因素

1. 温度

温度是影响微生物细胞生长和繁殖的最重要的因素之一。这是因为温度影响着细胞中的生物化学反应速率；同时，温度还影响生物大分子的物理状态，如机体的重要组成成分蛋白质、核酸等对温度都比较敏感，低温可导致细胞膜凝固，引起物质输送困难，而高温可使蛋白质性质发生改变。

每种微生物都有它的最低生长温度、最适生长温度和最高生长温度，即生长温度三基点（图 8-1）。如果将微生物作为一个整体来看，其生长温度的三基点是极其宽的，堪称“生物界之最”（图 8-2）。对某一具体微生物来说，其生长温度的宽和窄与它们长期进化过程中所处的生存环境温度有关。例如，生活在土壤中的芽孢杆菌属宽温微生物

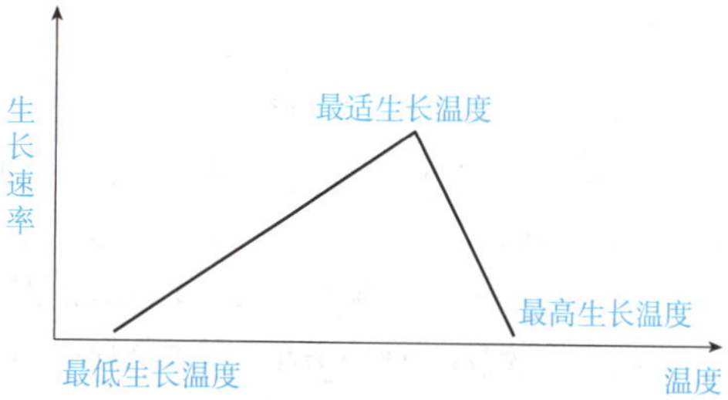

图 8-1　生长温度三基点

（15 ℃～65 ℃）；生活在人体肠道中的大肠杆菌由于也可在体外环境中生活，属于宽温微生物（10 ℃～47.5 ℃）；而专性寄生在人体泌尿生殖道中的 *Neisseria gonorrhoeae*（淋病奈瑟球菌）则是窄温微生物（36 ℃～40 ℃）。

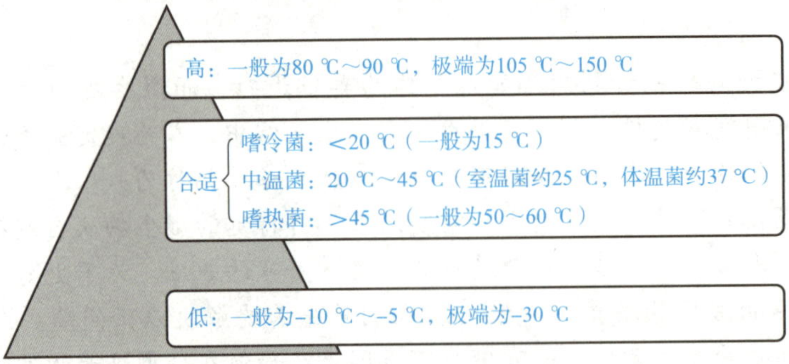

图 8-2 一般微生物生长温度三基点的范围

最适生长温度（Optimum Growth Temperature）简称最适温度，是指某种微生物分裂代时最短或生长速率最高时的培养温度。

【说明】对同一种微生物来说，最适温度并非一切生理过程的最适温度，即最适温度并不等于生长速率最高时的培养温度，也不等于发酵速率或累积代谢产物最高时的培养温度，更不等于累积某一代谢产物量最高时的培养温度。这一规律对指导发酵生产有着重要的意义。例如，黏质沙雷氏菌的最适生长温度为 37 ℃，而其合成灵杆菌素的最适温度为 25 ℃；黑曲霉最适生长温度为 28 ℃，而其产生糖化酶（一种酶制剂）的最适温度为 34 ℃。

2. 氧气

氧气对微生物的生命活动有着极其重要的影响。按照微生物与氧气的关系（图 8-3），将它们分成好氧微生物（即好氧菌，Aerobes）和厌氧微生物（即厌氧菌，Anaerobes）两个大类，可进一步细分为 5 类。

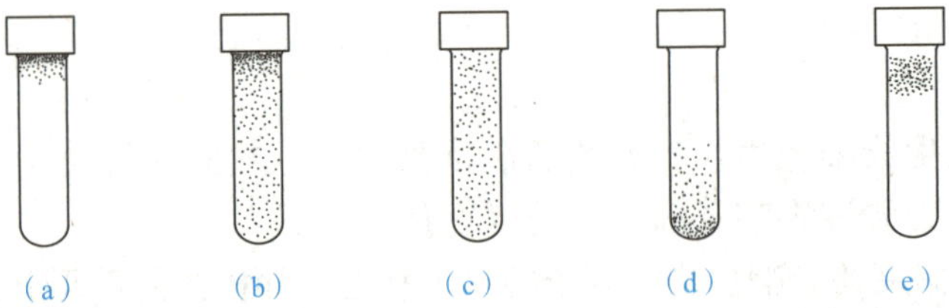

图 8-3 微生物与氧气的关系

(a) 专性好氧菌；(b) 兼性厌氧菌；(c) 耐氧菌；(d) 厌氧菌；(e) 微好氧菌

（1）专性好氧菌（Obligate or Strict Strictaerobe）必须在较高浓度分子氧（20.2 kPa 左右）的条件下才能生长，它们有完整的呼吸链，以分子氧作为最终氢受体，含有超氧化物歧化酶（Superoxide Dismutase，SOD）和过氧化氢酶（Catalase）。绝大多数真菌和许多细菌、放线菌都是专性好氧菌，如 *Acetobacter*（醋杆菌属）、*Azotobacter*（固氮菌属）、*Pseudomonas aeruginosa*（铜绿假单胞菌，又称绿脓杆菌）、*Coeynebacterium diphtheriae*（白喉棒状杆菌）等。

（2）兼性厌氧菌（Facultative Anaerobes）是以在有氧条件下生长为主，也可兼在厌氧条件下生长的微生物，有时也称“兼性好氧菌”（Facultative Aerobes）。它们能在有氧时靠呼吸产能；无氧时借助发酵或无氧呼吸产能，细胞含 SOD 和过氧化氢酶。许多酵母菌和不少细菌都是兼性厌氧菌。如 *Saccharomyces cerevisiae*（酿酒酵母）、*Bacillus licheniformis*（地衣芽孢杆菌）、肠杆菌科的各种细菌［包括 *E.coli*、*Enterobacter aerogenes*（产气肠杆菌）、*Proteus vulgaris*（普通变形杆菌）］等。

（3）耐氧菌（Aerotolerant Anaerobes）即耐氧性厌氧菌的简称，是一类可在分子氧存在下进行发酵性厌氧生活的厌氧菌。它们的生长不需要任何氧，但分子氧对它们也无毒害。它们不具有呼吸链，仅依靠专性发酵和底物水平磷酸化而获得能量。耐氧机制是因为细胞内存在 SOD 和过氧化物酶，但缺乏过氧化氢酶。一般的乳酸菌多数是耐氧菌，如 *Streptococcus lactis*（乳酸链球菌）、*S.faecalis*（粪链球菌）、*Lactobacillus lactis*（乳酸乳杆菌）、*Leuconostoc mesenteroides*（肠膜明串珠菌）等；非乳酸菌类耐氧菌，如 *Butyribacterium rettgeri*（丁酸杆菌）等。

（4）厌氧菌（Anaerobes）包括一般厌氧菌和严格厌氧菌（专性厌氧菌，Strict or Obligate Anaerobes）。它们的特点如下：

1）分子氧对它们有毒，即使短期接触也会抑制甚至致死。

2）在空气或含 10% CO_2 的空气中，它们在固体或半固体培养基的表面上不能生长，只有在其深层的无氧或低氧化还原电势的环境下才能生长。

3）生命活动所需能量是通过发酵、无氧呼吸、循环光合磷酸化或甲烷发酵等提供。

4）细胞内缺乏 SOD 和细胞色素氧化酶，大多数还缺乏过氧化氢酶。常见的厌氧菌有 *Clostridium*（梭菌属）、*Bacteroides*（拟杆菌属）、*Fusobacterium*（梭杆菌属）、*Bifidobacterium*（双歧杆菌属）及各种光合细菌和产甲烷菌（Methanogens）等。

（5）微好氧菌（microaerophilic bacteria）是只能在较低的氧分压（1.01 ～ 3.04 kPa，正常大气中的氧分压为 20.2 kPa）下才能正常生长的微生物，也是通过呼吸链并以氧为最终氢受体而产能。如 *Vibrio cholerae*（霍乱弧菌）、*Hydrogenomonas*（氢单胞菌属）、*Zymomonas*（发酵单胞菌属）和 *Campylobacter*（弯曲菌属）等。

小资料

超氧化物歧化酶（SOD）学说

1971 年，麦科德和费雷德维奇提出关于专性厌氧生活的超氧化物歧化酶学说。根据 SOD 的功能是保护好氧菌不受超氧化物阴离子自由基的毒害，从而提出了缺乏 SOD 的微生物必然只能进行专性厌氧生活的学说。好氧菌和耐氧菌利用 SOD 将 O_2^- 还原成 H_2O 的过程如图 8-4 所示。

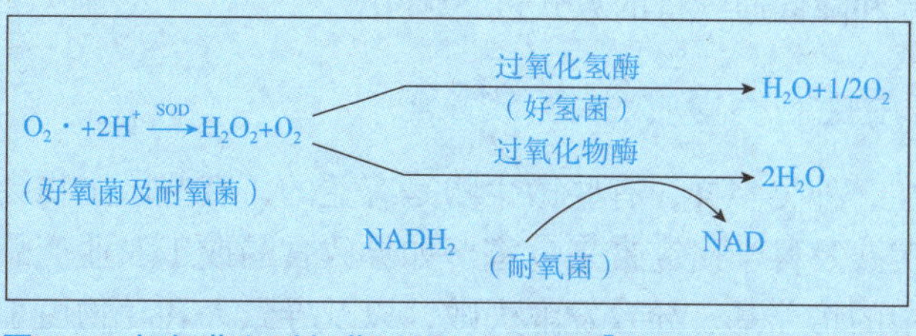

图 8-4　好氧菌和耐氧菌利用 SOD 将 O_2^- 还原成 H_2O 的过程

3. pH 值

pH 值表示某水溶液中氢离子浓度的负对数值。通常，纯水呈中性，其氢离子浓度为 10^{-7} mol/L，则 pH 值为 7。凡是 pH 值小于 7 为酸性，pH 值大于 7 为碱性（图 8–5）。

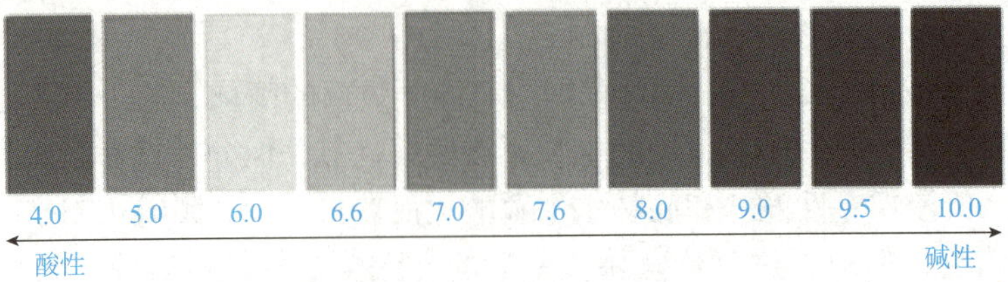

图 8–5　pH 值标准色板

与温度的三基点相似，不同微生物的生长 pH 值也存在最低、最适和最高生长 pH 值。绝大多数微生物的生长 pH 值为 5 ～ 9。一般来说，细菌生长最适 pH 值范围为 6.5 ～ 7.5，放线菌 pH 值为 7.0 ～ 8.0，霉菌和酵母菌 pH 值为 5.0 ～ 6.0。

根据微生物生长的最适 pH 值，可将微生物分为嗜碱微生物（Basophile），如硝化细菌、尿素分解菌、多数放线菌；耐碱微生物（Basotolerant Microorganism），如许多链霉菌；中性微生物，如绝大多数细菌、一部分真菌；嗜酸微生物（Acidophile），如硫杆菌属；耐酸微生物（Acidotolerant Microorganism），如乳酸杆菌、醋酸杆菌。

【说明】不同种类微生物有其最适生长 pH 值，同一种微生物在其不同的生长阶段和不同的生理、生化过程，也有不同的最适 pH 值要求。这一规律对发酵生产中 pH 值的控制最为重要。例如，黑曲霉在 pH 值为 2 ～ 2.5 时主要产柠檬酸，pH 值为 2.5 ～ 6.5 时以菌体生长为主，pH 值为 7 时以合成草酸为主。

微生物细胞内环境中的 pH 值相当稳定，一般接近中性，可以免除 DNA、ATP、菌绿素和叶绿素等重要成分被酸破坏，或 RNA、磷脂类等被碱破坏的可能性。胞内酶的最适 pH 值一般也接近中性，而周质空间中的酶和胞外酶的最适 pH 值接近环境的 pH 值。同时，微生物的生命在活动过程中也会能动地改变外界环境的 pH 值，导致培养基中营养成分和 pH 值发生变化，这就是培养基的原始 pH 值在培养微生物过程中发生改变的原因。碳氮比高的培养基，如培养各种真菌的培养基，经培养后其 pH 值常会明显下降；碳氮比低的培养基，如培养一般细菌的培养基，经培养后，其 pH 值则常会明显上升。因此，在微生物的培养过程中，一项重要的措施就是及时调节合适的 pH 值。通常调节 pH 值的措施可分为“治标”和“治本”两大类。“治标”是在培养基 pH 值发生变酸或变碱后，用相应的碱或酸进行调节；“治本”是在过酸时通过增加氮源和提高通气量的方式进行调节，培养基过碱时通过增加适当碳源和降低通气量的方式进行调节。

知识点【8–2】常用控制有害微生物的措施

有害微生物的控制

微生物无处不在，种类多样，有些微生物是有益的，有些微生物会给人们的生活、生产实践及科学研究带来危害，如导致食品或工农业产品的变质、污染实验室中的培养基、导致发酵失败，以及导致人和动物由于感染病原微生物而患各种疾病等。因此，在生产实践中需要采取一些措施来杀灭或抑制这些有害的微生物。常用的控制有害微生物的措施有灭菌、消毒、防腐和化疗。

（1）灭菌（Sterilization）：采用强烈的理化因素使任何物体内外部的一切微生物永远丧失其生长、繁殖能力的措施，如高温灭菌、辐射灭菌等。

（2）消毒（Disinfection）：是一种采用较温和的理化因素，仅杀死物体表面或内部一部分对人体或动植物有害的病原菌，而对被消毒的对象基本无害的措施。例如，对皮肤、水果、饮用水进行药剂消毒的方法；对啤酒、牛乳、果汁和酱油等进行消毒处理的巴氏消毒法等。

（3）防腐（Antisepsis）：是利用某种理化因素完全抑制霉腐微生物的生长、繁殖，即通过制菌作用防止食品、生物制品等发生霉腐的措施。防腐的方法有很多种，如低温、缺氧、干燥、高渗、高酸度、高醇度、使用防腐剂等。

（4）化疗（Chemotherapy）：即化学治疗，是指利用具有高度选择毒力，即对病原菌具有高度毒力而对其宿主基本无毒的化学物质来抑制宿主体内病原微生物的生长、繁殖，借以达到治疗该宿主传染病的一种措施。用于化疗目的的化学物质称为化学治疗剂，如磺胺类等化学合成药物、抗生素、生物药物素和中草药中的有效成分等。

灭菌、消毒、防腐和化疗的区别见表 8–1。

表 8–1　灭菌、消毒、防腐和化疗的区别

比较项目	灭菌	消毒	防腐	化疗
处理因素	强理化因素	理化因素	理化因素	化学治疗剂
作用对象	任何物体内外	物体表面，酒、乳等	物体内外	宿主体内
微生物类型	一切微生物	病原菌	一切微生物	病原菌
作用效果	彻底杀死	杀死或抑制	抑制或杀死	抑制或杀死
实例	加压蒸汽灭菌、辐射灭菌、杀菌剂	70% 乙醇消毒、巴氏消毒法	冷藏、干燥、糖渍、盐腌、缺氧、防腐剂	抗生素、磺胺类药物、生物药物素

根据灭菌处理因素的不同，可分为物理灭菌因素和化学灭菌因素。物理灭菌因素主要有高温、辐射、超声波、微波、激光、静高压，以及稀释、过滤除菌等；化学灭菌因素包括表面消毒剂和化学治疗剂两大类。这里重点介绍几种常用的灭菌和消毒方法。

1. 高温灭菌法

高温灭菌是物理灭菌因素中的代表，其灭菌作用最大、最常用也最方便。高温灭菌的基本原理是高温可引起蛋白质、核酸和脂质等重要生物高分子发生降解或改变其空间结构等，从而变性或破坏，最终导致微生物的死亡。常用的有干热灭菌法和湿热灭菌法。

（1）干热灭菌法。干热灭菌法主要有火焰灼烧和烘箱热空气灭菌。干热可破坏细胞膜，使蛋白质变性，细胞原生质干燥，并可使各种细胞成分发生氧化变质。

1）灼烧［图 8–6（a）］是一种最彻底的干热灭菌方法。其破坏力很强，故应用范围仅限于接种环、接种针的灭菌或带病原菌的材料、动物尸体的烧毁等。

2）烘箱热空气灭菌［图 8–6（b）］是将金属制品或玻璃器皿放入电热烘箱内，在 150 ℃～ 170 ℃下维持 1 ～ 2 h，便可达到彻底灭菌的目的。

(a)　　　　(b)

图 8-6　火焰灼烧接种环和电热烘箱干热灭菌

(a) 火焰灼烧接种环；(b) 电热烘箱干热灭菌

（2）湿热灭菌法。湿热灭菌法是一类利用高温的水或水蒸气进行灭菌的方法，通常多指用 100 ℃以上的加压蒸汽进行灭菌。

1）巴氏消毒法。巴氏消毒法最早由法国微生物学家巴斯德提出，是一种专用于牛奶、啤酒、果酒或酱油等不宜进行高温灭菌的液态风味食品或调料的低温消毒方法，可杀灭物料中无芽孢的病原菌（如牛奶中的结核分枝杆菌或沙门氏菌），而又不影响其原有风味。一般在 60 ℃～ 65 ℃下处理 30 min。

2）煮沸消毒法。煮沸消毒法是在 100 ℃煮沸数分钟，一般用于饮用水的消毒。

3）间歇灭菌法。间歇灭菌法又称丁达尔灭菌法或分段灭菌法，适用于不耐热培养基的灭菌。其方法是在 80 ～ 100 ℃下蒸煮 15 ～ 60 min，然后在室温或 37 ℃下保温过夜，并循环三次。

4）常规加压蒸汽灭菌法。常规加压蒸汽灭菌法一般称作高压蒸汽灭菌法，通常在 121 ℃下维持 15 ～ 20 min；含糖培养基则在 115 ℃下维持 35 min。这是一种利用高温进行湿热灭菌的方法。其优点是操作简便、效果可靠、使用广泛。高压蒸汽灭菌法适用于一切微生物学实验室、医疗保健机构或发酵工厂中对培养基及多种器材、物料的灭菌。

5）连续加压蒸汽灭菌法。在发酵行业里也称连消法（图 8-7）。此法主要在大规模的发酵工厂中用于培养液的灭菌，一般在 135 ℃～ 140 ℃下维持 5 ～ 15 s。其主要操作是将培养液在发酵罐外连续不断地进行加热、维持和冷却，然后进入发酵罐发酵。另外，对于不适合高温灭菌处理的培养基或材料，可采用辐射灭菌法、过滤除菌法或添加 EDTA（乙二胺四乙酸）等金属螯合剂的方法。

图 8-7　工厂中连续加压蒸汽灭菌法

2. 化学灭菌法

除高温等物理灭菌的方法外，通常采用的化学方法也很多，且用途广泛。其主要有表面消毒剂和化学治疗剂等。

（1）表面消毒剂。表面消毒剂是指对一切活细胞都有毒性，不能作为活细胞或机体内治疗的化学药剂。表面消毒剂的种类很多，杀菌机制也各不相同。常用的有 3% ～ 5% 石碳酸、70% ～ 75% 乙醇、0.5% ～ 10% 甲醛、0.2 ～ 0.5 mg/L 氯气、0.05% ～ 0.1% 新洁尔灭等。常用的表面消毒剂及其应用范围见表 8-2。

表 8-2　常用的表面消毒剂及其应用范围

类型	名称及使用浓度	作用机制	应用范围
重金属盐类	0.05% ～ 0.1% 升汞	与蛋白质的巯基结合使其失活	非金属物品、器皿
	2% 红汞		皮肤、黏膜，小伤口
	0.01% ～ 0.1% 硫柳汞		皮肤、手术部位，生物制品防腐
	0.1% ～ 1% $AgNO_3$	沉淀蛋白质使其变性	皮肤、新生儿眼睛
	0.1% ～ 0.5% $CuSO_4$	与蛋白质的巯基结合使其失活	杀植病真菌与藻类
酚类	3% ～ 5% 石炭酸	使蛋白质变性，损伤细胞膜	地面、家具、器皿
	2% 来苏尔		皮肤
醇类	70% ～ 75% 乙醇	使蛋白质变性，损伤细胞膜，脱水等	皮肤、器械
酸类	5% ～ 10% 醋酸 /m^3	破坏细胞膜、蛋白质	房间消毒
醛类	0.5% ～ 10% 甲醛	破坏蛋白质氢键及氨基	物品消毒，接种箱、接种室的熏蒸
	2% 戊二醛		精密仪器等消毒
气体	600 mg/L 环氧乙烷	使有机物烷化，使酶失活	手术器械、毛皮、食品、药物
氧化剂	0.1% $KMnO_4$	氧化蛋白质的活性基团	皮肤、尿道、水果、蔬菜
	3% H_2O_2		污染物件的表面
	0.2% ～ 0.5% 过氧乙酸		皮肤、塑料、玻璃、人造纤维
卤素及化合物	0.2 ～ 0.5 mg/L 氯气	破坏细胞膜、酶、蛋白质	饮水、游泳池水
	10% ～ 20% 漂白粉		地面、厕所
	0.5% ～ 1% 漂白粉		饮水、空气（喷雾）、体表
	0.2% ～ 0.5% 氯胺		室内空气、表面消毒
	4 mg/L 二氯异氰尿酸钠		饮水
	3% 二氯异氰尿酸钠		空气（喷雾）、排泄物、分泌物
	2.5% 碘酒	酪氨酸卤化，酶失活	皮肤
表面活性剂	0.05% ～ 0.1% 新洁尔灭	使蛋白质变性，破坏细胞膜	皮肤黏膜、手术器械
	0.05% ～ 0.1% 杜米芬		皮肤、金属、棉织品、塑料
染料	2% ～ 4% 龙胆紫	与蛋白质的羧基结合	皮肤、伤口

（2）化学治疗剂。

1）**抗代谢药物**。有些化合物在结构上与生物体所必需的代谢物很相似，甚至可以与特定的酶结合，从而阻碍了酶的功能，干扰了代谢的正常进行，这些物质被称为抗代谢药物（Antimetabolite），如叶酸对抗物（磺胺）、嘌呤对抗物（6- 巯基嘌呤）、苯丙氨酸对抗物（对氟苯丙氨酸）、尿嘧啶对抗物（5- 氟尿嘧啶）、胸腺嘧啶对抗物（5- 溴胸腺嘧啶）

等。其中，磺胺药物是最早发现也是最常见的化学疗剂，抗菌谱广，能治疗多种传染性疾病。

2）**抗生素**。抗生素是由某些生物合成或半合成的一类次生代谢产物或衍生物，它们在很低浓度时就能抑制或影响其他生物的生命活动，如杀死微生物或抑制其生长。抗生素的作用机制在于抑制细菌细胞壁合成、破坏细胞质膜、作用于呼吸链以干扰氧化磷酸化、抑制蛋白质和核酸合成等。

视野窗

“鼠疫斗士”伍连德

心系祖国，无私奉献

中国近代医学先驱、国际著名卫生防疫专家——
“鼠疫斗士”伍连德

在多年前，一位医生在阻击东三省鼠疫大流行期间，首先推广和使用口罩，有效阻隔了病毒的传播，最终挽救了数万人的生命。他亲手实施了中国医学史上第一例疫区现场人体解剖；他发明了简便实用的伍氏口罩，并在全国创建了20多所医学卫生机构；他是首位获诺贝尔生理学或医学奖提名的华人候选人。他，就是中国著名预防医学家、医学教育家、社会活动家、中国近代医学先驱、国际著名卫生防疫专家“鼠疫斗士”伍连德。

伍连德心系祖国，在他身上凝结着深深的爱国情结；他献身医学事业，体现了崇高的人道主义精神；他勇于创新，获得了一系列医学成就；他在灾难面前，奋不顾身，充分体现了忘我的献身精神。“我将我的大半生都奉献给了古老的中国。中国是一个有五千多年历史的文明古国，历经世世代代的兴衰荣辱，才有了今天的国际地位，我衷心希望祖国能更加繁荣。”——伍连德《一个中国现代医师的自传》

8.2 微生物的培养

在微生物的研究和应用中，只有群体的生长才有意义，即微生物的各种功能的发挥是依靠“以数取胜”或“以量取胜”的。那么，人们该如何保证微生物能够大量生长繁殖，并产生菌体和有益的代谢产物呢？随着微生物学的发展，微生物学家已经研究设计出了多种微生物培养技术。通常一个良好的微生物培养装置的基本条件应包括按微生物生长规律进行科学的设计，能在提供丰富且均匀的营养物质的基础上，保证微生物获得适宜的温度和良好的通气条件（厌氧菌除外）。另外，还要为微生物提供一个适宜的理化条件和严防杂菌的污染等。这里

码上看

微生物的培养方法

主要介绍一些实验室和生产实践中常用的微生物培养技术（图 8–8）。

知识点【8–3】常用的微生物培养技术

1. 实验室中微生物的培养技术

（1）好氧菌的培养法。

1）好氧菌的固体培养法（图 8–9）。常用的好氧菌的固体培养法有试管斜面、培养皿琼脂平板、克氏扁瓶（一种扩大与空气接触表面积的微生物或细胞培养器具）、茄子瓶等。

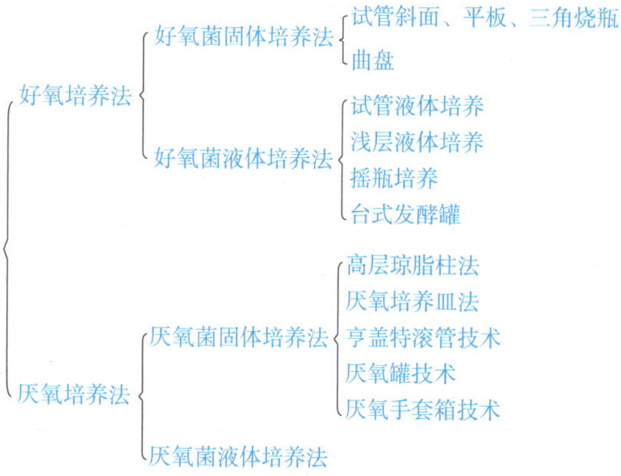

图 8–8　常用的微生物培养技术

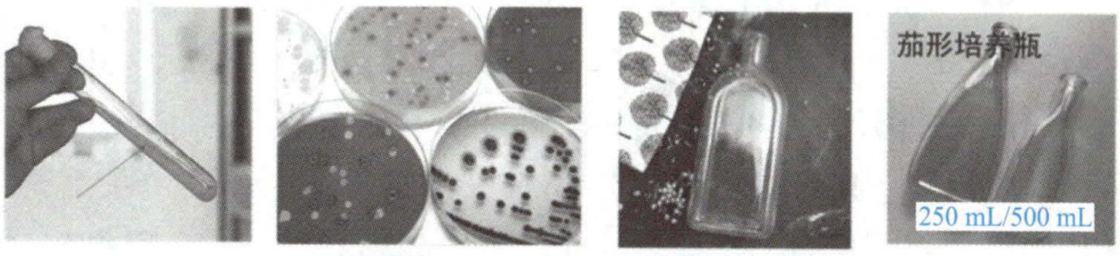

（a）　（b）　（c）　（d）

图 8–9　好氧菌的固体培养方法

（a）试管斜面；（b）培养皿琼脂平板；（c）克氏扁瓶；（d）茄子瓶

2）好氧菌的液体培养法。在液体培养基中，好氧微生物一般只能利用溶于水中的氧，故要保证在培养液中始终有较高的溶解氧浓度。一般可通过增加液体与氧的接触面面积或提高氧分压来提高溶氧速率。实验室中常用的好氧菌液体培养法有试管液体培养、三角烧瓶浅层液体培养、摇瓶培养、台式发酵罐培养等（图 8–10）。

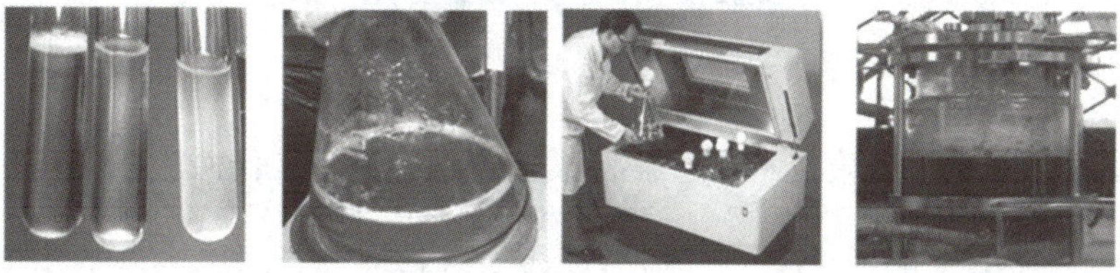

（a）　（b）　（c）　（d）

图 8–10　好氧菌的液体培养方法

（a）试管液体培养；（b）三角烧瓶浅层液体培养；（c）摇瓶培养；（d）台式发酵罐培养

（2）厌氧菌的培养方法。

1）厌氧菌的固体培养法。厌氧菌的固体培养法常用的有高层琼脂柱法、厌氧培养皿法、亨盖特滚管技术、厌氧罐技术、厌氧手套箱技术等。

①高层琼脂柱法（图 8–11）。把含有还原剂的固体或半固体培养基装入试管中，经灭菌后，表层上还有一些溶解氧，越到深层，氧含量越少，其氧化还原电势越低，越有利于厌氧菌的生长。

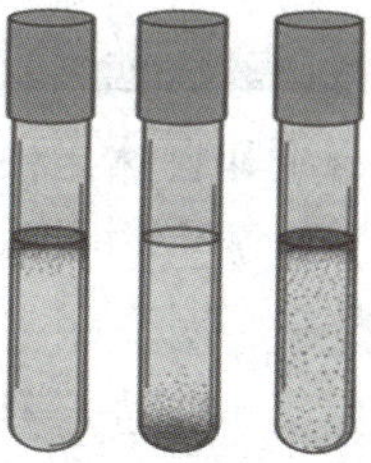

图 8–11　高层琼脂柱法

②**厌氧培养皿法**。利用有特制皿底的培养皿进行培养。这种特制的培养皿有两个相互隔开的空间，一个放焦性没食子酸；另一个则放 NaOH 溶液，待在皿盖平板上接入待培养的厌氧菌后，立即密闭，用摇动的方法使两种试剂接触而发生氧化反应，从而造成无氧环境。

③**亨盖特滚管技术**（图 8-12）。亨盖特滚管技术是由美国著名微生物学家亨盖特于 1950 年分离瘤胃微生物和产甲烷菌等严格厌氧菌时设计的一种具有划时代意义的严格厌氧技术。其主要原理是利用除氧铜柱来制备无氧的氮气，用无氧氮气驱除小环境中的空气，使培养基的配制、分装、灭菌和储存，以及菌种的接种、培养、观察、分离、移种和保藏等过程始终处于高度无氧条件下，从而保证了严格厌氧菌的存活。

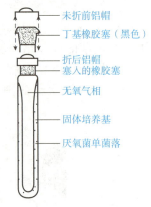

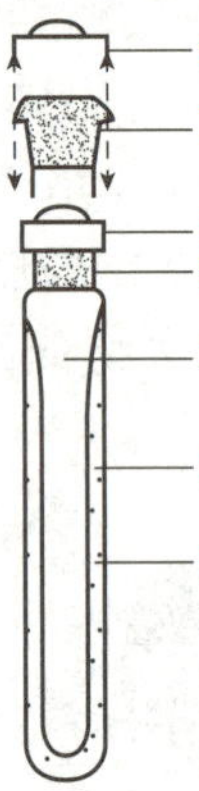

图 8-12　亨盖特滚管技术

④**厌氧罐**［图 8-13（a）］技术。厌氧罐技术是一种常规的但不是很严格的厌氧菌培养技术。厌氧罐是一个用聚碳酸酯制成的圆柱形透明罐体，只能保证厌氧菌在培养过程中处于良好的无氧环境。

⑤**厌氧手套箱**［图 8-13（b）］技术。厌氧手套箱是一种用于无氧操作和培养严格厌氧菌的箱形装置。箱体结构密封，内部充满 N_2、CO_2、H_2 等气体，并用钯催化剂维持高度无氧状态，还在箱内设有接种和恒温培养装置，以便于随时进行接种和培养。

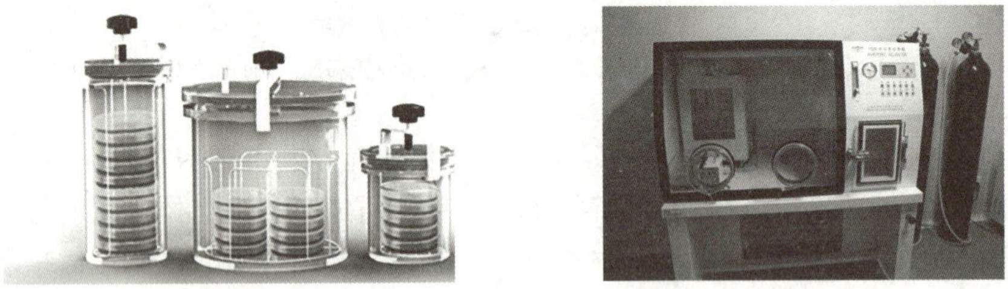

（a）　　（b）

图 8-13　厌氧罐和厌氧手套箱

(a) 厌氧罐；(b) 厌氧手套箱

厌氧罐技术、厌氧手套箱技术和亨盖特滚管技术已成为现代微生物实验室中研究厌氧菌最有效的“三大件”技术。

2）**厌氧菌的液体培养法**。实验室中对厌氧菌进行液体培养时，可采用厌氧罐或厌氧手套箱等装置进行培养，如果在有氧环境下进行培养，则必须保证培养基的氧化还原电势为 −420 ～ −150 mV，以适合严格厌氧菌的生长。

2. 生产实践中微生物的培养技术

（1）好氧菌的曲法培养。原始的曲法培养（图 8-14）就是将麸皮、碎麦或豆饼等固态基质经蒸煮和自然接种后，薄薄地铺设在培养容器表面，使微生物既可获得充足的氧气，又可利于散发热量，对真菌来说，还十分有利于使其产生大量孢子。曲法培养是我国人民发明创造的一种微生物培养技术（详见本单元中的【科学探究】）。

图 8-14　原始的曲法培养

曲（Qu 或 Mouldy Bran）可以根据制曲的容器形状和规模的大小分类（图 8–15），即瓶曲、袋曲（用塑料袋制曲）、盘曲（用木盘制曲）、帘子曲（用竹帘子制曲）、转鼓曲（用大型木质空心转鼓横向转动制曲）、通风曲（厚层制曲）等。

图 8–15　曲的种类

（2）好氧菌的液体培养法。

1）浅盘培养法。浅盘培养是一种用大型的盘子对好氧菌进行浅层液体静止培养的方法。在早期青霉素和柠檬酸等发酵中常用浅盘培养法。由于其具有劳动强度大、生产效率低和产品易污染等缺点，难以推广。

2）深层液体通气培养法（图 8–16）。深层液体通气培养是一类应用大型发酵罐进行深层液体通气搅拌的培养技术，它的发明在微生物培养技术发展史上具有革命性的意义，并成为现代发酵工业的开端。

图 8–16　工厂中的深层液体通气培养法

小资料

发酵罐

发酵罐（Fermenter 或 Fermentor）是一种最常规的生物反应器（Bioreactor），通常是钢质圆筒形直立容器，其结构如图 8–17 所示。工业发酵中一般是指进行微生物深层培养的设备。发酵罐的主要作用是为微生物提供丰富而均匀的养料、良好的通气和搅拌、适宜的温度和酸碱度，并能确保防止杂菌的污染。发酵罐容积可大可小，一般认为，500 L 以下的是实验室发酵罐；500 ～ 5 000 L 的是中试发酵罐；5 000 L 以上的是生产规模的发酵罐。

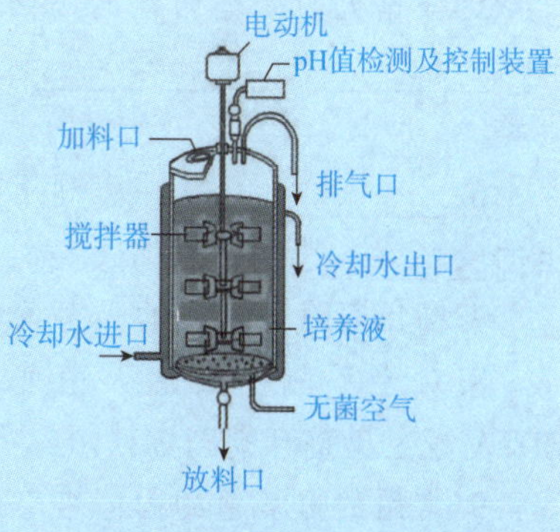

图 8–17　发酵罐的结构示意

（3）厌氧菌的堆积培养法。生产实践中对厌氧菌进行大规模固体培养的例子并不多见。在白酒生产中，一向用大型深层地窖对固态发酵料进行堆积式固态发酵（图 8–18），这对酵母菌的乙醇发酵和己酸菌的己酸发酵等十分有利，可用来生产名优大曲酒（蒸馏白酒）。

图 8–18　工厂中堆积培养法

（4）厌氧菌的大规模液体培养法。厌氧菌的大规模液体培养法最初起源于19世纪末的啤酒发酵。20世纪20年代，因发展无烟火药，人们对丙酮的需求增加，促使厌氧发酵罐（图 8–19）的制造和发酵技术日趋成熟。由于厌氧罐的发酵过程不需要提供无菌空气，不仅可简化结构和设备，还有利于增大容积。

图 8–19　厌氧发酵罐

小测验·巩固新知

一、填空题

1. 每种微生物都有它的________、________、________，即生长温度三基点。

2. 按照微生物与氧的关系，可将其细分为________、________、________、________、________ 5 类。

3. 一般细菌生长的最适 pH 值为________，放线菌为________，霉菌和酵母菌为________。

4. 根据微生物生长的最适 pH 值，可将其分为________、________、________、________、________等。

5. 根据灭菌处理因素的不同可分为物理灭菌因素和化学灭菌因素。物理灭菌因素主要有____________、____________、____________等；化学灭菌因素包括________、________两大类。

6. ____________是一类利用高温的水或水蒸气进行灭菌的方法，通常多指用 100 ℃以上的________进行灭菌。

7. 高压蒸汽灭菌法的灭菌条件是________________________。

8. 对于不利于高温灭菌处理的培养基或材料，可采用________、________或添加 EDTA 等金属螯合剂的方法。

9. 常用的好氧菌的固体培养法有________、________、________、________等。

10. 实验室中常用的好氧菌液体培养法有________、________、________、________等。

11. 厌氧菌的固体培养法有________、________、________、________、________培养等。

12. ________、________和________是现代实验室中研究厌氧菌最有效的“三大件”技术。

二、名词解释

1. 最适生长温度；2. 灭菌；3. 消毒；4. 防腐；5. 化疗。

三、问答题

1. 为什么对同一微生物来说，其最适温度并非一切生理过程的最适温度？请举例说明。

2. 为什么厌氧菌只能在无氧环境中生存？

3. 请分析在微生物培养过程中培养基的原始 pH 值为什么会发生改变？通常采取什么样的措施来预防？

4. 一个良好的微生物培养装置通常应包括哪些基本条件？

5. 在生产实践过程中应如何进行微生物培养？请举例说明。

小测验参考答案

写下你的学习心得

练技能·实操详练

实训任务 8-1　微生物的分离与纯化

训练目标及流程

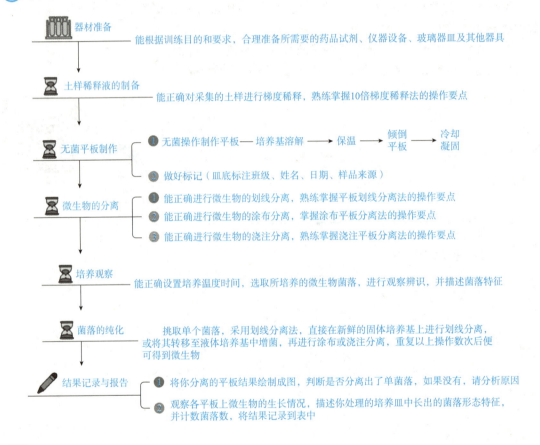

- **器材准备**：能根据训练目的和要求，合理准备所需要的药品试剂、仪器设备、玻璃器皿及其他器具
- **土样稀释液的制备**：能正确对采集的土样进行梯度稀释，熟练掌握10倍梯度稀释法的操作要点
- **无菌平板制作**
  - ① 无菌操作制作平板—— 培养基溶解 → 保温 → 倾倒平板 → 冷却凝固
  - ② 做好标记（皿底标注班级、姓名、日期、样品来源）
- **微生物的分离**
  - ① 能正确进行微生物的划线分离，熟练掌握平板划线分离法的操作要点
  - ② 能正确进行微生物的涂布分离，掌握涂布平板分离法的操作要点
  - ③ 能正确进行微生物的浇注分离，熟练掌握浇注平板分离法的操作要点
- **培养观察**：能正确设置培养温度时间，选取所培养的微生物菌落，进行观察辨识，并描述菌落特征
- **菌落的纯化**：挑取单个菌落，采用划线分离法，直接在新鲜的固体培养基上进行划线分离，或将其转移至液体培养基中增菌，再进行涂布或浇注分离，重复以上操作数次后便可得到微生物
- **结果记录与报告**
  - ① 将你分离的平板结果绘制成图，判断是否分离出了单菌落，如果没有，请分析原因
  - ② 观察各平板上微生物的生长情况，描述你处理的培养皿中长出的菌落形态特征，并计数菌落数，将结果记录到表中

器材准备

1. 培养基和稀释液

无菌牛肉膏蛋白胨琼脂培养基、无菌高氏Ⅰ号琼脂培养基、无菌马铃薯葡萄糖琼脂培养基（PDA）、无菌水（或无菌生理盐水）。

无菌水的制备方法：将蒸馏水分装于灭菌的三角烧瓶和试管中，其中三角烧瓶中盛放 90 mL 无菌水，每支试管中盛放 9 mL 无菌水，在 121 ℃温度下高压灭菌 20 min。使用前，在三角烧瓶和试管上贴好标签，分别标记 10^{-1}、10^{-2}、10^{-3}、10^{-4}、10^{-5}、10^{-6} 等。

2. 样品

土样或其他食品等可分离的样品。

土样的采集方法：选取距离土壤表层 5 ～ 10 cm 处的土样，盛入无菌牛皮纸袋或容器内备用。若土样采集后不能及时分离，则应放置于 4 ℃的冰箱中暂存。

3. 玻璃器皿

无菌培养皿、无菌 1 mL 移液管（吸管）、无菌试管、广口瓶、烧杯、玻璃棒。

4. 仪器设备

电炉、超净工作台、恒温培养箱、恒温水浴锅。

5. 接种工具等

接种环、涂布器、玻璃珠、试管架、酒精灯、棉花、无水乙醇、镊子、标签纸和记号笔。

关键技能点详解

技能点【8-1-1】土样稀释液的制备

以下操作需要在超净工作台上进行无菌操作完成。

（1）在装有 90 mL 无菌水的三角烧瓶上用记号笔标注 10^{-1}，在 5 支装有 9 mL 无菌水的试管上分别标注 10^{-2}、10^{-3}、10^{-4}、10^{-5}、10^{-6}。

（2）准确称取待分离的土样 10 g，放入装有 90 mL 无菌水并放有小玻璃珠的三角烧瓶中，用手或置于振荡器上充分振荡 20 min，使微生物细胞均匀分散于水中，静置 20 ～ 30 s，即 10^{-1} 稀释液。

（3）用一支无菌吸管，吸取 10^{-1} 稀释液 1 mL（注意吸取土样上清液，以免颗粒堵塞吸管口），移入 10^{-2} 试管中（注意吸管的尖端不能接触 10^{-2} 无菌水的液面），即 10^{-2} 稀释液。

（4）换另一支无菌吸管，吸取 10^{-2} 稀释液 1 mL，移入 10^{-3} 试管中，即 10^{-3} 稀释液，依此类推，连续稀释，则制成 10^{-2}、10^{-3}、10^{-4}、10^{-5}、10^{-6} 等一系列梯度稀释菌液。土样梯度稀释过程如图 8-20 所示。

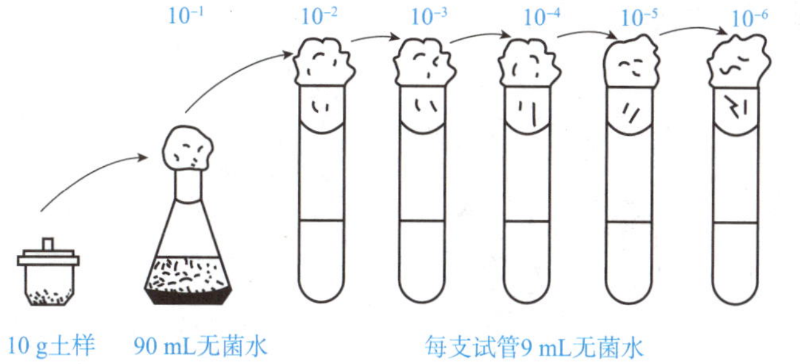

图 8-20　土样梯度稀释过程

技能点【8-1-2】平板划线分离法

平板划线分离法是指将带有杂菌的样品通过在平板表面划线稀释而获得单菌落的方法，

如图 8–21 所示。通常用接种环以无菌操作蘸取少许待分离的样品菌悬液，再在无菌平板表面进行平行划线、连续划线、分区划线、扇形划线、方格划线或其他形式的划线，微生物细胞数量将随着划线次数的增加而减少，并逐步分散开，如果划线适宜，微生物细胞便能均匀分散，经培养后，可在平板表面得到单菌落。这里重点介绍连续划线法和分区划线法。

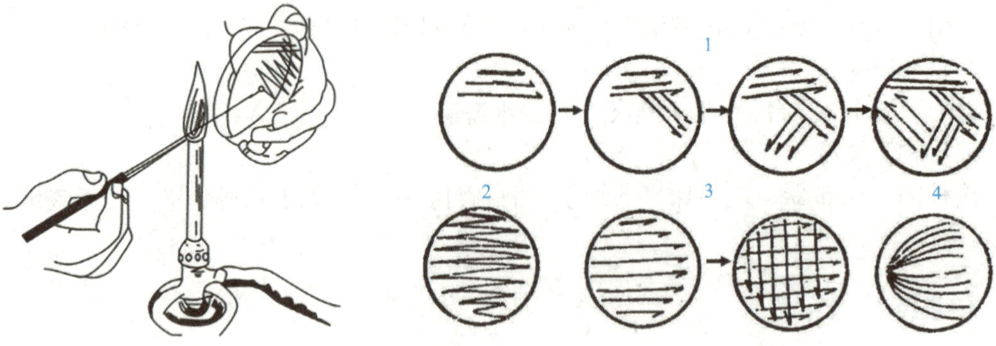

(a)　(b)

图 8–21　平板划线分离法

(a) 操作示意；(b) 常用的划线形式

1—分区划线（4 区）；2—连续划线；3—方格划线；4—扇形划线

1. 连续划线法

选用平整、圆滑的接种环。右手拿接种环，在酒精灯火焰上灼烧杀菌。待接种环稍冷却后，蘸取一环含菌试样。左手拿培养皿，用中指、无名指和小指托住皿底，拇指和食指托住皿盖。将培养皿稍倾斜，左手拇指和食指将皿盖掀开，并将带菌的接种环伸入培养皿内，在平板上轻轻地连续划线。划线完毕后，盖好皿盖。烧去接种环上残留的菌样。

2. 分区划线法

（1）分区标记。在皿底用记号笔分成 4 个不同面积的区域 A、B、C、D，并使 A < B < C < D，且各区域的夹角为 120° 左右，目的是使 D 区划出的线条与 A 区的线条相互平行，更美观，如图 8–22 所示。

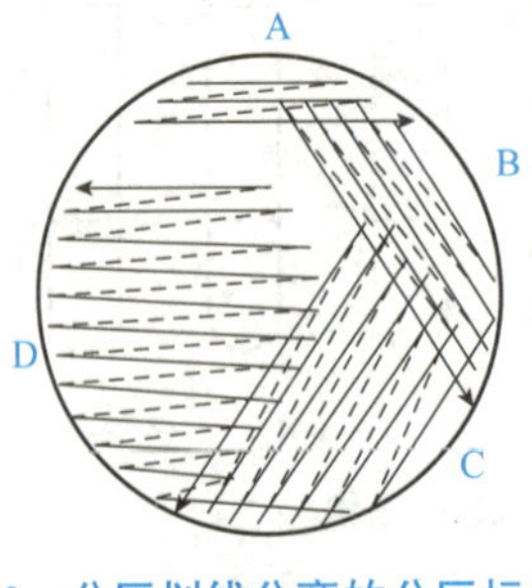

图 8–22　分区划线分离的分区标记示意

平板划线分离法

（2）划线方法。右手持含菌的接种环，先在 A 区轻轻划 3 ～ 4 条连续的平行线。然后在酒精灯火焰上烧去接种环上残余的菌样，并在平板培养基边缘冷却，旋转平板，将 B 区转至划线位置，通过接种环，在 A 区轻轻地划 5 ～ 6 条连续的平行线，再用同样的操作方法在 C 区和 D 区划更多的平行线，尽量使 D 区的线条与 A 区平行（但不能与 A 区或 B 区的线条接触），然后盖上皿盖，再烧去接种环上残留的菌样。

【说明】平板应较硬、较厚、表面干燥。待 A 区划线完成后，须烧去接种环上的残菌，待冷却后再划 B 区。线条宜平行、密集、整齐，从而充分利用平板的面积。

技能点【8-1-3】涂布平板分离法

涂布平板分离法是指取少量梯度稀释好的菌悬液，置于已凝固的无菌平板培养基表面，然后用无菌的涂布玻璃棒将菌液均匀地涂布在整个平板表面，经培养后，在平板培养基表面会形成多个独立分布的单菌落，然后挑取典型的代表菌落移接至斜面，经培养后保存。

涂布平板法

操作方法：用无菌吸管吸取一定量（0.1 mL 或 0.2 mL）的某一稀释度（如 10^{-2}）的样品的菌悬液滴加在平板表面［图 8-23（a）］，再用无菌玻璃涂布棒将菌液轻轻涂开，均匀铺满整个平板表面，并防止平板培养基破损［图 8-23（b）］。经培养后挑取单个菌落。重复此过程数次，即可得到纯菌种。

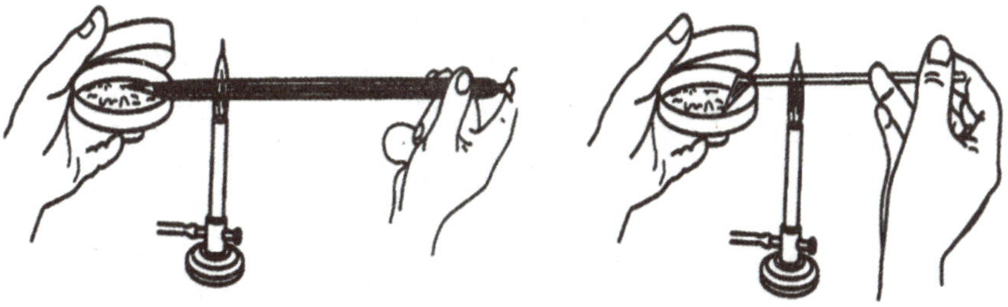

（a）　　（b）

图 8-23　移菌液与平板表面操作和涂布平板操作示意

（a）移菌液与平板表面操作；（b）涂布平板操作

技能点【8-1-4】浇注平板分离法

浇注平板分离法是将待分离的试样做梯度系列稀释后，选取其中 3 个合适且连续的稀释度，将每一稀释度的少量菌悬液加至无菌培养皿中，立即倒入经熔化且温度合适的固体培养基，经充分混合均匀后培养。最后可从其表面和内层出现的许多单菌落中，选取典型代表，将其转移至斜面上培养后保存，此即初步分离的纯种。

操作方法：取 6 套无菌培养皿，分别标注 10^{-4}、10^{-5}、10^{-6} 3 个稀释度（每个稀释度对应 2 个培养皿）。从事先稀释好的各试管中分别吸取 1 mL 菌液加至相应编号的无菌培养皿中。接下来，向各培养皿中分别倒入充分熔化并冷却至约 50 ℃的固体培养基，将菌液和培养基充分混合均匀后，水平放置，待其凝固后培养。

注意事项

（1）倾倒培养基制作平板时，培养基的量要适宜，以 10 ～ 15 mL 为宜。混合均匀时用力不要过大，以免培养基污染平皿皿盖。

（2）划线时接种环与培养基表面的夹角为 20° ～ 30°，注意不要将培养基划破，即用力不要太大，也不能太小。

（3）接种环的使用，要注意使用之前和使用完成后进行火焰灭菌，灭菌必须彻底。

（4）梯度稀释时移液管或吸管的管尖不能接触液面，每个稀释度要更换一支新的无菌移液管或吸管。

（5）采用浇注平板分离法时，倒入的培养基要事先溶解并在 50 ℃下保温，若温度过高，会杀死样品中的微生物；若温度过低，又会导致培养基的凝固。

结果报告

1. 将你分离的平板结果绘制成图（图 8–24）。你是否分离出了单菌落，如果没有，请分析原因。

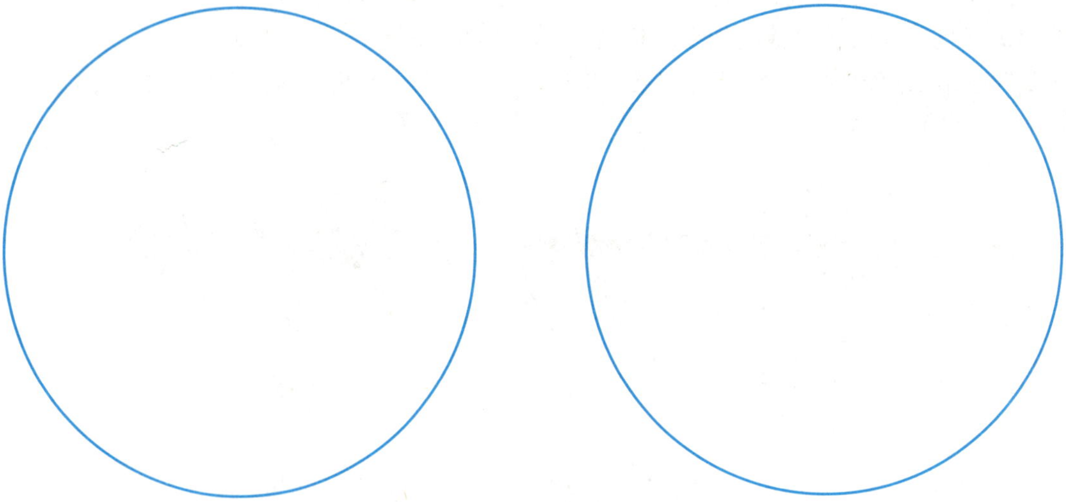

图 8–24　绘制分离的平板结果

2. 描述分离的土样中微生物的菌落（表 8–3）。

表 8–3　描述分离的土样中微生物的菌落

编号	大小	形态	颜色	表面	透明	边缘	质地	干湿
1								
2								
3								
4								
5								
…								

考核评价

根据实训任务 8-1 考核评价表，对任务的完成情况进行自我评价、小组评价、教师评价，将评价的最终结果记入实训过程性考核成绩。

实训任务 8-1　考核评价表

考核要点	考核内容	分值及标准	评分
学习及训练态度	按时到岗，遵守实训室规则，不迟到、不旷课、不早退。态度积极、认真、主动，实训参与度高	优 15 ～ 20 分；良 5 ～ 15 分；差 < 5 分	
实训目标达成情况	1. 能正确对采集的土样进行梯度稀释，熟练掌握十倍梯度稀释法的操作要点。 2. 能正确进行微生物的划线分离、涂布分离及浇注分离，熟练掌握各种分离方法的操作要点。 3. 能正确设置培养温度时间，选取培养出的微生物菌落，进行观察辨识，并描述菌落特征	优 35 ～ 50 分；良 20 ～ 35 分；差 < 20 分	
训练结果报告	任务单内容完整、结果记录正确、书写工整	优 15 ～ 20 分；良 5 ～ 15 分；差 < 5 分	
卫生整理情况	将本次实训用到的器皿、材料等清洁并归位；将操作台清理干净并将物品摆放整齐；将地面及垃圾桶打扫干净	优 8 ～ 10 分；良 5 ～ 8 分；差 < 5 分	
考核结果	完成本次实训任务最终得分		

总结思考

1. 对样品中的微生物进行分离纯化的目的是什么？

----

2. 平板划线分离应该注意哪些事项？

----

3. 涂布平板分离法、平板划线分离法及浇注平板分离法相比，各有什么优点、缺点？

实训任务 8-2　微生物接种技术

训练目标及流程

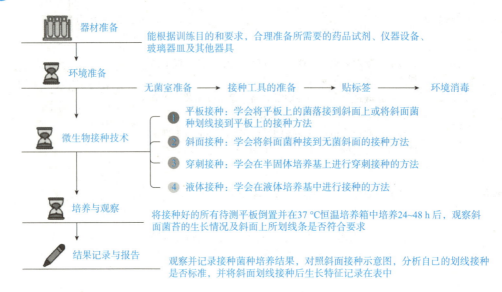

器材准备

能根据训练目的和要求，合理准备所需要的药品试剂、仪器设备、玻璃器皿及其他器具

环境准备

无菌室准备 ⟶ 接种工具的准备 ⟶ 贴标签 ⟶ 环境消毒

微生物接种技术

1 平板接种：学会将平板上的菌落接到斜面上或将斜面菌种划线接到平板上的接种方法

2 斜面接种：学会将斜面菌种接到无菌斜面的接种方法

3 穿刺接种：学会在半固体培养基上进行穿刺接种的方法

4 液体接种：学会在液体培养基中进行接种的方法

培养与观察

将接种好的所有待测平板倒置并在37 ℃恒温培养箱中培养24~48 h 后，观察斜面菌苔的生长情况及斜面上所划线条是否符合要求

结果记录与报告

观察并记录接种菌种培养结果，对照斜面接种示意图，分析自己的划线接种是否标准，并将斜面划线接种后生长特征记录在表中

器材准备

1. 菌种

土壤中分离的微生物（平板）或菌种斜面。

2. 培养基

无菌牛肉膏蛋白胨琼脂培养基（斜面、液体、直立柱、平板等）。

3. 仪器设备

超净工作台、恒温培养箱。

4. 其他

酒精灯、75% 乙醇棉球、镊子、接种环、接种针、试管架、标签纸。

关键技能点详解

技能点【8-2-1】准备工作

1. 无菌室的准备

小规模的接种操作一般使用无菌接种箱或超净工作台。工作量大的使用无菌室，配合使用超净工作台。

2. 接种工具的准备

检查接种环和接种针上的接种丝是否直立，环是否完全封闭。若接种丝弯曲或环不完整，可借助镊子进行拉直、修整，通常接种环的直径以 2 ～ 3 mm 为宜。

3. 贴标签

接种前，将欲接种的空白斜面贴上标签，注明菌名、接种日期、接种人姓名。标签应贴在试管斜面上距离试管口 2 ～ 3 cm 的部位。与酒精灯等其他用具一起放在超净工作台上或操作台上摆好。注意：带菌的平板或斜面不能提前放在超净工作台或操作台上。

4. 环境消毒

无菌室或超净工作台使用前需要提前打开紫外灯，照射灭菌 30 min，操作时关闭紫外灯。接种人员操作前需要穿好工作服或实训服，必要时，还需要换好隔离服、鞋、帽，戴上口罩，然后将手清洗并消毒。

技能点【8-2-2】平板接种

1. 平板接斜面

将平板上分离得到的单菌落按无菌操作的方法分别移接到斜面培养基上以保存菌种。接种前，先选好典型单菌落，做好标记。具体方法如下：

（1）试管持法。左手持待接斜面（斜面向上），并斜放使之近水平状态。用右手将棉塞旋松，以便拔出，如图 8-25 所示。

（2）接种环灭菌。右手拿接种环（如握钢笔一样），使接种环直立在酒精灯氧化焰（外焰）部位，先将金属环端烧红灭菌，然后将接种环来回通过火焰数次，并将接种环以上有可能伸入试管的其余部位也通过火焰灭菌，如图 8-26 所示。

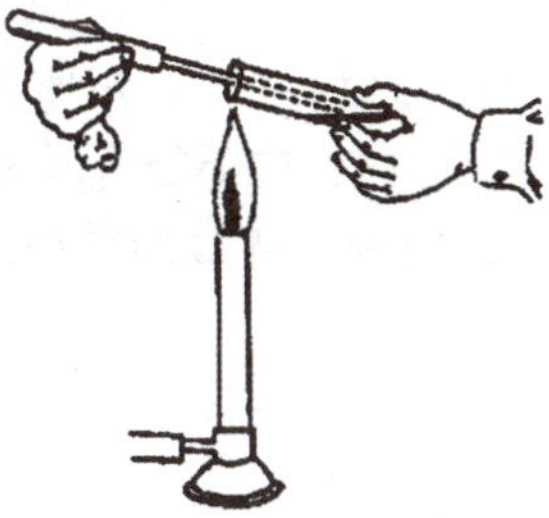

图 8-25　接种操作示意

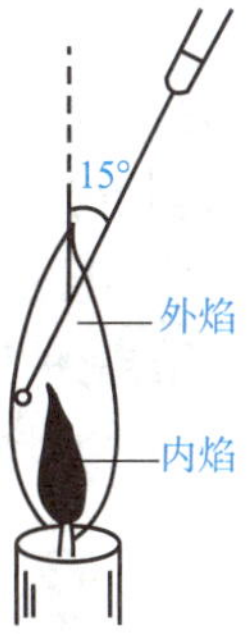

图 8-26　接种环灭菌示意

（3）冷却接种环。将灼烧过的接种环伸入平板，先使环接触菌种管的培养基部分，使其冷却。

（4）取菌种。待接种环冷却后轻轻挑取少量菌落，然后将接种环移出。

（5）拔试管棉塞。首先，用右手的无名指、小拇指和手掌，拔出斜面试管的棉塞（或试管帽），并夹紧（注意：棉塞下部应露在手外，勿放桌上，以免污染）。接下来，让试管口缓缓通过火焰灭菌（切勿烧得过烫）。迅速将试管口在火焰上微烧一周，以便烧死试管口上可能沾染的少量杂菌或带菌尘埃。

（6）接种。在火焰旁将沾有菌种的接种环伸入待接斜面试管。从斜面培养基的底部向上作“Z”形来回划线。或从底部向上划以直线，一直划到斜面的顶部。

（7）塞棉塞。将接好种的试管口再次通过火焰灭菌后，塞上试管棉塞。

（8）接种环灭菌。将接种环在火焰上再次烧红灭菌。放下接种环，再将棉塞旋紧。

（9）培养。将接种的斜面插在试管架上，置于 37 ℃（细菌）或 28 ℃（真菌和放线菌）恒温培养箱中培养 24 h。

（10）结果观察。培养 24 h 后观察斜面菌苔生长情况及斜面上所划的线条是否符合要求。

2. 斜面接平板

（1）划线法。详见平板划线分离法（技能点【8-1-2】）。

（2）点种法。其常用于接种霉菌和酵母菌，即用接种环或接种针挑取适量菌苔，轻轻点在培养基的表面上，通常在根霉、毛霉点 1 点，在曲霉、青霉、酵母点 3 ～ 4 点。

码上看

接种环的使用方法　　平板菌落接斜面

技能点【8-2-3】斜面接种

（1）试管持法。将两支试管用大拇指和其他四指握在左手中，使中指位于两试管之间的部位，无名指和大拇指分别夹住两支试管的边缘，管口齐平，试管横放，管口稍稍上斜［图 8-27（a）］。或左手平托两支试管（菌种管和新鲜空白斜面试管），斜面向上，拇指按住试管底部。外侧是培养好的菌种试管或保藏菌种斜面，内侧是待接的空白斜面［图 8-27（b）］。右手先将棉塞拧转松动，以便在接种时容易拔出。

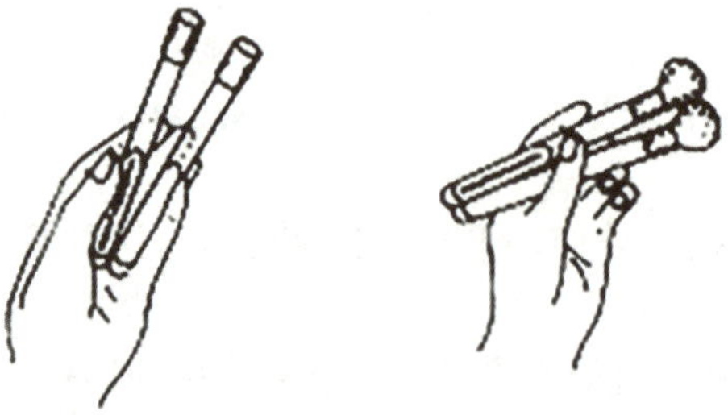

（a）　　（b）

图 8-27　斜面接种时试管的两种拿法

斜面接种法

（2）接种环灭菌。接种环灭菌如图 8-28（a）所示。

（3）取菌并接种。取菌并接种如图 8-28（b）～（e）所示。

将两支试管的上端并齐，靠近火焰，用右手小拇指、无名指和掌心将两支试管的棉塞一并夹住并拔出，棉塞下部应露在手外，勿放在桌上，以免污染。然后使试管口缓缓通过火焰灭菌。

将灼烧过的接种环伸入菌种管内，先将接种环轻轻接触没有长菌的培养基部分，使其冷却，以免烫死菌体。接下来，用接种环轻轻挑取一定量的菌苔，并将其慢慢从菌种试管中抽出。迅速将接种环伸进另一空白斜面，在斜面培养基上轻轻划线，将菌体接种其上。划线时从底部开始，划出较密的波浪状线；或从底部向上划直线，一直划到斜面的顶部，如图 8–28 所示。

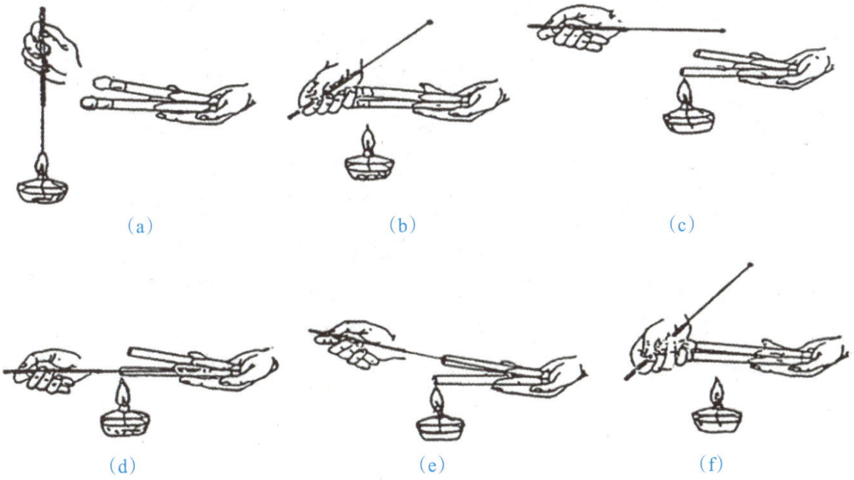

图 8–28　斜面接种操作示意

(a) 接种环灭菌；(b) 拔出棉塞；(c) 管口灭菌；(d) 挑起菌苔；(e) 接种；(f) 塞棉塞

（4）塞棉塞。塞棉塞如图 8–28（f）所示。接种完毕，灼烧试管口，并将棉塞底部通过火焰灭菌后，塞入试管内。

（5）接种环灭菌。将沾有菌苔的接种环在火焰上烧红灭菌。应先在内焰中烧灼，使其干燥后，再在外焰中烧红，以免菌苔骤热，使菌体爆溅，造成污染。放下接种环后，再将棉塞旋紧。

（6）培养。将接种的斜面插在试管架上，置于 37 ℃（细菌）或 28 ℃（真菌和放线菌）恒温培养箱中培养。

（7）结果观察。待培养 24 h 后，观察斜面菌苔生长情况及斜面上所划线条是否符合要求。

技能点【8–2–4】穿刺接种

穿刺接种是一种用接种针从斜面菌种上挑取少量菌体，并将其穿刺接种到固体或半固体的深层培养基（“直立柱”）中的方法，适用于厌氧性细菌和酵母菌的接种培养。它常作为保藏菌种的一种接种方法；同时，也可用于检查细菌的运动能力。具有运动能力的细菌一般能沿着穿刺线向外运动而生长，形成的菌条粗；不能运动的细菌则仅能在穿刺线上生长，所形成的菌条纤细。通常有两种手持操作法，即垂直法［图 8–29（a）］和水平法［图 8–29（b）］。具体操作方法：穿刺时将带菌接种针（无菌操作取菌）自培养基中心垂直刺入培养基中，直到接

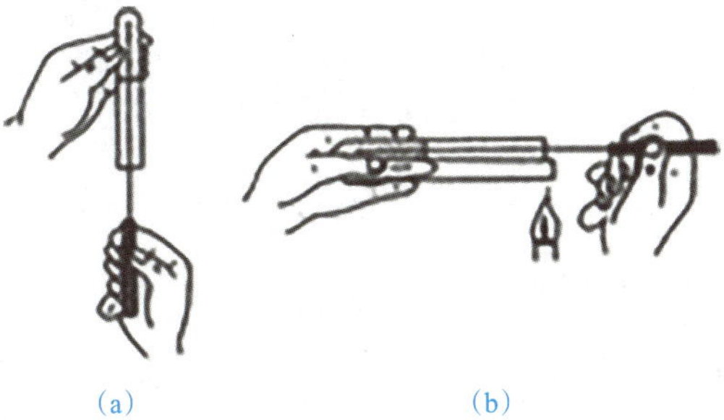

图 8–29　穿刺接种示意

(a) 垂直法；(b) 水平法

近试管底部，但勿穿透，然后沿着接种线将针拔出。穿刺时手要稳，动作要轻，速度要快。最后塞上棉塞，在火焰上灼烧接种针，以烧死残留的细菌，接种的试管置于恒温培养箱中培养。

技能点【8-2-5】液体接种

液体接种是将微生物菌种接入液体培养基的方法。在测定微生物的生理特性与其代谢产物，以及进行扩大培养时，常需要将菌种接种在液体培养基内培养。

（1）斜面菌种接种液体培养基。如果接种量小，可用接种环取少量菌体移入待接培养基中，在三角烧瓶瓶壁或试管管壁上摩擦，以便将菌苔研开。抽出接种环，塞上棉塞，轻轻摇晃液体，让菌体均匀分布；如接种量大，可先在斜面菌种管中倒入定量无菌水，用接种环将菌苔刮下并研开，再将菌悬液在火焰旁边倒入液体培养基中，注意需要将试管口在火焰上灭菌。

（2）液体菌种接种液体培养基。菌种是液体时，可用无菌的吸管或移液管吸取菌液接种到液体培养基中（图 8-30），接种时在火焰旁拔出棉塞，将管口通过火焰，也可直接将液体培养物倒入液体培养基中，振摇均匀即可。

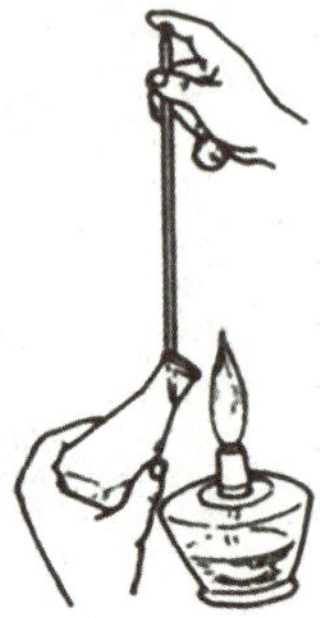

图 8-30　液体接种

注意事项

（1）接种操作时，要使试管口或培养皿靠近火焰旁上方区域（即在无菌区内）。

（2）在固体培养基上划线时，注意勿将培养基划破，也不要使菌体沾污管壁或其他地方。

（3）接种使用过的吸管或移液管等工具一定要及时灭菌处理，以免造成周围环境的污染。

（4）培养物处理：所接菌种经培养后，如果需要保留，则用无菌纸包扎试管棉塞端后存放于 4 ℃冰箱保藏。若需要清洗，对于非致病菌，可拔去棉塞，再置于沸水浴中杀菌 10 min，然后刷洗干净，并将试管倒置在试管架上晾干备用。对于致病菌，则要带棉塞做高压灭菌后，再进行洗刷。

【注意】清洗带有固体培养基的器皿时，不能将培养基倒入清洗池中，应将其煮沸杀菌后倒入垃圾袋或废物桶中，有致病菌的培养基必须经高压灭菌之后才能处理。

结果报告

观察并记录接种菌种培养结果，对照斜面接种示意图，分析自己的划线接种是否标准，并将斜面划线接种后的生长特征记录在表 8-4 中。

表 8-4　斜面划线接种后的生长特征记录

编号	菌苔特征（描述并绘图）	是否污染	原因分析

考核评价

根据实训任务 8-2 考核评价表，对完成情况进行自我评价、小组评价、教师评价，将评价的最终结果记入实训过程性考核成绩。

实训任务 8-2 考核评价表

考核要点	考核内容	分值及标准	评分
学习及训练态度	按时到岗，遵守实训室规则，不迟到、不旷课、不早退。态度积极、认真、主动，实训参与度高	优 15 ～ 20 分；良 5 ～ 15 分；差＜5 分	
※ 实训目标达成情况	1. 会将平板上菌落接到斜面上、或将斜面菌种划线接到平板上。 2. 会将斜面菌种接到无菌斜面上。 3. 会在半固体培养基上进行穿刺接种。 4. 会在液体培养基中进行接种	优 35 ～ 50 分；良 20 ～ 35 分；差＜20 分	
训练结果报告	任务单内容完整、结果记录正确、书写工整	优 15 ～ 20 分；良 5 ～ 15 分；差＜5 分	
卫生整理情况	将本次实训用到的器皿、材料等清洁并归位；将操作台清理干净并将物品摆放整齐；将地面及垃圾桶打扫干净	优 8 ～ 10 分；良 5 ～ 8 分；差＜5 分	
考核结果	完成本次实训任务最终得分		

总结思考

1. 接种微生物时需要注意哪些方面？

2. 如何正确使用接种环等接种工具？

实训任务 8-3 环境因素对微生物生命活动的影响

请扫码查看环境因素对微生物生命活动的影响的具体操作过程。

强应用·学以致用

科学探究

视野窗

古为今用、推陈出新

中国古代智慧——酒曲中的微生物培养技术（图 8-31）

中国古代智慧——酒曲中的微生物培养技术

图 8-31　酒曲中的微生物培养技术

1. 背景

制曲酿酒是中国酿酒史上最伟大的创造，可以追溯到商代。酒曲的起源已不可考，关于酒曲的最早文字可能就是周朝著作《书经·说命篇》中的“若作酒醴，尔惟曲蘖”。酒曲酿酒是我国酿酒的精华所在，曲是酒之骨，是酿酒过程中必不可少的一环。原始的酒曲是发霉或发芽的谷物，人们对其加以改良，就制成了适用于酿酒的酒曲。由于所采用的原料及制作方法不同，生产地区的自然条件有异，酒曲的品种丰富多彩。酒曲的生产技术在北魏时代的《齐民要术》中第一次得到全面总结，在宋代已达到极高的水平，表现为酒曲品种齐全，工艺技术完善，酒曲尤其是南方的小曲糖化发酵力都很高。古代劳动人民并不知晓酒曲酿酒是微生物生理转化的结果，但是他们凭借认识自然和利用自然的丰富经验与智慧，创造出了天然培养微生物的方法和技术。直至现在，酒曲仍广泛用于黄酒、白酒等的酿造。在生产技术上，随着人们对微生物及酿酒理论知识的掌握，酒曲的发展跃上了新的台阶。如今，酒曲文化技艺在历史传承中也在不断得到发展和创新，已经有小曲、大曲、红曲和麸曲等多种类型。

酒曲的主要作用机理：酒曲上生长着大量的微生物，富集着酿酒的微生物群，而制曲的过程就是为这些微生物提供一个舒适安逸的环境，让它们能够安心地在这里繁衍生息。制曲时所使用的小麦、大麦、豌豆等，都是为它们提供的粮食。同时，在生长繁殖的过程中，微生物还会分泌多种酶类（淀粉酶、糖化酶和蛋白酶等），酶具有生物催化作用，可以加速将谷物中的淀粉、蛋白质等转变成糖、氨基酸。糖分在酵母菌酶的作用下分解成乙醇，既提高了酿酒的效率，也赋予了不同酒类品种独特的口感和风味。所以，曲是活的，曲中不同的微生物群落代谢产生的酶也不尽相同，而这其中细微的差别就决定了酒的风格和骨架。又因为曲是活的，所以，曲中微生物的种类和数量与制曲的原料、制曲的温度及制曲的环境等因素有着密不可分的联系，其中环境的影响更是举足轻重。曲的基本构成与功能如图 8–32 所示。

曲的基本构成与功能
- 固体基质
  - 提供营养物质
  - 有利于疏松通气
  - 赋予曲的外形
- 菌体（菌丝、孢子或细胞）：可用作种子
- 代谢产物
  - 酶类：如淀粉酶、蛋白酶等，可用作粗酶制剂
  - 其他：如柠檬酸、赤霉素、抗生素等

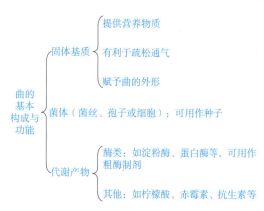

图 8–32　曲的基本构成与功能

酒曲的种类：中国酿酒史源远流长，在酿酒发展的过程中，也衍生出各种各样的酒曲。也就是说，在还没有形成规模化生产的古代，甚至是两家相邻的酒肆，他们所用的曲也都不尽相同。到了现代，由于划分标准的不同，到底有多少种曲，谁也说不清楚。但是为了方便，现今比较认可的酒曲分为五大类，分别用于酿造不同的酒：麦曲，主要用于黄酒的酿造；小曲，主要用于黄酒和小曲白酒的酿造；红曲，主要用于红曲酒的酿造（红曲酒是黄酒的一个品种）；大曲，用于蒸馏酒的酿造；麸曲是现代才发展起来的，是用纯种霉菌接种、以麸皮为原料的培养物，可用于代替部分大曲或小曲。迄今为止，麸曲法是中国白酒生产的主要操作法之一，用它生产出的白酒占白酒总产量的 70% 以上。

2. 探究

（1）请认真观看酒曲的制作方法，调查分析中国传统酿酒用的酒曲中所蕴藏的有关微生物培养的智慧。

（2）请根据你对中国酒曲的理解，尝试制作一种传统的酒曲，体会其发酵制酒的过程与魅力，并将过程记录下来。

写下你的学习心得

学习单元9　微生物的遗传育种与保藏

学习目标

知识目标

1. 学习微生物的菌种选育，了解微生物遗传变异是支撑微生物育种的基础理论；了解微生物遗传变异的特点；理解微生物基因突变的类型及其特点；分析比较常用的自然育种、诱变育种、杂交育种及分子育种等育种技术的优点、缺点。

2. 学习微生物菌种的保藏原理与方法，理解导致微生物菌种衰退的主要原因；熟悉并掌握生产实践中常用菌种的复壮和保藏方法；理解其主要原理，比较它们的优点和缺点；认识到菌种的衰退是质变到量变的过程，任何方法都有一定的局限性。

能力目标

1. 学习微生物诱变育种技术，能区分不同的诱变剂，并会选择合适的诱变剂；能正确处理菌种的菌悬液；能确定合适的诱变剂量和诱变时间等条件；能熟练进行诱变后菌株的涂布培育；能辨识所要的突变菌株并进行正确鉴定。

2. 学习微生物保藏技术，能掌握斜面低温保藏法等1～2种实验室常用的保藏方法，能说出其他保藏方法的技术要点。

素质目标

1. 学习微生物育种新技术——中国航天育种，树立科技自信，学好科学知识，为建设制造强国、航天强国打下坚实的基础。

2. 感悟微生物科学家刘志恒坎坷的科学人生，学习他知难而进、迎难而上的乐观主义斗争精神，在学习和工作中始终保持良好的心态，以激情和动力战胜人生道路上的各种困难、挫折和挑战。

3. 积极参与科学探究——产胞外多糖（EPS）乳酸菌菌株的分离与筛选，提升以问题为导向，增强问题意识的能力，培养发现问题、解决问题、勇于探索的科学思维与创新精神。

学习重点与难点

学习重点：微生物遗传变异基础、微生物的基因突变、微生物育种技术、菌种的衰退和复壮、菌种保藏技术。

学习难点：微生物的基因突变。

本单元参考学时：6学时；建议教学场所：一体化智慧型微生物教室

学知识·新知细学

9.1　微生物的菌种选育

遗传和变异是生物体最本质的属性之一，是一切物种延续和进化的基础。遗传是生物的上一代将自己的遗传因子传递给下一代的行为或功能，具有极其稳定的特性。核酸是遗传和变异的物质基础。基因突变是微生物最基本的变异方式。基因重组是不同菌株间遗传物质在分子水平上的交换或重组（杂交），它可以产生比基因突变层次更高的变异。微生物菌种是重要的自然资源。微生物菌种的选育就是根据微生物遗传与变异基础理论，通过自然或人工的因素改变微生物的遗传物质而使微生物性状发生变异，再经由人工筛选和培育，最终得到优良的菌株的过程。

知识点【9-1】微生物的遗传变异基础

1. 相关概念

（1）遗传型（Genotype）。遗传型是指某一生物个体所含有的全部遗传信息，即基因中正确的核苷酸序列。生物体通过核苷酸序列控制蛋白质或 RNA 的合成，一旦功能性蛋白质合成，即可调控基因表达。遗传型是一种内在的可能性或潜力，其实质是遗传物质上所负载的特定遗传信息。具有某遗传型的生物只有在适当的环境条件下通过自身的代谢和发育，才能将遗传型具体化，即产生表型。

（2）表型（Phenotype）。表型是指某一生物体所具有的一切外表特征及内在特性的总和，既是遗传型在合适环境条件下的具体体现，也是一种现实性即具体性状。

（3）变异（Variation）。变异是指生物体在某种外因或内因作用下引起的遗传物质结构或数量的改变，即遗传型的改变。变异的特点是在群体中以极低的概率出现（一般为 10^{-10} ～ 10^{-5}），性状变化幅度大，变异后的新性状是稳定的、可遗传的。

（4）饰变（Modification）。饰变是指不涉及遗传物质结构改变而只发生在转录、翻译水平上的表型变化，即外表的修饰性改变。其特点是整个群体中几乎每一个体都发生同样的变化，而性状的变化幅度很小。因遗传物质不变，故饰变是不遗传的。例如，黏质沙雷氏菌（*Serratia marcescens*）在温度为 25 ℃时培养，会产生深红色的灵杆菌素，在温度为 37 ℃时不产生色素，如果降低温度至 25 ℃再次培养，所有个体又重新恢复产生色素的能力。

2. 微生物遗传变异的独特性

微生物的遗传变异在基本原理上与高等生物相同，但在生物学特性方面，它们有自己的独特性。独特的生物学特性使微生物成为现代遗传学、分子生物学和其他重要生物学基础研究中最热衷的模式生物。其特性主要表现在：物种和代谢类型多样；微生物细胞结构简单，营养体一般为单倍体，方便建立纯系，适合作为遗传研究的材料；很多常见微生物都易于人工培养，能快速、大量生长、繁殖及产生代谢产物；对环境因素的作用敏感，易于获得营养缺陷型、抗药型等各类突变株，操作性强。

3. 遗传变异的物质基础

生物的遗传物质是核酸。绝大多数生物的遗传物质是 DNA，少数病毒的遗传物质是 RNA。

（1）核酸的结构和复制。

1）DNA 的结构。DNA 是由 4 种核苷酸组成的［图 9–1（a）］。每个核苷酸均含有环状碱基、脱氧核酸和磷酸根三种组分。四种核苷酸的差异仅仅在于碱基的不同，即腺嘌呤（A）、鸟嘌呤（G）、胸腺嘧啶（T）、胞嘧啶（C）。DNA 分子是由许多核苷酸连接在一起形成的多核苷酸长链，呈双螺旋结构［图 9–1（b）］，即两条成对的、方向相反的、细长的多核苷酸链，彼此以一定的空间距离，在同一轴上互相盘旋而形成的一个双螺旋式扶梯，每条链均由脱氧核糖 – 磷酸 – 脱氧核糖 – 磷酸交替排列构成。

2）RNA 的结构。RNA 的结构与 DNA 的相似，只是尿嘧啶（U）代替了胸腺嘧啶（T）。

3）核酸的半保留复制。这是一种双链脱氧核糖核酸的复制模型。其中，亲代双链分离后，每条单链均作为新链合成的模板。复制完成时将有两个子代 DNA 分子，每个分子的核苷酸序列均与亲代分子相同。在子代 DNA 分子中，一条链来自亲代；另一条链则是新合成的［图 9–1（c）］。

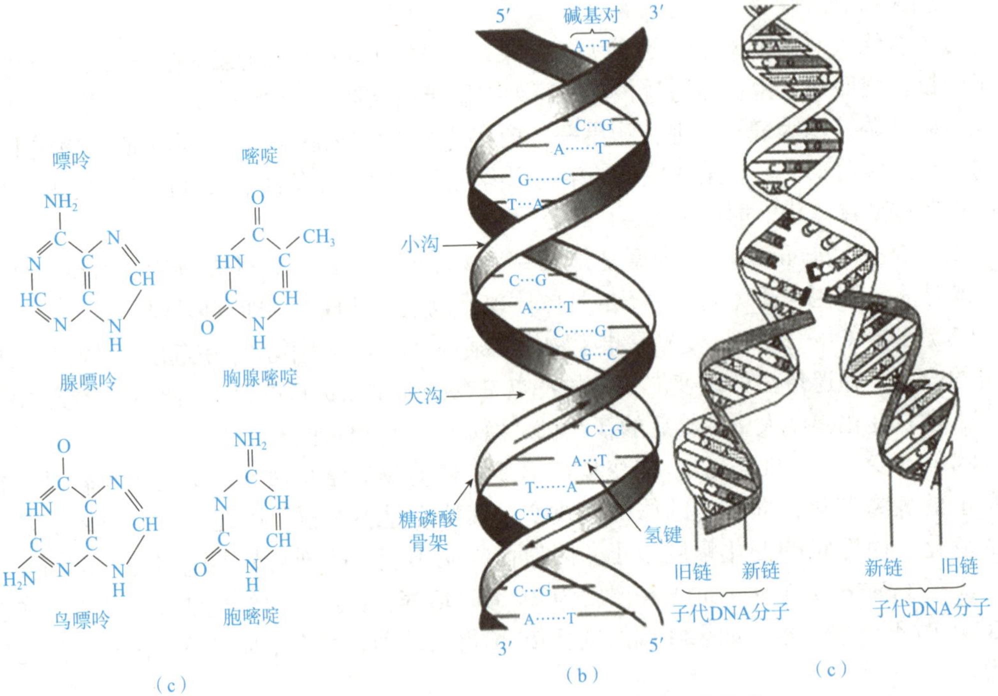

图 9–1　组成 DNA 的四种碱基与 DNA 的双螺旋结构

（a）四种碱基；（b）DNA 双螺旋结构；（c）DNA 半保留复制

（2）遗传物质在细胞内存在的方式。

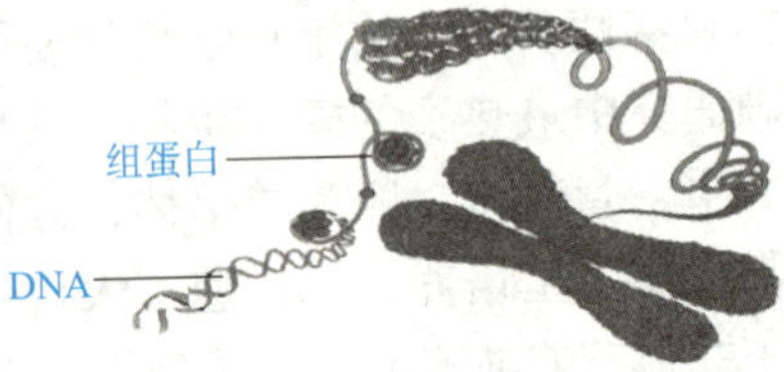

图 9–2　染色体

1）核基因组。微生物的核酸大多存在于细胞核或核质中，而核基因组是微生物遗传信息的最主要负荷者。原核生物的核区内是裸露的 DNA，真核微生物核内的 DNA 与组蛋白结合形成染色体（图 9–2）。染色体内含有大量的、不同的基因，它是生物体内储存遗传信息的因子，是 DNA 的片段，能指导合成核酸和蛋白质，一个 DNA 分子有许多基因［图 9–3（a）］，不同基因中含有的碱基对的数量和排列顺序不一样，这样就能控制不同的遗传性状。DNA 分子链上决定各具体氨基酸的特定核苷酸排列顺序就是遗传密码。遗传密码的信息单位是密码子，每个密码子由三个核苷酸序列即一个三联体所组成［图 9–3（b）］。

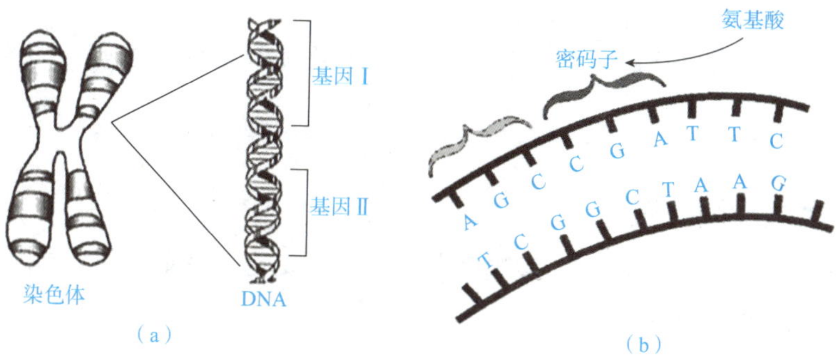

图 9–3　染色体与遗传密码

（a）染色体；（b）遗传密码

从 DNA 到蛋白质合成

2）质粒。具有独立复制能力的小型共价闭合环状的 dsDNA 分子，即 cccDNA，称为质粒（图 9–4）。其是存在于细胞核外的遗传物质。原核生物的质粒长度为 1.5 ～ 300 kb，相对分子量为 10^6 ～ 10^8 Da，携带有数个到数十个甚至上百个基因。其特点：体积小，易分离和操作；呈环状，分离过程中保持性能稳定；能够独立复制；拷贝数多，外源 DNA 扩增快；存在标记位点，便于含质粒的克隆的筛选；带有一些功能基因，如接合（F 质粒）、产生毒素（Col 质粒）、抗药性（R 质粒）、固氮［巨大质粒（Mega）］、降解功能（降解性质粒）等。常在基因工程中作为目的基因的载体。

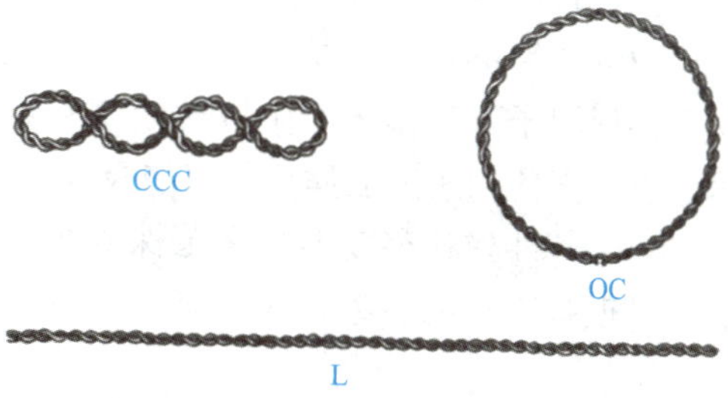

图 9–4　质粒的 3 种构型

小资料

证明核酸是遗传物质的三个经典试验

1. 经典转化试验

1928 年，格里菲斯首次发现 *Streptococcus pneumoniae*（肺炎链球菌，旧称肺炎双球菌）的转化现象。试验发现：加热杀死的致病的 S 形细胞（有荚膜）内可能存在一种转化物质，它能通过某种方式进入非致病的 R 形细胞（无荚膜），并使 R 形细胞获得稳定的遗传性状，然后转变为 S 形细胞。1944 年，艾弗里等在离体条件下，用无细胞抽提液重复这一试验，并对转化本质进行研究，终于证明了 DNA 是遗传物质。

2. 噬菌体感染试验

1952 年，赫尔希和蔡斯用 *E.coli* 噬菌体作为材料，利用同位素示踪法进行试验，证明 DNA 携带有包括合成蛋白质外壳在内的全部遗传信息。

3. 植物病毒重建试验

1956 年，弗朗克康勒脱用 TMV（烟草花叶病毒）和 HRV（霍氏车前花叶病毒）进行试验，证明了 RNA 病毒的遗传物质是 RNA。

这三个具有历史意义的经典试验，充分证明了核酸才是负载遗传信息的真正物质基础。

知识点【9-2】微生物的基因突变

突变（Mutation）就是遗传物质中的核苷酸顺序突然发生了变化。突变可分为基因突变和染色体突变。其中以基因突变经常发生。

1. 基因突变及其类型

基因突变（Gene Mutation）是由 DNA 链上的一对或几对碱基发生了改变而引起的，即基因发生了改变而导致遗传性发生变异，这种变异是可遗传的。基因突变主要有以下几种类型。

（1）营养缺陷型。某一野生型菌株因发生基因突变而丧失合成一种或几种生长因子、碱基或氨基酸的能力，因此不能在基本培养基上正常生长、繁殖的变异类型，称为营养缺陷型。它们只有在添加有相应的营养物质的基本培养基中才能正常生长、繁殖。

（2）抗性突变型。抗性突变型指野生型菌株因发生基因突变，使菌株对某化学药物、致死物理因子或噬菌体产生抗性的变异类型。抗性突变型普遍存在，在遗传学、分子生物学、遗传育种和遗传工程等研究中极为重要。

（3）条件致死突变型。某菌株或病毒经基因突变后，在某种条件下可正常地生长、繁殖并呈现其固有的表型，而在其他条件下却无法生长、繁殖，这种突变类型称为条件致死突变型。

（4）形态突变型。形态突变型是指由于突变而引起的个体或菌落形态的变异。个体变异可影响孢子有无、孢子颜色、鞭毛有无或荚膜有无的突变，菌落变异可引起菌落表面光滑、粗糙、噬菌斑的大小或清晰度等的突变。

（5）抗原突变型。抗原突变型是指由于基因突变引起的细胞抗原结构发生的变异类型。其包括细胞壁缺陷变异、荚膜或鞭毛成分变异等。

（6）产量突变型。通过基因突变而产生的在代谢产物产量上明显有别于原始菌株的突变株，称为产量突变型。若产量显著高于原始菌株者，称为正变株；反之，则称为负变株。筛选高产正变株对生产实践极其重要。

2. 突变率

突变率是指每一细胞在每一世代中发生某一性状突变的概率。例如，突变率为 10^{-8}，即指该细胞在 1 亿次细胞分裂中，会发生 1 次突变。突变率也可用某一单位群体在每一世代（即分裂 1 次）中产生突变株（Mutant，即突变型）的数量来表示。例如，对于一个含 10^8 个细胞的群体，当其分裂为 2×10^8 个细胞时，可平均发生一次突变的突变率也是 10^{-8}。在微生物中突变是经常发生的，研究它不但有助于了解遗传的物质及生物进化，而且为诱变育种提供必要的理论基础。

3. 基因突变的特点

（1）自发性。各种性状的突变，可在非人为的诱变因素处理下自发产生，即自发性突变。

（2）非对应性。非对应性是指突变的性状与引起突变的原因之间没有直接的对应关系。这是突变的一个重要特点，也是容易引起争论的问题。

（3）稀有性。自发突变虽可随时发生，但其突变率却是极低和稳定的，一般为 10^{-9} ～ 10^{-6}，在育种中只依靠自发突变获得的突变机会很少，从群体中筛选出个别有价值的优良突变体的机会也很少。

（4）独立性。突变一般是独立发生的。某一基因发生突变不会影响其他基因突变率。同一细胞中同时发生两个基因突变的概率是极低的。

（5）可诱变性。自发突变的频率可因诱变剂的影响而大为提高（10 ～ 10^5 倍）。应用物理因素或化学物质能够提高突变率，从而获得有价值的优良突变体，所以，目前诱发突变已被广泛用于微生物育种的许多方面，如筛选抗药物菌株、代谢产物高产菌株、抗噬菌体菌株等都获得了显著成效。

（6）稳定性。基因突变后的新遗传性状是稳定的、可遗传的。

（7）可逆性。野生型菌株某一性状既可以发生正向突变，也可以发生相反的回复突变（也称回变）。

小资料

用影印平板法证明突变的自发性

1952 年，莱德伯格夫妇发明了影印平板法，这种接种培养方法是一种通过在固体培养基表面“盖印章”的接种方式，达到一系列培养皿平板的相同位置上出现相同遗传型菌落的接种和培养方法，保证了平板上所长出的菌落的亲缘关系和相对位置保持严格的对应性。在这种方法的基础上，莱德伯格夫妇成功证明了细菌对抗生素和病毒的抗性突变是随机的，微生物的抗药性是在未接触药物前自发产生的，这一突变与相应药物环境毫不相干。1958 年，莱德伯格和塔特姆、比德尔一起获得诺贝尔生理学或医学奖。

知识点【9-3】常用的微生物育种技术

1. 自然育种

自然育种是微生物菌种选育的经典方法。它是利用微生物在一定的条件下发生的自发突变，通过分离和筛选，淘汰劣势菌株，选择出维持原有生产水平或具有更优良生产性能的高产菌株的过程（图 9-5）。

（1）从生产中育种。在日常的生产过程中，微生物也会以一定的频率发生自然突变，这就需要人们善于细致观察，并及时抓住良机来选育优良的生产菌种。例如，从污染噬菌体的发酵液中有可能分离出抗噬菌体的菌株。

（2）定向选育优良菌种。定向选育优良菌种一般是指用某一特定因素长期处理某一微生物群体，还不断对它们进行移种传代，以达到积累并选择相应的自发突变菌株的目的。由于定向培育的自然频率很低，培育新菌种的过程十分缓慢。

2. 诱变育种

诱变育种是指利用物理、化学等诱变剂处理均匀而分散的微生物细胞群，在促进其突变率显著提高的基础上，采用简便、快速和高效的筛选方法，从中挑选出少数符合育种目的的突变株，以供科学试验或生产实践使用。诱变育种不仅可以提高菌种的生产能力，而且可以改进产品质量，简化生产工艺。从方法来讲，它具有速度快、收效显著等优点。

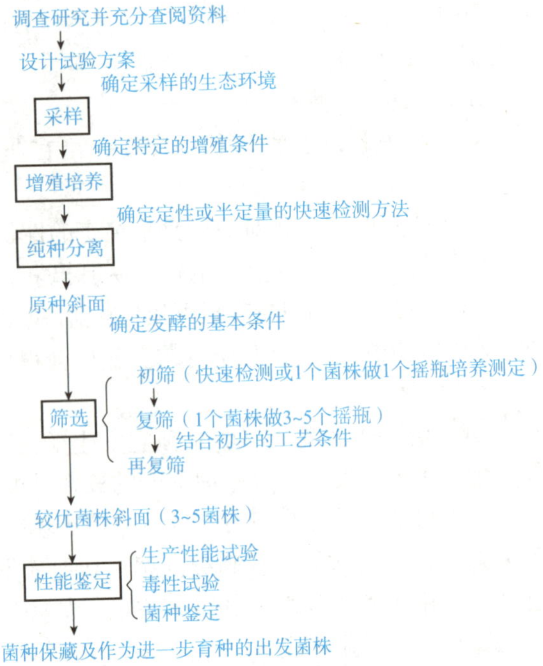

图 9–5　自然育种的一般流程

诱变剂的主要作用：提高诱变的频率；扩大变异的幅度；使变异向正变的方向移动（产量提高）等。常用的物理诱变剂如紫外线、激光、离子束、X 射线、γ 射线、快中子等。常用的化学诱变剂有烷化剂［如 N– 甲基 –N′– 硝基 –N– 亚硝基胍（NTG）、硫酸二乙酯（DES）］、碱基类似物、吖啶化合物等。

（1）诱变育种的基本环节（图 9–6）。首先，选用合适的诱变剂处理大量而分散的微生物菌悬液或处理生长在固体培养基上的菌体，以引起绝大多数细胞死亡，并提高活着个体的变异频率；其次淘汰负变株，把正变株中少数变异幅度最大的优良菌株巧妙地挑选出来；最后，将少数适宜的菌株投产。

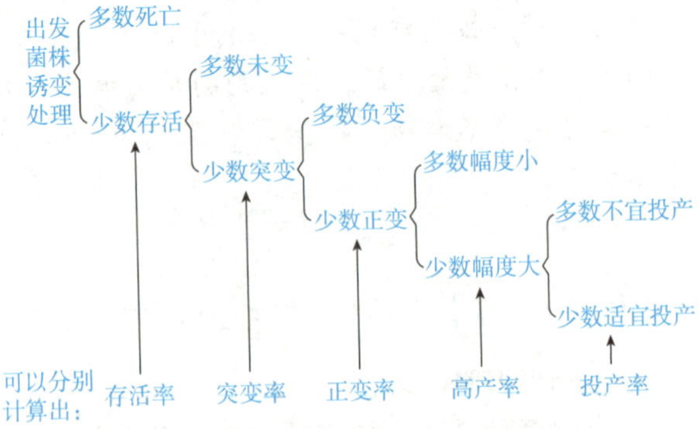

图 9–6　诱变育种的基本环节

（2）诱变育种的关键步骤。在诱变育种中，诱变和筛选是两个主要环节，所涉及的关键步骤如下。

1）选择简便有效的诱变剂。诱变剂的种类很多，对于具有同样效果的诱变剂，以简便为主；而在同样简便的条件下，则应以高效为主。物理诱变剂尤以紫外线最为简便有效。化学诱变剂一般可选用公认的、效果显著的“超诱变剂”，如 NTG。

2）挑选优良的出发菌株。出发菌株是用于育种的原始菌株，选用合适的出发菌株有利于提高育种的效率。用作出发菌株的有野生型菌株、生产菌株、经过诱变的菌株等。一般要求生长快、营养要求粗放、发育早、产孢子多、对诱变剂敏感性高、已能积累少量产品或前体物的菌株。

3）处理单细胞或单孢子悬液。在诱变育种中，所处理的细胞必须是单细胞、均匀的悬液状态。一般采用单孢子或单细胞悬液。制备菌悬液时要注意生理状态、均一性、细胞浓度、菌悬液介质（生理盐水或缓冲液）等。

4）选用最合适的诱变剂量。诱变处理时选择合适剂量和诱变方法。合适剂量是指在高诱变率基础上，既能扩大变异幅度，又能使变异移向正变范围的剂量。诱变方法：常采用复合处理，包括同一诱变剂的重复使用，两种或多种诱变剂的先后使用，以及两种或多种诱变剂同时使用等。

5）设计简便、高效的筛选方案。筛选方案一般可分为初筛与复筛两个阶段。前者以量为主；后者以质为主。筛选步骤如下：

①初筛：原始菌种→菌种纯化→出发菌株→制单细胞悬液→活菌计数→用诱变剂处理→挑取变异菌株→初筛优良菌株。

②复筛：初筛的菌株→摇瓶发酵→观察测定→平皿培养→挑取优良菌株（复筛）→测定生产性能→投产试验。

3. 杂交育种

凡将两个不同性状个体的遗传基因转移到一起，经过遗传分子间的重新组合，形成新遗传型个体的方式，称为**基因重组**或遗传重组，简称重组。杂交是在细胞水平上发生的一种遗传重组方式。基因重组是杂交育种的理论基础。无论在方向性还是自觉性方面，比诱变育种先进了许多，是一种重要的育种手段。

（1）原核生物的基因重组。

1）转化（Transformation）。受体菌直接吸收供体菌的 DNA 片段而获得后者部分遗传性状的现象，称为**转化**或转化作用。通过转化方式而形成的杂种后代，称为**转化子**。转化发生的条件如下：

①能进行转化的细胞必须是感受态的，即受体菌最易接收外源 DNA 片段并实现转化的生理状态。

②转化因子，本质是离体的 DNA 片段，一般都是线状双链 DNA，相对分子量为 1×10^{7} Da，平均约含 15 个基因。

2）转导（Transduction）。转导是由噬菌体介导的细菌细胞间进行遗传交换的一种方式。通过缺陷噬菌体的媒介，将供体细胞的小片段 DNA 携带到受体细胞中，通过交换与整合，使后者获得前者部分遗传性状的现象，称为**转导**（图 9-7）。获得新遗传性状的受体细胞，称为**转导子**。一个细胞的 DNA 以噬菌体为载体，通过感染转移到另一个细胞中能将一个细菌宿主的部分染色体或质粒 DNA 带到另一个细菌的噬菌体称为**转导噬菌体**。细菌的转导有普遍转导和局限转导两种类型。

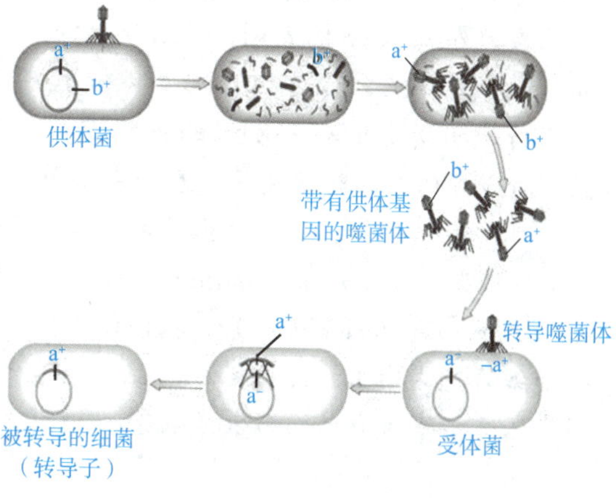

图 9-7　细菌的转导过程示意

①普遍转导。通过极少数完全缺陷噬菌体对供体菌任何小片段 DNA 进行“误包”，而将其遗传性状传递给受体菌的现象，称为普遍转导。人们一般用温和噬菌体作为普遍转导的媒介。

②局限转导。局限转导与普遍转导的主要区别表现在以下两个方面。

a. 被转导的基因共价地与噬菌体 DNA 连接，与噬菌体 DNA 一起进行复制、包装及被导入受体细胞中。而普遍转导包装的可能全部是宿主菌的基因。

b. 局限转导颗粒携带特定的染色体片段并将固定的个别基因导入受体，故称为局限转导。而普遍转导携带的宿主基因具有随机性。

3）接合（Conjugation）。供体菌（“雄性”）通过性菌毛与受体菌（“雌性”）直接接触，将 F 质粒或其携带的不同长度的核基因组片段传递给后者，使后者获得若干新遗传性状的现象，称为**接合**。通过接合而获得新遗传性状的受体细胞，就是**接合子**。细菌的接合作用是由一种被称为 F 因子的质粒介导。F 因子的分子量通常为 5×10^7 Da，携带有编码细菌产生性菌毛及控制接合过程进行的 20 多个基因。含有 F 因子的细胞即“雄性”菌株（F^+），其细胞表面有性菌毛。不含 F 因子的细胞即“雌性”菌株（F^-），细胞表面没有性菌毛（图 9–8）。

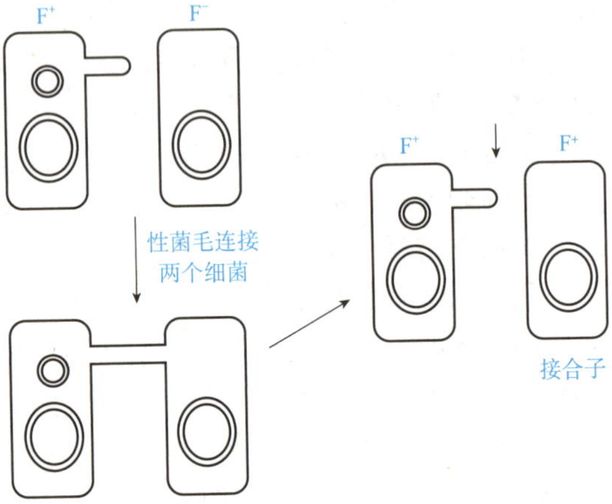

图 9–8 细菌的接合过程

小资料

微生物向邻居“借”或“盗”用基因

微生物通过接合、转导和转化进行的水平方向的基因转移是早已知道的事实。但近年来的研究表明，微生物似乎还擅长向邻居“借”或“盗”用基因。这些邻居包括它们的“同类”——微生物，也包括它们的“异类”——高等动植物。

基因组序列分析表明，生活在意大利海底火山口附近的激烈热球菌（*Pyrococcus furiosus*）含有来自近邻但亲缘关系较远的 *Thermococcus litoralis* 转运麦芽糖的基因，序列分析表明两者仅有 138 bp 的差异，而生活在太平洋的同种激烈热球菌却没有这种基因。激烈热球菌的转运麦芽糖基因看来是向 *T.litoaralis*“借来”的，然而是否会“还”回去，目前难以得知。另外，微生物还有向高等动植物“盗用”基因的本领。例如，耐放射异常球菌（*Deinococcus radiodurans*）含有几个只有在植物中才有的基因；结核分枝杆菌（*Mycobacterium tuberculosis*）的基因组至少含有来自人的 8 个基因，而且这些基因编码能帮助细菌逃避宿主的防御系统。显然，这是结核分枝杆菌通过某种方式从宿主那里“盗用”了这些基因为自己的生存服务。

4）原生质体融合（Protoplast Fusion）。原生质体融合是指通过人为的方法，使遗传性状不同的两个细胞的原生质体发生融合，并产生重组子（融合子）的过程，又称细胞融合。其过程如下：首先，选择两个有特殊价值的并带有选择性遗传标记的细胞作为亲本，在高渗溶液中用适当的脱壁酶（如细菌或放线菌可用溶菌酶或青霉素处理，真菌可用蜗牛消化酶或其他相应的脱壁酶等）去除细胞壁；其次，将形成的原生质体（即脱壁不完全的球状体）进行离心聚集，并加入促融合剂 PEG（聚乙二醇，Polyethylene Glycol）或通过电脉冲等促进融合；再次，在高渗溶液中进行稀释；最后涂布接种于能使其再生细胞壁和进行分裂的培养基上。待形成菌落后，通过影印接种法将其接种到各种选择性培养基上，先鉴定它们是否为融合子，再测定其他生物学性状或生产性能，如图 9-9 所示。

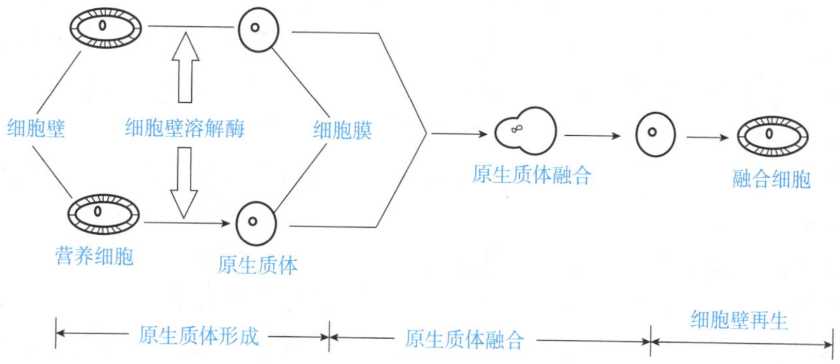

图 9-9　原生质体融合过程示意

（2）真核微生物的基因重组。

1）有性杂交（Sexual Hybridization）。有性杂交一般是指不同遗传型的两性细胞之间发生的接合和随之进行的染色体重组，并产生新遗传型后代的一种育种技术，如产生有性孢子的酵母菌、霉菌和蕈菌。

2）准性杂交（Parasexual Hybridization）。准性杂交是指一种类似有性生殖，但比有性杂交更为原始的两性生殖方式，这是一种在同种而不同菌株的体细胞之间发生的融合，它可不通过减数分裂而导致低频率基因重组并产生重组子。这种生殖方式常见于某些真菌，尤其是半知菌类中。

4. 基因工程育种

基因工程（Genetic Engineering）育种，也称为体外重组 DNA 技术，是指基因水平上的遗传工程。它是用人工的方法在体外切取所需要的染色体（DNA）片段，然后与来自同属种的甚至是异界的 DNA 片段连接起来，组成遗传整体，这就是基因工程的基本原理。其步骤如下：

（1）特定功能基因的获得：首先，利用外切酶或限制性内切酶，从自供体细胞内的 DNA 上切割下所需的基因，形成黏性末端；其次，将载体上的 DNA 基因切割下来；最后，将此两个基因片段进行重组形成一个新的 DNA 分子。

（2）与载体分子的连接。

（3）载体转入受体细胞，将重组所形成的新的 DNA 分子引入受体细胞中，从而获得新的属性。

（4）筛选、鉴定和应用。

视野窗

中国航天育种

科技自立自强，建设航天强国

微生物育种新技术——中国航天育种

航天育种是利用太空特有环境如真空、失重、各种宇宙射线和超低温等的协同诱变作用，进而使种子（菌种）产生变异，再从中选育出所需要的优良突变株。我国从 1987 年开始借助返回式卫星开展空间诱变试验和航天育种。随着中国空间站圆满建造完成，定期天地往返的天舟货运飞船、神舟载人飞船成为航天育种搭载试验的重要途径。据中国载人航天工程办公室公布的消息，神舟十四号和神舟十五号载人飞船共计搭载了 112 家单位的 1 300 余份作物种子、微生物菌种等航天育种材料，这些种子搭乘神舟载人飞船返回地面后，将由育种专家经过精心选育培育出新品种投入市场。航天诱变育种集航天技术、农业技术及生物技术于一体，是当代世界最先进的育种技术之一。航天诱变为微生物的诱变选育提供了新的途径，微生物通过航天诱变可以明显地改变生长性状，提高次生代谢产物产量，产生新品种。与同等情况下的传统诱变育种相比，航天诱变育种的效果更明显，且性状的遗传稳定性较好，具有很大的应用潜力，能带来巨大的经济效益。表 9-1 中列出了近年来我国发酵食品领域的微生物航天育种效果。

表 9-1　近年来我国发酵食品领域的微生物航天育种效果

菌种 / 菌群	年份	搭载飞船	航天诱变效果
毛霉	2005	神舟六号	筛选出 1 株耐高温、产酶适宜温度较高的菌株
己酸菌	2011	神舟八号	筛选出 1 株产酸能力提高 45% 的菌株
芽孢杆菌	2011	神舟八号	筛选出 3 株蛋白酶活力得到提高的菌株
酵母菌	2011	神舟八号	筛选出 1 株生长速率提高、产酯能力提高 70% 的菌株
河内白曲	2011	神舟八号	筛选出糖化酶活力提高 50% 的菌株
啤酒酵母	2012	神舟九号	筛选出 3 株凝聚性能、双乙酰还原能力均有提高的菌株
芝麻香细菌曲	2013	神舟十号	筛选出 16 株蛋白酶活力得到提高的细菌菌株
副干酪乳杆菌	2016	神舟十一号	筛选出 1 株耐酸能力、产酸能力、β- 半乳糖苷酶活力均提高的菌株
嗜热链球菌	2016	神舟十一号	筛选出 2 株产酸速率快、黏度和胞外多糖含量提高的菌株
长双歧杆菌	2016	神舟十一号	筛选出 1 株耐氧能力显著提高的菌株

9.2　微生物菌种的保藏

微生物的自发突变会导致菌种的衰退，因此，在微生物学研究、应用和生产及监管等工作中，对重要菌种的合理保藏是一项非常重要的内容。这就需要很好地利用微生物遗传变异的基础理论去指导菌种的保藏。那么，怎样才能更合理地进行菌种的保藏呢？常用的菌种保藏方法有哪些？

知识点【9-4】菌种的衰退和复壮

微生物与所有生物一样，遗传性的变异是绝对的，而其性状的稳定性却是相对的。在变异中，退化性的变异是大量发生的，而进化性的变异却是个别的。菌种是一种极其重要和珍贵的生物资源，所以，保持性状稳定的菌种是微生物学工作最重要的基本要求，否则生产或科研都将无法正常进行。

1. 菌种的衰退（Degeneration）

（1）定义。衰退是指某纯种微生物群体中的个别个体由于发生自发突变，而使该物种原有的一系列生物学性状发生衰退性的量变或质变的现象。

（2）具体表现。原有形态性状变得不典型；生长速度变慢，产生的孢子变少；代谢产物生产能力下降，即出现负变，这种情况极其普遍；对外界不良条件包括低温、高温或噬菌体侵染等抵抗能力的下降等。

（3）衰退的防止方法。

1）选育生产性能稳定的菌株作为生产菌株：经诱变等处理后的菌种要连续传代、分离纯化，防止分离回变。

2）控制传代次数：尽量避免不必要的移种和传代，并将必要的传代降到最低限度，以减小自发突变的概率。

3）创造良好的培养条件：创造一个适合原种的生长条件，就可以在一定程度上防止菌种衰退。

4）利用不易衰退的细胞进行接种传代：例如，放线菌和霉菌一般用单核的孢子接种，而不用菌丝细胞，因其常含有几个细胞核，甚至是由异核体组成的，易衰退。构巢曲霉如用分生孢子接种易退化，用子囊孢子接种则不易退化。

5）采用有效的菌种保藏方法：例如，菌种保藏的温度、所用的培养基等都会影响自发突变。

菌种衰退的基本原理如图 9-10 所示。

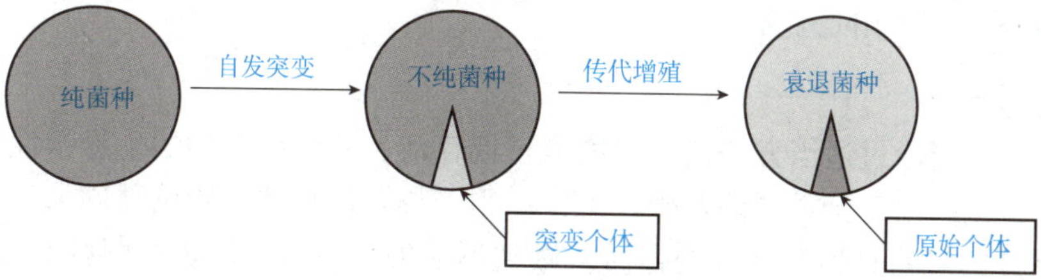

图 9-10 菌种衰退的基本原理

2. 菌种的复壮（Rejuvenation）

（1）定义。狭义的复壮是指菌种已发生衰退后，通过纯种分离和测定典型性状、生产性能等指标，从已衰退的群体中筛选出少数尚未退化的个体，以达到恢复原菌株固有性状的相应措施，是一种“亡羊补牢”消极的措施；广义的复壮是在菌种的典型特征或生产性状尚未衰退前就经常有意识地采取纯种分离和生产性状的测定工作，以期从中选出自发的正变个体，是一项“未雨绸缪”乐观积极的措施。

视野窗

知难而进、迎难而上

在坎坷中成就科学人生——中国微生物学家刘志恒

在坎坷中成就科学人生——微生物学家刘志恒

中科院微生物研究所研究员，国际微生物领域的最高终身成就奖——伯杰氏奖章获得者、微生物科学家刘志恒，用他坎坷的人生经历诠释了知难而进、迎难而上的精神。

乐观主义是一种科学的工作方法。乐观主义者能够勇敢地面对所有困难，不会逃避问题，专注于积极面时不否认消极面，也不盲目乐观。乐观主义者以“最大化”为决策原则，绝不放弃任何一个能获得最好结果的机会，科学地运用唯物辩证法和历史唯物主义思维，努力在尊重客观规律的基础上发挥主观能动性。乐观主义者信奉人类社会向善的理论，对美好未来充满信心，对人类社会进步和个人道德向善充满期望。乐观主义者无论在多么艰难的环境下，也能保持良好的心态，以激情和动力来战胜人生路上的各种困难和挫折，保持幸福和快乐的精神状态。

（2）复壮的方法。

1）纯种分离法。通过纯种分离将退化菌种的细胞群中仍保持原有典型性状的单细胞分离出来，扩大培养，就可恢复正常。

2）通过宿主体内复壮。对于因长期在人工培养基上移种传代而衰退的病原菌，可以将其接种到相应的昆虫或动植物宿主体中，即活的“选择性培养基”，通过一至多次选择培养，就可以从典型的病灶部位分离到恢复原始毒力的复壮菌株。

3）淘汰已衰退的个体。例如，用低温处理的方式淘汰已衰退的菌株，从而达到复壮目的。

知识点【9-5】菌种的保藏

1. 定义与目的

菌种保藏是指通过适当方法使微生物能长期存活，并保持原种的生物学性状稳定不变的一类措施，是一项十分重要的基础性工作。用于长期保藏的原始菌种称为保藏菌种或原种。菌种保藏的目的是保持菌种的存活，做到不丢失、不污染；防止菌种丧失优良性状；随时为生产、科研提供优良菌种。

2. 菌种保藏的基本原则

首先，要挑选典型菌种的优良纯种，最好采用它们的休眠体进行保藏。其次，创造一个使微生物代谢不活泼、生长受抑制及难以发生突变的环境条件（如干燥、低温、缺氧、缺营养等）。最后，添加保护剂或酸碱中和剂，避免细胞在保藏过程中受伤。

3. 菌种保藏的方法

一种良好的菌种保藏方法，首先应保持原有菌种优良性状的长期稳定；同时，还应考虑方法的通用性、操作的简便性和设备的普及性。具体的方法很多，常用的有以下几种。

（1）低温保藏法（或定期移植保藏法）。低温可减缓生长速度，但是细胞仍有一定的活动条件，一般 4 ～ 6 个月必须传代一次。通常做法是将菌种接种在斜面、液体或穿刺培养基上，待生长完全后，放置在普通冰箱内，以 4 ℃的温度保藏，湿度为 50% 以下，棉塞换成不通气橡皮塞为宜。其优点是方便，不受条件限制，各类微生物均可；缺点是时间短、传代多、易退化。

（2）液体石蜡法。石蜡可以防止培养基水分蒸发，也可隔氧，保藏时间为 1 ～ 2 年，除石油发酵微生物外，各类微生物均可使用。其做法是在生长完全的斜面上覆盖无菌的液体石蜡，液面高于斜面 1 cm，使用普通冰箱保藏。

（3）干燥保藏法。干燥保藏法是将菌种置于土壤、细砂、滤纸、硅胶等干燥材料上保藏，如砂土管法，适用于放线菌、芽孢菌和某些真菌的保藏，保藏时间为几年至几十年。其优点是低温、干燥、无氧、无营养，保藏时间可达数十年；缺点是只适用于保藏产孢子的微生物，不能用于保藏营养细胞。

（4）真空冷冻干燥保藏法。真空冷冻干燥保藏法是加有保护剂的菌悬液在冻结状态下予以真空干燥，适用于各种微生物，便于大量保藏，菌种存活时间长。其优点是低温、干燥、无氧、有保护剂，可保藏各大类微生物，保藏时间可达几十年，是目前使用最广、最有效的保藏方法，一般专业机构大都使用此法保藏；缺点是设备较贵，操作较烦琐。

（5）液氮超低温保藏法。液氮超低温保藏法是将菌种置于保护剂中，待预冻后将其保藏在液氮超低温冰箱中（–196 ℃），是各种微生物较理想的保藏方法。其优点是保藏效果好；缺点是价格高。

【说明】

1）由于微生物的多样性，不同的微生物往往对不同的保藏方法有不同的适应性。

2）迄今为止，尚没有一种方法能被证明对所有的微生物均适宜。

3）在具体选择保藏方法时，必须对被保藏菌株的特性、保藏物的使用特点及现有条件等综合考虑。

4）对于一些比较重要的微生物菌株，则要尽可能多地采用各种不同的手段进行保藏，以免因某种方法的失败而导致菌种丧失。

4. 菌种保藏机构

菌种保藏机构的任务是在广泛收集实验室和生产用菌种、菌株、病毒毒株（有时还包括动植物的细胞株和微生物质粒等）的基础上，将其长期保藏，使其不死亡、不变异、不被污染，以达到便于研究、交换和使用的目的。

【说明】请扫码查看国内外的主要菌种保藏机构。

国内外的主要菌种保藏机构

小测验 · 巩固新知

一、填空题

1. ________是指某一生物所含有的遗传信息，即 DNA 中正确的核苷酸序列。

2. 变异的特点是________________；________________；变异后的新性状是________________。

3. 微生物基因突变的类型有________、________、________、________、________、________等。

4. 杂交育种是一种重要的育种手段，而________是杂交育种的理论基础。

5. 转导是由________介导的细菌细胞间进行遗传交换的一种方式。

6. 细菌的接合作用是由F因子的________介导。含有F因子的细胞即________菌株（F^+），其细胞表面有________。不含F因子的细胞即________菌株（F^-），细胞表面没有________。

7. 菌种是一种极其重要和珍贵的生物资源，保持________的菌种是微生物学工作最重要的基本要求；否则，生产或科研都将无法正常进行。

8. ________是指通过适当方法使微生物能长期存活，并保持原种的生物学性状稳定不变的措施，是一项十分重要的基础工作。

二、名词解释

1. 基因突变；2. 营养缺陷型；3. 自然育种；4. 诱变育种；5. 转化；6. 转导；7. 接合；8. 原生质体融合；9. 衰退；10. 复壮。

三、问答题

1. 微生物的遗传变异与动植物相比有何特点？
2. 诱变育种应该遵循哪些基本原则？
3. 细菌普遍转导和局限转导的区别是什么？
4. 原生质体融合的基本过程包括什么？
5. 菌种发生衰退的现象有哪些？如何防止菌种的衰退？
6. 菌种保藏的基本原则是什么？请列表比较常用的菌种保藏方法的优点、缺点。
7. 国内外主要菌种保藏机构有哪些？请列举并简述菌种保藏机构的主要任务。

小测验参考答案

练技能·实操详练

实训任务 9–1　微生物的菌种保藏技术

训练目标及流程

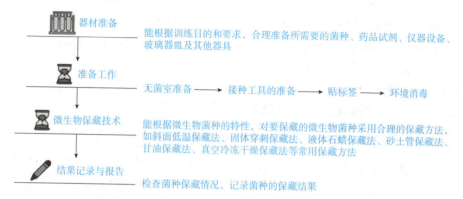

器材准备

能根据训练目的和要求，合理准备所需要的菌种、药品试剂、仪器设备、玻璃器皿及其他器具

准备工作

无菌室准备 ⟶ 接种工具的准备 ⟶ 贴标签 ⟶ 环境消毒

微生物保藏技术

能根据微生物菌种的特性，对要保藏的微生物菌种采用合理的保藏方法，如斜面低温保藏法、固体穿刺保藏法、液体石蜡保藏法、砂土管保藏法、甘油保藏法、真空冷冻干燥保藏法等常用保藏方法

结果记录与报告

检查菌种保藏情况，记录菌种的保藏结果

器材准备

1. 菌种

待保藏的细菌、酵母菌和霉菌菌种。

2. 培养基

牛肉膏蛋白胨琼脂（或营养琼脂）斜面和半固体直立柱（培养细菌）、麦芽汁琼脂和半固体直立柱（培养酵母菌）、高氏Ⅰ号琼脂斜面（培养放线菌）、马铃薯蔗糖斜面培养基（用蔗糖代替葡萄糖有利于孢子形成及用于培养丝状真菌）、LB 液体培养基。

3. 器皿

试管、无菌滴管、带螺口盖和密封圈的无菌试管或 1.5 mL 无菌 EP 管、安瓿管、100 mL 的三角烧瓶等。

4. 试剂及其他

无菌液体石蜡、砂土、甘油；酒精灯、75% 乙醇棉球、镊子、接种环、接种针、试管架、标签纸。

5. 仪器设备

超净工作台、恒温培养箱、冰箱、真空冷冻干燥机等。

关键技能点详解

技能点【9–1–1】斜面低温保藏法（适用于细菌、放线菌、酵母菌及霉菌的保藏）

（1）贴标签：将注有菌株名称和日期的标签贴于试管斜面的正下方。

（2）接种：将待保藏的菌种用斜面接种法移接至相应的试管斜面上。

（3）培养：细菌置于 37 ℃恒温箱中培养 18 ~ 24 h，酵母菌置于 28 ℃ ~ 30 ℃恒温培养箱中培养 36 ~ 60 h，放线菌和丝状真菌置于 28 ℃恒温箱中培养 4 ~ 7 d。须用健壮的细胞或孢子作为保藏菌种，例如，细菌和酵母菌应采用对数生长期后期的细胞，不宜用稳定期后期的细胞（因该期细胞已趋向衰老），对放线菌和丝状真菌则宜采用成熟的孢子。

（4）保藏：为防止棉塞受潮长杂菌，管口棉塞外应用牛皮纸包扎，或用熔化的固体石蜡熔封棉塞后置于冰箱内以 4 ~ 5 ℃的温度保藏。保藏温度不宜太低，否则斜面培养基因结冰脱水而加速菌种的死亡。

技能点【9-1-2】固体穿刺保藏法（适用于兼性厌氧细菌或酵母菌的保藏）

（1）贴标签：在半固体直立柱试管上标注菌株名称和接种日期。

（2）穿刺接种：用穿刺接种法将菌种直刺入直立柱中央，注意不要穿透底部。

（3）培养：同斜面传代保藏法。

（4）保藏：待菌种生长好后，用浸有石蜡的无菌软木塞或橡皮塞代替棉花塞并塞紧，置于冰箱中以 4 ~ 5 ℃的温度保藏，一般可保藏半年至一年。

技能点【9-1-3】液体石蜡保藏法（适用于真菌和放线菌的保藏）

（1）无菌液体石蜡制备：将液体石蜡置于 100 mL 的三角烧瓶内，每瓶装 10 mL，塞上棉塞，外包牛皮纸，高压蒸汽灭菌（0.1 MPa，30 min）。灭菌后将装有液体石蜡的三角烧瓶置于 105 ℃ ~ 110 ℃的烘箱内约 1 h，以除去液体石蜡中的水分。

（2）接种、培养及保藏：将菌种接种在适宜的斜面培养基上，在适宜温度下培养，使其充分生长。使用无菌吸管吸取无菌液体石蜡，注入已长好菌的斜面上，液体石蜡的用量以高出斜面顶端 1 cm 左右为准，使菌种与空气隔绝，直立放置于 4 ~ 5 ℃冰箱或室温下保藏，保藏期为 1 ~ 2 年。保藏期结束后，将菌种转接至新的斜面培养基上，培养后加入适量灭菌液体石蜡，再进行保藏。

技能点【9-1-4】其他常用保藏方法介绍

请扫码查看其他常用保藏方法。

其他常用保藏方法介绍

注意事项

（1）每种保藏法都有其适宜保藏范围，要根据被保藏菌种的特性选择适宜的保藏方法。如果有的微生物不耐冷，可以采用真空干燥保藏法而不选择真空冷冻干燥保藏法；有的不耐干燥，则最好不选择砂土管保藏法等。

（2）珍贵菌种需要同时使用多种方法并由多人负责保藏，这样可以相互弥补，以免菌种丢失。

结果报告

定期检查保藏菌种的保藏效果。

考核评价

根据实训任务 9-1 考核评价表，对完成情况进行自我评价、小组评价、教师评价，将评价的最终结果记入实训过程性考核成绩。

实训任务 9-1　考核评价表

考核要点	考核内容	分值及标准	评分
学习及训练态度	按时到岗，遵守实训室规则，不迟到、不旷课、不早退。态度积极、认真、主动，实训参与度高	优 15 ～ 20 分；良 5 ～ 15 分；差 < 5 分	
实训目标达成情况	能根据微生物菌种的特性，对要保藏的微生物菌种采用合理的保藏方法，如斜面低温保藏法、固体穿刺保藏法、液体石蜡保藏法、砂土管保藏法、甘油保藏法、真空冷冻干燥保藏法等常用保藏方法	优 35 ～ 50 分；良 20 ～ 35 分；差 < 20 分	
训练结果报告	任务单内容完整、结果记录正确、书写工整	优 15 ～ 20 分；良 5 ～ 15 分；差 < 5 分	
卫生整理情况	将本次实训用到的器皿、材料等清洁并归位；将操作台清理干净并将物品摆放整齐；将地面及垃圾桶打扫干净	优 8 ～ 10 分；良 5 ～ 8 分；差 < 5 分	
考核结果	完成本次实训任务最终得分		

总结思考

1. 微生物菌种的保藏原理是什么？其保藏方法有哪些？

---

2. 比较常用的微生物菌种保藏方法的优点、缺点。

实训任务 9-2　微生物的人工诱变育种技术

请扫码查看微生物的人工诱变育种技术的具体操作过程。

强应用·学以致用

科学探究

产胞外多糖乳酸菌菌株的分离与筛选

1. 背景

胞外多糖（Exopoly Saccharides，EPS）是一些微生物在生长代谢过程中分泌到细胞壁外、易与菌体分离的荚膜多糖或黏液多糖，属于微生物的次生代谢产物。微生物 EPS 是一种长链、高分子质量的聚合物，其独特的物理学和流变学特性，以及使用安全性使它在食品和非食品工业备受青睐。自然界中能产生多糖的微生物种类很多，如细菌、酵母菌和丝状真菌等。

乳酸菌胞外多糖是乳酸菌（Lactic Acid Bacteria，LAB）在生长代谢过程中分泌到细胞壁外常渗于培养基中的一类糖类化合物，有的依附于微生物细胞壁形成荚膜，称为荚膜多糖；有的进入培养基形成黏液，称为黏液多糖，它们都是微生物适应环境的产物。乳酸菌是食品级工业生产菌，与其他菌相比，安全性高，所以，近年来对于乳酸菌胞外多糖的研究逐渐增多。乳酸菌胞外多糖可赋予发酵乳制品特殊的质构和风味，起到安全的食品添加剂的作用。另外，乳酸菌胞外多糖还具有生物活性，如免疫活性、抗肿瘤和抗溃疡，可广泛应用于医药领域。而且利用益生菌制成活菌制剂，则可以省去常规发酵、提取等烦琐工艺。因此，开发乳酸菌 EPS 相对于开发其他微生物 EPS 来说，更具有理论意义与实际价值。乳酸菌胞外多糖可能影响人体健康的示意如图 9-11 所示。

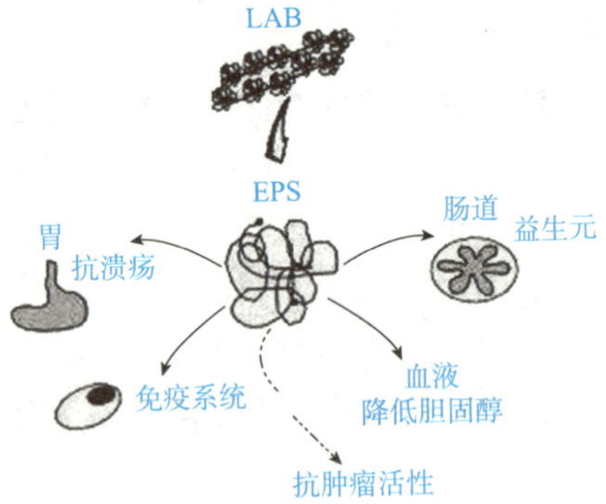

图 9-11　乳酸菌胞外多糖对于人体健康可能产生的影响示意

多糖难溶于乙醇，在乙醇溶液中呈现絮状沉淀。因此，可利用多糖的这种性质来沉淀分离微生物中的 EPS。目前，用来多糖检测的方法较多，主要有干燥称重法、硫酸－蒽酮法、DNS（3，5- 二硝基水杨酸）法、苯酚－硫酸法、相对黏度法等。由于苯酚－硫酸法具有简单方便、显色稳定、灵敏度高、重现性好、不受蛋白质干扰等优点而深受欢迎。

2. 实践

请设计一项试验，选取合适的分离样品如发酵乳制品等，分离产 EPS 的乳酸菌菌株并筛选高产 EPS 的优良菌株。

3. 探究

（1）影响乳酸菌生长繁殖的主要因素有哪些？常用于分离乳酸菌的培养基有什么特点？为什么通常在培养基中添加碳酸钙？

（2）产 EPS 的乳酸菌的菌落形态有什么特点？怎样才能更好地区分普通乳酸菌和产

EPS 的乳酸菌？

（3）分离乳酸菌所用的培养基中的碳源是否会影响试验结果？如果会，应该如何避免碳源产生的影响？

科学探究——方法参考

写下你的学习心得

学习成果及评价

学习成果名称	核心内容及要求	分层次评价参考标准			
		优秀	良好	一般	较差
基础知识学习成果	根据每个单元的小测验，自测是否掌握了微生物的营养要素、微生物的培养基及其种类、微生物新陈代谢、生长控制、生长规律及微生物遗传变异、育种及菌种保藏等最基本的知识；是否能运用这些基本知识发现问题、解决问题	单元测验成绩高于90分，非常熟练地掌握本模块所学基础知识，达到学习目标	单元测验成绩80～89分，比较熟练地掌握本模块所学基础知识，基本达到学习目标	单元测验成绩60～79分，基本掌握本模块所学基础知识，基本完成学习目标	单元测验成绩低于60分，没有掌握本模块所学基础知识，没有达到学习目标
基本技能训练成果	根据实训任务达成目标，自测是否能根据训练目标选择和准备所需的训练材料；是否能熟练进行环境中微生物的检测及分离；是否能熟练进行微生物细胞的直接计数和菌落计数；是否会熟练进行微生物的接种、培养与保藏；是否能按时完成任务工单	实训任务考核评价成绩高于90分，非常熟练地掌握本模块训练技能，任务目标达成	实训任务考核评价成绩80～89分，比较熟练地掌握本模块训练技能，任务目标基本达成	实训任务考核评价成绩60～79分，基本掌握本模块训练技能，任务目标基本达成	实训任务考核评价成绩低于60分，没有学会本模块训练技能，任务目标没有达成
探究性学习成果	根据科学探究“酸奶中菌数调查”“产胞外多糖乳酸菌筛选”“酒曲中的保藏技术”等的提示，自测是否具有独立探究微生物学领域新知识的能力；是否具有识别筛选和处理最新的热点信息的能力；是否具有团队合作意识、科学思维与创新精神；是否能完成研究报告并形成研究成果	积极主动进行科学探索与实验研究；非常熟练地利用互联网收集大量与主题相关的热点信息，并能很好地进行思考和分析，对成果的形成有举足轻重的贡献	积极主动进行科学探索与实验研究；比较熟练地利用互联网收集一些与主题相关的热点信息，并对成果的形成有一定的贡献	在其他同学的帮助下进行科学探索与研究；可以利用互联网收集少量的与主题相关的热点信息，参与讨论，对成果的形成有一些贡献	依赖别人完成；不利用互联网进行信息收集；没有合作精神，对成果的形成基本没有贡献
自我反思	提示：根据本模块学习成果的完成情况，反思自己的不足，提出改进措施				

模块 4　应用微生物

学习要点

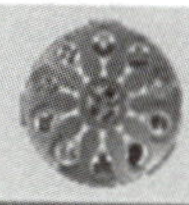

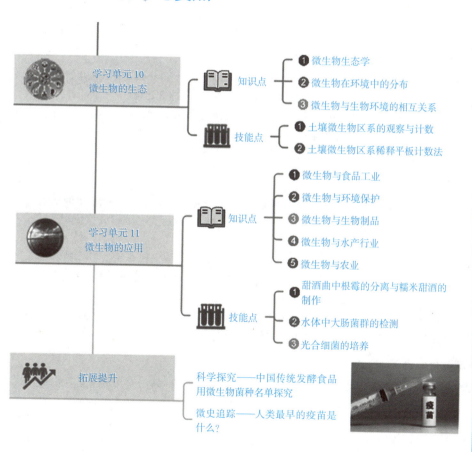

学习单元 10 微生物的生态

- 知识点
  - ❶ 微生物生态学
  - ❷ 微生物在环境中的分布
  - ❸ 微生物与生物环境的相互关系
- 技能点
  - ❶ 土壤微生物区系的观察与计数
  - ❷ 土壤微生物区系稀释平板计数法

学习单元 11 微生物的应用

- 知识点
  - ❶ 微生物与食品工业
  - ❷ 微生物与环境保护
  - ❸ 微生物与生物制品
  - ❹ 微生物与水产行业
  - ❺ 微生物与农业
- 技能点
  - ❶ 甜酒曲中根霉的分离与糯米甜酒的制作
  - ❷ 水体中大肠菌群的检测
  - ❸ 光合细菌的培养

拓展提升

- 科学探究——中国传统发酵食品用微生物菌种名单探究
- 微史追踪——人类最早的疫苗是什么？

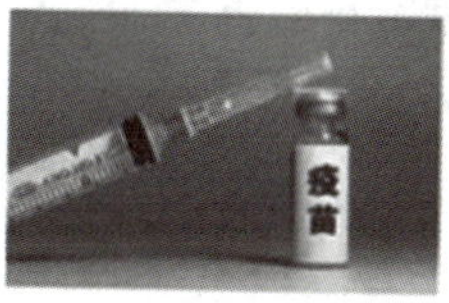

学习三步骤

学 新知细学

练 实操详练

用 学以致用

学习单元10 微生物的生态

学习目标

知识目标

1. 学习微生物的生态，了解生态学、种群、群落、生态系统、生物圈等术语的含义；了解微生物是生态系统的重要组成部分；掌握微生物生态学概念，举例说明学习和研究微生物的生态学在生产实践中的重要意义。

2. 学习微生物资源的分布，掌握微生物在一般环境和极端环境中的分布情况，尤其是极端微生物资源的分布；知道微生物与其生存的周围生物环境之间的各种相互关系，了解新型微生物资源的开发潜力。

能力目标

1. 学习土壤微生物区系的观察与计数方法，能说出埋片观察法和稀释平板计数法用于土壤微生物区系分析的基本原理；能正确对土壤微生物区系进行培养、观察和记录。

2. 能熟练使用显微镜进行不同微生物的观察；能正确辨识微生物的形态特征；会熟练进行土壤样品稀释、微生物菌落的计数与微生物数量的计算等。

3. 能正确分析土壤中微生物之间的关系，以及微生物与土壤之间的关系。

素质目标

1. 学习《生物多样性公约》，认识到微生物和其他生物一样都是宝贵的自然资源，积极保护与合理开发微生物资源是人类可持续发展的重要保证，培养尊重自然、顺应自然、保护自然的意识。

2. 学习由中国引领构建的首届世界互联网大会“携手构建网络空间命运共同体精品案例”——“全球微生物资源数据共享平台”，深刻认识促进全球微生物资源互联互通、交流合作的重要性，树立我国微生物科技自立自强的信心。

3. 积极参与科学探究——中国传统发酵食品用微生物菌种名单的来源，提升以问题为导向、增强问题意识的能力，培养发现问题、解决问题、勇于探索的精神。

学习重点与难点

学习重点：微生物生态学、微生物在自然环境中的分布、微生物与生物环境的相互关系。

学习难点：微生物与生物环境的相互关系。

本单元参考学时：4学时；建议教学场所：一体化智慧型微生物教室

学知识 · 新知细学

10.1　微生物的生态

在人们赖以生存的地球上，生物与生物、生物与其生存的环境之间都存在着千丝万缕的微妙关系。它们既相互依赖，又相互制约，并在不断地进行着物质、能量和信息的交换。生物与环境之间的相互关系叫作生态关系。微生物广泛分布于自然界，它们常常与动物、植物或其他微生物共同生存，与非生物环境之间也形成了密切的关系，这就是微生物生态。

知识点【10-1】微生物生态学

1. 生态学概述

一切生物的生存、活动、繁殖都需要一定的空间、物质与能量。生物在长期的进化过程中，逐渐形成了对周围环境某些物理条件和化学成分（如空气、光照、水分、热量和无机盐类等）的特殊需求。

（1）生态学（Ecology）就是研究生物与环境关系的科学，其研究范围包括个体、种群、群落、生态系统、生物群区及生物圈等多个层次，也涵盖了物种形成、表观遗传、组织构造、演替进化、发育繁殖、响应适应与自然环境互馈关系的生命现象及过程。

（2）种群（Population）是指在一定时间里，生活在同一生境的同一体细胞生长形成的生物群体。在自然界中，一个种群的细胞很少是单独存在的，它们总是与其他种群细胞相联系，构成一个在生理上相互弥补的种群复合体，称为群落（Community）。生态系统（ecosystem）是指在一定区域内生活的生物与其非生物环境之间相互紧密结合而形成的系统。在这个系统中，物质和能量在生物与生物、生物与环境之间不断循环流动，形成一个能够自己维持下去的、相对稳定的，并具有一定独立性的统一整体。生物圈（Biosphere）构成了一个范围最大的生态系统，它是地球表面全部生物及与之相关的自然环境的总称，包括水生物圈（Hydrosphere）、地上岩石生物圈（Lithosphere）和大气生物圈（Atmosphere）。

2. 微生物在生态系统中的作用

生态系统中的生物成分按其作用可划分为生产者（Producer）、消费者（Consumer）和分解者（Decomposer）三大类群。微生物是生态系统的重要组成部分，它们可以扮演多种角色，执行多种功能，直接或间接地参与所有的生态过程，在生态系统物质循环、能量转换及环境与人类健康中起着重要的作用。

微生物是有机物的主要分解者，它们分解生物圈内存在的动物和植物残体等复杂有机物质，并最后将其转化成最简单的无机物，再供初级生产者使用（图 10-1）。微生物是物质循环中的重要成员，它们参与所有的物质循环，大部分元素及其化合物都受到微生物的作用。微生物是生态系统中的初级生产者（如光能营养和化能自养微生物）。一方面其可以直接利用太阳能、无机物的化学能作为能量来源；另一方面，其积累下来的能量又可以在食物链、食物网中流动。微生物是物质和能量的储存者，它们和动植物一样也是由物质组成和由能量维持生命的有机体，在土壤、水体中有大量的微生物生物量，储存着大量的物质和能量。微生物在地球生物演化过程中起着先锋作用，它们是最早出现的生物体，如蓝细菌、微藻类等微生物的产氧作用，改变了最初大气圈中的化学组成，为动植物的出现打下了基础。

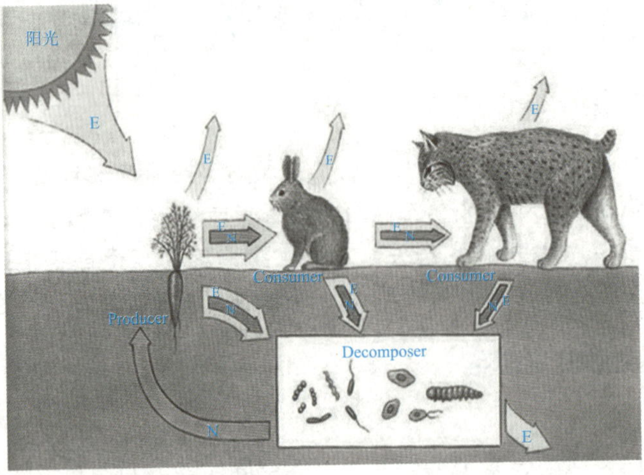

图 10-1　生态系统中能量和营养物质的流动过程

E：能源，N：氮源，Producer：生产者，Consumer：消费者，Decomposer：分解者

3. 微生物生态学

微生物生态学（Microbial Ecology，即微生态）是生态学的一个分支，是研究微生物生态系统的结构及其与周围生物环境和非生物环境系统间相互作用的规律的一门学科。自然环境中的微生物也存在个体、种群、群落和生态系统从低到高的组织层次，与动物、植物相比，微生物具有更强的群体性。因此，微生物生态学的研究对象更强调将微生物作为一个群体，如微生物种群、群落和一系列有机集合体等，这些存在物质交换、能量流动和信息交流的群体有机地组成了微生物生态学的基本研究单元。

研究微生物的生态具有十分重要的实践意义，可以更好地促进微生物发挥出对人类的有益作用。例如，研究微生物的生态分布及极端环境下微生物生命活动的规律，有助于开发新的微生物种质资源，也为研究生物的进化提供理论基础。研究微生物之间及微生物与其他生物之间的相互关系，有助于在农业生产中开发新的微生物农药、微生物肥料。利用微生物之间的互惠互利关系，研究不同菌种的混合培养来生产各种微生物发酵产品，在降低成本、缩短发酵周期或提高产量等方面开辟新途径。研究微生物在自然界物质转化过程中的作用有助于发展综合利用，可以为净化和保护环境提出理论依据和各种技术措施等。

视野窗

人与自然和谐共生

百度百科：生物多样性公约

尊重自然、顺应自然、保护自然——生物多样性公约

1992 年，联合国环境发展大会通过的《生物多样性公约》（Convention on Biological Diversity，CBD）明确指出，微生物和动植物一样是宝贵的自然资源。积极保护与合理

开发微生物资源不仅是人类可持续发展的重要保证，而且对于解决人类社会现在面临的能源危机、环境恶化、疾病防治等一系列重大问题具有重要的现实意义。

10.2 微生物资源的分布

微生物广泛分布在自然环境中，可以说，它们的家园遍布整个地球。微生物的生命活动依赖于自然环境。那么，微生物在不同的自然环境中的分布有什么区别呢？微生物的分布是否有规律可循？在生命贫瘠的极端环境中生存的微生物都有什么独特之处呢？在生态系统中，微生物与环境之间有着密切的关系，微生物的生命活动依赖于环境，同时，也影响着环境。那么，微生物之间、微生物与其他生物之间都存在哪些相互依存、相互制约的关系呢？微生物是如何与多种生态关系并存，并且相互之间产生错综复杂的影响，共同维持生态系统的平衡与发展的呢？

知识点【10-2】微生物在环境中的分布

码上看

自然环境中微生物的分布

微生物在自然界中的分布是有规律的，是由微生物对环境的适应性决定的。不同的自然环境中分布着各种不同类型的微生物。

1. 一般环境中微生物的分布

（1）土壤中的微生物。土壤是微生物生存的良好环境，具有大多数微生物生长所需的养料。土壤微生物的种类最多、最全，被人们称为微生物资源的“大本营”或“宝库”，这是因为土壤营养丰富，是微生物的天然培养基。土壤具有保水性，为微生物的生长提供充分的水分。土壤颗粒之间的空隙保持了良好的通气条件。土壤的 pH 值为 3.5 ～ 10.5，适合大多数微生物生长、繁殖。一般来说，在每克耕作层土壤（图 10-2）中，各种微生物含量之比大体有一个 10 倍系列的递减规律：细菌 > 放线菌 > 霉菌 > 酵母菌 > 藻类 > 原生动物。

图 10-2 耕地土壤

土壤微生物的数量和分布通常受到营养物质、含水量、氧气、温度、pH 值等因子的影响，主要分布于土壤表层和土壤颗粒表面。另外，土壤具有高度的异质性，其内部包含很多不同的微生境，甚至在微小土壤颗粒中也存在着不同的类群。

1）一般微生物在 5 ～ 20 cm 处的土壤中分布得最多，在土壤表层和 50 ～ 100 cm 处明显减少。

2）细菌一般在中性、潮湿的土壤中偏多。

3）放线菌在干旱、中性偏碱的土壤中偏多。

4）真菌需要在透气性好的土壤中生存。

5）藻类则在湿度适当、有光的环境中生长。耕作地、施肥区的微生物较多。

6）荒地、沙漠中的微生物较少。

7）季节的变化对微生物的生存也有较大的影响。

土壤微生物的作用：土壤微生物在大自然中起清洁工和营养师的作用。微生物的矿化作用使地球上的元素能循环使用，这对地球上生命的维持是必需的。矿化作用是指复杂的有机物，经过非绿色植物（菌类）的作用，被分解为简单的无机物（矿物质）的过程。

（2）水体中的微生物。水是微生物广泛分布的第二个理想环境，能基本满足微生物生长、繁殖的需要。水生生境主要包括湖泊、池塘、溪流、河流、港湾和海洋。水体中微生物的数量和分布主要受到营养物水平、温度、光照、溶解氧、盐分等因素的影响。

含有较多营养物或受生活污水、工业有机污水污染的水体［图 10–3（a）］如港湾（河流入海口）具有较高的营养水平，其水体中也具有较高的微生物数。在低营养浓度水体中，微生物倾向于生长在固体的表面和颗粒物上，它们能比悬浮和随水流动的微生物吸收利用更多的营养物。

微生物在较深水体中具有垂直层次分布的特点。湖泊，在光线、氧气充足的沿岸带、浅水区分布着大量光合藻类和好氧微生物，如假单胞菌、噬纤维菌、柄细菌等；深水区光线少、溶解氧低，分布着紫色和绿色硫细菌及其他兼性厌氧菌；湖底区则分布着大量厌氧微生物，主要有脱硫弧菌、甲烷菌、芽孢杆菌、梭菌等。

海洋［图 10–3（b）］是一个十分独特的生态环境，具有高盐、高压、低温（尤其是深海）、低光照、寡营养等特点，还有无光照及局部高温的极端环境。来自海洋的微生物大部分都是适应了极端环境的极端微生物。据估计，海洋微生物可达 0.1 亿～ 2 亿种。已发现的类群主要包括病毒、古菌、细菌、微藻和真菌等。海洋微生物的物种多样性决定了其代谢产物的多样性，海洋环境是新型生物活性物质的源泉。

（a）　　（b）

图 10–3　被污染的水体和海洋水体

（a）被污染的水体；（b）海洋水体

（3）空气中的微生物。空气中没有可为微生物直接利用的营养物质和足够的水分，这种环境不适合微生物的生长、繁殖。因此，空气中没有固定的微生物种类，但由于能产生各种休眠体以适应不良环境，有些微生物可以在空气中存活相当长的一段时间。所以，空气中仍有多种微生物。

空气中的微生物来自土壤、水体和其他微生物源，如进入大气的土壤尘粒，水面吹来的小水滴，污水处理厂曝气（一种处理水的方法）产生的气溶胶，人和动物体表的干燥脱落物，呼吸道呼出的气体都是大气微生物的来源。

微生物在空气中的分布很不均匀，所含数量取决于所处环境和飞扬的尘埃量。越清新、洁净的空气（图 10–4），其中的微生物含量越低，因此病原微生物也就越少。凡是尘埃越多或越贴近地面的空气，其中微生物含量越高，如一般在禽畜舍、公共场所、医院、宿舍、城市街道的空气中微生物含量就多，病原微生物也越多。空气中的微生物通常以气溶胶的形式存在，可以随空气自由流动，是动植物病害传播、发酵工业中的污染及工农业产品霉腐等的重要根源。

图 10-4　清新、洁净的空气

（4）动物体中的微生物。生长在动物体表或体内的微生物是一个种类复杂、数量庞大、生理功能多样的群体。对动物有害的微生物可以称为病原微生物，包括病毒、细菌、真菌、原生动物的一些种类。病原微生物可以通过不同的作用方式对动物造成损害或使动物患病。但是也可变害为利，如利用昆虫病原微生物防治农林害虫。对动物有益的微生物与动物的互惠共生关系也被广泛的关注和深入研究，如微生物和昆虫的共生、瘤胃共生、海洋鱼类和发光细菌的共生等。

（5）植物体中的微生物。植物的根茎叶和果实表面是某些微生物的良好生境，细菌、蓝细菌、真菌（特别是酵母菌）、地衣和某些藻类常见。有的微生物可用于制作发酵食品，如黄瓜、甘蓝、萝卜等多种蔬菜表面上的乳酸菌可以进行乳酸发酵。另外，某些病毒、细菌、真菌和原生动物能引起植物的病害或导致果蔬变质。

（6）人体中的微生物。在正常人体皮肤、黏膜及与外界相通的各种腔道（如口腔、鼻咽腔、呼吸道、肠道和泌尿道）等部位，存在着与人体共生的微生物群落，占据不同生境的微生物表现出各自的群落特征，有不同的生理功能。人体中微生物的数量约为总细胞数的 10 倍，4 200 多个种类。人体共有五大微生态系统，即消化道、呼吸道、泌尿生殖道、口腔和皮肤。其中，消化道胃、肠中的微生物数量占了人体总微生物量的 78.7%。**正常菌群**是指生活在健康动物各部位、数量大、种类较稳定、一般能发挥有益作用的微生物种群。正常菌群之间，正常菌群与其宿主之间，以及正常菌群与周围其他因子之间，都存在着各种密切关系，即微生态关系。人体中最大的微生态系统就是肠道菌群（图 10-5）。一般情况下，正常菌群与人体保持着一种十分和谐的平衡状态，在菌群内部各微生物之间也相互制约，维持稳定、有序的相互关系，即**微生态平衡**。如果人体的微生态平衡被打破，就出现不健康的状况。

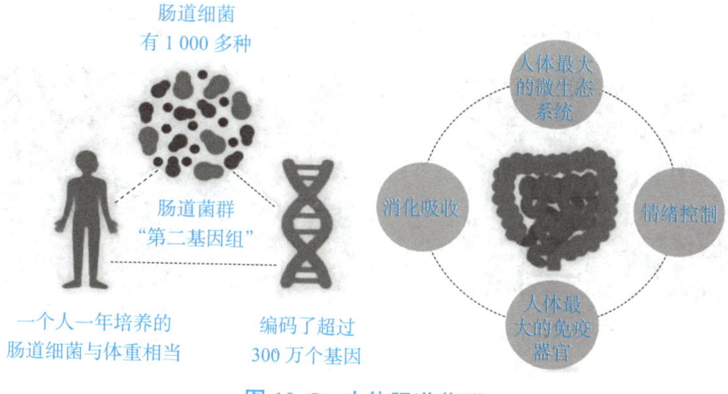

图 10-5　人体肠道菌群

2. 极端环境下的微生物分布

在自然界中，存在着一些绝大多数生物都无法生存的极端环境，如高温、低温、高酸、高碱、高盐、高毒、高渗、高压、干旱或高辐射强度等环境。但是即便是在这些通常被认为是生命禁区的极端环境中，仍然有一些微生物在顽强地生活着，这就是**极端微生物**。

极端环境中的微生物

极端微生物就是指凡依赖于极端环境才能正常生长、繁殖的微生物，主要包括嗜热微生物、嗜冷微生物、嗜酸微生物、嗜碱微生物、嗜盐微生物、嗜压微生物及耐辐射微生物等类群。对它们的研究始于 1967 年美国学者布洛克从沸热泉中首次分离的超嗜热菌。截至 2008 年，人们已分离出 80 多种超嗜热菌和 200 多种嗜极菌。极端微生物有着特殊的基因类型、结构和生理功能。不仅在生命起源、生命极限和生命本质等基础理论研究上有着重要的意义，而且在新型生物质能源和资源等生物产业的实际应用上也有着巨大的潜力，以及在工业、农业、医药、卫生等方面有很高的应用价值。

（1）嗜热微生物。嗜热微生物又称嗜热菌，主要指嗜热细菌［图 10–6（a）］，它们广泛分布在草堆、厩肥、煤堆、温泉、火山地、地热区土壤及海底火山口附近。从 20 世纪 60 年代以来，截止到 1997 年，已分离出 20 多属、共 50 余种嗜热菌。其中最著名的是从美国黄石国家公园的温泉中分离到的水生栖热菌（能在 80 ℃下生长），以及在深海火山口附近分离到的烟孔火叶菌（最适生长温度为 105 ℃，最高为 113 ℃，低于 90 ℃便停止生长）和激烈火球菌（最适生长温度为 100 ℃）。2003 年，美国学者报道了一种最高生长温度达 121 ℃的极端嗜热厌氧古菌。2008 年，日本学者报道了可利用 H_2 和 CO_2，能在 123 ℃高温下生长的古菌——坎氏甲烷嗜热菌。嗜热微生物有远大的应用前景，高温发酵可以避免污染和提高发酵效率，其产生的酶在高温时有更高的催化效率，高温微生物也易于保藏。嗜热微生物还可用于污水处理方面。嗜热细菌的耐高温 DNA 多聚酶使 DNA 体外扩增的技术得到突破，为 PCR（Polymerase Chain Reaction，聚合酶链式反应）技术的广泛应用奠定基础。

（2）嗜冷微生物。嗜冷微生物又称嗜冷菌，指一类最适生长温度低于 15 ℃、最高生长温度低于 20 ℃和最低生长温度 0 ℃以下生长的细菌［图 10–6（b）］、真菌和藻类等微生物，如嗜冷芽孢杆菌和雪衣藻等。另外，能在 0 ℃以下生长，但最适生长温度为 20 ～ 40 ℃的微生物，称为耐冷微生物，如荧光假单胞菌和单核细胞增生李斯特氏菌（又称为冰箱杀手）。其嗜冷机制主要是细胞膜含有大量的不饱和脂肪酸，以保证低温下细胞膜的流动性和通透性。嗜冷微生物可以使低温保藏的食品腐败，甚至产生细菌毒素。从嗜冷微生物中获得的低温蛋白酶可以用来制作洗涤剂，不仅能节约能源，效果还很好。

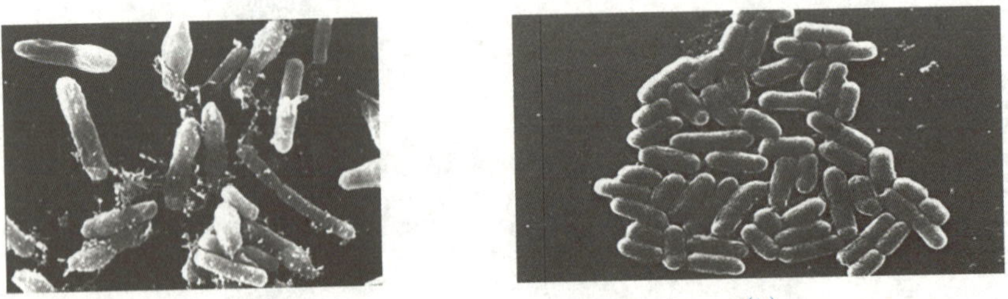

(a)　　(b)

图 10–6　嗜热细菌和嗜冷细菌

（a）嗜热细菌；（b）嗜冷细菌

（3）嗜酸微生物。其只能生活在低 pH 值（<4）条件下，在中性 pH 值下即死亡的微生物称为嗜酸微生物或嗜酸菌。少数种类还可生活在 pH 值小于 2 的环境中。专性嗜酸微生物是一些真细菌和古菌，真细菌如嗜酸硫杆菌属，古菌如硫化叶菌属、热原体属和嗜酸铁原体（生活在黄铁矿排放出的 pH 值接近 0 的废水中）等。嗜酸微生物能在酸性条件下生长、繁殖，需要维持细胞内外的 pH 值梯度，现在一般认为它们的细胞壁、细胞膜具有排斥 H^+、对 H^+ 不渗透或将 H^+ 从胞内排放出的机制。嗜酸菌可用于铜等金属的湿法冶炼、煤的脱硫等，以及对于重金属污染土壤的治理。

（4）嗜碱微生物。其能专性生活在 pH 值为 8 ～ 11 的碱性条件下而不能生活在中性条件下的微生物，称为嗜碱微生物，又称嗜碱菌。一般存在于碱性盐湖和碳酸盐含量高的土壤中。多数嗜碱菌为芽孢杆菌属，一些极端嗜碱菌同时也是嗜盐菌。常见的有嗜碱芽孢杆菌、坚强芽孢杆菌、巴斯德梭菌、金橙黄微小杆菌、嗜盐碱杆菌属、玫瑰色热微菌和阿氏外硫红螺菌等。有关嗜碱性的生理生化机制目前还不是很清楚。嗜碱菌的一些蛋白酶、脂肪酶和纤维素酶等已被广泛开发并可添加在洗涤剂中。

（5）嗜盐微生物。只能在高盐浓度下才能生长的微生物称为嗜盐微生物，又称嗜盐菌，其包括许多细菌和少数藻类。嗜盐微生物通常分布于盐湖（图 10–7）、晒盐场和腌制食品、海产品等环境中。至今已记载的极端嗜盐古菌有盐杆菌属、盐球菌属、富盐菌属、盐盒菌属、嗜盐碱杆菌属和嗜盐碱球菌属 6 个属，共 15 个种。盐杆菌细胞内含有红色素，所以，在盐湖和死海中大量生长时，会使这些环境出现红色。一些嗜盐细菌的细胞中存在紫膜，膜中含有一种蛋白质，叫作细菌视紫红质，能吸收太阳光的能量。

目前，人们对嗜盐微生物的嗜盐机制仍在不断探索研究，盐杆菌和盐球菌具有排放出 Na^+ 和吸收浓缩 K^+ 的能力，K^+ 作为一种相容性溶质，可以调节细胞内外渗透压的平衡，其浓度高达 7 mol/L，以此维持胞内外同样的水活度。嗜盐菌能引起食品腐败和食物中毒，副溶血弧菌是分布极广的海洋细菌，也是引起食物中毒的主要细菌之一。嗜盐微生物可用于生产胞外多糖、聚羟基丁酸（PHB）、食用蛋白、调味剂、保健食品强化剂、酶保护剂等，还可用于海水淡化、盐碱地改造利用及能源开发等。

（6）嗜压微生物。必须生长在高静水压环境中的微生物，称为嗜压微生物，又称嗜压菌。嗜压微生物普遍生活在深海区，少数生活在油井深处（图 10–8）。在深度为 10 500 m、海洋最深处的太平洋马里亚纳海沟中可分离得到极端嗜压菌，从油井深部约 400 大气压处，分离得到耐压的硫酸盐还原菌。另外，还发现有嗜压的酵母菌。嗜压菌的研究难度极大，因采样、分离、研究等全过程均须在特制的高压容器中进行，故有关研究的进展较缓慢。有些嗜压菌因具有产酸、产气（H_2、CO_2、CH_4 等）、增压及产表面活性剂、乳化剂和聚合物等特点，故可用于石油的深度开采。

图 10–7　盐湖

图 10–8　海上油田

（7）耐辐射微生物。与上述 6 类嗜极菌不同的是，耐辐射微生物对辐射这一不良环境因素仅有抗性或耐受性，而没有“嗜好”。微生物的抗辐射能力明显高于高等动植物。人们在 1956 年首次从经高剂量辐射灭菌后发生腐败的肉罐头中分离得到的耐辐射异常球菌是至今抗辐射能力最强的微生物。抗辐射微生物可以用于核污染环境治理等。

我国各地分布着热泉，有些地区还有酸性热泉，西北地区还有大盐湖，以及东部和南部有辽阔的海洋。极端环境中的微生物资源非常丰富，有待人类的开发和利用。

新发现

小资料

微生物资源及应用新发现

近年来，我国学者在微生物新资源开发利用研究中取得的一些关键进展，他们从不同环境获得了具有应用潜力的微生物菌株。例如，中山大学生命科学学院李文均教授团队和南阳理工学院郭书贤教授团队在新疆乌勇布拉克干盐湖沉积物中发现了多株嗜盐古菌，并筛选到生产生物絮凝剂的优势菌株，这些菌株具有后续开发高盐废水功能材料的良好前景。江西师范大学和江西科技师范大学朱笃教授团队在东乡野生稻内分离并鉴定了高产植物生长激素吲哚乙酸的微杆菌属的新种，并将其命名为 *Microbacterium dongxiang sp. nov.*，该新种吲哚乙酸产量可达 291.7 mg/L，具有应用于农业生产促进作物生长的潜能。该研究提示了研究农作物内生菌的重要性。上海交通大学赵心清教授团队在我国西藏采集的松萝中分离得到了内生酿酒酵母菌株，并探索了其产酸、耐酸的能力，该菌株耐酸性能较好，并具有独特的耐酸调控机制。地衣是特殊的微生物生态系统，但是人们对于其内生微生物的应用研究很少，而该研究也为开发地衣来源的微生物资源提供了借鉴。

视野窗

和平发展，开放创新

“全球微生物资源数据共享平台”案例发布

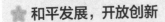

中国引领，构建全球微生物领域网络空间命运共同体

在 2021 年举办的世界互联网大会·乌镇峰会上，由中国科学院微生物研究所、中国科学院计算机网络信息中心和国家科技基础条件平台中心联合申报的“全球微生物资源数据共享平台”入选首届全球 12 项“携手构建网络空间命运共同体精品案例”。“全球微生物资源数据共享平台”是由我国引领，51 个国家和地区的 141 家机构参与构建的全球微生物大数据平台基础设施，汇聚了 52 万株微生物实物资源数据，形成了全球互联互通的微生物数据信息化合作网络，推动了全球微生物信息化

建设迈向新高度。平台开发的数据挖掘系统，支撑了全球微生物资源利用状况的分析决策，多个国家使用该平台的分析结论作为其微生物资源全球贡献的重要数据支撑。

知识点【10-3】微生物与生物环境的相互关系

在整个生物世界，各种生物类群彼此之间都存在着千丝万缕的微妙关系。生物间的相互关系既多样又复杂，微生物与生物环境的关系主要表现为互生、共生、寄生、拮抗和捕食等。

微生物与生物环境的关系

1. 互生

互生（Metabiosis）是指两种可单独生活的生物，当它们在一起时，通过各自的代谢活动而有利于对方，或偏利于一方的一种生活方式。

（1）微生物间的互生。在土壤微生物中，互生关系十分普遍。例如，好氧性自生固氮菌与纤维素分解菌，后者分解纤维素产生有机酸为前者提供固氮营养，而前者则向后者提供氮素营养物。

（2）微生物与植物的互生。即植物内生菌是一类主要生活在植物体内，但不与植物一起形成特殊组织结构的微生物。例如，生长在甘蔗、水稻、高粱、玉米根部进行固氮的螺菌，生长在紫衫树皮中的多种能产生重要抗癌物质紫杉醇的内生真菌等。

（3）人体肠道中正常菌群与人的互生。一方面，正常菌群通过肠道获取营养物质进行生长、繁殖；另一方面，正常菌群通过排阻抑制外来致病菌，以及为人体提供必不可少的维生素、氨基酸等营养物质。

（4）互生现象与发酵工业中的混菌培养。**混菌培养**又称混合培养（Mixed Cultivation）或混合发酵（Mixed Fermentation），即人工“微生物生态工程”，是指将两种或数种微生物混合在一起进行培养，以获得最佳效果的培养方法。例如，酸奶就是利用保加利亚乳杆菌和嗜热链球菌混合培养制得的（图 10-9）。

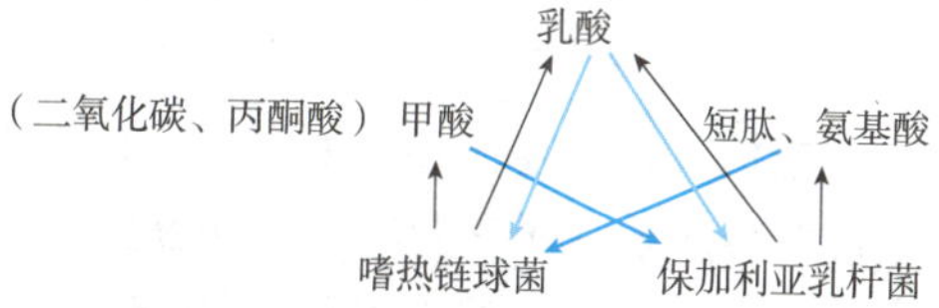

标记：产生（→），促进（⟶），抑制（⟶）

图 10-9　保加利亚乳杆菌和嗜热链球菌混合培养互相影响

2. 共生

共生（Symbiosis）是指两种生物共居在一起，相互分工合作、相依为命，甚至达到难分难解、合二为一的极其紧密的一种相互关系。

（1）微生物间的共生。例如，菌藻共生或菌菌共生的地衣（Lichen），如图 10-10 所示。前者是真菌与绿藻共生；后者是真菌与蓝细菌共生。绿藻或蓝细菌进行光合作用，为真菌提供有机养料，而真菌则分解岩石为藻类或蓝细菌提供矿物质元素。

图 10-10　地衣

（2）微生物与植物间的共生。微生物与植物间的共生最常见的是根瘤菌与豆科植物的共生、*Frankia*（弗兰克氏菌属）与非豆科植物的共生、菌根菌与植物的共生等。根瘤菌固定大气中的气态氮为植物提供氮素养料，豆科植物根的分泌物能刺激根瘤菌的生长；同时，也为根瘤菌提供保护和稳定的生长条件（图 10–11）。菌根菌是真菌与植物的根系形成的一类特殊共生体，具有改善植物营养、调节植物代谢和增强植物抗病能力等功能。如果没有菌根菌的共生，有些植物如兰科植物的种子就不会发芽，杜鹃科植物的幼苗就不能存活。

（3）微生物与动物间的共生。微生物与昆虫的共生：在白蚁、蟑螂等昆虫的肠道中有大量的细菌和原生动物与其共生。瘤胃微生物与反刍动物的共生（图 10–12）：牛、羊等反刍动物在瘤胃微生物的帮助下，才可以消化植物的纤维素和果胶等成分；同时，反刍动物为瘤胃微生物提供养料、水分、合适温度、pH 值、厌氧等生长条件。

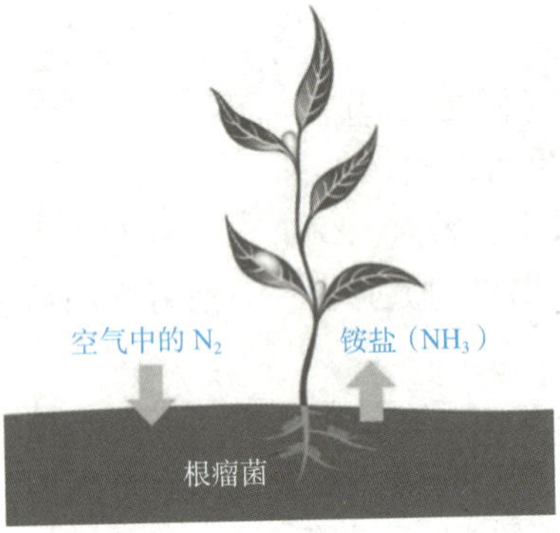

图 10–11　根瘤菌与植物的共生关系

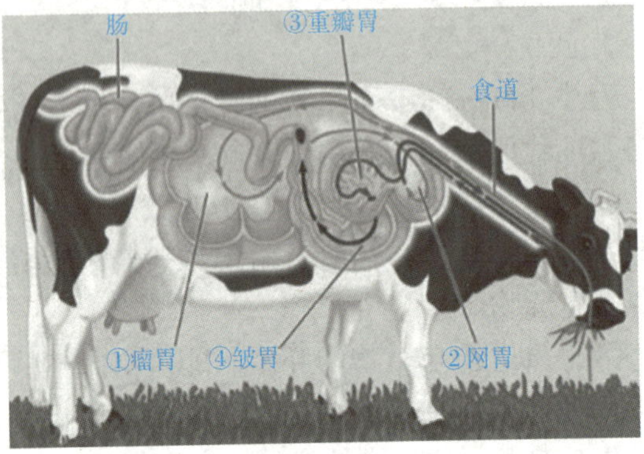

图 10–12　反刍动物消化系统

3. 寄生

寄生（Parasitism）一般是指一种小型生物存活在另一种较大型生物的体内（包括细胞内）或体表，从中夺取营养并进行生长、繁殖，同时使后者蒙受损害甚至被杀死的一种相互关系。微生物间的寄生关系最典型的是噬菌体与其宿主菌间的关系。微生物寄生于植物的例子是极其普遍的，各种植物病原微生物都是寄生物，以真菌和病毒居多。寄生于动物的微生物即动物病原微生物，种类极多，包括各种病毒、细菌、真菌和原生动物等。

4. 拮抗

拮抗又称抗生（Antagonism），是指由某种生物所产生的特定代谢产物可抑制他种生物的生长发育甚至杀死它们的一种相互关系，是微生物的一种“损人利己的化学战术”。例如，我国传统发酵食品泡菜的制作［图 10–13（a）］，在密封的容器中，当好氧菌和兼性厌氧菌消耗残存的氧气后，就为各种乳酸菌等厌氧菌的生长、繁殖创造了良好的条件，同时，乳酸菌产生的乳酸抑制其他腐败菌的生长或将它们杀死，从而保证了泡菜的风味、质量和良好的保藏性能。微生物之间的拮抗关系也可以为抗生素的筛选［图 10–13（b）］、食品保藏、医疗保健和动植物病害的防治等提供很多有效的手段。

（a）　（b）

图 10–13　泡菜和抗生素、细菌素的抑菌现象

（a）泡菜；（b）抗生素、细菌素的抑菌现象

5. 捕食

捕食又称猎食（Predatism），一般是指一种大型的生物直接捕捉、吞食另一

种小型生物以满足其营养需要的相互关系。在微生物间的捕食关系主要是原生动物吞食细菌和藻类，它是水体生态系统中食物链的基本环节，在污水净化中也有重要的作用。其他的还有粘细菌吞食细菌和其他微生物，真菌捕食线虫和其他原生动物等。

小测验·巩固新知

一、填空题

1. ________是指在一定区域内生活的生物与其非生物环境之间相互紧密结合而形成的系统。

2. 微生物生活的环境被微生物生态学家称为________。

3. 细菌一般在________的土壤中偏多；放线菌在________的土壤中偏多；真菌需________的土壤；藻类则在________的环境中生长。

4. 微生物在较深水体中具有__________的特点。例如湖泊，在光线、氧气充足的沿岸带、浅水区分布着大量__________。深水区光线少、溶解氧低，可见______________。湖底区分布着大量________。

5. __________通常分布于盐湖、晒盐场和腌制食品、海产品等环境中。

6. 必须生长在高静水压环境中的微生物称________，又称________，它们普遍生活在深海区，少数生活在油井深处。

7. 微生物与生物环境的关系主要表现为________、________、________、________和________等几种。

8. ________是指两种生物共居在一起，相互分工合作、相依为命，甚至达到难分难解、合二为一的极其紧密的一种相互关系。

9. 酸奶中的保加利亚乳杆菌和嗜热链球菌是________关系，根瘤菌与豆科植物是________关系，噬菌体与其宿主菌是________关系，泡菜中的乳酸菌和腐败菌是________关系，原生动物吞食细菌和藻类是________关系。

二、名词解释

1. 微生物生态学；2. 正常菌群；3. 人体微生态平衡；4. 极端微生物；5. 嗜冷微生物；6. 嗜酸微生物；7. 嗜碱微生物；8. 互生；9. 寄生；10. 拮抗。

三、问答题

1. 为什么土壤被人们称作微生物资源的“大本营”或“宝库”？

2. 空气中微生物的来源及分布特点是什么？

3. 极端微生物资源的分布特点是什么？各有什么应用研究？请举例说明。

小测验参考答案

练技能·实操详练

实训任务 10　土壤微生物区系的观察与计数

训练目标及流程

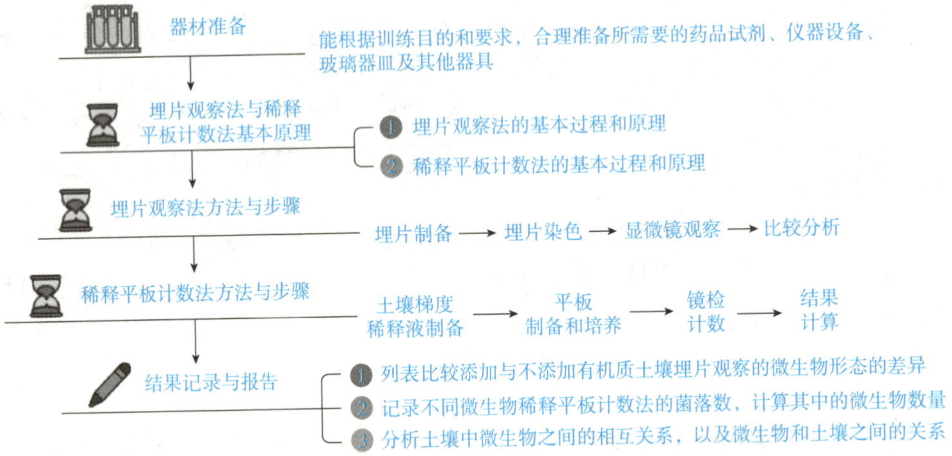
器材准备
能根据训练目的和要求，合理准备所需要的药品试剂、仪器设备、玻璃器皿及其他器具
埋片观察法与稀释平板计数法基本原理
1 埋片观察法的基本过程和原理
2 稀释平板计数法的基本过程和原理
埋片观察法方法与步骤
埋片制备 → 埋片染色 → 显微镜观察 → 比较分析
稀释平板计数法方法与步骤
土壤梯度稀释液制备 → 平板制备和培养 → 镜检计数 → 结果计算
结果记录与报告
1 列表比较添加与不添加有机质土壤埋片观察的微生物形态的差异
2 记录不同微生物稀释平板计数法的菌落数，计算其中的微生物数量
3 分析土壤中微生物之间的相互关系，以及微生物和土壤之间的关系

器材准备

1. 样品

供试土壤。

2. 药品器材

（1）埋片法。

1）药品试剂：孟加拉红酚染色液（称取 1.0 g 孟加拉红和 0.3 g CaCl，加入 100 mL 5% 酚水溶液），加入土壤的有机质（如蛋白胨、豆饼粉或其他）、香柏油、二甲苯等。

2）仪器和器具：瓷研钵（直径为 10 cm，高为 8 ～ 10 cm）2 个；洁净的载玻片 4 片；剖面刀、显微镜电炉、恒温培养箱、水浴锅、载玻片支架等。

（2）稀释平板计数法。

1）培养基：常用于土壤中微生物培养的培养基种类很多，可根据需要测定的微生物种类选择培养基。如培养细菌用牛肉膏蛋白胨培养基，培养放线菌用高氏Ⅰ号培养基，培养真菌用马铃薯葡萄糖培养基等。按配方配制培养基后，先在 121 ℃条件下灭菌 15 min，冷却至 45 ℃～ 50 ℃使用。凝固后的培养基可加热溶解后使用。

2）仪器和器具：广口瓶或三角烧瓶及配套的橡皮塞或棉塞，移液管或刻度吸管（1 mL、10 mL，吸口先用棉花塞住，再用牛皮纸包好灭菌），以及培养皿（9 cm，用牛皮纸包好后灭菌）、显微镜、恒温培养箱、超净工作台等。

关键技能点详解

技能点【10-1】埋片观察法与稀释平板计数法基本原理

1. 埋片观察法

埋片观察法是一种原位定性研究土壤微生物区系的方法。最早由霍洛得尼于 1930 年提出，用于在埋入土壤后经特殊染色的载玻片上观察了解土壤微生物区系的自然分布状况。其操作程序是将经过乙醇和火焰灭菌的载玻片的长边垂直插入或埋入土层内（土层深浅依研究的目的而定），经一定时间后（通常为 2～8 d）取出，稍晾干，通过火焰固定后，用适宜的染色剂染色后，水洗至载玻片无色，晾干后镜检。此法可在不破坏土壤层的情况下原位检测土壤微生物区系，定性地揭示土壤中微生物的排列和空间分布状况。埋片观察法特别适用于观察土壤中真菌、放线菌和藻类的菌丝量。与实验室的方法相比，其结果与土壤的真实情况更为接近。

2. 稀释平板计数法

在自然条件下，土壤中的大多数微生物处于休眠状态，一旦供给可利用的碳源（如培养基），一些微生物将会快速生长、繁殖。因此，根据在培养基上所生长的微生物数量，可以估算土壤中微生物的数量。这种测定土壤微生物数量的方法称为培养计数法，其主要包括稀释平板计数法（简称稀释平板法）和最大或然计数法。其中，稀释平板计数法的基本原理是土壤微生物经分散处理成为单个细胞后，在特定的培养基上生长并形成菌落，根据形成的菌落数来计算微生物的数量。

技能点【10-2】埋片观察法方法与步骤

1. 埋片制备

称取待测土壤 100 g，每组 2 份，其中 1 份加入有机质 1 g，充分混合均匀后装入瓷研钵，另一份作对照，并调节湿度。用剖面刀在土壤中划一条缝，将清洁的载玻片垂直地插入土内，露出土面 2 cm 左右。每钵插 2 片，贴好标签，用塑料布覆盖，以防止土壤干燥，放入温度为 28 ℃的恒温室培养。

2. 埋片染色

上述材料培养 1 周后取出载玻片。用水浸洗载玻片，以去除大的土粒，将载玻片风干。将风干载玻片置于沸水浴上，用孟加拉红酚染色液热染 10 min，边蒸边染，以防止染液蒸干。水洗、晾干载玻片，待镜检。

3. 显微镜观察

在油镜下，检测出细菌和其他微生物，凡是深红色和红色的为微生物菌体。呈黄色、浅粉红色的或褐色的为惰性有机物。而矿物颗粒不着色。在油镜下仔细观察微生物细胞的密度、特有的群体、微生物间相互关系、微生物和土壤之间的关系。

4. 比较分析

列表比较添加与不添加有机质土壤埋片观察的微生物形态的差异。

技能点【10-3】稀释平板计数法方法与步骤

以下操作均需要在无菌条件下进行。

1. 土壤梯度稀释液制备

取新鲜土壤 10.00 g，加入装有 90 mL 无菌水的三角烧瓶或广口瓶中。参照技能点【8–1–1】中土壤稀释的制备进行 10 倍梯度稀释，得到 10^{-1}、10^{-2}、10^{-3}、10^{-4}、10^{-5}、10^{-6} 等一系列梯度稀释菌液。

2. 平板制备和培养

选取 2 个稀释倍数的土壤稀释液（细菌和放线菌通常用 10^{-5} 和 10^{-6} 土壤稀释液，真菌用 10^{-2} 和 10^{-3} 土壤稀释液），分别吸取 1 mL（吸前振摇均匀），加入灭菌的培养皿中（注意每变换一次稀释浓度，须更换一支无菌移液管）；再向培养皿内注入 46 ～ 50 ℃的培养基 10 mL，立即混合均匀，待静置凝固后，倒置放在培养箱中培养。细菌和放线菌在 28 ℃下培养 7 ～ 10 d，真菌在 25 ℃条件下培养 3 ～ 5 d。

3. 镜检计数

选取细菌和放线菌的菌落数为 30 ～ 200 个、真菌菌落数为 20 ～ 40 个的培养皿各 5 个，取其平均值计算出每组的菌落数。如果菌落很多，可将其分成 2 ～ 4 等份进行计数。微生物生物量可以通过微生物细胞个体大小和密度计算得到。

【注意】尽管使用不同的培养基，但细菌、放线菌和真菌都可能在同一个培养基上生长，所以，必须用显微镜做进一步的观察。明显有菌丝的一般是真菌，真菌的菌丝为丝状分枝，比较粗大；而放线菌菌丝呈放射状，比较细。酵母菌的菌落与细菌的菌落很相似，但在显微镜下容易分辨出来。

4. 结果计算

按照下列公式计算土壤中微生物的数量：

$$土壤微生物数量（cfu \cdot g^{-1}）= MD/W$$

式中 M——菌落平均数；

D——稀释倍数；

W——土壤烘干质量（g）。

注意事项

（1）采用埋片观察法进行埋片染色时，控制好热染时间，以 10 min 左右为宜，时间过长会导致染液蒸干，不利于观察。

（2）土壤样品进行梯度稀释时，吹吸菌液不要过猛、太快，避免将吸管中的过滤棉花浸湿或试管内液体外溢。放菌液时吸管尖端不要碰到液面，即每支吸管只能接触一个稀释度的菌悬液，否则稀释不精确，结果误差较大。

（3）采用稀释平板计数法培养时，倒入的培养基要提前溶解，并在 46 ～ 50 ℃保温，温度过高会杀死样品中的微生物，过低又会导致培养基的凝固。

结果报告

1. 列表比较添加与不添加有机质土壤埋片观察的微生物形态的差异。
2. 记录不同微生物稀释平板计数法的菌落数，计算其微生物数量。
3. 分析土壤中微生物之间的相互关系，以及微生物和土壤之间的关系。

考核评价

根据实训任务 10 考核评价表，对任务的完成情况进行自我评价、小组评价、教师评价，将评价的最终结果记入实训过程性考核成绩。

实训任务 10　考核评价表

考核要点	考核内容	分值及标准	评分
学习及训练态度	按时到岗，遵守实训室规则，不迟到、不旷课、不早退。态度积极、认真、主动，实训参与度高	优 15 ～ 20 分；良 5 ～ 15 分；差 < 5 分	
实训目标达成情况	1. 能说出埋片观察法和稀释平板计数法用于土壤微生物区系分析的基本原理。 2. 能正确采用埋片观察法和稀释平板计数法对土壤微生物区系进行培养、观察和记录。 3. 能熟练使用显微镜进行不同微生物的观察，能正确辨识微生物的形态特征，会熟练进行土壤样品稀释、微生物菌落的计数与微生物数量的计算等。 4. 能正确分析土壤中微生物之间的相互关系，以及微生物和土壤之间的关系	优 35 ～ 50 分；良 20 ～ 35 分；差 < 20 分	
训练结果报告	任务单内容完整、结果记录正确、书写工整	优 15 ～ 20 分；良 5 ～ 15 分；差 < 5 分	
卫生整理情况	对本次实训用到的器皿、材料等清洁并归位；操作台清理干净，物品摆放整齐；地面及垃圾桶清洁干净	优 8 ～ 10 分；良 5 ～ 8 分；差 < 5 分	
考核结果	完成本次实训任务最终得分		

总结思考

1. 采用埋片观察法进行土壤中微生物区系的观察与分析的基本原理是什么？这种方法有什么优点和缺点？

2. 采用稀释平板计数法进行土壤中微生物区系的观察与分析的基本原理是什么？这种方法有什么优点和缺点？

3. 埋片观察法和稀释平板计数法都是比较传统的微生物区系的分析方法。随着科技的发展，越来越先进的分析技术应用到了微生物多样性的检测与分析中，现在有哪些先进的技术？请举例说明。

强应用·学以致用

科学探究

中国传统发酵食品用微生物菌种名单探究

1. 背景

我国传统发酵食品历史悠久、种类丰富，在食品产业中占有重要地位。在数千年的传承发展过程中，发酵食品逐渐显现出其鲜明的特点：传统发酵食品多数以“多微共酵”的方式生产，参与发酵的微生物菌群通过动态演替共同发挥作用。尽管原生混菌体系比较复杂，但发酵食品中的核心功能微生物菌群往往较为明确。功能微生物菌群人工组配和调控可有效提高发酵食品品质的稳定性，减少食品腐败发生和不良副产物生成。

中国传统发酵食品用微生物菌种名单（第二版）

食品用微生物菌种是赋能我国传统发酵食品产业的核心资源。2017 年，中国工业微生物菌种保藏管理中心（CICC）对应用于中国传统发酵食品微生物的相关文献进行收集分析，归纳了发酵食品用微生物菌种的科学标准，并发布了第一版中国传统发酵食品用微生物菌种名单，其中包括 30 属、75 种微生物菌种。随着传统发酵食品行业生产力的大幅提升和发酵工艺的传承与创新，新菌种资源和菌种新功能被不断地挖掘和应用。2022 年，中国工业微生物菌种保藏管理中心发布了中国传统发酵食品用微生物菌种名单（第二版）。该名单对第一版名单中菌种的应用领域和功能进行了扩增和延伸，共涵盖 56 属、124 种微生物菌种，包括 74 种细菌、22 种酵母和 28 种丝状真菌。这不仅解决了发酵食品的风味、安全与健康等问题，更有助于实现食品发酵产业由经验型的“作坊式”生产转变为现代化、科学化的智能酿造。

2. 调查探究

查阅相关文献，分析思考，并完成以下问题。

（1）根据你掌握的相关基础知识，你认为建立传统发酵食品用微生物菌种名单，对传统发酵食品产业有什么重要意义？

（2）请扫码查看中国传统发酵食品用微生物菌种名单（第二版），如果按照传统发酵食品的种类（如白酒、发酵茶、乳制品、酱油、醋、腐乳、泡菜等）分别对它们使用的微生物菌种进行归纳总结，你会发现哪些特点？请列表说明。

（3）请调查你自己家乡的传统发酵食品，看看家乡都有哪些传统发酵食品，它们有何独特之处，对它们用到的微生物菌种进行统计分析。另外，为了促进家乡传统发酵食品产业的发展，你有什么好的策略？

学习单元 11　微生物的应用

学习目标

知识目标

学习微生物在食品工业、环境保护、生物制药、水产及农业等领域的生产应用，了解人们是如何利用有益微生物，预防和改造有害微生物，使其造福人类的，并认识微生物资源对人类生活、生产发展的重要性。

能力目标

1. 学习甜酒曲根霉分离与甜酒制作，会从酒酿中分离并纯化根霉；会辨识所分离根霉的培养特征；会检测根霉的糖化能力，并能用甜酒曲进行糯米甜酒的制作。

2. 学习水体中大肠菌群的检测方法，能正确进行环境中不同水样的采集；学会对水体中大肠菌群进行初发酵试验、复发酵验证试验及固体平板培养特征的辨识等基本检测技能。

3. 学习光合细菌的培养方法，能说出光合细菌的特点及其在水产养殖和农业生产中的作用；会进行光合细菌培养基的配制、接种与培养；熟知光合细菌培养过程的管理措施，可以解决培养过程中出现的一些常规问题。

素质目标

1. 学习感动中国 2022 年度人物林占熺、著名工业微生物学家方心芳、著名生物制品专家陈廷祚、服务中国大农业的微生物学家李季伦的故事，感悟他们胸怀天下，数十年如一日为民造福的奉献精神。

2. 追踪微史，探寻人类最早的疫苗，提升以问题为导向、增强问题意识的能力，培养发现问题、解决问题、勇于探索的精神。

学习重点与难点

学习重点：微生物与食品工业，微生物与环境保护，微生物与生物制品，微生物与水产行业，微生物与农业。

学习难点：常用于各行业的微生物种类及其特性。

本单元参考学时：6 学时；建议教学场所：一体化智慧型微生物教室

学知识·新知细学

视野窗

胸怀天下，造福人民

寸草向春晖，让菌草造福人民，造福世界

感动中国 2022 年度人物——林占熺

2023 年 3 月 4 日，菌草技术发明人、福建农林大学研究员、国家菌草工程技术研究中心首席科学家林占熺当选感动中国 2022 年度人物。《感动中国》颁奖词中对他的评价是“咬定青山大地，立根黄沙破岩。传递幸福，不以闽宁为限；传播文明，不以山海为远。时不我待，所以只争朝夕；心系乡土，所以敢为天下先。你不是田间的野草，你是新时代滋养的大树。”

林占熺于 1986 年发明的菌草技术解决了“菌林矛盾”这一世界难题。30 年前，他给自己定下的目标就是发展菌草业，造福全人类。因为这是他的中国梦，也是他的菌草梦。30 多年来，林占熺一直活跃在菌草研发和推广一线，不仅帮助数以千万计的农民种菇脱贫，还在减少水土流失、保护生态环境等方面做出了巨大贡献。如今，菌草技术已被推广至全球 106 个国家，在 13 个国家和地区建立示范基地，并被联合国列为“和平发展基金项目”重点项目向全球推广。

——《感动中国》2022 年度人物　林占熺

微生物资源是生态系统的基本组成部分，是人类赖以生存的重要物质基础，是生物技术和产业发展的重要基石。随着现代微生物技术的不断进步，微生物作为一种重要的资源，已经被广泛应用在食品工业、环境保护、生物制品、水产养殖、农业生产等多个领域。

知识点【11-1】微生物与食品工业

码上看

微生物与食品工业

食品是由动植物等原料经过加工制造的可供人食用的营养丰富的产品，也是微生物的良好培养基。所以，微生物与食品工业的关系非常密切，一般来说，微生物既可以在食品制造过程中起有益的作用，又可以通过污染食品给人类带来危害。因此，微生物与食品工业的关系主要体现在两个方面：一方面是利用有益微生物的作用制造发酵食品，为人类提供有益健康、营养丰富的食品；另一方面避免食品在制造、流通和保藏中被有害微生物污染，从而防止食品变质，保证食品安全。

1. 有益微生物的应用——微生物与食品发酵

发酵食品是指人们利用有益微生物加工制造的一类食品，发酵食品具有独特的风味和丰富的营养物质，已经成为食品工业中的一个重要分支；通常包括以下几类（图 11-1）。

（1）乙醇饮料，如蒸馏酒（白酒）、黄酒、果酒、啤酒等。

（2）发酵乳制品，如酸奶、酸性奶油、马奶酒、干酪等。

（3）传统调味品，如食醋、大酱、酱油、味精、豆腐乳、豆豉、纳豆等。

（4）发酵蔬菜制品，如泡菜、酸菜等。

图 11-1　各种传统发酵食品

（5）食品添加剂，如黄原胶、有机酸（包括柠檬酸、苹果酸、葡萄糖酸、乳酸、醋酸、异康酸等）、氨基酸（如 L- 谷氨酸）、酶制剂（糖化酶、蛋白酶、淀粉酶等），以及核苷酸（如 5′- 核苷酸）、微生物保鲜剂和菌体单细胞蛋白等。

食品工业中最常用的有益微生物（图 11-2）包括细菌，如乳酸菌、醋酸菌、棒状杆菌等；酵母菌，如酿酒酵母、卡尔酵母等；霉菌，如毛霉属、根霉属、曲霉属等。

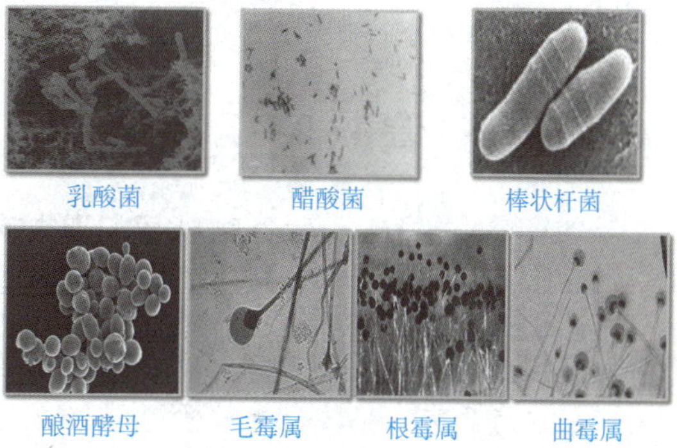

图 11-2　食品工业中最常用的一些有益微生物

（1）细菌。

1）乳酸菌。乳酸菌能产生乳酸，是发酵乳制品和发酵蔬菜制品在制造过程中起主要作用的一类菌。在发酵乳制品中常用的菌种有干酪乳杆菌、保加利亚乳杆菌、嗜酸乳杆菌、乳链球菌、嗜热链球菌等；发酵蔬菜制品中常用的菌种有肠膜明串珠菌、植物乳杆菌、短乳杆菌等。

2）醋酸菌。醋酸菌是食醋、果醋酿造过程中进行醋酸发酵的主要菌，常用的菌种有纹膜醋酸杆菌、奥尔兰醋酸杆菌等。

3）棒杆杆菌。棒状杆菌常用于味精的制造，如谷氨酸棒状杆菌等。

（2）酵母菌。

1）酿酒酵母。酿酒酵母是在酿酒工业中最常用的微生物，还可以发酵制作馒头、面包及生产酵母单细胞蛋白等。

2）卡尔酵母。卡尔酵母常用来酿造啤酒。

（3）霉菌。

1）毛霉属。毛霉属是制作豆腐乳、豆豉的主要菌种，它可以通过分解蛋白质产生鲜味。毛霉属还可以用于乙醇和有机酸等工业原料的糖化与发酵过程。

2）根霉属。根霉属具有很强的糖化酶活力，能使淀粉分解为糖，是酿酒工业常用的糖化菌，如用于米酒酿造的米根霉等。

3）曲霉属。曲霉属在传统酿造食品（如酱油、白酒等）中应用广泛，常用的菌种有米曲霉、黑曲霉等。它们具有多种强活性的酶系，如用于液化、糖化淀粉的淀粉酶、蔗糖转化酶、麦芽糖酶、乳糖酶等，用于果汁澄清的果胶酶，用于柑橘类罐头去苦味或可以防止产生白色沉淀的柚苷酶和橙皮苷酶，以及用于食品的脱糖和除氧的葡萄糖氧化酶等。另外，曲霉属还是生产延胡索酸、乳酸、琥珀酸、柠檬酸等多种有机酸的主要微生物。

小资料

微生物与发酵工业

现代生物制造起源于传统的微生物发酵技术。随着19世纪工业革命的兴起，传统的微生物发酵技术也逐渐从作坊式的食品类发酵升级为大规模、工厂化的发酵工业，有了能够控制通气量、温度、pH值等条件的专业发酵设备，形成了工业化的生物制造。例如，有机酸、氨基酸、抗生素、酶制剂的生产等都需要依靠发酵工业进行生物制造。

视野窗

胸怀天下，造福人民

著名工业微生物学家——方心芳

人民的需求就是我们的方向
——著名工业微生物学的开拓者方心芳

我国现代微生物学的开拓者之一、著名工业微生物学家方心芳先生，是中科院微生物所的建所先驱之一，他生前常说一句话——“人民的需求就是我们的方向”。用近代工业微生物学技术开发和利用有益微生物，是半个多世纪前才开始的。工业微生物学在中国还是一门年轻的学科，方心芳应用现代微生物学的理论和方法研究传统发酵产品，他用毕生精力收集、研究、应用和开发微生物菌种，开创了多种新型发酵工业，促进了我国传统发酵工业的现代化，为我国工业微生物学和现代微生物产业的发展做出了重要贡献。

2. 有害微生物的控制——微生物与食品安全

有害微生物对食品造成的污染主要包括细菌性污染、真菌与其毒素的污染及病毒介导的污染。它们可以直接或间接地通过各种途径使食品受到污染，如水、空气、土壤、动植物原料、操作人员、食品加工设备与包装材料等都是污染微生物的主要来源。

有害微生物对食品的危害主要表现在微生物引起的食品腐败变质和食物中毒两个方面。

（1）食品腐败变质。食品腐败变质是指食品受到各种内外因素的影响，造成其原有化学性质或物理性质发生变化，降低或失去其营养价值和商品价值的过程。最为重要和普遍的因素是微生物污染所引起的食品腐败变质（图11–3）。

预防食品原料的微生物污染是防止食品腐败的首要任务。在食品加工、生产和销售过程中，应创造一个不利于微生物生长、繁殖的环境条件，即采取各种措施除去、杀死或抑制微生物，保证食品达到安全程度，如食品工业中常采用的加热、干燥、辐照及添加防腐剂等食品保藏方法。

（2）食物中毒。据世界卫生组织估计，在全世界每年数以亿计的食源性疾病患者中，70%是由于食用了各种致病性微生物污染的食品和饮用水造成的。微生物引起的食物中毒可分为细菌性食物中毒、真菌性食物中毒和病毒介导的食物中毒。其中，细菌性食物中毒是涉及面最广、影响最大、问题最多的一种。

1）细菌性食物中毒可分为感染型和毒素型两种。感染型是由于食入大量活细菌而引起的，如沙门氏菌食物中毒［图 11–4（a）］；毒素型是食入细菌所产生的毒素而引起的，如金黄色葡萄球菌食物中毒［图 11–4（b）］。

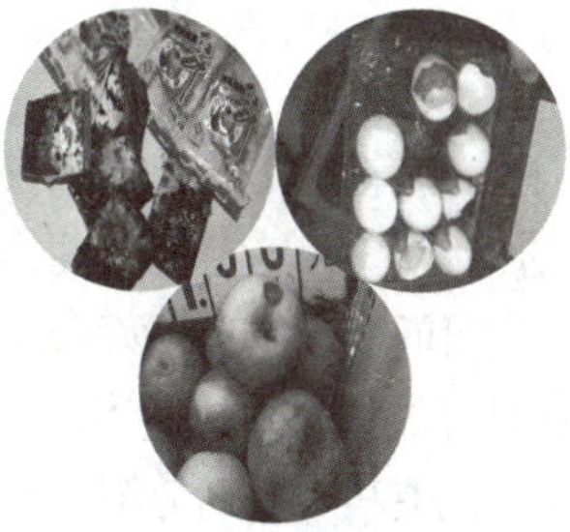

图 11–3　由微生物污染引起的食品变质

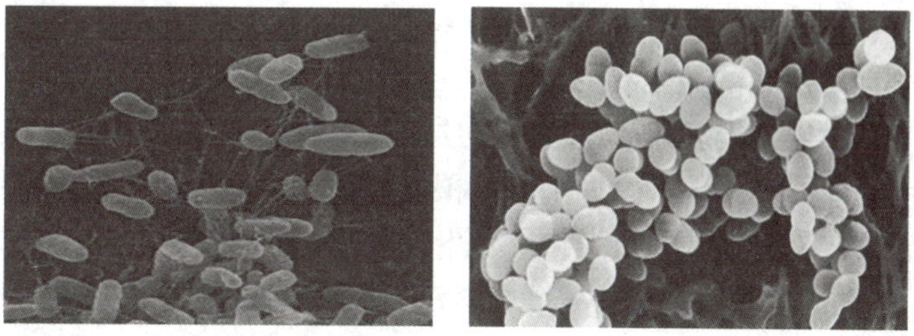

（a）　（b）

图 11–4　沙门氏菌和金黄色葡萄球菌

（a）沙门氏菌；（b）金黄色葡萄球菌

2）真菌性食物中毒主要是指真菌毒素的食物中毒（图 11–5）。其中，产毒的真菌以霉菌为主，如由黄曲霉和寄生曲霉中的一些菌株产生的黄曲霉毒素具有强致癌性。

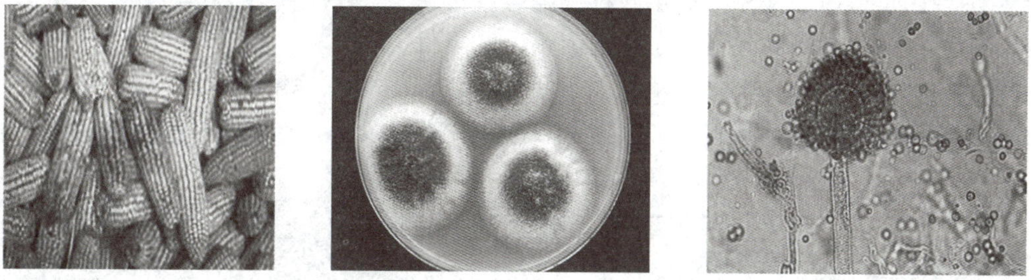

（a）　（b）　（c）

图 11–5　真菌性食物中毒

（a）霉变的玉米；（b）黄曲霉菌落；（c）黄曲霉个体形态

3）食源性病毒是指以食物为载体，导致人类患病的病毒，包括以粪—口途径传播的病毒。通过食品传播的病毒主要有禽流感病毒、疯牛病病毒（朊病毒）、口蹄疫病毒、轮状病毒、肝炎病毒、腺病毒及诺如病毒等。在日常生活中，预防微生物引起的食物中毒首先要做好个人卫生，勤洗手，其次烹饪的食物要煮透、烧熟，低温保存，生熟分开，食物原料要能够防虫、防霉、防腐等。

知识点【11-2】微生物与环境保护

码上看

微生物与环境保护

环境保护和对已污染环境的生物修复已经成为21世纪全球性的一项重要任务，而微生物在其中发挥着不可替代的决定性的作用。例如，环境微生物是有机废水污物和合成有毒化合物的强有力的分解者与转化者，起着环境“清道夫”的作用。再如，环境微生物可将农业和某些工业有机废弃物转化为氢气、乙醇和甲烷等清洁能源。由于微生物技术在处理环境污染物等方面具有速度快、消耗少、效率高、成本低、反应条件温和及无二次污染等显著的优点，其被广泛应用于水污染处理、大气污染治理、土壤的肥力修复、有毒有害物质的降解、清洁可再生能源的开发、废物资源化、环境监测、环境修复和污染严重的工业企业的清洁生产等多个方面。

1. 污水的微生物处理

微生物处理污水过程的本质是微生物代谢污水中的有机物，作为营养物取得能量生长繁殖的过程。其基本原理主要是根据水体的自净原理，利用微生物的催化作用和代谢活性，分解或转化污水中的污染物。微生物处理污水的方法主要有需氧处理法和厌氧处理法两大类。

（1）需氧处理法。需氧处理法也称好氧处理法，在有空气存在下充分供氧，维持适当的温度和营养，使需氧微生物能够大量繁殖，利用微生物的生命活动，将污水中的有机物最后分解为CO_2、H_2O、NO_3^-、SO_4^{2-}等无机物，使污水净化。常见的处理法有氧化塘法、活性污泥法、生物膜法等。

1）氧化塘法基本原理是利用藻菌共生、互生作用来分解污水中的有机物，使水净化。其特点是构筑物简单、能耗低、管理方便（图11-6）。

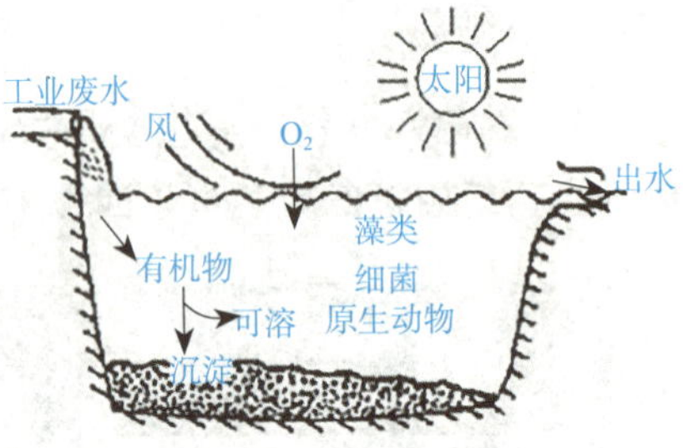

图11-6　氧化塘法示意

2）活性污泥法（Activated Sludge）也称曝气法，是好氧处理中最重要的方法。所谓活性污泥，是指一种由活细菌、原生动物和其他微生物群聚集在一起组成的凝絮团，在污水处理中具有很强的吸附、分解有机物或毒物的能力（图11-7）。

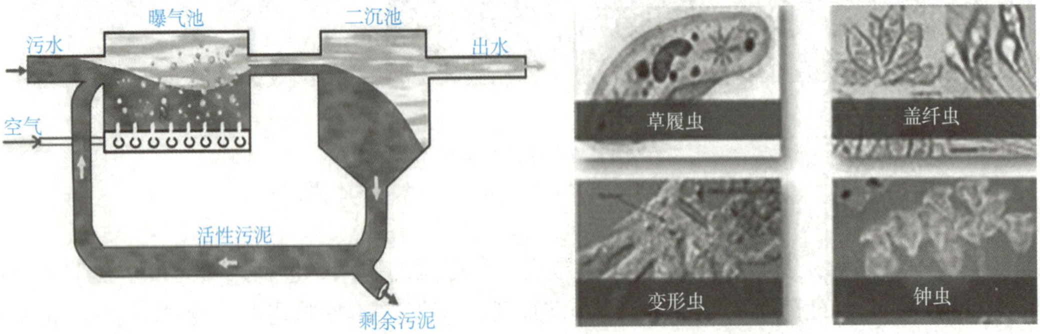

（a）　　　（b）

图11-7　活性污泥法和活性污泥中的原生动物

（a）活性污泥法；（b）活性污泥中的原生动物

3）生物膜（Biofilm）法。生物膜是指生长在潮湿、通气的固体表面上的一层由多种微生物构成的黏滑、暗色菌膜，能氧化、分解污水中的有机物或某些有毒物质（图 11–8）。

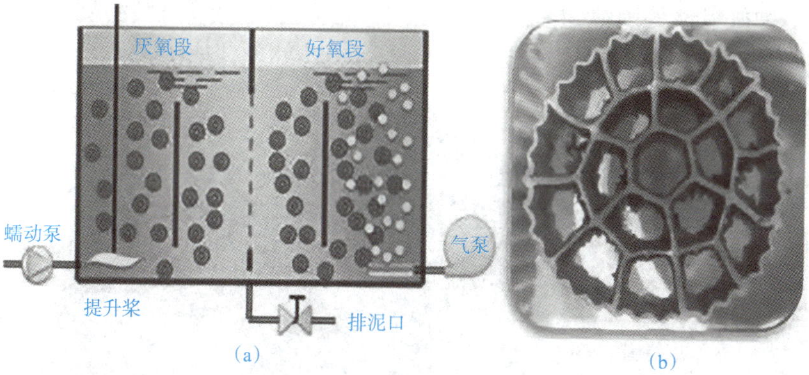

图 11–8　生物膜法和生物膜

(a) 生物膜法示意；(b) 生物膜

生物膜的净化原理是利用微生物群体附着在固体填料表面而形成的生物膜来处理废水。生物膜一般呈蓬松的絮状结构，微孔较多，表面积很大，因此，具有很强的吸附作用，有利于微生物进一步对这些被吸附的有机物进行分解。生物膜法相比活性污泥法具有生物密度大、能耗小，不需要污泥回流，也不存在污泥膨胀的优点；其缺点是脱落的小块膜难沉降，所以，处理后的水没有活性污泥法处理得清澈。

（2）厌氧处理法。厌氧处理法是指在缺氧条件下，利用厌氧性微生物（包括兼性微生物）分解污水中的有机质的方法，如沼气。

沼气（Marsh Gas）又称生物气（Biogas），是一种混合可燃气体，主要成分是 CH_4，另有少量 H_2、N_2 和 CO_2。其燃烧发热量比煤气高，且燃烧产物无污染。沼气发酵又称甲烷形成（methanogenesis），其生物化学本质是产甲烷菌在厌氧条件下，利用 H_2 还原 CO_2 等碳源营养物以产生细胞物质、能量和代谢废物——CH_4 的过程（图 11–9）。

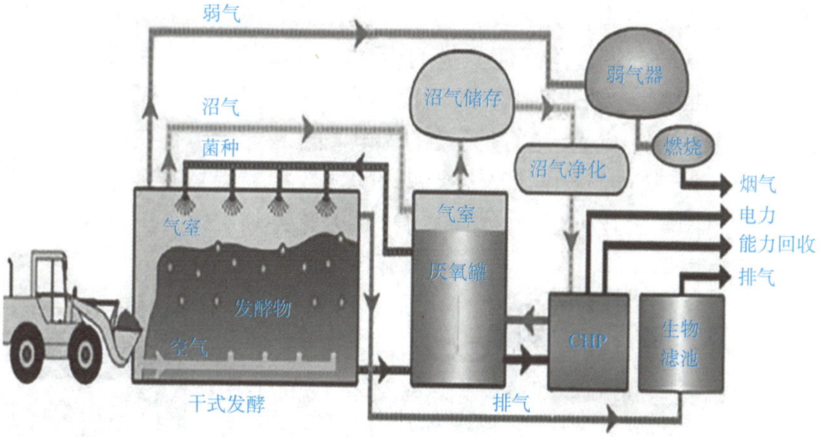

图 11–9　沼气发酵过程示意

2. 固体有机垃圾的微生物处理

利用微生物分解固体废弃物中的有机物，从而实现其无害化和资源化，是处理固体废弃物的有效而经济的技术方法。它包括堆肥化处理、生态工程处理、废纤维糖化、废纤维饲料化（生产单细胞蛋白技术）等。例如，有机垃圾好氧生物反应器即在垃圾按类收集的基础上，利用多种好氧性的高温微生物对其中的有机垃圾（包括动植物残体、动物粪便和厨余垃圾等）进行好氧性分解，可以对这类垃圾进行快速处理，如图 11–10 所示。

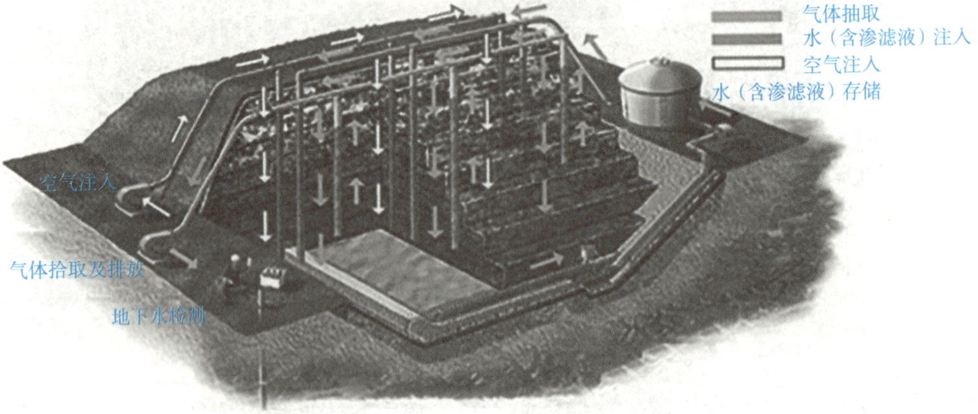

图 11–10　垃圾填埋场好氧治理工艺模型图

3. 气态污染物的微生物处理

气态污染物的微生物处理技术是生物降解污染物的新应用。生物处理气态污染物的原理与污水处理是一致的，本质上是对污染物的生物降解与转化。生物降解作用难以在气相中进行，所以，在废气的生物处理中，气态污染物首先要经历由气相转移到液相或固体表面液膜中的过程。降解与转化液化污染物的也是混合的微生物群体。其处理过程在悬浮或附着系统的生物反应器中进行。提高净化效率需要增强传质过程（即污染物从气相转入液相）及创造有利于转化和降解的条件。

4. 环境污染的微生物监测

生态环境中的微生物是环境污染的直接承受者，环境状况发生的任何变化都会对微生物群落结构和生态功能产生影响，因此，可以用微生物作为环境污染监测中重要的指示生物。例如，用大肠菌群的数量作为水体质量的指标；用鼠伤寒沙门氏菌的组氨酸缺陷突变株的回复突变即艾姆斯试验检测水体中是否含有“三致”（致癌变、致畸变、致突变）毒物；通过灵敏的光电测定装置，检查在毒物作用下发光细菌的发光强度变化可以评价待测物的毒性；利用测定硝化细菌相对代谢率的方法检测水及土壤中的有毒物，并以此评判水体、土壤环境及环境污染物的生物毒性等。

微生物与生物制品

知识点【11–3】微生物与生物制品

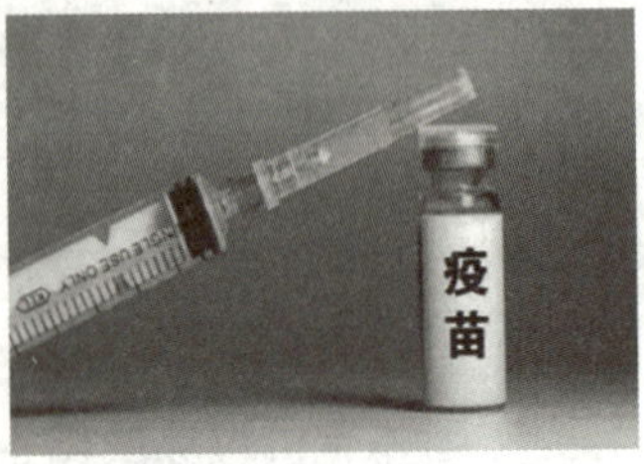

图 11–11　疫苗

接种疫苗（Vaccine）是预防控制传染病最有效的手段（图 11–11）。疫苗的发明和免疫接种是人类最伟大的公共卫生成就。这一方法是基于免疫学防治的基本原理。**免疫接种**又称接种，是指用人工方法将失活或低毒的病原体或其产物接入机体，以刺激其免疫系统对相应病原体或其有毒产物产生保护性免疫力。这种在人工免疫中，可用于预防、治疗和诊断的来自生物体的各种制剂，都称为**生物制品**。人们熟知的疫苗就是最常用的一种生物制品。生物制品可以是特异性的抗原（如疫苗、菌苗、类毒素等）、抗体、细胞免疫制剂，也可以是各种非特异性的免疫调节剂。通常可分为人工自动免疫类生物制品和人工被动免疫类生物制品两大类。

1. 人工自动免疫类生物制品

人工自动免疫类生物制品是一类专用于预防传染病的生物制品。其包括常规疫苗和新型疫苗两类。

（1）常规疫苗。常规疫苗即疫苗，是指用于预防传染病的抗原制剂。通常用钝化、弱化或无害的病原体或其产物制成，用以刺激机体产生保护性免疫力，以预防或控制传染病的流行。广义的疫苗包括菌苗和疫苗两类生物制品；狭义的疫苗仅指用病毒、立克次氏体或螺旋体等微生物制成的生物制品，而菌苗仅指用细菌制成的生物制品。

1）**活疫苗**。活疫苗是指用人工育种的方法使病原体减毒或从自然界筛选某病原体的无毒株或微毒株所制成的活微生物制剂，有时称为减毒活疫苗，如卡介苗（BCG）、鼠疫菌苗、脊髓灰质炎疫苗和甲型肝炎疫苗等。其优点是进入机体后能继续繁殖，故一般接种剂量低、作用持久（一般为 3 ～ 5 年）、可靠；缺点是不易保存，有时还会发生增毒变异。为节省人力、物力、时间和减轻患者痛苦，还可以配制成混合的多联多价疫苗，如含有 4 种减毒活疫苗的“麻疹、腮腺炎、风疹、脊髓灰质炎”四联疫苗等。

2）**死疫苗**。死疫苗即灭活疫苗，是指用理化因子杀死病原体，但仍保留原有免疫原性的疫苗。死疫苗的优点是使用安全、保存容易；缺点是使用剂量较大，须多次接种，免疫效果持续时间短（数月至 1 年），有时还会引起机体发热、全身或局部肿痛等副作用。

3）**类毒素**。类毒素是细菌的外毒素经甲醛脱毒后仍保留原有免疫原性的预防用生物制品。常用的类毒素有破伤风类毒素和白喉类毒素等。

4）**自身疫苗**。自身疫苗又称自体疫苗，是指用从病人自身病灶中分离处理的病原体所配制成的死疫苗。

（2）新型疫苗。新型疫苗是采用生物化学合成、人工变异、分子微生物学、基因工程等现代生物技术制造出的疫苗，是近年来新发展的疫苗。其包括亚单位疫苗、化学疫苗、多肽疫苗（化学合成疫苗）、基因工程疫苗、DNA 疫苗等。

1）**亚单位疫苗**。亚单位疫苗是指既保留病原体中有效免疫原成分，又去除其无效或有害成分的化学纯品疫苗。例如，只含流感病毒血凝素、神经氨酸酶成分的流感亚单位疫苗；只含腺病毒衣壳的腺病毒亚单位疫苗等。

2）**化学疫苗**。化学疫苗是指用化学方法提取病原体中有效免疫成分配制成的化学纯品疫苗。其成分一般比亚单位疫苗更为简单。例如，肺炎链球菌的荚膜多糖或脑膜炎奈氏球菌的荚膜多糖都可配制成多糖化学疫苗。

3）**多肽疫苗**。多肽疫苗又称化学合成疫苗，是指用人工合成的高免疫原性多肽片段配制成的疫苗。

4）**基因工程疫苗**。基因工程疫苗又称 DNA 重组疫苗，是指一类利用基因工程操作构建重组基因序列，并用它表达的免疫原性较强、无毒性的多肽配制成的疫苗。

5）**DNA 疫苗**。DNA 疫苗又称核酸疫苗或基因疫苗，是指一种用编码抗原的基因配制成的疫苗。

2. 人工被动免疫类生物制品

人工被动免疫类生物制品是指一类专用于免疫治疗的生物制品，包括特异性免疫治疗剂和非特异性的免疫治疗剂两大类。

（1）特异性免疫治疗剂。特异性免疫治疗剂一般为抗血清或称免疫血清，是一类机体经过人工免疫后产生的含有某种主要抗体的血清。其主要有抗毒素、抗病毒血清、抗菌血清和免疫球蛋白制剂 4 类。

（2）非特异性的免疫治疗剂。非特异性的免疫治疗剂即免疫调节剂，是一类能增强、促进和调节免疫功能的非特异性生物制品。它对治疗免疫功能低下、某些继发性免疫缺陷症和某些恶性肿瘤等疾病具有一定的作用，但对免疫功能正常的人不起作用。其主要机制是通过非特异性方式增强 T、B 淋巴细胞的反应性，或促进巨噬细胞的活性，也可以激活补体或诱导干扰素的产生。免疫调节剂双向免疫调节机制如图 11–12 所示。常见的有转移因子（TF）、白细胞介素 -2（IL–2）、胸腺素、细胞毒性 T 细胞（Tc）、卡介苗（BCG 减毒活菌苗）、小棒杆菌、干扰素（IFA）等。

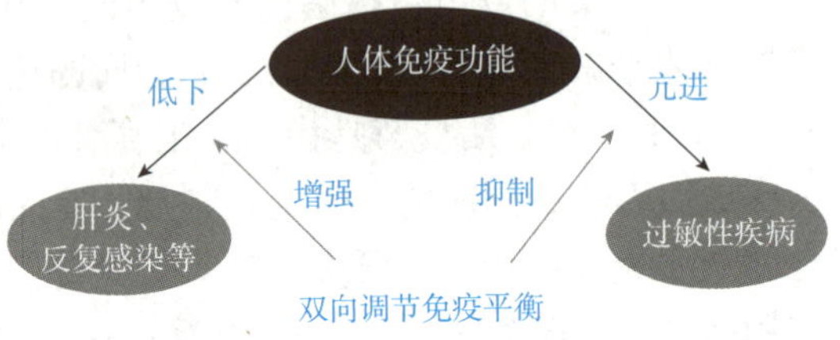

图 11–12　免疫调节剂双向免疫调节机制

视野窗

胸怀天下，造福人民

为人民健康而执着追求——微生物学家陈廷祚

为人民健康而执着追求

——中国微生物学家、生物制品专家陈廷祚

陈廷祚，国家一级研究员、著名微生物学家、生物制品专家，原卫生部生物制品委员会委员，卫生部新药评审委员会细菌、毒素和血清专业委员会主任委员，四川省微生物学会理事长。陈廷祚先生早年公费留学丹麦，专习微生物学、生物制品制造和鉴定。中华人民共和国成立后应邀回国，投入祖国的生物制品事业。1958 年，他用血清学方法证实了四川系黄疸型钩端螺旋体病的流行区，在研制抗绿脓杆菌冻干免疫血浆、核糖体菌苗、细菌过滤板等方面成绩显著。另外，他还在变异链球菌的血清学分型，在伤寒（Ty21a 活菌苗）、痢疾（噬菌体喷干品）、破伤风（毒素、类毒素）等免疫制剂的试制，以及各种抗毒素制剂标准化等方面都付出过大量时间和精力。

知识点【11–4】微生物与水产行业

自然界中各种有生命体征的独立个体都不能脱离生态圈而独立存在，而每个相对独立的生态圈，都包含各种各样的微生态环境，而每个微生态环境都是由各种各样的微生物组成的群体。水产养殖业是人类利用可供养殖（包括种植）的水域，按照养殖对象的生态习性和对水域环境条件的要求不同，运用水产养殖技术和设施，从事的水生经济动植物养殖。

养殖水域微生态环境的好坏，将直接影响养殖成败与收益的多少。因此，对于水产养殖业来讲，微生态环境尤为重要，只有良好的水域微生态环境才能够营造出良好的水产养殖环境。

码上看

微生物与水产养殖

1. 微生物对养殖水域水质的修复与改良

微生物可以直接或间接地作用于水产养殖对象和养殖环境，通过促进养殖水域中的碳、氮、磷、硫四大元素在水生生态系统中的循环转化，保持水产养殖环境的动态平衡，从而抑制有害生物，并形成有益微生物菌群，分解有机物，消除有害物质（如 NH_3，H_2S，过量的 N、P 等），使水质得到修复与改良，减少水产养殖动物疾病的发生，提高成活率，促进其健康生长。光合细菌和硝化细菌是两种比较常用的净水性微生物。

微生物对水产养殖水环境的修复与改良的具体过程如下。

（1）碳循环。微生物分解有机物释放二氧化碳，经植物的光合作用合成复杂的有机物，为底栖动物、鱼虾蟹类提供多糖类物质。

（2）氮循环。微生物通过氨化作用、硝化作用、反硝化作用和固氮作用把含氮物质变为有机氮，为水产养殖提供饵料和肥料等蛋白质物质，生成硝酸盐为藻类所利用，从而降低水体中的氨气、氨氮与亚硝酸氮，起到了净化作用。

（3）磷循环。微生物使水中的溶解态的磷被悬浮颗粒吸附形成颗粒态磷，经凝絮作用转为沉淀，有效地降低了水体的磷元素，也为水产动物提供了磷营养素。

（4）硫循环。在微生物的作用下产生硫酸盐和硫化氢等。其中，硫化氢对许多需氧微生物有毒；同时，硫化氢与金属生成沉淀，降低了有害的硫化氢，硫酸盐可为水生动物提供需要的含硫氨基酸等。

养殖水域中微生物促进碳、氮等物质循环示意如图 11-13 所示。

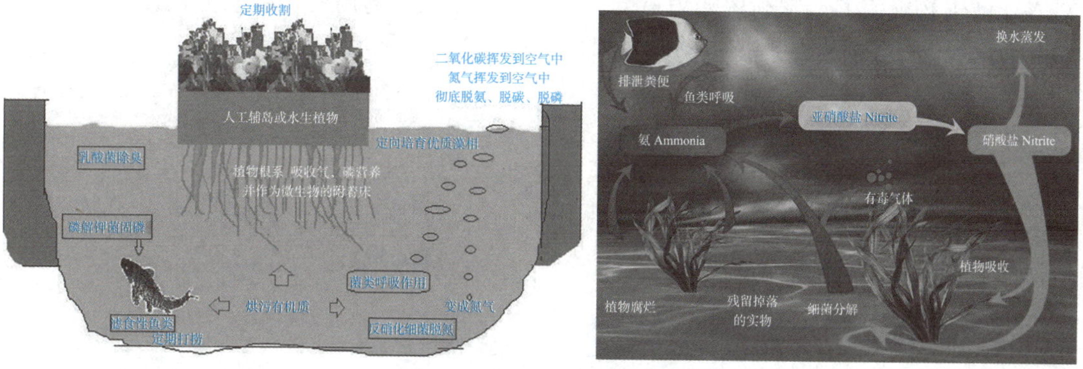

图 11-13　养殖水域中微生物促进碳、氮等物质循环示意

2. 微生物制剂在水产养殖中的应用

养殖水域中各种有益微生物能够为各种浮游生物提供天然的有机饵料，浮游生物又可作为水产生物的良好饵料。用有益微生物作为饵料，很早就应用于水产养殖业。微生物是

水产生物天然有机饵料的重要来源。随着现代的发酵工艺和微生物学的发展，人们从过去的重视对有害微生物的治理，转向培植、保护、协调和利用那些有益的微生物，即微生物制剂的开发和应用。

微生物制剂是将动物身体上有益细菌等微生物经过一定的加工配制成的活菌制剂。现在微生物制剂已经广泛应用于水产养殖业的饵料中，提高了饵料的质量，并且提高了养殖动物的抗病能力，促进了它们的生长发育，从而大大降低了大量使用抗生素导致的严重后果。例如，饲料酵母中富含很多水产动物需要的微量元素和维生素，已经成为鱼、虾等人工配合比饵料中重要的添加剂。

3. 微生物对水产动物的疾病防治

有害微生物是水产动物很多疾病最主要的病原菌，如细菌、霉菌、病毒等。对水产动物疾病的防治，除要保持优良的水质，采用抗生素外，疫苗的免疫接种也是防治细菌疾病和病毒疾病的有效措施（图 11–14）。例如，在水产养殖中，弧菌疫苗对于多种鱼类疾病的防范和治疗能够产生良好的效果。

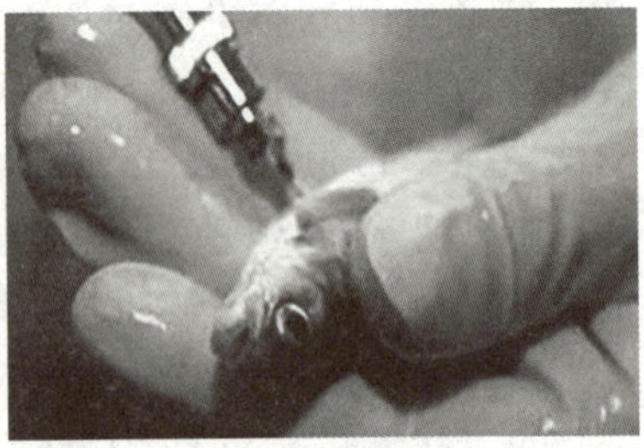

图 11–14　水产动物接种疫苗

知识点【11–5】微生物与农业

随着现代生物技术的不断进步，微生物作为一种重要的资源，由于具有生长周期短、易于大规模培养等优点，已经被运用于农业生产的方方面面。农业微生物就是指与农业生产（种植业、养殖业）、农产品加工、农业生物技术及农业生态环境保护等有关的应用微生物的总称。农业微生物是发展生态农业的核心（图 11–15），可以有效缓解资源短缺、粮食需求、生态环境污染等压力，主要表现在以下几个方面：第一，可以利用微生物技术处理，实现废弃物的无害化和再利用；第二，微生物农业是具有高科技生物工程内涵的“发酵工程”和“酶工程”，可以实现农产品的工厂化生产，缓解粮食紧缺的矛盾；第三，可以改善农业生态环境，实现农业可持续发展。我国是一个传统的农业大国，在农业现代化进程中，对农业微生物资源的开发利用尤为重要。近年来，以微生物饲料、微生物肥料、微生物农药等为代表的新型农业生产技术的研究和开发利用获得了长足进步。

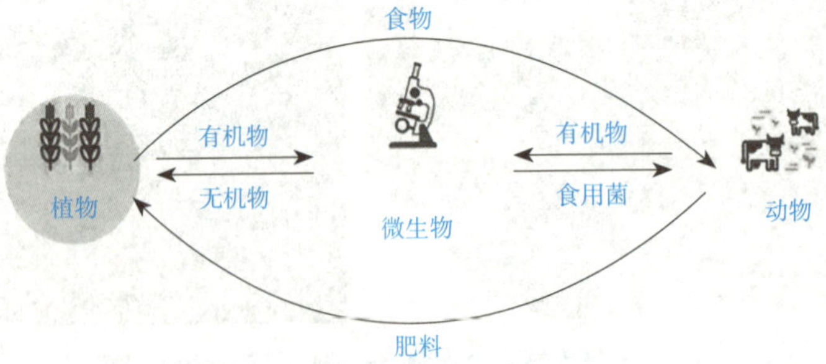

图 11–15　生态农业

（1）微生物肥料。微生物肥料又称生物肥料、接种剂或菌肥（Bacterial Manure）等，是指以微生物的生命活动为核心，使农作物获得特定的肥料效应的一类肥料制品。其主要包括利用微生物直接作为农药、利用微生物的产生物（代谢物）作为农药、以生物与化学相结合的方法开发新农药三种。微生物肥料中有益微生物的种类、生命活动旺盛是其有效性的基础，通过其中所含微生物的生命活动，增加植物养分的供应量或促进植物生长，改善农产品品质及农业生态环境。

（2）微生物农药。微生物农药通过病菌拮抗产生毒素，导致昆虫相关生理活动受到严重阻碍，有害植物细胞死亡，相应组织器官受到损害，从而达到消灭害虫的作用。这种生物制剂具有极高的研究价值。相较于传统化学农药毒性低、分解快，对环境友好，能完全或部分替代化学农药。

（3）微生物饲料。微生物饲料包括两部分：一是通过微生物进行分解，将植物秸秆、糠麸、泥炭等作为饲料，缓解人畜争食问题；二是以替代抗生素的微生物制剂和酶制剂添加到饲料中，可促进动物生长发育、改善畜产品品质、提高动物抗病性和饲料转化利用率，大幅度降低抗生素和化学兽药的使用量，从而避免抗菌药物等兽药残留在动物体内。

（4）微生物食品。微生物食品也包括两大部分：其一，微生物本身可以作为食品食用，微生物繁殖速度快、营养价值高，可进行大量生产，食用菌成为农业食品重要组成部分；其二，利用有益微生物将农产品转化为加工食品，利用微生物新陈代谢进行生产，如酸奶、植物奶酪、食醋、酱油、葡萄酒等，极大地丰富了人类食谱。

（5）微生物能源。微生物能源是指微生物将有机物利用其发酵功能转化为一些生物燃料，包括甲烷、乙醇、氢气等可燃烧物质，甚至转化为电能。微生物能源原料广泛（如农业秸秆等）、反应条件温和、清洁高效，具有极高的现实意义。

（6）微生物生态环境保护剂。微生物生态环境保护剂主要是对城市污水、垃圾渗滤液、畜禽粪便、工厂产生的臭气及土壤中的有害化学物质等进行治理，且不会造成二次污染，从而改善农业生态环境，加快实现农业碳达峰和碳中和。

视野窗

胸怀天下，造福人民

只为服务中国大农业，毕生倾注微生物
——中国微生物学家李季伦

只为服务中国大农业，毕生倾注微生物——微生物学家李季伦

李季伦长期从事生物固氮、真菌毒素及与农业生产有关的微生物发酵产品的研究工作，主张理实并重。新华网评：“他的研究很小，小到只能用显微镜去观察；他的研究又很大，关系着国计民生，祖国荣誉。他是李季伦，一个一心扑在科学研究上，用燃烧生命的奉献，执着于研究的科学家。”一生做好一件事不容易，一生做好为人民服务这件事更不容易，但是李季伦做到了，他用实实在在的成绩和对科学的态度感染着每个人，用真真切切的爱国情激励着每个人。

练技能·实操详练

实训任务 11-1　甜酒曲中根霉的分离与糯米甜酒的制作

训练目标及流程

- 器材准备
  - 能根据训练目的和要求，合理准备所需要的酒曲、原料、药品试剂、仪器设备、玻璃器皿及其他器具
- 认识甜酒曲（药）
  - 1 能说出什么是甜酒曲，理解并熟知甜酒曲中的主要微生物及其发酵原理
- 酒酿中根霉的分离
  - 1 能从酒醇中分离并纯化根霉，会辨识所分离根霉的培养特征
  - 2 能在显微镜下观察辨识根霉的形态特征，包括根霉的假根、孢子囊、孢囊孢子等
  - 3 能对所分离的根霉进行糖化率的测定，检测根霉的糖化能力
- 糯米甜酒的制作
  - 1 能用甜酒曲进行糯米甜酒的制作，并合理控制发酵过程
  - 2 制作步骤 —— 制作培养基 → 冷却接种 → 培养发酵 → 过滤杀菌
- 结果记录与报告
  - 1 记录甜酒曲中分离的根霉的形态特征，以及糖化率的测定结果
  - 2 记录配制糯米甜酒的发酵过程，以及糯米甜酒的外观、色、香、味

器材准备

1. 菌种

传统甜酒曲或小曲。

2. 培养基

糯米饭、马铃薯葡萄糖琼脂培养基（PDA）。

3. 仪器和器具

培养皿、500 mL 三角烧瓶、试管、接种针、蒸锅、带盖广口瓶、研钵、纱布、显微镜、恒温培养箱。

关键技能点详解

技能点【11-1-1】认识甜酒曲

甜酒曲也称甜酒药，是一种传统的糖化菌及酵母制剂，其所含的微生物主要有根霉、毛霉及少量酵母菌、细菌等。酒曲中的根霉能够产生较强的淀粉酶活力，包括液化型淀粉酶和糖化型淀粉酶，在这些酶的作用下，米饭中的淀粉大分子逐渐转化为小分子的糊精和葡萄糖，所生成的葡萄糖作为可发酵性糖可以被酒药中的酵母菌利用，促使酵母菌大量繁殖，其中部分葡萄糖发酵生成乙醇。米饭中的蛋白质也可以在微生物分泌的蛋白水解酶的催化下生成小分子的多肽和氨基酸。另外，酒曲中存在的其他微生物的活动，可将一部分醇转化为有机酸等成分，所生成的这些小分子成分进一步通过酯化反应、美拉德反应使成品的色泽、风味进一步优化。由此可见，经过多种微生物的发酵作用，糯米饭就转化为了香、甜、醇、绵、鲜的风味和营养俱佳的食品。

技能点【11-1-2】酒曲中根霉的分离

1. 配制培养基

配制 PDA 培养基，经灭菌后倒入平板，冷却凝固备用。

2. 根霉的分离

先将酒曲在研钵中磨细，再将研细的酒曲置于含玻璃珠的三角烧瓶中打散成孢子悬浮液，然后以 10 倍系列稀释法稀释，取适当稀释度的孢子悬液涂布平板或划线，在 28 ℃左右培养 2 d，选择分离效果好的根霉单菌落，移接到新鲜斜面培养基上，观察其生长情况及形态特征。

3. 初步鉴定

（1）镜检：可由载玻片培养法初步观察根霉的假根、孢子囊、孢囊孢子等形态特征。市售甜酒曲中常见的根霉为米根霉（*Rhizopus oryzae*），有时也见华根霉（*R. chinensis*）。

（2）糖化试验：分离后的各根霉斜面菌种可做糖化试验，以确定其糖化的速度和糖化率的高低。

1）蒸煮米饭：每个 250 mL 三角烧瓶内装干糯米 10 g，经淘洗干净并让其吸足水分后在加压蒸汽灭菌锅内蒸煮灭菌成米饭，灭菌后趁热拍松，冷却至室温。

2）接种根霉：分别将各单菌落斜面根霉菌种接入相应的三角烧瓶米饭中。每个斜面各接种 3 瓶，并将接种后的培养物拍均匀。

3）糖化培养：将各三角烧瓶培养物用由 8 层无菌纱布制成的“通气塞”包扎，置于 28 ℃恒温培养箱中培养，至 24 h 后，将各三角烧瓶再次拍均匀，继续培养直至糖化彻底为止。

4）观察记录：在培养过程中，可观察根霉的生长特征，初步判断其糖化速度（即视其米饭黏度下降、出液时间和米粒糊化情况等判断），并做适当记录。

5）测定糖化率：将培养至 48 ～ 72 h 的培养物，统一用碘量法测定，依此判断各根霉斜面菌种的糖化率，从而推断各菌株的特点和优劣。

技能点【11-1-3】糯米甜酒的酿制

（1）选择原料：选择品质好、米质新鲜的糯米。

（2）淘洗和浸泡：将米淘洗干净后浸泡过夜，使米粒充分吸水，以利于蒸煮时米粒分散和熟透均匀。

（3）蒸煮米饭：将浸泡吸足水分的糯米捞起，放在蒸锅内搁架的纱布上隔水蒸煮，至米饭完全熟透为止。

（4）米饭降温：将蒸熟的米饭从锅内取出，在室温下摊开冷却至 30 ℃左右接种。

（5）接入酒曲：按干糯米的质量换算接种量。为使接种时种曲与米饭搅拌均匀，可先将酒曲块在研钵中捣碎，再与米饭混合均匀。

（6）装坛发酵：接种搅拌均匀后的米饭可装坛发酵，中间挖一小窝，便于观察出酒情况。注意所用的容器都应预先洗净，并用开水煮沸消毒，以杀死大部分杂菌。

（7）保温发酵：发酵温度控制在 30 ℃左右，发酵初期可见米饭表面产生大量纵横交错的菌丝体；同时，糯米饭的黏度逐渐下降，糖化液渐渐溢出和增多。若发酵中米饭出现干燥，可在培养 18 ～ 24 h 补加一些凉开水。

（8）后熟发酵：酿制 48 h 后的甜酒酿已初步成熟，但往往略带酸味。在 8 ～ 10 ℃条件下放置 2 ～ 3 d 或更长一段时间进行后熟发酵，则可除去酸味。

（9）质量评估：酿制成的甜酒应是酒香浓郁、醪液充沛、清澈半透明和甜醇爽口的。

注意事项

（1）酿制糯米甜酒时，淘洗的糯米要待充分吸水后隔水蒸煮，糯米饭一定要煮熟、煮透，使饭粒饱满分散，不能太硬或夹生，以便于接种后的霉菌孢子能在疏松通气的条件下良好地生长、繁殖，使淀粉充分糖化。

（2）米饭一定要凉透，低于 35 ℃才能拌上酒曲，否则便会影响正常发酵。

结果报告

1. 记录甜酒曲中分离的根霉的形态特征，以及糖化情况的测定结果。

2. 记录配制糯米甜酒的发酵过程并评价糯米甜酒的外观、色、香、味。

考核评价

根据实训任务 11–1 考核评价表，对任务的完成情况进行自我评价、小组评价、教师评价，将评价的最终结果记入实训过程性考核成绩。

实训任务 11–1　考核评价表

考核要点	考核内容	分值及标准	评分
学习及训练态度	按时到岗，遵守实训室规则，不迟到、不旷课、不早退。态度积极、认真、主动，实训参与度高	优 15 ～ 20 分；良 5 ～ 15 分；差 < 5 分	
实训目标达成情况	1. 能说出什么是甜酒曲，理解并熟知甜酒曲中的主要微生物及其发酵原理。 2. 能从酒酿中分离并纯化根霉，会辨识所分离根霉的培养特征。 3. 能在显微镜下观察辨识根霉的形态特征包括根霉的假根、孢子囊、孢囊孢子等。 4. 能对所分离的根霉进行糖化率的测定，检测根霉的糖化能力。 5. 能用甜酒曲进行糯米甜酒的制作，并合理控制发酵过程	优 35 ～ 50 分；良 20 ～ 35 分；差 <20 分	
训练结果报告	任务单内容完整、结果记录正确、书写工整	优 15 ～ 20 分；良 5 ～ 15 分；差 < 5 分	
卫生整理情况	将本次实训用到的器皿、材料等清洁并归位；将操作台清理干净并将物品摆放整齐；将地面及垃圾桶打扫干净	优 8 ～ 10 分；良 5 ～ 8 分；差 < 5 分	
考核结果	完成本次实训任务最终得分		

总结思考

1. 酿制甜酒酿的酒药中主要含何种微生物？它的发酵原理是什么？

---

2. 为什么要将糯米饭温度降至 35 ℃以下再拌上酒曲，发酵才能正常进行？还有糯米饭在一开始发酵时要先挖洞，待发酵结束后再填平，这有什么作用？

---

3. 刚酿制成的甜酒酿往往带有酸味，经低温存放（或称后熟）后酸味降低甚至消失，并获得甘甜醇香的口味，其中的原因是什么？

实训任务 11-2　水体中大肠菌群的检测

请扫码查看水体中大肠菌群的检测具体操作过程。

实训任务 11-3　光合细菌的培养

请扫码查看光合细菌的培养具体操作过程。

强应用·学以致用

微史追踪

人类最早的疫苗是什么?

请扫描二维码，仔细阅读《微史追踪——人类最早的疫苗是什么?》，并认真思考回答下列问题。

（1）人类最早的疫苗是什么？这种疫苗预防和治疗的是哪种病毒?

（2）我国古代人民采用什么方法来治疗和预防病毒？其基本原理是什么?

（3）英国的医生爱德华詹纳提出了更安全的治疗和预防病毒的方法。请问这种方法是什么？为什么更安全?

（4）中国医生汤非凡为中国疫苗的发展做出了哪些贡献?

很多病毒都无可避免地给人类、动物、植物带来疾病。在人类历史上出现了多次由病毒引起的大瘟疫，造成了大量的生命伤亡。

病毒虽然强悍，不过人类也曾经打过胜仗，战胜了病毒界的“魔王”——天花病毒（图 11-16）。

………

现在人们也在利用疫苗来战胜新型冠状病毒。

人类最早的疫苗

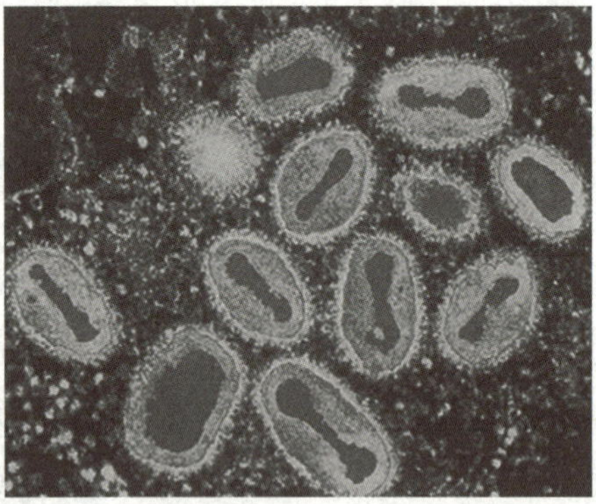

图 11-16　天花病毒

学习成果及评价

学习成果名称	核心内容及要求	分层次评价参考标准			
		优秀	良好	一般	较差
基础知识学习成果	根据每个单元的小测验，自测是否掌握了微生物生态学、微生物在环境中的分布及其与环境的相互关系，及微生物在食品工业、环境保护、生物制品、水产、农业等行业应用的最基本的知识；是否能运用这些基本知识发现问题、解决问题	单元测验成绩高于 90 分，非常熟练地掌握本模块所学基础知识，达到学习目标	单元测验成绩 80 ～ 89 分，比较熟练地掌握本模块所学基础知识，基本达到学习目标	单元测验成绩 60 ～ 79 分，基本掌握本模块所学基础知识，基本完成学习目标	单元测验成绩低于 60 分，没有掌握本模块所学基础知识，没有达到学习目标
基本技能训练成果	根据课程需要选择性完成实训任务，按照实训任务达成目标，自测是否能根据训练目标选择和准备所需的训练材料；是否会进行土壤微生物区系的观察与计数；是否能熟练进行酒曲中根霉的分离；是否会用分离到的根霉制作甜酒酿；是否会熟练进行环境中不同水体的大肠菌群的测定；是否能成功培养光合细菌等；是否能按时完成任务工单	实训任务考核评价成绩高于 90 分，非常熟练地掌握了本模块训练技能，任务目标达成	实训任务考核评价成绩 80 ～ 89 分，比较熟练地掌握本模块训练技能，任务目标基本达成	实训任务考核评价成绩 60～79 分，基本掌握本模块训练技能，任务目标基本达成	实训任务考核评价成绩低于 60 分，没有学会本模块训练技能，任务目标没有达成
探究性学习成果	根据科学探究“中国传统发酵食品用微生物菌种名单”“人类最早的疫苗是什么”的提示，自测是否具有独立探究微生物学领域新知识的能力；是否具有识别筛选和处理最新的热点信息的能力；是否具有团队合作、科学思维与创新精神；是否能完成研究报告并形成研究成果等	积极主动进行科学探索；非常熟练地利用互联网收集大量与主题相关的热点信息，并能很好地进行思考分析，对成果的形成有举足轻重的贡献	积极主动进行科学探索；比较熟练地利用互联网收集一些与主题相关的热点信息，并对成果的形成有一定的贡献	在其他同学的帮助下进行科学探索；可以利用互联网收集少量的与主题相关的信息，对成果的形成有一些贡献	依赖别人完成；不利用互联网进行信息收集；没有合作精神，对成果的形成基本没有贡献
自我反思	提示：根据本模块学习成果的完成情况，反思自己的不足，提出改进措施				

附录1　常用微生物培养基与配制

1. 牛肉膏蛋白胨琼脂培养基（或营养琼脂培养基，用于细菌培养）

牛肉膏 3 g、蛋白胨 10 g、NaCl 5 g、琼脂 15 ~ 20 g、水 1 000 mL。

调节 pH 值为 7.2 ~ 7.4，121 ℃灭菌 15 ~ 20 min。如配制液体培养基时不添加琼脂，半固体培养基添加 0.3% ~ 0.5% 琼脂（下同）。

2. 高氏（Gause）Ⅰ号培养基（用于放线菌培养）

可溶性淀粉 20 g、KNO_3 1 g、NaCl 0.5 g、$K_2HPO_4 \cdot 3H_2O$ 0.5 g、$MgSO_4 \cdot 7H_2O$ 0.5 g、$FeSO_4 \cdot 7H_2O$ 0.01 g、水 1 000 mL、琼脂 15 ~ 20 g。

配制时，可溶性淀粉需要先用少量冷水调节均匀后再加入煮沸的水中，边加热边搅拌，溶化后，加入其他成分，补足水分至 1 000 mL。

调节 pH 值为 7.4 ~ 7.6，121 ℃灭菌 15 ~ 20 min。

3. 马丁氏（Martin）培养基（用于从土壤中分离真菌）

KH_2PO_4 1 g、$MgSO_4 \cdot 7H_2O$ 0.5 g、蛋白胨 5 g、葡萄糖 10 g、1/3 000 孟加拉红（或玫瑰红、虎红）水溶液 100 mL、水 800 mL。

自然 pH 值，115 ℃灭菌 20 min，待培养基冷却至 55 ℃~ 60 ℃时加入 0.03% 链霉素稀释液 100 mL，使每毫升培养基中含链霉素 30 μg（链霉素含量为 30 μg/mL）。

【说明】孟加拉红和链霉素主要是细菌和放线菌的抑制剂，对真菌无抑制作用，因而真菌在这种培养基上可以优势生长，从而达到分离真菌的目的。

4. 马铃薯葡萄糖琼脂培养基（用于霉菌或酵母菌培养）

马铃薯（去皮）200 g、葡萄糖（或蔗糖）20 g、琼脂 15 ~ 20 g、水 1 000 mL。

配制方法：将马铃薯去皮，切成约 2 cm^2 的小块，放入 1 000 mL 的烧杯中煮沸 30 min，注意用玻璃棒搅拌，以防止糊底，然后用双层纱布过滤，取其滤液添加葡萄糖、琼脂，再补足至 1 000 mL，自然 pH 值，121 ℃灭菌 15 ~ 20 min。一般培养酵母菌用葡萄糖，培养霉菌用蔗糖。

5. 查氏（Czapek-Dox）培养基（又称蔗糖硝酸钠培养基）（用于青霉、曲霉鉴定及菌种保藏）

蔗糖 30 g、$NaNO_3$ 3 g、K_2HPO_4 1 g、$MgSO_4 \cdot 7H_2O$ 0.5 g、KCl 0.5 g、$FeSO_4$ 0.01 g、琼脂 15 ~ 20 g、水 1 000 mL。

自然 pH 值或 pH 值为 7.0 ~ 7.2，121 ℃灭菌 15 ~ 20 min。

6. 豆芽汁培养基（用于细菌、真菌培养）

称取新鲜黄豆芽 100 g，放入烧杯中，加水 1 000 mL，煮沸约 30 min，用纱布过滤。补足水至原量，再加入蔗糖（或葡萄糖）50 g，煮沸熔化。

用于细菌培养：调节 pH 值为 7.2 ~ 7.4，121 ℃灭菌 15 ~ 20 min。

用于霉菌或酵母菌培养：自然 pH 值，121 ℃灭菌 15 ～ 20 min。霉菌用蔗糖，酵母菌用葡萄糖。

7. 麦芽汁琼脂培养基（用于酵母菌、霉菌培养）

（1）取大麦或小麦若干，用水洗净，浸水 6 ～ 12 h，至 15 ℃阴暗处发芽，上面盖纱布一块，每日早、中、晚各淋水一次，麦根伸长至麦粒的 2 倍时，即停止发芽，摊开晒干或烘干，储存备用。

（2）将干麦芽磨碎，1 份麦芽加 4 份水，在 60 ～ 65 ℃水浴中糖化 3 ～ 4 h 至糖化完全，糖化程度可用碘滴定（方法是取 0.5 mL 糖化液，加 2 滴碘液，如无蓝色出现，则表示糖化完全）。

（3）将糖化液用 4 ～ 6 层纱布过滤，滤液如果混浊不清，可用鸡蛋白澄清（方法是将一个鸡蛋白加水约 20 mL，调节均匀至产生泡沫，然后倒入糖化液中，搅拌煮沸后再过滤）。

（4）将滤液稀释到 5 ～ 6°Bé（波美度），调节 pH 值约为 6.4，加入 2% 琼脂。121 ℃灭菌 15 ～ 20 min。

8. LB（Lysogeny Broth）液体培养基（用于大肠杆菌培养）

胰蛋白胨 10 g、酵母提取物 5 g、氯化钠（NaCl）10 g、水 1 000 mL。

调节 pH 值为 7.2，121 ℃灭菌 15 ～ 20 min。

9. MRS（Man Rogosa Sharpe）培养基（用于乳酸菌分离、计数和培养）

蛋白胨 10 g、牛肉粉 5 g、酵母粉 4 g、葡萄糖 20 g、1 mL 吐温 80、K_2HPO_4 2 g、醋酸钠 5 g、柠檬酸三铵 2 g、$MgSO_4 \cdot 7H_2O$ 0.2 g、$MnSO_4 \cdot 4H_2O$ 0.05 g、琼脂 15 ～ 20 g、水 1 000 mL。

配制方法：将上述成分加入蒸馏水中，加热溶解，调节 pH 值为 6.2，分装后 121 ℃灭菌 15 ～ 20 min。

10. BCG 牛乳培养基（用于乳酸发酵）

（A）溶液：脱脂乳粉 100 g、水 500 mL，加入 1.6% 溴甲酚绿（BCG）乙醇溶液 1 mL，80 ℃灭菌 20 min。

（B）溶液：酵母膏 10 g、水 500 mL、琼脂 20 g，pH 值为 6.8，121 ℃灭菌 20 min。以无菌操作趁热将（A）、（B）溶液混合均匀后倒入平板。

11. 平板计数琼脂（plate count ager，PCA）培养基

胰蛋白胨 5 g、酵母浸膏 2.5 g、葡萄糖 1 g、琼脂 15 ～ 20 g、蒸馏水 1 000 mL。

配制方法：将上述成分加于蒸馏水中，煮沸溶解，调节 pH 值至 7.0 ± 0.2。分装于适宜容器，121 ℃高压灭菌 15 ～ 20 min。

12. 玉米粉蔗糖培养基（用于假丝酵母培养观察假菌丝）

玉米粉 40 g、蔗糖 10 g、琼脂 20 g、水 1 000 mL，自然 pH 值。

配制方法：称玉米粉 40 g 用清水调成糊状，再加水 1 000 mL，煮沸后 30 min，过滤，用热水补足 1 000 mL，加入琼脂、蔗糖溶化分装，121 ℃高压灭菌 15 ～ 20 min。

13. 麦氏（McClary）培养基（醋酸钠琼脂培养基）

葡萄糖 1 g、KCl 1.8 g、酵母膏 2.5 g、醋酸钠 8.2 g、琼脂 15 ～ 20 g、蒸馏水 1 000 mL。

配制方法：将各成分溶解后分装，115 ℃高压灭菌 15 min。

14. 厌氧菌培养基

蛋白胨 5 g、酵母膏 10 g、葡萄糖 10 g、胰酶解酪蛋白 5 g、盐溶液 10 mL、0.025% 刃

天青溶液 4 mL、半胱氨酸盐酸盐 0.5 g、琼脂 15 g、水 1 000 mL，pH 值为 7.0，121 ℃灭菌 15 min。

盐溶液的成分：无水 $CaCl_2$ 0.2 g、$MgSO_4 \cdot 7H_2O$ 0.48 g、K_2HPO_4 1 g、$KHPO_4$ 1 g、$NaHCO_3$ 10 g、NaCl 2 g、蒸馏水 1 000 mL。

盐溶液配制方法：先用 300 mL 水溶解 $CaCl_2$ 和 $MgSO_4 \cdot 7H_2O$，待溶解后，再加入 500 mL 水，并陆续加入其余盐类，不断搅拌，待全部溶解后，补足水分至 1 000 mL。

15. 普通乳糖蛋白胨培养液

蛋白胨 10 g、牛肉膏 3 g、乳糖 5 g、氯化钠 5 g、1.6% 溴甲酚紫乙醇溶液 1.0 mL、蒸馏水 1 000 mL，pH 值为 7.2 ～ 7.4。

配制：将蛋白胨、牛肉膏、乳糖、氯化钠加热溶解于 1 000 mL 蒸馏水中，调节 pH 值为 7.2 ～ 7.4，再加入 1.6% 溴甲酚紫乙醇溶液 1.0 mL，充分混合均匀，分装于有杜汉氏小管的试管中，每管 10 mL，115 ℃灭菌 20 min。

16. 三倍浓缩乳糖蛋白胨培养液

配制：按上述普通乳糖蛋白胨培养液浓缩三倍配制，即除蒸馏水外，其他成分是其三倍的量，分装于有杜汉氏小管的试管中，每支试管 5 mL。

17. 品红亚硫酸钠培养基（供平板分离用）

蛋白胨 10 g、乳糖 10 g、K_2HPO_4 3.5 g、琼脂 15 ～ 20 g、蒸馏水 1 000 mL、无水亚硫酸钠 5 g、5% 的碱性品红乙醇溶液 20 mL，pH 值为 7.2 ～ 7.4。

18. 伊红美蓝培养基（EMB 培养基，供发酵法平板分离用）

蛋白胨 10 g、乳糖 10 g、K_2HPO_4 2.0 g、琼脂 20 g、蒸馏水 1 000 mL、2% 伊红水溶液 20 mL、0.5% 美蓝水溶液 13 mL，pH 值为 7.2 ～ 7.4。

配制：将蛋白胨、磷酸盐和琼脂溶解于蒸馏水中，校正 pH 值，分装于三角烧瓶内，121 ℃高压灭菌 15 min 备用。临用时加入乳糖并加热熔化，冷却至 50 ℃～ 55 ℃，加入伊红和美蓝溶液，摇匀，倾注平板。

19. 光合细菌培养基

醋酸钠 1.145 g、蛋白胨 0.005 g、碳酸氢钠 0.6 g、硫代硫酸钠 0.4 g、氯化钠 0.3 g、硫酸镁 0.1 g、磷酸二氢钾 0.05 g、蒸馏水 1 000 mL，pH 值为 7.5 ～ 8.5。

20. 葡萄糖蛋白胨水培养基（用于 V.P. 反应和甲基红试验）

蛋白胨 0.5 g、葡萄糖 0.5 g、K_2HPO_4 0.2 g、水 100 mL，pH 值为 7.2，115 ℃灭菌 20 min。

21. 蛋白胨水培养基（用于吲哚试验）

蛋白胨 10 g、NaCl 5 g、水 1 000 mL，pH 值为 7.2 ～ 7.4，121 ℃灭菌 15 ～ 20 min。

22. 糖发酵培养基（用于细菌糖发酵试验）

蛋白胨 0.2 g、NaCl 0.5 g、K_2HPO_4 0.02 g、水 100 mL、溴麝香草酚蓝（1% 水溶液）0.3 mL、糖类 1 g。

配制方法：分别称取蛋白胨和 NaCl 溶于热水中，调节 pH 值至 7.4，再加入溴麝香草酚蓝（先用少量 95% 乙醇溶解后，再加水配制成 1% 水溶液），加入糖类，分装试管，装量 4 ～ 5 cm 高，并倒放入一杜汉氏小管（管口向下，管内充满培养液），115 ℃灭菌 20 min。灭菌时注意适当延长煮沸时间，尽量把冷空气排尽以使杜汉氏小管内不残存气泡。常用的糖类有葡萄糖、蔗糖、甘露糖、麦芽糖、乳糖、半乳糖等（后两种糖的用量大于 1.5%）。

附录 2　常用染色液及试剂的配制

1. 常用染色液的配制

（1）吕氏（Loeffier）美蓝染色液。

A 液：美蓝（Methylene Blue，又名甲烯蓝、次甲基蓝、亚甲蓝）0.3 g、95% 乙醇 30 mL。

B 液：0.01%KOH 100 mL。

配制：A 液和 B 液混合振摇均匀过滤，可长期保存。根据需要可配制成稀释美蓝染液，即按 1∶10 或 1∶100 稀释。

（2）草酸铵结晶紫染液。

A 液：结晶紫 2 g、95% 乙醇 20 mL。

B 液：草酸铵 0.8 g、蒸馏水 80 mL。

配制：A 液和 B 液充分溶解后混合振摇均匀，静置 24 h 后过滤。此液不易保存，如有沉淀出现，需重新配制。

（3）卢戈（Lugol）氏碘液或革兰氏碘液。

碘 1 g、碘化钾 2 g、蒸馏水 300 mL。

配制：先将碘化钾溶于少量（5 ～ 10 mL）蒸馏水中，然后加入碘使之完全溶解，再加入蒸馏水 300 mL。配制成后储存于棕色瓶内备用，如变为浅黄色，则不能使用。

（4）石炭酸复红染液。

碱性复红 1 g、95% 乙醇 10 mL、5% 石炭酸 90 mL。

配制：混合溶解即配制成碱性复红乙醇饱和液，用时取 10 mL 加蒸馏水 90 mL。

（5）2.5% 番红（沙黄）染色液。

番红（safranine，又称沙黄）2.5 g、95% 乙醇 100 mL。

配制：溶解后可储存于密闭的棕色瓶中，用时取 20 mL 与 80 mL 蒸馏水混合均匀。

（6）0.5% 沙黄染液。

2.5% 沙黄乙醇液 20 mL、蒸馏水 80 mL，混合均匀即可。

（7）5% 孔雀绿水溶液。

孔雀绿 5.0 g、蒸馏水 100 mL，混合溶解即可。

（8）0.05% 碱性复红。

碱性复红 0.05 g、95% 乙醇 100 mL。

（9）中性红染液。

称取中性红 0.1 g，加入 95% 乙醇 50 mL、蒸馏水 50 mL，混合溶解即 0.1% 中性红染液。

（10）乳酸石炭酸棉蓝染色液。

石炭酸（结晶酚）20 g、乳酸 20 mL、甘油 40 mL、棉蓝 0.05 g、蒸馏水 20 mL。

配制：先将棉蓝溶于蒸馏水中，再加入其他成分，稍微加热使其溶解、冷却后备用。

用于真菌固定和染色，滴少量染液于真菌涂片上，加上盖玻片即可观察。霉菌菌丝和孢子均可染成蓝色。染色后的标本可用树脂封固，能长期保存。

（11）孟加拉红酚染色液。

称取 1.0 g 孟加拉红和 0.3 g CaCl，加入 100 mL 5% 酚水溶液混合溶解。

（12）鞭毛染色液。

A 液：丹宁酸 5.0 g、$FeCl_3$ 1.5 g、15% 甲醛（福尔马林）2.0 mL、l%NaOH 1.0 mL、蒸馏水 100 mL；

B 液：AgNO3 2.0 g、蒸馏水 100 mL。

待 $AgNO_3$ 溶解后，取出 10 mL 备用，向其余的 90 mL $AgNO_3$ 中滴加 NH_4OH，即可形成很厚的沉淀，继续滴加 NH_4OH 至沉淀刚刚溶解成为澄清溶液为止，再将备用的 $AgNO_3$ 慢慢滴入，则溶液出现薄雾，但轻轻摇动后，薄雾状的沉淀又消失，继续滴入 $AgNO_3$，直到摇动后仍呈现轻微而稳定的薄雾状沉淀为止，如雾重，说明银盐沉淀出，不宜再用。通常在配制当天使用，次日效果欠佳，第 3 天则不能使用。

（13）墨汁染色液。

国产绘图墨汁 40 mL、甘油 2 mL、液体石炭酸 2 mL。

配制：先将墨汁用多层纱布过滤，加入甘油混合均匀后，水浴加热，再加入石炭酸搅拌均匀，冷却后备用。用作荚膜的背景染色。

（14）阿氏（Albert）异染粒染色液。

A 液：甲苯胺蓝（toluidine blue）0.15 g、孔雀绿 0.2 g、冰醋酸 1 mL、95% 乙醇 2 mL、蒸馏水 100 mL；

B 液：碘 2 g、碘化钾 3 g、蒸馏水 300 mL。

先用 A 液染色 1 min，倾去 A 液后，用 B 液冲去 A 液，并染 1 min。异染粒呈黑色，其他部分为暗绿或浅绿。

2. 常用试剂的配制

（1）1.6% 溴甲酚紫。

溴甲酚紫 1.6 g 溶于 100 mL 乙醇中，储存于棕色瓶中保存备用。用作培养基指示剂时，每 1 000 mL 培养基中加入 1 mL 1.6% 溴甲酚紫即可。

（2）5% 碱性品红乙醇溶液。

称取 5 g 品红，加少量乙醇溶解，再加入蒸馏水定容至 100 mL。

（3）2% 伊红水溶液。

称取伊红 2 g，添加蒸馏水至 100 mL。

（4）1% 溴麝香草酚蓝水溶液。

称取 1 g 溴麝香草酚蓝，先将其放入 5 mL 95% 乙醇溶解，再加入 95 mL 蒸馏水混合均匀。

（5）V.P. 试剂。

$CuSO_4$ 1 g、蒸馏水 10 mL、浓氨水 40 mL、10% NaOH 950 mL。先将 $CuSO_4$ 溶于蒸馏水中，再加入浓氨水，最后加入 10%NaOH。

（6）0.02% 甲基红试剂。

甲基红 0.1 g、95% 乙醇 760 mL、蒸馏水 100 mL。

（7）吲哚反应试剂。

对二甲基氨基苯甲醛 8 g、95% 乙醇 760 mL、浓 HCl 160 mL。

（8）磷酸盐缓冲液。

磷酸二氢钾（KH_2PO_4）34.0 g、蒸馏水 500 mL。

配制：（A）储存液：称取 34.0 g 的磷酸二氢钾溶于 500 mL 蒸馏水中，用大约 175 mL 的 1 mol/L 氢氧化钠溶液调节 pH 值至 7.2 ± 0.2，用蒸馏水稀释至 1 000 mL 后储存于冰箱。（B）稀释液：取储存液 1.25 mL，用蒸馏水稀释至 1 000 mL，分装于适宜容器中，121 ℃高压灭菌 15 min。

（9）0.02% 溴麝香草酚蓝溶液。

称取 0.02 g 溴麝香草酚蓝，溶于 100 mL 20% 乙醇中。

（10）无菌液体石蜡。

量取医用液体石蜡油装入三角烧瓶中，装量以不超过总容积的 1/4 为宜，塞好棉塞，用牛皮纸包扎，121 ℃灭菌 30 min，连续灭菌 2 次，再置于 105 ～ 110 ℃干燥箱中烘烤 2 h 或在 40 ℃恒温箱中放置 2 周，以除去石蜡油中的水分，经无菌检查后备用。

（11）无菌生理盐水。

氯化钠 8.5 g、蒸馏水 1 000 mL。

配制：称取 8.5 g 氯化钠溶于 1 000 mL 蒸馏水中，121 ℃高压灭菌 15 min。

3. 常用洗涤液的配制与使用

（1）洗涤液的配制。

1）配方：洗涤液通常有浓溶液与稀溶液两种。

①浓溶液：重铬酸钠或重铬酸钾（工业用）50 g、自来水 150 mL、浓硫酸（工业用）800 mL。

②稀溶液：重铬酸钠或重铬酸钾（工业用）50 g、自来水 850 mL、浓硫酸（工业用）100 mL。

2）配制方法：将重铬酸钠或重铬酸钾先溶解于自来水中，可慢慢加温，使其溶解，冷却后徐徐加入浓硫酸，边加边搅动。配制好后的洗涤液应是棕红色或橘红色。储存于有盖容器内备用。

（2）原理：重铬酸钠或重铬酸钾与硫酸作用后形成铬酸（Chromic Acid），铬酸的氧化能力极强，因而具有极强的去污作用。

（3）使用注意事项。

1）洗涤液中的硫酸具有强腐蚀作用，玻璃器皿浸泡时间太长，会使玻璃变质，到时不要忘记将器皿取出冲洗。另外，洗涤液若沾污衣服和皮肤应立即用水洗，再用苏打水或氨液清洗。如果溅在桌椅上，应立即用水洗去或湿布抹去。

2）玻璃器皿投入使用前应尽量干燥，避免洗涤液被其中残留的水稀释。

3）此液的使用仅限于玻璃和瓷质器皿，不适用于金属和塑料器皿。

4）有大量有机质的器皿应先行擦洗，然后用洗涤液，这是因为有机质过多，会加快洗涤液失效，另外，洗涤液虽为很强的去污剂，但也不是所有的污迹都可清除。

5）盛洗涤液的容器应始终加盖，以防止氧化变质。

6）洗涤液可反复使用，但当其变为墨绿色时便表明已失效，不能再使用。

参考文献

[1] 周德庆 . 微生物学教程 [M]. 4 版 . 北京：高等教育出版社，2020.
[2] 徐德强，王英明，周德庆 . 微生物学实验教程 [M]. 4 版 . 北京：高等教育出版社，2019.
[3] 胡相云 . 微生物学基础 [M]. 北京：化学工业出版社，2015.
[4] 李莉，冯小俊 . 微生物基础技术 [M]. 北京：化学工业出版社，2016.
[5] 刘志恒 . 现代微生物学 [M]. 2 版 . 北京：科学出版社，2008.
[6] 万萍 . 食品微生物基础与实验技术 [M]. 2 版 . 北京：科学出版社，2010.
[7] 李明春，刁虎欣 . 微生物学原理与应用 [M]. 北京：科学出版社，2018.
[8] 李阜棣 . 土壤微生物学 [M]. 北京：中国农业出版社，1996.
[9] 周群英，王士芬 . 环境工程微生物学 [M]. 3 版 . 北京：高等教育出版社，2008.
[10] 王冬梅 . 微生物学基础知识与实验指导 [M]. 北京：科学出版社，2017.
[11] 于淑萍 . 微生物基础 [M]. 北京：化学工业出版社，2005.
[12] 刘晓蓉 . 微生物学基础 [M]. 2 版 . 北京：中国轻工业出版社，2020.
[13] 沈萍，陈向东 . 微生物学 [M]. 8 版 . 北京：高等教育出版社，2016.
[14] 牛天贵 . 食品微生物学实验技术 [M]. 北京：中国农业大学出版社，2002.
[15] 朱乐敏 . 食品微生物 [M]. 北京：化学工业出版社，2006.
[16] 黄力，刘功良，费永涛，等 . 微生物航天育种及其在发酵食品微生物中的应用研究概述 [J]. 食品与发酵工业，2021，47（9）：321–327.
[17] 马成，马伟超，安建平，等 . 我国微生物航天诱变育种的应用及研究进展 [J]. 湖南农业科学，2012，(19)：5–8.
[18] 姚粟，王鹏辉，白飞荣，等 . 中国传统发酵食品用微生物菌种名单研究（第二版）[J]. 食品与发酵工业，2022，48（1）：272–307.
[19] 姚粟，于学健，白飞荣，等 . 中国传统发酵食品用微生物菌种名单的研究 [J]. 食品与发酵工业，2017，43（9）：238–258.
[20] 张焕，姜卫红，顾阳 . 高通量分析技术在资源微生物及功能基因发掘中的应用 [J]. 微生物学报，2022，62（11）：4234–4246.